Philipp Melanchthon · Architekt des neuzeitlich-christlichen deutschen Schulsystems

Gerhard Arnhardt / Gerd-Bodo Reinert

PHILIPP MELANCHTHON

Architekt des neuzeitlich-christlichen deutschen Schulsystems

– Studienbuch –

Reihe Geschichte und Reflexion

Herausgegeben von Jörg Petersen und
Gerd-Bodo Reinert

Auer Verlag GmbH

PHILIPPVS MELANTHON,
LVMEN GERMANIÆ.

In tenebris jacuere artes linguæque sepultæ:
Omnibus hac animâ vitaque luxque data est.
Orta simul pia relligio, probitasque fidesque;
Astrum quale micat et Jovis et Veneris.
Disciplinarum quis te, o divine MELANTHON,
Virtutumque jubar dicere jure neget?

M.F.   G. scalp. et excud.   21.

„Ist Gott für uns,
wer mag wider uns sein."

Römer 8,31

Philipp Melanchthons Wahlspruch

Gedruckt auf umweltbewußt gefertigtem, chlorfrei gebleichtem
und alterungsbeständigem Papier.

© by Auer Verlag GmbH, Donauwörth. 1997
Alle Rechte vorbehalten.
Umschlag 1:
Philippus Melan[ch]thon germanice dictus Schwartzerd
Umschlag 4:
Philipp Melanchthon: Unterricht der Visitatorn ... (1528)
Umschlaggestaltung: Josef Kinzelmann
Gesamtherstellung: Auer Verlag GmbH, Donauwörth
ISBN 3-403-02817-8

Inhalt

Vorwort		7
1.	Schule zwischen schwankender Helligkeit und flimmernder Dunkelheit	9
2.	Schule an der Schwelle zur Neuzeit	13
2.1	Pädagogisches am Vorabend der Reformation	13
2.2	Geistige Quellbereiche für die Reform der Schulen	17
2.3	Luther und die Grundlegung des protestantischen Schulsystems	23
2.4	Schulen im Blickfeld reformatorischer Parteiungen	33
3.	Biographisches	43
3.1	Elementar- und Fachausbildung	51
3.2	Student und Hochschullehrer in Wittenberg	59
3.3	Reformator	64
3.4	Licht in der Finsternis	77
3.5	Leben und Werk Melanchthons – Zeittafel	81
3.6	Ausgewählte Literatur für weiterführende Studien	98
4.	Pädagogische Parameter für die Architektur des neuen Schulwesens	100
5.	Schulpolitik – der Aufbau des protestantischen Schulwesens	111
5.1	Ausgangssituation	114
5.2	Schulstruktur	117
5.3	Neuerungen in der Unterhaltung und Aufsicht von Schulen	124
6.	Ausgestaltung der Schulen	132
6.1	Formierung schulischen Lebens	132
6.2	Lehren, Lernen, Studieren	159
7.	Ertrag	179
8.	Anhang: Auszüge aus Quellentexten	183
8.1	Martin Luther.: Ein Sermon vom ehelichen Stand, Vorrede (1519)	183
8.2	Martin Luther: Enchiridion, der kleine Katechismus für die einfachen Pfarrherrn und Prediger, Vorrede (1529)	186
8.3	Aus Martin Luther: Eine Predigt Martin Luthers, daß man Kinder zur Schule halten solle (1530)	187
8.4	Aus den Beschlüssen der Bürger von Meiningen (1525) – Aus den Artikeln und Beschwerden der Stadt Münnerstadt (1525)	196
8.5	Aus: Wie man die Jugend in guten Sitten und christlicher Zucht aufziehen und üben solle, etliche kurze Unterweisung durch Huldrych Zwingli beschrieben (1526)	197
8.6	Aus Jean Calvin: Die Ordnung der Akademie zu Genf (1559)	201
8.7	Aus Johannes Sturm: Akademische Briefe (1569)	204
8.8	Aus: Braunschweiger Kirchenordnung (1528)	205
8.9	Aus: Lehrplan für die Schule der Stadt Eisleben (1525)	208
8.10	Aus: Ordnung für die „Obere Schule" [Humanistenschule – d. Verf.] Nürnbergs (1526)	209
8.11	Aus: Hannover'sche Kirchenordnung (1536)	210
8.12	Aus: Lippe'sche Kirchenordnung (1538)	210
8.13	Aus: Herzberger Schulordnung (1538)	211
8.14	Aus: Kurpfälzische Schulordnung (1556)	212
8.15	Aus: Pfalz-Zweibrück'sche Kirchenordnung (1557)	213

8.16	Aus Philipp Melanchthon: Unterricht der Visitatorn an die Pfarrherrn im Kurfürstenthum zu Sachsen (1528)	213
8.17	Philipp Melanchthon: Über die Verbesserung der Studien der Jugend (1518)	218
8.18	Eine Schrift Philipp Melanchthons an eine ehrbare Stadt [Soest – d. Verf.] über die Einrichtung der Lateinschule, nützlich zu lesen (1543)	221
8.19	Philipp Melanchthon: Elemente didaktischen Denkens im Umkreis von Dialektik und Rhetorik (1542, 1547)	226
8.20	Interpretation zur Brieger Schulordnung (1581)	229
8.21	Aus: Brieger Schulordnung, Kapitel 20 (1581)	230
8.22	Philipp Melanchthon: Vnterschidt zwischen weltlicher und Christlicher Fromkeyt (1521 oder 1522)	230
9.	Reformierung und Gründung bedeutender evangelischer Trivial- (T), Gelehrten- (G) und Hochschulen (U, C) zu Lebzeiten Philipp Melanchthons	233
10.	Philipp Melanchthons wichtigste Verbündete beim Aufbau des protestantischen Schulwesens – Lehrer, Rektoren, Autoren und Maler	234
11.	Spezifische Begriffe	238
12.	Bildnachweis	241
13.	Personenregister	244
14.	Sachregister	246

Vorwort

Die Schule – gleich ob hohe, mittlere oder niedere – war und bleibt ein von der Obrigkeit begründeter oder tolerierter, fest umgrenzter, inhaltlich ausgestalteter und beaufsichtigter Ort der Sozialisation. Die Beweggründe solchen Engagements reichen von der Herausbildung erwünschter Dienstgefälligkeit und Brauchbarkeit der Untertanen bis zur humanistischen Ausrüstung des freien, selbstbestimmten Bürgers. Herrschende regelten und regeln den Zugang von Schichten zu Bildungseinrichtungen durch Verordnungen, Gesetze oder Geld. Erzieher wurden und werden durch Schulordnungen, Diensteide oder Verbeamtung darauf eingeschworen, der ungestümen, zeitweilig oppositionellen Jugend Zügel anzulegen, die in Farbe und Länge nach dem Wunsch der jeweils Mächtigen gehalten sind.

Schule ist daher seit eh und je ein in sich widersprüchliches, konfliktbeladenes Gemeinwesen, in dem Disziplinierung von Lehrenden und Lernenden zur höchsten Tugend instrumentalisiert wurde und vielerorts noch wird. Geformtes, besser: verbogenes Menschsein in den Mauern sich selbst Entfremdender ist seit Jahrhunderten Gegenstand des öffentlichen Spotts.

Sich redlich Mühende, ehrlich Strebende oder hilflos Flehende … versuchten unablässig mit bescheidenem Erfolg gegen die Übermacht einer Manipulationsmaschinerie aufzubegehren. Der Widerschein ihres mutigen Eintretens für eine humane Schule als Lebensgemeinschaft selbstbestimmter freier Menschen hielt und hält Hoffnungen für ihren unwiderruflichen Gestaltwandel wach.

Einer von ihnen, der die Schule zum Symbol für Humanität und höchste Wertschätzung führen wollte, war der am 16. 02. 1497 geborene Reformator, Humanist und Universalgelehrte *Philipp Melanchthon**. Verehrer nannten ihn mit Recht „Praeceptor Germaniae". Er

---
* Alle Namen wurden kursiv gesetzt, auch in den Zitaten.

Bild 1: Philipp Melanchthon [Melanthon] – mit Geburtsnamen Schwartzerd, geboren am 16. Februar 1497 (im Sockel des Stiches steht der 17. Februar 1497 als Geburtsdatum), gestorben am 19. April 1560

war ein wortgewaltiger Ermutiger in seiner Zeit; ein bescheidener, toleranter Mensch. Im Berufsethos von Schulpolitikern und Lehrern scheint für ihn dennoch kein Platz mehr reserviert zu sein; in Seminaren an Hochschulen ist wenig von ihm zu hören, obwohl *Hermann-Adolf Stempel* 1979 neuerlich eine verdienstvolle Arbeit zu „*Melanchthons* pädagogischem Wirken" angeboten hatte. Wir wagen es, im Jahre der 500. Wiederkehr seines Geburtstages, Studierende, Fachleute und Laien an seine überzeitlichen Mahnungen für ein menschliches Antlitz der Schule zu erinnern. Wir suchen den *Melanchthon*, der Erniedrigung und Müdigkeit überwinden half und Schule zum Zeichen der Hoffnung machen wollte.

Der Landesregierung von Baden-Württemberg, insbesondere Herrn Wissenschaftsminister *Klaus von Trotha*, und der Evangelischen Landeskirche in Baden, besonders dem Landesbischof und Vorsitzenden des Rates der Evangelischen Kirche in Deutschland, Herrn Prof. Dr. *Klaus Engelhardt*, sei für die Unterstützung herzlicher Dank gesagt. Ebenso sei besonders gedankt dem Kustos des Melanchthonhauses Bretten, Herrn Dr. *Stefan Rhein*, sowie dem Leiter der Landesbildstelle Baden in Karlsruhe, Herrn Dr. *Günter Stegmaier*, für hilfreiche Unterstützung; dies gilt auch für die Litauische Akademie der Wissenschaften, Herrn Vizepräsidenten Prof. Dr. *Algirdas Gaižutis*, und die Universitätsbibliothek in Vilnius (Litauen). Für die wertvolle Mitarbeit möchten wir uns bei Frau *Rosemarie Arnhardt* bedanken.

Dresden und Heidelberg, im Februar 1997

Gerhard Arnhardt
Gerd-Bodo Reinert

Bild 2: Druckgraphik: Buchstabe A aus Albrecht Dürers (1471–1528) ABC mit verzierten Buchstaben

Bild 3: Druckgraphik: Buchstabe R aus Albrecht Dürers ABC mit verzierten Buchstaben

„Das menschliche Leben ist ohne Kenntnis der Geschichte nichts anderes als gewissermaßen eine immerdauernde Kindheit, ja sogar eine ständige Finsternis und Blindheit."
Philipp Melanchthon

1. Schule zwischen schwankender Helligkeit und flimmernder Dunkelheit

Um das Wort δχολη, schola, Ecole, Schule ranken sich seit altersher Sehnsüchte und Ängste, Sicherheit und Verzweiflung, Hoffnung und Enttäuschung von Menschen jeden Alters. Dabei umschrieb sein griechischer Ursprung lediglich die „Muße", um sich fernab von den Alltagsgeschäften der geistigen Kultur hinzugeben.

Es bedurfte nur weniger Jahrhunderte, um den Begriff ‚Schule' für geweitete Bedürfnisse im kaiserlichen Rom auf eine Institution einzuengen, in der öffentliche Vorträge und Disputationen angeboten wurden. Sie war nunmehr ein Pendant zur häuslichen Unterweisung geworden.

Mittelalterliche Klöster und Städte stellten die Schule in den Dienst von Bildung und Erziehung der Heranwachsenden. Sie wurde als der ständegebundene öffentliche Ort für die Lebensvorbereitung – bei wachsender Vergesellschaftung des individuellen Lebens – eine zunehmend notwendige Ergänzung häuslicher Sozialisierung.

Die Erneuerung der ethischen Grundhaltungen in der Renaissance, in der Reformation und in der Gegenreformation, das Aufblühen der Städte und die Intensivierung der Agrarwirtschaft sowie die juristische, militärische, kulturelle und verwaltungsmäßige Ausgestaltung territorialer Machtstrukturen ließen die Schule zum Hoffnungsträger für heranwachsende Generationen werden. Die Ausbildung der Kinder und Jugendlichen konnte sich folgerichtig zu einer vorrangigen Aufgabe der kulturtragenden Landeskirchen entwickeln. Dazu notwendige Ordnungsversuche waren vielgestaltig. Aus den scholastischen Institutionalisierungsversuchen wuchsen die äußere Architektur (Elementar-, Gelehrten- und Hochschule), die innere Architektur (Bildung und Erziehung) sowie die Statik, bestehend aus Unterricht (Lehren, Lernen und Prüfungen), Sozialisation und Enkulturation in bemerkenswerten Variationen. Ein stabiler, in den Grundfesten noch heute tragfähiger Bau ist aus der Synthese verschiedener Denkmodelle zur Einheit von Humanismus, Renaissance und dem christlichen Bekenntnis hervorgegangen.

Philipp Melanchthon (1497–1560) war einer ihrer bedeutendsten Architekten. Er wagte das Projekt ‚Schule', das über die Zeiten ausbau- und erneuerungsfähig blieb. In der Schule sollte nunmehr Generation für Generation wissenshungrig und stolz Elementares zur Lebensrüstung finden; Schule konnte Stätte werden, in der junge, bleiche Genies versunken brüteten und um letzte Ideale rangen. Solche Orte, soweit sie sich dem einzelnen öffneten, zwangen jene, die es mit der Möglichkeit einer zweiten Menschwerdung ernst nahmen, in ihren Bann; sie stellten sie aber auch weiterhin in große Spannungsfel-

Bild 4: Disputation unter Professoren im Beisein der Studenten (16. Jahrhundert). Unterrichtsformen waren Vorlesungen und Disputationen der Professoren mit den Studenten zur Scholastik (Wahrheitsfindung), später lag der Schwerpunkt der Disputationen in der Schulung der Rhetorik, der Widerlegung gegnerischer Thesen

der zwischen dem Glauben an sich selbst und hoffnungsloser Erbsündigkeit, zwischen liebevoller Zuwendung und sadistischem Einordnungszwang; zwischen zuwachsender Freiheit und bedrückender Einsamkeit. Zunehmend hellere und größere Gebäude, die erkämpfte Gewöhnlichkeit und legalisierte Notwendigkeit änderten nach und nach vieles am beglückenden Fluch der Erkenntnis und der schöpferischen Qual des Selbstfriedens. Befremdlichkeit und Starre lösten sich dort, wo sich der einzelne über die eingewurzelten Zwänge erhob, sich der Gemeinschaft öffnete, in ihr Selbstbestätigung suchte und im melanchthonschen Geist der Toleranz lebens- und liebesfähig wurde.

Schule als vorgefundener, zur Pflicht erhobener Ort mußte und muß ihren fremdbestimmten Zweck entblößen, um den demütigen Widersinn eines verordneten Gehorsams lächelnd abzustreifen. Immer war und bleibt die selbstgewählte Lebensweise der einmaligen Gemeinschaft Schule – sie liegt jenseits jener offiziellen Machtanmaßung – die faszinierte, weil sie lebendig, gütig, liebenswürdig, glücklich, wohlanständig macht und auch heute noch tiefen Schmerz, mißglückte Abenteuerlichkeit, dämonische Selbstverachtung annehmen und beherrschen lernen läßt.

Melanchthons Schule sollte aus Toleranz, Wärme, Güte, Fleiß und Verantwortungsbewußtsein wachsen. Was die Obrigkeit seither über Jahrhunderte im Namen von Gerechtigkeit und Wissenschaftlichkeit aus ihr gemacht hat, überlassen wir jenen zur Beurteilung, bei denen die geschichtliche Verpflichtung unserer Gegenwart durch Antithesen am besten aufgehoben scheint.

Melanchthon war es aufgetragen, pragmatische und zweckrationale Ansichten *Platons* (427–347 v. Chr.) für seine Institution Schule durch den grundsätzlichen pädagogischen Zugriff – Wissen und Tugend seien lehr- und lernbar – wieder fruchtbar zu machen.[1] Die Begründung dafür suchte er unter anderem in der aristotelischen Auffassung: Wissen ermögliche sittliches Handeln, wenn es vor der (christlichen) Vernunft bestehen könne.[2] Die verbindlich lehrende spätscholastische Schule mußte folglich geöffnet, zum Ort christlichen und wissenschaftlichen Welt- und Selbstverständnisses werden, wenn die Erneuerung nicht in halbherzigen Korrekturen von konkurrierenden Parteiungen versanden sollte.

Bild 5: Melanchthon (1559), Gemälde von Lucas Cranach d. J. (1515–1586), Städelsches Kunstinstitut Frankfurt/M.

Bild 6: Platon (427–347 v. Chr.)

Die neue Schule konnte also aufnehmen, was Christen und Wissenschaft bewegte, und was Menschen zu Beginn der Neuzeit aus einsichtigen Gründen gemeinsam wissen wollten und schätzten. Dabei sollten Gefahren gebannt werden, die einer glanzvollen, aber kurzweiligen Zeitarchitektur das Wort redeten. Die bedrohlichsten waren wohl das rigorose Abschneiden des traditionellen Verständnisses von Schule, die Isolation vom deutschen Humanismus oder die absolute Fixierung auf das zeitweilig erstarrende Luthertum. Von der Schule konnte nur dann eine befreiende Wirkung ausgehen, wenn sie fest gefügt war, sich der humanistischen Menschenbildung verpflichtete, assimilations- und akkomodationsfähig für weiterführende Konzepte blieb und einseitige Belastungen auszugleichen verstand.

Die spätscholastische Schule mußte aus dem bedrückenden Dunkel räumlicher Enge und erzieherischer Fremdbestimmung herausfinden, um dem Zeitgeist, geprägt durch Renaissancehumanismus und Protestantismus, über ordnende Systeme freier Christenmenschen helle und strahlende Kraft zu verleihen.

Das sorgsame Hinterfragen nach der grundlegenden Architektur von Schule an der Schwelle zur Neuzeit bedurfte der Zusammenschau von bildungsphilosophischer Erkenntnis und praktischen Handlungsmöglichkeiten in der Zeit, um wesentliche Bauelemente zweckdienlich und haltbar zu fügen.

Zum einen forderte das neue Selbstverständnis in bezug auf Obrigkeit und Landeskirche, auf die Entwicklung von Handel, Handwerk und Landwirtschaft, von Wissenschaft und Kultur zunehmend gebildete, das öffentliche Leben mitgestaltende Menschen. Das Rüstzeug dafür sollten „öffentliche Orte" bereitstellen. Der höhere Anspruch an die christliche Solidargemeinschaft von Landeskirche und Territorialstaat mußte das Bildungssystem durchgängig staatlich begründen und verpflichten. Die von *Melanchthon* ausgeweitete protestantische Lehre konnte helfen, Schule im Interesse sozialer Disziplinierung und Rechtgläubigkeit der Heranwachsenden staatlich zu organisieren, zu verwalten und zu beaufsichtigen.[3]

Zum anderen mußte schulische Lebensweise nunmehr gemeinschaftsfähig machen, also jenes Wissen und Können anbieten, das den bislang einseitig fixierten Familienbezug zugunsten der Öffnung für die Gesamtwohlfahrt

Bild 7: Buchdruckerpresse (1520), Börsenverein Leipzig

aufzurechnen ermöglichte. Freies Christentum forderte eine Erziehung zum verträglichen Miteinander, zur Akzeptanz von Normen und Werten, zum willentlichen, befreienden Bildungsstreben, zum Ausleben geselliger Tugenden, die dem unverbrauchten Lebensgefühl entsprachen.

Schließlich konnten die Reformatoren Schulen als institutionalisierte Teile eines geschlossenen Bildungssystems in den Dienst des Selbstverwirklichungsanspruchs von Lehrenden und Lernenden stellen. Die Besinnung auf den antiken Geist und die Verpflichtung auf den Text der Bibel mußten Rituale und Motivationen fördern sowie über situative Zwänge Verbindlichkeiten einfordern, die der Entwicklung des Selbstwertgefühls neuartige pädagogische Konturen verlieh. Subjektwerdung im pädagogischen Gleichgewicht zwischen Fremd- und Selbstbestimmung war auf staatliche und landeskirchliche Dirigismen nach den jeweiligen Erfordernissen angewiesen. Speisepläne, Stundenpläne, Lektionspläne, Visitations-, Kirchen- und Schulordnungen ... konnten dabei positive Wirkungen auf Dauer nicht verfehlen.

Wenn die kirchliche Reformbewegung bei der zwingend notwendigen Erneuerung der Schule erfolgreich sein wollte, mußten sich die Protestanten um *Martin Luther* (1483–1546), besonders *Melanchthon*, den wichtigsten Herausforderungen stellen, mit deren Lösungen das gesamte Schulsystem eine zeitgemäße Architektur erhalten konnte. Aus dem bisher Erörterten ist für uns erkennbar:

- Schule als ein Ort für Privilegierte mußte sich öffnen, im Sinne des Humanismus allgemein zugänglich werden.
- Die Solidargemeinschaft Landeskirche bedurfte im Interesse aller einer staatlich gegründeten, unterhaltenen und beaufsichtigten Schule.
- Aus dem Mittelalter zugewachsene Formen höfischer, klösterlicher, städtischer oder privater Beschulung mußten aus pädagogischem Zeitgeist kritisch geprüft, und Erhaltenswertes mußte aufgehoben werden.
- Die äußere Gliedrigkeit des Schulsystems galt es zu vervollständigen (Elementar-, Gelehrten- und Hochschule) sowie nach und nach verbindlich zu machen.
- Die innere Ordnung des schulischen Lebens mußte entsprechend den lokalen, biologischen, jahreszeitlichen Bildungs- und Erziehungsbedürfnissen für Lehrende und Lernende kultiviert werden.
- Das dem nach Freiheit strebenden Christenmenschen gemäße pädagogische Konzept von Schule hatte das Gleichgewicht von Fremd- und Selbstbestimmung im pädagogischen Prozeß neu einzustellen.
- Die Lern- und Studienbedingungen mußten curricular und didaktisch nach neuzeitlichen Zielen für die Beschulung gestaltet werden.

Bild 8: Ph. Melanchthon (1560), Holzschnitt v. L. Cranach d. J.

Bild 9: Martin Luther (1483–1546)

1 Vgl. Kapp, E.: Theorie und Praxis bei Aristoteles und Platon. Mnemosyne 6 (1938).
2 Vgl. Natorp, P.: Sozialpädagogik. Paderborn 1974 (1898). S. 221.
3 Vgl. Apel, H.J.: Theorie der Schule. Donauwörth 1995. S. 22–41.

2. Schule an der Schwelle zur Neuzeit

Das Bündnis von Protestantismus, Humanismus und Renaissance bahnte ein neues Paradigma zum Verständnis von Schule an. In einem über Jahrzehnte währenden widersprüchlichen Prozeß erhielt es zeitgemäße praktische Konturen, sprengte die kleinstaatliche Enge und wußte bedeutende schulpolitische und pädagogische Leistungen der Gegenreformation anzuregen.

Melanchthon hatte daran maßgeblichen Anteil, weil er zwischen historisch Gewachsenen, widerstrebenden Parteiungen im Zeitgeist und lokalen Bedürfnissen erfolgreich vermitteln konnte. Versuchen wir zu verstehen, was er vorfand, und auf welche Hilfe er bauen konnte.

2.1 Pädagogisches am Vorabend der Reformation

Neben dem Katholizismus ist der Protestantismus seit dem 16. Jahrhundert zu einer tragenden Säule deutscher Kultur geworden; er begründete neue Fundamente für das Verständnis von Obrigkeit hinsichtlich ihrer

Bild 10: Ph. Melanchthon, Kupferstich (1569) v. Theodor de Bry

Machtbefugnis und Verantwortung. Hier ordneten sich die aufrüttelnden Ideen zur Erneuerung von Schule und Beschulung ein. Sie halfen, Progressives zu bewahren, Überholtes zu negieren und eine weit über den Tag und die Konfession hinausreichende Schulpolitik anzubahnen.

Die Zeit der „Schwebe zwischen Altem und Neuem"[1], in der Emotionen zwischen Sterben und Werden, das Denken zwischen Gewohntem, scheinbar Sicherheit Gewährendem, und beängstigenden neuen Erkenntnissen Menschen beutelten, mußte sich der Notwendigkeit einer Institutionalisierung von Bildung und Erziehung auf neue Weise stellen. Die sich zunehmend selbst in Frage stellende Papstkirche schloß in partieller Selbstzerstörung auch ihre inneren und äußeren Kloster-, Dom- und Stiftsschulen ein; sie gefährdete die theologischen, politischen und pädagogischen Grundlagen des höfischen Schulwesens genau so wie die in den mittelalterlichen Städten gewachsenen Deutschen Schreib-, Lese- und Rechenschulen, die Latein- und Ratsschulen oder die Küsterschulen auf dem Lande.

Bild 11: Konfessionen zur Zeit der Reformation um 1560

Bild 12: Kaiser Maximilian I. nach einem Bild v. A. Dürer (Relief in Freiburg)

Bild 13: Kaiser Karl V.

Weder die hierarchisch organisierte Papstkirche noch die kaiserliche Monarchie, die von der fürstlichen Föderation der über 350 weltlichen und geistlichen Territorialstaaten abhängig war, konnten sich in der Zeit der Kaiser *Maximilian I. von Habsburg* (Regz. 1493–1519) und *Karl V. von Habsburg* (Regz. 1519–1556) zu überfälligen Neuerungen entschließen. So schien auch ein zeitgemäßes Schulsystem in weiter Ferne zu liegen. Waghalsiges Paktieren zwischen Rittern und Bauern, Patriziern und Zünften, Handelshäusern und Klerus auf dem Hintergrund latenter Konflikte zwischen Kaiser und Territorialfürsten ließ im chaotischen Durcheinander des Glaubens, Denkens und Handelns den spätscholastischen Schulbetrieb endgültig in sich erstarren. Ruhe und Gediegenheit des frühscholastischen kirchlichen Schulwesens war in den Strudel ruheloser Bekehrungs-, Eroberungs- und Bereicherungsmentalität geraten. Tiefe, hingebungsvolle Volksfrömmigkeit ließ die angestammten Orte des Gebets und der Belehrung für viele Menschen bedeutungslos werden. Selbsternannte Volksprediger beschworen auf der Welle unbefriedigter Bedürfnisse mit Schlüsselbegriffspaaren wie Vergehen – Buße, Sünde – Strafe, gute Werke – ewige Seligkeit ... oder über das Aufheizen von Wundersüchtigkeit ein angstvolles, selbstzerstörerisches Sehnen nach göttlicher Erlösung, das sich in nie dagewesenen Strömen von Wallfahrern oder Geißlerzügen – oft von der Pest ausgelöst – ergoß. „Totentänze, gespielt, gemalt, in Holz geschnitten und als Bilderbogen gedruckt"[2], schürten Ruhelosigkeit zwischen Todesfurcht und Erwartung des Jüngsten Tages. Solchermaßen geführte Todeseuphorie verwies gleichermaßen, meist unterschwellig und doch stetig wachsend, zur Einsicht in die Gleichheit und Vergänglichkeit allen menschlichen Lebens und häufte damit sozialen Sprengstoff an. Die Reaktionen des auswuchernden geistlichen Standes – für das 15. Jahrhundert schätzt man auf zehn Menschen einen Geistlichen – erschöpften sich in einer ständig wachsenden Zahl von kirchlichen Gebäuden, Heiligen und Reliquien, von Verkündigungen, Messen und öffentlichen Gebeten, von Machtansprüchen, Gewalt und Kirchenstrafen, die gläubigen Eifer in Mißbrauch umschlagen ließen. Das Streben der Institution Kirche nach Macht, Ansehen, Reichtum und Grundbesitz war begleitet von Verfall und Verwahrlosung eines Teils des Klerus. Das im Volk ungebrochene Streben nach Verinnerlichung der reinen Lehre führte dazu, daß die Kritik an den Mißständen in der

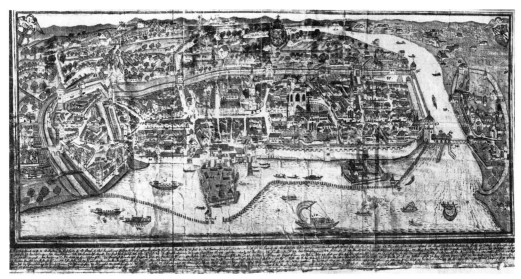

Bild 14: Konstanz um 1600, kolorierte Federzeichnung, Rosengartenmuseum Konstanz

Kirche auch in den vorreformatorischen Jahrzehnten nicht endet. Unzufriedenheit und Angst waren allumfassend geworden. Sichtbare Zeichen dafür sind die Konzilien von Pisa (1409), Konstanz (1414–1418) und Basel (1431–1449). Reaktionen zur Wende mündeten jedoch in die Verketzerung jeder Kritik an der päpstlichen Zentralgewalt (Bulle Excrabilis des Papsts *Pius II.* [1460]).

Parallel liefen, durch Landesherren und Stadträte unterstützt, trotzdem Bemühungen gegen den Niedergang der Klöster und Stadtkirchen sowie ihrer Schulen. Sie scheiterten über das 15. Jahrhundert hinaus, weil eine Vermittlung zwischen zeitgemäßem sittlichem Anspruch und religiöser Tiefe und Reinheit nicht erfolgte.

Bei seinen Schulvisitationen mußte der Augustinermönch *Luther* in der Regel Orte ausmachen, die Erziehung dank priesterlicher Vermittlung auf kultisch-sakrale Handlungswilligkeit und -fähigkeit mit einem Minimum geistigen Anspruchs beschränkte und eine selbstbestimmte, innige Bindung an Gott ausschloß.

In den niederen Schulen war das Verweisen auf das ursprüngliche Wort der Bibel durch

Bild 15: M. Luther als Mönch (1520), Kupferstich v. L. Cranach d. Ä. (1472–1553), Lutherhalle Wittenberg

Bild 16: Ausschnitt v. Erfurt, Holzschnitt aus der Weltchronik v. Hartmann Schedel, Nürnberg 1493

Bild 17: Augustinerkloster zu Erfurt, Kreuzgang

Angesichts des über ein Jahrhundert währenden vergeblichen Mühens um die „Reform an Haupt und Gliedern" des entfesselten Papsttums und der von ihm beaufsichtigten Schulen sind die Reaktionen so vielgestaltig wie die Ursachen der Krise des ausgehenden Mittelalters. Ein grober Überblick gestattet es, einige Tendenzen sichtbar zu machen:

Bild 19: Ausschnitt der Rheinseite v. Köln, Holzschnitt (1531) v. Anton Woensam

Humanisten kaum zu finden; ja selbst an den höheren Schulen und den Hochschulen konnte man das „zurück zu den Quellen", verstanden als Hinwendung zur Synthese zwischen ursprünglichem Wortlaut der Bibel, antiken Sprachen und vaterländischer Geschichte nur in Ansätzen spüren. Die Inquisition versuchte, den Protest, Renaissance und Humanismus einzudämmen.
So wurde *Johannes Reuchlin* (1455–1522) von der Kölner Inquisition verurteilt; *Ulrich v. Hutten* (1488–1523) mußte als geächteter, an Lebensmut gebrochener 35jähriger Mann auf die Insel Ufenau im Zürichsee fliehen.

Bild 18: Johannes Reuchlin (1455–1522)

Bild 20: Ulrich v. Hutten (1488–1523)

- Im Umkreis von *Desiderius Erasmus von Rotterdam* (1466/69–1536) suchte man in der deutschen Renaissance, toleriert durch Kaiser und Papst, Einfachheit und Reinheit mit Hilfe der Hinwendung zu den gereinigten originalsprachigen Texten des Neuen Testaments und der Kirchenväter sowie zum ethischen Gehalt der Bergpredigt, angereichert und gestützt durch antike griechische Philosophie. *Erasmus* und seine Anhänger setzten geduldig auf Beratung.
- Zweitens war da die offene Konfrontation, eine haßerfüllte Kampfansage der Gefährten um *Ulrich v. Hutten* an die Römische Kurie in deutscher Sprache. In den Dunkelmännerbriefen wurden beispielsweise „Dummheit, Streitsucht, Geilheit und Heuchelei", Inquisition und Spätscholastik des „zunehmend verkommenden Papsttums"[4] angeprangert.
- Drittens blieb die Zahl der Hoffnungslosen um *Sebastian Franck* (1499–1542), die sich angewidert, resignierend in die Stille zurückzogen, Gott zur Ehre lebten und auf das Wachstum religiöser Reife vertrauten. 1531 erschien sein dreiteiliges Werk „Chronica, Zeytbuch und Geschichtsbybel".

Bild 21: Desiderius Erasmus von Rotterdam (1466/69–1536), Kupferstich (1526) v. A. Dürer, Wartburg-Stiftung

2.2 Geistige Quellbereiche für die Reform der Schulen

In der eintausendjährigen Epoche des europäischen Mittelalters war das antike Schulwesen sowie deren Kultur und Philosophie in

Bild 22: Sebastian Franck (1499–1542), Titelblätter der „Chronica..." (1536) und der Schrift „Das Kriegbüchlin..." (1539)

die Denk- und Lebensweise der christlichen Kirche eingeschlossen und eingepaßt worden. Beschulung konzentrierte sich jedoch mit dem zunehmenden moralischen Zerfall des Papsttums auf eine Zweckinterpretation des antiken Humanismus mit dem Instrumentarium der späten Scholastik. Dennoch vermochten unter dem weitgespannten Zelt der scholastischen Theologie Keime neuer Denkart – besonders in Italien – zu sprießen, ohne ausgerissen zu werden oder das „Alte" zu überwuchern. Ein neues Bild von der Welt und vom Menschen rankte aus der mittelalterlichen Tradition und bediente sich der bestehenden Schulen. So gelang es unter anderen *Averroes* (*Ibn Ruschd*, 1126–1198), dem in Córdoba geborenen und in Marrakesch gestorbenen mohamedanischen Philosophen und *Aristoteles*-Kenner, in den oberitalienischen Städten Padua und Bologna, frühen Denkweisen einer Renaissance Lehrorte zu verschaffen. Seine Thesen von der „doppelten Wahrheit" und der Trennung von Vernunft und Glauben sah er in enger Bindung an die reinen christlichen Quellbereiche und geriet damit in den Sog des Aufbegehrens gegen Verwerfliches. In seiner antipäpstlich gerichteten Zeitschrift „Defensor pacis"[4] setzte *Averroes* der Willensschwäche der Herrschenden einen populären, kraftvollen politischen Humanismus entgegen.

Dem Averroismus nahe stand die „linke Mystik" mit ihrer naturrechtlichen Gleichheitslehre, die von *Meister Eckardt* (1260–1327) bis zu *Thomas Müntzer* (1489/90–1525) reichte. Ihre Vertreter verstanden deutschsprachige Schulen als Orte des Erwerbs göttlicher Vernunft, um urchristliches Selbstverständnis des Menschen wieder herzustellen.

Der Averroismus reichte bis zum Pantheismus *Giordano Brunos* (1548–1600), der für seine Überzeugung von der Möglichkeit der vernunftbegründeten Gottgleichheit auf den Scheiterhaufen der Inquisition stieg; er reichte gleichermaßen bis zum Nominalismus eines *Galileo Galilei* (1564–1642), der Schulen auf vorurteilsfreie Hinwendung des Individuums zum Glauben und zur Vernunft verpflichten wollte.

Ein anderer breiter werdender Strom des Protestes baute auf die Renaissance von Bildungsinhalten. Die italienische Schule um *Francesco Petrarca* (1304–1374)[5] hatte die Rückbesinnung auf die „studia humanitatis" eingeleitet und erstrebte eine Lebensführung, die sich an Vorbildern aus der Antike anlehnte. Aber man begnügte sich nicht mit lebenspraktischer Vermittlung von Stilmustern antiker Autoren, sondern stellte das Lernen zunehmend in den Dienst sittlicher und politischer Verantwortung. Hier schloß sich ein Prozeß des Suchens, Ordnens und Zusammenführens an, der eineinhalb Jahrhunderte währen sollte.[6]

Das sehr bald allgemein anerkannte Ziel der Beschulung wurde bei *Marcus Tullius Cicero* (106–43 v. Chr.) in der Verbindung von „virtus" und ethisch begründeter „doctrina" durch Literaturstudien gefunden.

Studienprogramme des Humanismus wandten sich zunächst erfolgreich an die Fürstenerziehung, um öffentliche Anerkennung zu erhalten. Im Interesse der Glaubwürdigkeit der humanistischen Bewegung mußte sich der soziale Bezug zwangsläufig ausweiten und dem Adel an Geist und Sittlichkeit den Vorrang einräumen. Der Protest der Humanisten bezog sich auf die schwindende Leistungsfähigkeit des mittelalterlichen Schulbetriebs, der Grammatik, Rhetorik und philosophische Ethik zurückgedrängt hatte und den formalen Umgang mit Definitionen, Syllogismen und Distinktionen in entartetem Latein weiten Raum gab. Schule sollte das Studium antiker Autoren im Zentrum haben. Neue Lehrbücher, wie das „Doctrinale" des *Alexan-*

Bild 23: Thomas Müntzer (1489/90–1525), Kupferstich (um 1600) v. Ch. van Sichem

Bild 24: Marcus Tullius Cicero (106–43 v. Chr.), zeitgenössische Statue

der de Villa dei, basierten auf einer sprachphilosophisch verstandenen Grammatik des klassischen Lateins; das Buch „De elegantiis linguae latinae" (1471) des von *Luther* verehrten *Lorenzo Valla* (1407–1457) verband Grammatik und Rhetorik so miteinander, daß „kunstvolle Rede und Lebensweisheit"[7] zu modellhaften Handlungsprinzipien verschmolzen. Das Trivium weitete sich um Poetik, Geschichte und Moralphilosophie überall dort, wo die Institutionalisierung der „studia humanitatis" auf den Lebensstil wirkte.

Die Rede des *Pico della Mirandola* (1463–1494), verfaßt während seines Parisaufenthalts 1485/86, markiert unter anderem einen Höhepunkt humanistischer Strebungen in Italien, wenn er ausruft: „Aller sterblichen Geschöpfe glücklichstes aber ist der Mensch. Mit auserlesenen Gaben wurde er bedacht: Intelligenz und Freiheit des Willens..."[8]. Mit der Gründung der Platonischen Akademie 1459 in Florenz war bereits lange Zeit vor *Pico* von *Cosimo de Medici* (1389–1464) eine neuplatonisch orientierte Schule ins Leben gerufen worden, die den Protest in der Zeit mit Reformplänen verband.

Die neue Bindung von Gott und Welt mündete in ein Reformstreben, das antiken Geist mit Frömmigkeit einte; es erlangte internationale Resonanz.

Mit deutscher Zunge entwarf *Erasmus* in diesem Durcheinander ein positives Menschenbild. Er beschwor die Schulen, nach Gottes Ratschluß gläubige und vernünftige Menschen zu erziehen. Unterricht könne die erbsündige Schwäche des Heranwachsenden mindern, indem er Bildung zur eigentlichen Bestimmung des Menschen und die Religion zur Hüterin der Tugend mache.[9]

Glaube und Tugend, Bildung und Vernunft, Schönheit und Harmonie setzten auch deutsche Humanisten der Verderblichkeit der Lebensumstände, der Angst und Resignation, die von Aberglauben und anmaßenden Herrschaftsansprüchen in der Zeit ausgingen, entgegen. Der deutsche Humanismus hatte sich zunächst im Fahrwasser der italienischen Tradition bewegt und an einigen Hochschulen im ausgehenden 15. Jahrhundert wider den degenerierten spätscholastischen Wissenschaftsbetrieb – besonders in den Artistenfakultäten – Fuß gefaßt. Es war ein steiniger Weg von der verselbständigten Kommentartradition zu den Quellen, der im zweiten Dezennium des 16. Jahrhunderts auch nach französischem Vorbild (Pariser Fabristen) ausgebaut worden ist.[10] In Ingolstadt, Tübingen, Leipzig, Heidelberg ... wurde die mittelalterliche Kommentarliteratur zunehmend zugunsten „philosophisch annotierter und elegant paraphrasierter"[11] Quellentexte eingeschränkt. Um 1520 war der Durchbruch zur humanistischen Logikreform erreicht. Neben aristotelischen Textvorlesungen und der „Dialectica" des *Johannes Caesarius*, Lehrer des *Cunradus Helvetius*, hatte Rhetorik nach den Vorbildern *Ciceros* und des *Marcus Fabius Quintilianus* (um 35 n. Chr.–100) mit seiner „Institutio Oratoria" (12 Bde.) die scholastischen „artes liberales" bereichert. Diese Öffnung sollte deutsche Universitäten dem Reformideal, den „studia humanitatis", näherbringen.

Bild 25: Tübingen (1643) v. Matthäus Merian d. Ä. (1593–1650)

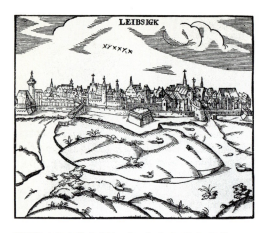

Bild 26: Leipzig [Leibsigk], zeitgenössischer Holzschnitt (2. Hälfte des 16. Jhdts.)

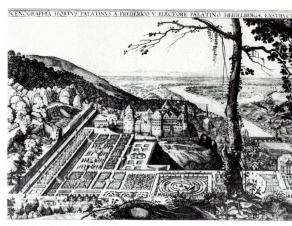

Bild 27: Heidelberg, Hortus Palatinus v. Osten (1620) v. Wenzel Hollar nach M. Merian, aus: Janssonius: „Urbium Totius Germaniae Superioris..."

Nachdem die Societas Jesu die Rolle des allgemeinen Schulordens in katholischen Landen übernommen hatte, wurde auch hier die Pflege der „studia humanitatis" in der höheren und gelehrten Bildung entsprechend der spezifischen Interessenlage ausgebaut. Infolge der Gegenreformation und der Versuche zur Restauration der Scholastik schwächten sich Humanismus und Renaissance an den katholischen Universitäten wieder ab; der staatlichen Hochschulvorbereitung oblag es hier über lange Zeit, die Tradition fortzuführen.

Der Protest gegen die abendländische christliche Kirche – sie hatte einst den aus Trümmern des altrömischen Reichs geborgenen Schatz antiker Traditionen auch in die Heimat der Germanen gebracht und in deren mittelalterliche Hochkultur eingeschmolzen – schwoll um die Wende zum 16. Jahrhundert auch von innen her zu einem unüberhörbaren Chor an. Der wachsende Mißbrauch überweltlicher Trost- und Schreckmittel im Interesse von Macht und Besitz hatte die Kirche als politische Institution in die Niederungen weltlicher Bedürfnisbefriedigung gezogen. Das Mönchtum mit seinem Kampf gegen Besitz, Ehe, Freundschaft, Ehre und Lebensgenuß sah sich vieler Ideale beraubt. Es mußte zunehmend die Tragik kulturellen Niedergangs verkraften, die in ihren Schulen besonders augenscheinlich wurde. Das Bewußtsein der menschlichen Sündhaftigkeit war an manchen Orten so in das Gespenstische gesteigert, daß Selbstpeinigung und Selbsterniedrigung durch Fasten, Wachen, Geißeln, Foltern zu den wichtigsten Erziehungsmitteln avancierten. Die päpstliche Jurisprudenz, ausgestattet mit ungeheurer Machtfülle, erstickte oder neutralisierte das Schulmäßige im deutschen Humanismus. Vermittelnd suchte der geistreiche Reformer *Erasmus* hier, Schule auf ein neues Bündnis von aufgeklärtem Papsttum und Humanismus zu gründen. Dieses setzte jedoch eine umfassende Kirchenreform voraus, die seit *Franziskus von Assisi* (1181/82–1226)[12] von unterschiedlichen Bewegungen – beispielsweise der Kartharer[13], der Waldenser[14], der Hussiten[15] und ihren Nachfolgern, den Böhmischen Brüdern[16] – immer wieder gefordert wurde.

In Rom vermochte man solche jedoch noch nicht zu gewähren. Das im Volke ängstlich unterdrückte Aufbegehren – nicht nur gegen den Ablaßhandel des Dominikaners *Johannes Te(t)zel* (um 1455–1519) – war auch aus diesen Quellen gespeist. Der Mönch *Luther* wußte diese Quellbereiche in einen reformatorischen Strom zu leiten, der aus der Kritik, zur Hoffnung auf eine erneuerte Amtskirche – auch für das Dirigat von Schulen – führte. Die Protestbewegung gliederte sich in verschiedene Parteiungen mit abweichender theologischer Motivation und differenzierter Hinwendung zum Schulkonzept des Renaissancehumanismus.

Luther hatte mit der Forderung von der „Freiheit des Christenmenschen" die Lawine des

Bild 28: Franziskus von Assisi (1181/82–1226), 14. Jhdt., Wandmalerei

Bild 29: Jan Hus (um 1370–1415), böhmischer Reformator

offenen Protestes ins Rollen gebracht. Sein sehr bald modifiziertes „Widerstandsrecht gegen die gottlose Obrigkeit" vertiefte die Spaltung der Bewegung. Die „Volksreformation"[17] um *Thomas Müntzer*, „allgemeines Priestertum" und Freiheitskampf in den Dienst der Utopie einer generellen sozialen Erneuerung stellend, versandete in den glücklosen Bauernkriegen. In den Schweizer Städten Zürich und Bern suchte *Huldrych Zwingli* (1484–1531) erfolgreich *Luthers* Bewegung mit den politischen und wirtschaftlichen Interessen des Städtebürgertums zu verbinden. *Jean Calvin* (1509–1564) – als wichtigstes

Bild 30: Johannes Tetzel (Tezel, ehem. Diezel, auch Diez, um 1455–1519), Dominikaner, Ablaßhändler

Bild 31: Ablaßbrief um 1490, Kloster St. Trudpert (Schwarzwald)

Bild 32: Huldrych Zwingli (1484–1531), Kupferstich Ende des 16. Jhdts. v. Robert Boissard, Lutherhalle Wittenberg

Bild 33: Jean (Johannes) Calvin (1509–1564), zeitgenössisches Gemälde und Titelblatt der Schrift „Unterricht der christlichen Religion", Basel 1536

Werk sei die „Christianae religionis institutio" (Basel 1536) genannt, die 1541 und 1560 in erweiterten Fassungen erschien – band das Reformstreben an die Prädestinationslehre, die auf Arbeit, Askese und Sittenstrenge basierte. Von Genf aus erlangte der Calvinismus Einfluß auf Frankreich (ab 1536) über die Bewegung der Hugenotten, auf England in den Idealen des Puritanismus sowie auf die Niederlande und südwestdeutsche Gebiete um die Pfalz. Es dauerte Jahrzehnte, bevor sich die zerstrittenen Lager annäherten.

Die katholische Gegenbewegung fand nach dem Augsburger Religions- und Landesfrieden (1555) zur innerkirchlichen Erneuerung, die auf dem Tridentinischen Konzil (1545–1563) Gestalt annahm und die Ausweitung reformatorischer Bekenntnisse begrenzte.

Bild 34: M. Luther als Augustinermönch, Kupferstich (1520) aus der Werkstatt v. L. Cranach d. Ä., Wartburg-Stiftung

Bild 35: Eine der 25 Sitzungen des Konzils v. Trient (v. 13. Dez. 1545 [Papst Paul III.] bis 4. Dez. 1563) zur Abfassung der Thesen der Gegenreformation

Bild 36: Canones et decreta … Concilii Tridentini …", Leipzig 1854, und „Catechismus ex decreto Concilii Tridentini …", Leipzig 1843

Zusammenfassend wird sichtbar:

- Der Protest gegen die Schulpolitik der Papstkirche und der sich spätscholastisch pervertierenden Auffassung von Bildung, Erziehung, Sozialisation und Enkulturation war Bestandteil der allgemeinen Reformbewegung.
- Quellbereiche der Neuerungen für die Beschulung wurden:
  – die Belebung pädagogischer Ansichten von Kirchenvätern und innerkirchlichen Reformbewegungen;
  – volkspädagogische Wirkungen einer sich vereinheitlichenden deutschen Sprachlandschaft und Sprachkultur;
  – die Renaissance schulpolitischer und pädagogischer Intentionen des antiken Humanismus;
  – das Menschen- und Weltbild der christlichen Protestbewegung.
- Die progressiven Prägungen mittelalterlicher Schulorganisation und die metaphysische Denkweise; sie gewährleisteten bestandsichernde Kontinuität.

2.3 Luther und die Grundlegung des protestantischen Schulsystems

Luthers Hinwendung zum Lernen und Studieren war zeitlebens von einer Haßliebe zur Institution Schule geprägt, die tief im eigenen Erleben wurzelte. Der in Eisleben geborene und in Mansfeld, Magdeburg und Eisenach aufgewachsene Knabe hatte Rauheit, Strenge und Entbehrung, die mittelalterliche Erziehung Kindern armer Menschen auferlegte, bis an die Grenzen des Erträglichen auskosten müssen. „Mein Vater", so erzählt er, „stäupte mich einmal so sehr, daß ich ihn floh, und ward ihm gram, bis er mich wieder zu sich gewohnte … Die Mutter stäupte mich einmal um einer geringen Nuß willen, daß das Blut hernach floß … Aber sie meinte es herzlich gut." In den Schulen werde mit Kindern umgegangen wie „die Henker und Stockmeister mit Dieben. Wir sind gemartert worden über den Casualibus und den Temporalibus, da wir doch eitel nichts gelernt haben durch so viel Stäupen, Zittern, Angst und Jammern." In seinen Schulerinnerungen war fest eingegraben, daß er an einem Vormittag „fünfzehn Mal nacheinander gestrichen" worden ist.[18] In Eisenach mußte er als Kurrendschüler seinen Unterhalt selbst bestreiten.

Mit Fleiß kämpfte sich der zurückhaltende sensible Student Luther durch die scholastisch geprägte Artistenfakultät der Erfurter Universität, die durch den Nominalismus des englischen Franziskaners *Wilhelm von Occam* (1285–1350) beeinflußt war. An dessen Grundthese, daß der Glaube nicht durch Vernunft zu begründen sei, hielt *Luther* ein Leben lang fest. Zu dem reformfreudigen Kreis von Humanisten an dieser Universität[19] blieb

Bild 37: Lutherbildnis (1528) aus der Cranach-Werkstatt, Franckesche Stiftungen Halle, ausgeliehen 1910 an das Moritzburg-Museum, dort verschollen

Bild 39: Schloß der Grafen v. Mansfeld in Mansfeld

Bild 40: Magdeburg, Holzschnitt aus der Weltchronik v. Hartmann Schedel, Nürnberg 1493

Bild 38: Luthers Geburtshaus in Eisleben

Bild 41: Lutherhaus zu Eisenach

Bild 42: Martin Luthers Eltern Hans und Margareta Luther (Luder)

versität und Prediger in der dortigen Pfarrkirche werden. Das Mühen um die glaubwürdige Vertretung des theologischen Fachs führte ihn zum Zentrum seiner Lehrauffassung, der Rechtfertigungslehre allein durch den Glauben *(Paulus)* und folgerichtig in die Konfrontation zur Kirchengesetzlichkeit und äußerlichen Werkheiligkeit.

Luther auch beim anschließenden Jurastudium (der Erfurter Jurist *Henning Goede* genoß damals Weltruf) in innerlicher Distanz. Der sensible Jüngling, zwischen theologischer Berufung und Jurisprudenz, dem Wunsch des Vaters, zwischen tiefer Frömmigkeit und skrupellosem Machtbegehren seiner Kirche, zwischen Lebensfreude und Ohnmacht gegenüber den Naturgewalten hin und her geworfen, flüchtete 1505 zu den Erfurter Augustinereremiten. Hier im Kloster suchte er in weltlicher Abgeschiedenheit Seelenfrieden durch theologische Studien.

Drei Jahre später sollte *Luther* selbst Lehrer an der 1502 gegründeten Wittenberger Uni-

Bild 43: Universität Erfurt – Collegium maius – im 16. Jhdt.

Bild 44: „Martinus luder ex mansfelt", Erfurter Matrikel (oben: Baccalaureus der Artistenfakultät am 29. Sept. 1502, unten: Magister am 6. Jan. 1505)

Die große öffentliche Resonanz nach seiner Leipziger Disputation (Juni 1519) mit *Johann Eck* (1486–1543), die Unterstützung und Verehrung durch Freunde wie *Franz v. Sickingen* (1481–1523), des Erfurter Rektors *Johannes Crotus Rubeanus* (um 1480–nach 1539), eigentlich *Johannes Jäger*, *Helius Eobanus Hessus* (1488–1540), eigentlich *Koch*, *Willibald Pirckheimer* (1470–1530) ... und entlarvende Schriften, so die von *Hutten* herausgegebene des *Laurentius Volla* „Wider die Schenkung Konstantins" oder die von *Hutten* selbst verfaßte „Vadiscus, oder die römischen Dreiheiten" stützten sein Aufbegehren: „Guter Gott, welche Finsternisse und Nichtswürdigkeiten der Römlinge! Und daß man sich über Gottes Gericht wundern muß: so viele Jahrhunderte hindurch haben diese schmutzigen, groben, unverschämten Lügen nicht nur Bestand gehabt, sondern sogar geherrscht und als kirchliches Gesetz gegolten, ja, was das Ungeheuerlichste ist an der Ungeheuerlichkeit, unter den Artikeln des Glaubens ihre Stelle gefun-

Bild 47: Johann Eck (1486–1543), später Kupferstich

Bild 45: Universität Wittenberg

Bild 46: Disputationskatheder um 1680, in der oberen Reihe Luther, links und rechts Bilder der sächs. Kurfürsten, bis 1842 im Auditorium maximum des Fridericianums, Holz mit Blattgold, Arkantusschnitzereien, gemalte Medaillons

Bild 48: Franz v. Sickingen (1481–1523), Holzschnitt v. Daniel Hopfer (um 1470–1536)

den. Ich bin geängstet, daß ich nachgerade nicht mehr zweifle, der Papst sei recht eigentlich jener Antichrist, den die Welt erwartet, so sehr stimmt hierzu sein ganzes Leben, Thun, Reden und Beschließen."[20]

Auch bei der Visitation von Klöstern sah sich *Luther* bestätigt. 1516 hatte ihm der Beauftragte des Kurfürsten *Johann v. Staupitz* (um 1470–1524) derer vierzig übertragen. Das Urteil über die Schulen fiel verheerend aus: „Es kann nicht so bleiben, wie es ist. Darum wollen wir Hand antun und Schulmeister ordnen." Er schlußfolgerte sofort: „Wäre ich kein Prediger, so weiß ich keinen Stand auf Erden, den ich lieber haben wollte. Man muß aber nicht sehen, wie es die Welt verlohnet und hält, sondern wie es Gott achtet."[21]

Luthers „Zeit des Schweigens" zu Schulfragen war mit der Reformationsschrift „An den

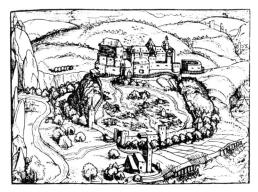

Bild 49: Franz v. Sickingens Ebernburg (1523), nahe Kaiserslautern, die flüchtigen Humanisten Unterschlupf bot, so auch 1521 Martin Bucer, Holzschnitt

Bild 51: Willibald Pirckheimer (1470–1530), Humanist und Freund Melanchthons

Bild 50: Helius Eobanus Hessus (1488–1540), Holzschnitt (1534) v. Hans Brösamer, Lutherhalle Wittenberg

Bild 52: Johann v. Staupitz (um 1470–1524), nach einem Bild des Salzburger St. Peter-Klosters

christlichen Adel deutscher Nation" (1520) vorbei. Der Schritt vom sich um aufrichtige Frömmigkeit marternden Mönch, des für das lautere Wort Gottes streitenden Professors zum Erneuerer des Glaubens – auch über die Begründung protestantischer Schulen – war gewagt. Er versuchte nunmehr, der über drei Jahrhunderte währenden Renaissancebewegung der Kirche, die den Katholizismus in ein weitgefächertes Spektrum zwischen „strengste(r) Askese" und „duldsame(r) Lebensfreude"[22] geführt hatte, zeitgemäße Sach- und Handlungskompetenz zu erschließen.

Schule als Ort von Bildung und Erziehung lutherischer Prägung wuchs nicht nur aus Biographischem. *Luther* suchte auch nach ihren bildungspolitischen und pädagogischen Standorten, nach ihrer erzieherischen Aufgabe.

Sein Frieden zwischen Kirche und Staat beruhte auf dem augustinischen Dualismus zwischen Göttlichem und Weltlichem; seine Befreiungsidee, die den Geistlichen von der Entartung des Weltlichen reißen sollte, stellte Religion über das Leben. Vernunft sei sündig, ihre sittlich-religiöse Determination Aufgabe des Staates.[23] Damit befand sich die Schule im Zuständigkeitsbereich der Staatskirche. Die Obrigkeit hatte sie zu begründen, durch Gesetze auszugestalten, zu unterhalten und gleichermaßen der christlichen Liebe und dem gläubigen Gewissen zu verpflichten.

Der Ausbau des Schulwesens war damit dem Staat als sittlich-religiöse Aufgabe zugewiesen. Über Kirchenordnungen wurden Schulen pädagogisch und organisatorisch bestimmt sowie territorialstaatliche und nationale Prägungen durchgesetzt. Insbesondere niedere Schulen waren in *Luthers* Augen „Vorbereitung zur Kirche", keine nationalen oder wissenschaftlichen Bildungsstätten.[24] *Eduard Spranger* (1882–1963) konnte feststellen: „So wurde für *Luther* der S t a a t ein pädagogisches Institut für Ordnung und Recht, die S c h u l e eine Zucht und Vorbildung auf die Kirche, und die K i r c h e selbst eine pädagogische Vorstufe für das christliche heilige Volk der Zukunft."[25]

Der Einfluß des Humanismus auf *Luthers* Vorstellungen von Schule blieb auf das Studium der alten Sprachen begrenzt, da auch er den Zugang zu den unverfälschten Quellen schätzte. Im Sendschreiben „An die Radherrn…" (1524) hatte *Luther* einen theologisch motivierten Bund mit der Wissenschaft und dem Humanismus besiegelt. Humanisti-

Bild 53: Titelblatt von Luthers Schrift „An den Christlichenn Adel teutscher Nation …", Leipzig 1520

Bild 54: Titelblatt von Luthers Schrift „An den Christlichen Adel deutscher Nation …", Wittenberg 1520

sche Bildungsinhalte des Unterrichts waren für ihn „Vorbereitung des Evangeliums" und Einführung in den „Geist ... der ... Uroffenbarung".[26] Was blieb, war seine Antwort auf die Klagen der Humanisten über den Niedergang der Schulen und Wissenschaft in protestantischen Landen und den Mangel an Pfarrern, Lehrern, Gelehrten, Juristen, Schreibern, Verwaltern ... Sein Mißtrauen gegenüber der menschlichen Vernunft beließ ihn jedoch in gehöriger Distanz zur erasmischen Synthese zwischen dem „einfachen, praktischen Evangelium der Bergpredigt" und „der Lebensweisheit der Antike".[27] Die Konfrontation *Luthers* mit der Scholastik wuchs aus dem gleichen Argwohn gegenüber grübelnder Vernunft und Philosophie: „Hüt dich vor denen, die es wissen; glaub ihnen nicht; wo du einen siehst, der es weiß, so sag ihm, er sei ein Esel."[28]

Aus den „Tischreden" des Reformators geht zweifelsfrei hervor, daß er Schulen nicht auf Freiheit und Selbstbestimmung der Lehrenden und Lernenden begründen wollte. Sein pädagogisches Konzept baute auf die Kraft des verinnerlichten Glaubens, auf die „Heilige Schrift als Quell der Verheißungen ... und Christus als Gewähr der Gnade und Sündenvergebung."[29] Eine tragfähige Brücke vom Protestantismus zur deutschen Prägung des Renaissancehumanismus zu schlagen, blieb *Philipp Melanchthon* vorbehalten.

Die ursprüngliche Ablehnung der Schulen durch die Reformatoren, wie sie bei dem ehe-

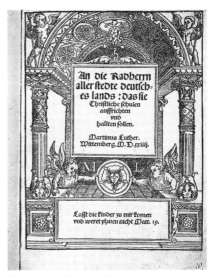

Bild 56: M. Luthers Schrift „An die Radherrn ...: das sie Christliche schulen auffrichten vnd halten sollen", Wittenberg 1524

Bild 55: Eduard Spranger (1882–1963)

Bild 57: Titelblatt v. M. Luthers Schrift „An die Radherrn ..., das sie Christliche schulen auffrichten vnd halten sollen", Wittenberg 1524

Bild 58: Ph. Melanchthon, Ölgemälde (1537) v. L. Cranach d. Ä., Staatl. Kunsthalle Karlsruhe

Bild 59: Andreas Rudolf (Bodenstein) Karlstadt (um 1480–1541), Holzschnitt (1. Hälfte des 16. Jhdts.)

maligen Scholastiker *Andreas Rudolf Karlstadt* (um 1480–1541), eigentlich *Bodenstein*, seit 1505 Wittenberger Professor, bei dem auch *Luther* 1512 promovierte, extrem ausgeprägt war, rührte von der antiaristotelischen Haltung her, wonach sich Schule nicht auf menschliche, sondern auf göttliche Erziehung gründe; der Mensch könne erst gute Werke tun, wenn er durch Gottes Gnade gut sei. Seine Rechtfertigung von Beschulung in den Predigten über die Zehn Gebote war daher keine eingeschränkte Persönlichkeits-, Fach- oder Nationalbildung, sondern die Bildung und Vermahnung zu Gott, zum „Menschen Gottes, der zu allem guten Werk geschickt ist" (2. Tim. 3,17). Mit dem Schritt von der Gemeinde zur Staatskirche weitete sich *Luthers* Schulprogramm auf Befähigung zur ganzheitlichen Lebensgestaltung, durch „Verheißung und Drohung, Gottesdienst und Menschendienst, Gesetz und Evangelium, geistliches Reich und weltliches Reich"[30] aus. Dabei waren ihm der Glaube an Gott und die Liebe zum Menschen unverzichtbare pädagogische Handlungsprinzipien. Durch seinen Glauben sei der „Christenmensch ein freier Herr aller Dinge und niemand untertan"; durch Liebe sei der „Christenmensch ein dienstbarer Knecht aller Dinge und jedermann untertan".[31] Einfachheit, Bescheidenheit und Selbstlosigkeit verstand er als Merkmal schulischen Lebens. Die Sucht nach Dank und Lohn in der Schule waren *Luther* verpönt: „Willst du deine Liebespflicht erfüllen, dann mußt du deine guten Werke verloren gehen lassen, gleichwie ein guter Apfelbaum seine Früchte verliert und sie auch den schlimmsten Taugenichtsen gibt, ja sie die Säue fressen läßt."[32] Den jugendlichen Wildwuchs müsse die Rute begrenzen, wenn nötig auch, indem „der Eigenwille gebrochen wird".[33] *Luther* beeilte sich zugleich – wie in dem weithin bekannten Brief an seinen Sohn *Hans* – pädagogisch ausgleichend festzustellen: „Christus, da er Menschen ziehen wollte, mußte Mensch werden; sollen wir Kinder erziehen, so müssen wir Kinder mit ihnen werden."[34]

1530 faßte *Luther* den Ertrag seiner unsystematischen pädagogischen Begründungsversuche von Schule in seiner Schrift „Eine Predigt ... Das man Kinder zur Schulen halten solle" zusammen: „Gott hat dir Kinder gegeben nicht darum, daß du allein deine Lust an ihnen haben und sie zur Weltpracht ziehen sollst. Es ist dir erstlich geboten, daß du sie sollst ziehen zu Gottes Dienst – oder du sollst mit Kind und allem ausgewurzelt werden."[35]
Die Familie, später von *Jan Amos Comenius* (1592–1670) „Mutterschule" genannt, stand

für *Luther* im Zentrum pädagogischer Bestrebungen. In der Schrift „Ein Sermon vom ehelichen Stande" interpretierte er Schlußfolgerungen aus dem Gebot der Elternliebe – Neues Testament – in bezug auf Erziehungs- und Fürsorgepflichten. Der „Segensstand" jeder Ehe hänge vom Gelingen der Kindererziehung ab. Über die Zeugung sowie die Erziehung von Kindern zur Gottesfurcht und Ehrbarkeit sollten Hausvater und Hausmutter das öffentliche Wohl fördern. Seine Ratschläge zur häuslichen Erziehung reichten von gesunder Ernährung über Bildungsmethoden bis zur Vorbildpflicht der Eltern; von der Erziehung durch Strafe, Lob und Arbeit bis zur Schändlichkeit von „Verzärtelung und Verhätschelung". Nachlässigen Eltern drohte er mit Gottes Gericht.[36]

Aus christlicher Ethik und genauer Menschenkenntnis hatte *Luther* mit seiner erzieherischen Standortbestimmung der Familie aktuelle sozialpsychologische Kenntnisse vorausgenommen: schon für ihn war die Familie eine primäre soziale Instanz, in der sich das Menschenbild konstituiert – die jenes Urvertrauen gewährleistet, das Geborgenheit, Selbstbewußtsein, sittliche Grundhaltung und Rollenerwartung anbahnt.

Luthers Auffassungen vom „allgemeinen Priestertum" und der „Freiheit des Christenmenschen" beeinflußten viele Vorstellungen von elementaren Schulen. Gegen Analphabetentum mit seiner „Unwissenheit und Verwilderung" setzte er den Kulturzugang für alle Christenmenschen über die inhaltliche Ausgestaltung und Verbreitung der vorhandenen „deutschen Schreib- und Leseschulen" sowie der „Pfarr- und Küsterschulen". Selbständi-

Bild 61: Schulstube einer größeren Gemeinde (1592), Einteilung der Knaben in Gruppen pro Lehrer, Unterricht im Lesen, Rechnen, Gesang, links im Vordergrund Prügelstrafe, Holzschnitt aus der Sammlung W.L. Schreiber, Potsdam

Bild 60: Jan Amos Comenius (1592–1670)

Bild 62: Grabplatte Luthers, Wittenberger Schloßkirche, Original in Jena

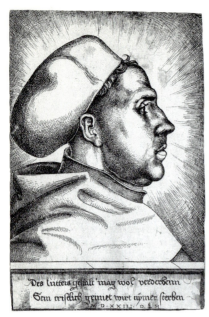

Bild 63: Luther als Augustinermönch mit Doktorhut im 38. Lebensjahre, Stich (1521) v. L. Cranach, Kupferstich (1521) v. Daniel Hopfer

ger Zugang zur Bibel orientierte sich an der Beherrschung elementarer Kulturtechniken. Mit Bibel, Katechismus und Gesangbuch bestimmte *Luther* den Bildungsinhalt und die Erziehungsethik elementarer Beschulung. Über Visitationen und Hinweise – beispielsweise in der Vorrede des Enchiridon[37] – beförderte er neues Sendungs- und Methodenbewußtsein der Lehrenden. *Luther* war nicht der pädagogische Architekt der deutschen Elementarschule. Aber er stellte wichtige schulpolitische und sozialisatorische Weichen für eine Grundbildung aller Christen.

Aus der Predigt „… Das man Kinder zur Schulen halten solle“[38] werden Motive für die besondere Hinwendung zu den Gelehrten- und Hochschulen sichtbar. Sich in die humanistische Tradition einordnend, sollten künftige Geistliche und Gelehrte, Obere und Lehrer, Räte und Schreiber … über alte Sprachen und freie Künste gebildet werden, um die oft „wildwüchsigen Deutschen“ nicht auf „Faust und Harnisch“, sondern auf „Kopf und Bücher“ zu verpflichten. Weit verbreiteter Bildungsfeindlichkeiten von Mächtigen, Kriegern und „Geizwänsten“ setzte er die Pflicht zur Errichtung von Schulen entgegen, damit wissende, kulturvolle Christen Träger des Protestantismus werden könnten. Seine Kritik richtete sich nicht in erster Linie auf das „Studium generale“, sondern auf das Scholastizieren in den Artistenfakultäten. Die hier betriebene Propädeutik (Dialektik, Rhetorik, Poetik, Historia, Mathematik, Astronomie …) – an sich nützlich – sei vom blinden, heidnischen *Aristoteles* beherrscht. Dessen Metaphysik, Seelenlehre und Ethik seien „unnütz“ und wirkten „Gottes Gnade“ und „christlichen

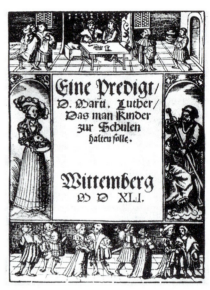

Bild 64: Luthers Predigt (1541) zur Erfordernis der Errichtung von Schulen

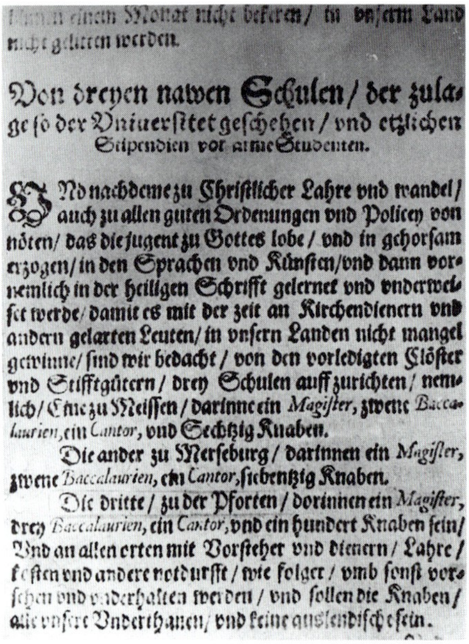
... einen Monat nicht bekeren/ in unsern Land nicht gelitten werden.

Von dreyen nawen Schulen/ der zulage so der Universitet geschehen/ und etzlichen Stipendien vor arme Studenten.

UNd nachdeme zu Christlicher Lahre und wandel/ auch zu allen guten Ordenungen und Policey von nöten/ das die jugent zu Gottes lobe/ und in gehorsam erzogen/ in den Sprachen und Künsten/ und dann vornemlich in der heiligen Schrifft gelernet und underweiset werde/ damit es mit der zeit an Kirchendienern und andern gelarten Leuten/ in unsern Landen nicht mangel gewinne/ sind wir bedacht/ von den vorledigten Clöster und Stifftgütern/ drey Schulen auff zurichten/ nemlich/ Eine zu Meissen/ darinne ein Magister, zwene Baccalaurien, ein Cantor, und Sechtzig Knaben.

Die ander zu Merseburg/ darinnen ein Magister, zwene Baccalaurien, ein Cantor, siebentzig Knaben.

Die dritte/ zu der Pforten/ dorinnen ein Magister, drey Baccalaurien, ein Cantor, und ein hundert Knaben sein/ Und an allen orten mit Vorsteher und dienern/ Lahre/ kosten und andere notdurfft/ wie folget/ umb sonst versehen und underhalten werden/ und sollen die Knaben/ alle unsere Underthanen/ und keine auslendische sein.

Bild 65: Neue Landesordnung v. 1543 (Auszug), Archiv Schulpforte

Tugenden" entgegen. Der Vielheit stellte er in Wittenberg das Grundsätzliche, mit Sorgfalt Studierte entgegen. Säkularisierte Klöster mit ihren Besitzungen sollten in den Dienst höherer Bildung gestellt werden, und städtische sowie landesherrliche Gelehrtenschulen könnten die Artistenfakultäten ersetzen. Auch hier war es *Luthers* engster Vertrauter, *Melanchthon*, der die schulpolitischen Vorstellungen pädagogisch ausgestalten sollte.

Eine Gesamtsicht läßt erkennen:

- *Luthers* Motive zur Begründung des protestantischen Schulsystems finden sich unter anderem in der Bildung und Vermahnung zu Gott, in seiner revolutionierenden Gewissens- und Sozialethik, in den existentiellen Notwendigkeiten seiner Staatskirche, in seinen Gegenbildern durchlebter Elementarbildung und scholastischer Hochschulbildung sowie in seinen Visitationserlebnissen.
- Die angestrebte Reform des gewachsenen Bildungssystems baute auf mittelalterliche Organisationsstrukturen und eine eng begrenzte Synthese von Protestantismus und Renaissancehumanismus. Dabei erhielt Beschulung im Elternhaus, in Elementarschulen, hochschulvorbereitenden Einrichtungen und Hochschulen vielseitig begründeten institutionellen Eigenwert. Ihre pädagogische Ausgestaltung überließ er sachkundigen Anhängern, insbesondere *Melanchthon*.
- *Luthers* kulturschöpferische Leistungen – sprachwissenschaftliches, literarisches, musisches, künstlerisches und kommunikationspraktisches Schaffen – beeinflußten den Bildungsinhalt von Schule nachhaltig.
- Seine Anregungen für Visitations- und Schulordnungen im Rahmen von Kirchenordnungen halfen, eine zeitgemäße Schulpolitik zu begründen. In ihrer Folge wurde die Institution ‚Schule' organisatorisch und wirtschaftlich fundiert, die Aufsicht strukturiert.
- *Luther* nahm persönlichen Einfluß auf Schulgründungen, die Ausbildung und „Ordination" von Schulmeistern; er beeinflußte durch Briefe, Predigten und Schriften das Schulregime.

2.4 Schulen im Blickfeld reformatorischer Parteiungen

Luthers zündender Aufruf für die „Freiheit des Christenmenschen" hatte unterschiedliches Streben in der Reformbewegung provoziert; adäquate Resonanz in sozialen Schichten führte zu Parteiungen mit spezifischer Interessenlage.

So sahen sich einige seit dem 13. Jahrhundert entwickelnde „Ketzergemeinschaften" bei dem rebellierenden Mönch in Wittenberg aufgehoben. Ideen der Waldenser[39], der hussiti-

Bild 67: M. Luther, Holzschnitt nach 1546 v. L. Cranach d. J., Westfälisches Landesmuseum für Kunst und Kulturgeschichte Münster

Bild 66: Ölgemälde v. Luther u. Melanchthon in der Puhavaimukirik in Tallinn (Heiliggeistkirche), Aufn. Okt. 1996

schen „Streiter"⁴⁰ oder des englischen Theologen und Reformers *John Wiclif* (*Wycliffe*, 1328–1384) blieben in der Umgebung von *Thomas Müntzer* und *Jan Hus* (um 1370–1415) besonders lebendig. Diese Gruppierung bewahrte die „Freiheit des Christenmenschen" als verkündetes „allgemeines Priestertum" im Sinne sozialer Errettung. Ihre Vorstellung von Schule schloß staatlichen Dirigismus aus. Kostenlosen Zugang von der Elementar- bis zur Hochschule sollten alle sozialen Schichten haben. Eine Auslese für höhere Bildungsgänge sei nur durch Begabung und Fleiß zu begrenzen. Die Trägerschaft der Schulen obliege den Glaubensgemeinschaften. Ihre Schulidee blieb dem selbstbestimmten Weg zu Gott nach dem Wort der Bibel ohne auf Dogmen eingeschworene Mittler verpflichtet.⁴¹

Eine andere Richtung sozialer Bindung der schulpolitischen Anregungen *Luthers* finden wir bei *Huldrych Zwingli* und seinen Anhängern. Es waren die Interessen eines selbstbewußten republikanisch gesinnten Bürgertums in den Städten Zürich und Bern, die halfen, neuartige Bildungssysteme christlichen Geistes anzulegen. Sie blieben zukunftsträchtig, weil hier wie in Genf und Frankreich Wege beschritten wurden, die darauf gerichtet waren, die Freiheit des Christenmenschen nicht sklavisch an die überwältigende Persönlichkeit *Luthers* allein zu binden. Das hätte wiederum eine Erstarrung in einer selbstgewählten Knechtschaft bedeutet.

Zwingli stammte aus wohlgeordneten Verhältnissen einer christlichen Familie und wuchs in einem Tal heran, dessen Bewohner sich elementare Freiheiten in zähem Ringen von der Abtei St. Gallen erstritten hatten. Die geistliche Amtsverwaltung in den Städten war über Jahrzehnte zerbröckelt, so daß die Reformation nur den Schlußpunkt unter eine Entwicklung setzte, in der die städtische Obrigkeit die Leitung der weltlichen und kirchlichen Angelegenheiten in ihrer Hand vereinigen konnte. *Zwingli*, selbst Lehrer und Pfarrer, fand sehr zeitig enge Bindungen zu Humanismus und Theologie. Der in Armut aufgewachsene *Erasmus* (ursprünglich *Gerhard Gerhards*) war sein Vorbild, *Melanchthon* sollte sein großer Anreger werden. Als Literat forderte *Zwingli* den Konnex zwischen Religion und Patriotismus. Damit hatte er seine Überzeugung von der Kirchenreform in einen engen Bezug zum Kampf um Freiheit und sittlich-soziale Erneuerung des Vaterlandes gestellt. Schule stand für ihn wie die Bürgerschaften folgerichtig im Dienste des Heilswerks Christi und der Wertschätzung irdischer Arbeit. Sittlichkeit, Pflichttreue und Vaterlandsliebe sollten den humanistischen Unterricht motivieren. Seine Schulen als Ein-

Bild 68: John Wicliff (1328–1384), Kupferstich (16. Jhdt.) v. Joh. Conrad Klüpffel

Bild 69: Huldrych Zwingli (1484–1531), Gemälde v. Hans Asper (1499–1571), Kunstmuseum Winterthur

Bild 70: Desiderius Erasmus (Roterodamus) von Rotterdam (1466/69–1536)

Bild 72: Johannes Oekolampadius (1482-1531), geboren in Weinsberg bei Heilbronn, später Reformator in Basel

richtungen des christlichen Gemeinschaftslebens waren der gesamten Spannweite zwischen Elementarem bis zu den Wissenschaften und Künsten verpflichtet.⁴² *Zwinglis* Lehrweise, so nahe sie *Luther* und *Melanchthon* auch war, brach rigoros mit der scholastischen und augustinischen Tradition. Glaube wurde ihm über das Vertrauen in göttliche Gnade hinaus zum Motiv für „wirksame Tugend und unermüdliches Handeln". Kirche

Bild 71: Lutherbibel (1534), Stempelpressung auf dem Einband, Dessau, Anhaltinische Landesbücherei

und Schule waren als sittliche Institutionen und somit als Ausgangspunkte moderner Kulturentwicklung gedacht.⁴³

Im Geiste *Zwinglis* hatte der in Weinsberg bei Heilbronn gebürtige Pfälzer *Johannes Oecolampad* (*Oekolampadius*, 1482–1531), ein Vertrauter *Melanchthons*, in Basel als Theologe und Professor tätig, maßgeblichen Einfluß auf die Gestaltung des Elementar- und Gelehrtenschulwesens sowie auf die Universität Zürich genommen, so daß Glaubens- und Lehreifer ebenso wie christliche Lebensgestaltung günstigen Nährboden fanden.

Zwinglis Härte und Konsequenz, mit der er auch in der Bildungsorganisation religiöse und politische Handlungsmotive verknüpfte, schufen ein leistungsfähiges Schulsystem, das im Inneren jedoch durch religiöse Intoleranz und ein hohes Maß an Fremdbestimmung geschwächt war.

Das von *Jean Calvin* ausgehende reformierte Bekenntnis war noch entschiedener an den Bedürfnissen des Manufaktur- und Handelsbürgertums sowie einer „separatistischen Adelsideologie" orientiert.⁴⁴ Von Genf aus fanden seine Bildungsideen im Hugenottentum Frankreichs, im Puritanismus Englands und in den deutschen Landen zwischen der Pfalz und Emden gestaltende Kraft. Sie bezog sich auf die Prädestinationslehre (im Kern geht sie von Vorbestimmtheit von Gnade oder Verdammnis aus), die einem Bildungsindividualismus Bahn brach, der auf Sittenstrenge, harte Arbeit und die Doppelaufsicht von

Konsistorium und Stadtrat baute. Die lebenslangen Bindungen *Calvins* – überliefert in unzähligen Briefen – an die Mentalität in der Gegend seiner Kindheit um Noyon, der Studienorte Paris, Orleans und Bourges legen Zeugnis ab von einem offenen, beständigen und unbeugsamen Charakter. In einem Rückblick aus dem Jahre 1557 schrieb er bezeichnenderweise über die Zeit, in der er gerade erst evangelisch geworden war, „... alle meine Zufluchtsorte wurden fast zu öffentlichen Schulen".[45]

Der Verkünder des Reformationswerkes in Genf (1535–1538), *Wilhelm Farel* (*Guillaume*, 1489–1565), wußte den im August 1536 durchreisenden *Calvin* ob seiner biblischen Frömmigkeit und Gelehrsamkeit für die Stadt zu gewinnen. Als standhafter Reformer war er *Luther* ähnlich, ohne jedoch eine analoge „Bewunderung seiner Theologie und seiner Persönlichkeit"[46] in der erneuerten Kirche zu dulden. Auch nach dem Tode wurde sein Werk weder lebensfremder Verklärung noch orthodoxer Erstarrung überlassen. *Calvins* Erziehungsmittel waren Glaube, Zucht und Ordnung. Er verwarf das lutherische Landeskirchenregiment und gab mit der „Lehre von den vier Ämtern" (Pastoren, Lehrer, Diakone und Älteste) dem Priestertum „eine erneute Chance".[47] Der Dienst an der Kirche und am Gemeinwesen waren hier getrennt; die Herrschaft der Kirche über den Staat oder des Staates über die Kirche blieben ausgeschlossen.

Folgerichtig begründete *Calvin* Schulen vom Glauben her und stellte sie in den Dienst des innerevangelischen Friedens. Ökumenischer Geist wird in den Schulordnungen, der Schulorganisation sowie den Verhaltensregeln für Schüler und Lehrer spürbar.[48] Das „Kirchenzuchtkollegium" sollte mit Klugheit, Redlichkeit, Milde und Eifer über die Leistungsfähigkeit der Schulen wachen.

Dem Organisatorischen wurde in den Genfer Statuten besondere Aufmerksamkeit gewidmet. So ist die Ordnung der Genfer Artistenfakultät mit sieben Klassen wohl die ausgefeilteste in jener Zeit. Unterrichtsteilnahme und Kirchenbesuch wurden exakt kontrolliert. Strenge Pflichten erlegte der Genfer Katechismus auch den Rektoren, Professoren und Regenten auf. Die Genfer Statuten bestimmten für den Rat das Entscheidungs- und Anstellungsrecht an ihrer Hochschule. Das Konsistorium als höchste kirchliche Instanz

Bild 73: Kurfürstliche Residenz Heidelberg (1521), Radierung v. P. W. Zimmermann (1622), Kurpfälzisches Museum Heidelberg

Bild 74: Ansicht von Herborn (1645)

Genfs beeinflußte hingegen die christlich-akademische Erziehung nachhaltig. Der Studienplan war minutiös vorgegeben. Genaue Kompetenzverteilung zwischen Rat und Konsistorium erzwang ein durchorganisiertes, leistungsfähiges Schulsystem, das seine Wirkung außerhalb der Schweiz nicht verfehlte. Nach diesem Vorbild wurde 1565 das Heidelberger Gymnasium reformiert, dem andere folgten – ebenso die Hohe Schule in Herborn, die zum „Prototyp der deutschen reformierten Akademien" werden sollte.

Wilhelm Zepper (gest. 1607) übertrug mit seiner Ordnung im Jahre 1590 calvinistische Schulpositionen auf deutsche Muttersprachschulen.[49] Die Faszination, die der Calvinismus besonders in Frankreich, England und Süddeutschland erlangte, verstärkte *Calvins* Einfluß auf die schulpolitische und pädago-

Bild 75: Stich von Johannes Sturm (1507–1589) u. Titelblatt über „Das Leben und Werk von Johannes Sturm ...", Straßburg 1855

gische Prägung der europäischen protestantischen Bewegung.

Für eine leistungsfähige bildungspolitische Synthese zwischen Luthertum, Zwinglianismus und Calvinismus steht in der Folgezeit die schulgebundene Hochschulvorbereitung – beispielsweise in Straßburg – als Alternative zur überlebten Artistenfakultät. *Johannes Sturm* (1507–1589), Autor der Schrift „Das Buch über die richtige Methode zur Gründung von Schulen für literarische Erziehung" (1537), weitete hier die obere Klasse der Lateinschule zu einer achtklassigen Gelehrtenschule (1538) aus, die über das Erziehungsziel „sapiens atque eloquens pietas" (weise und beredte Frömmigkeit) zum Symbol für eine tragfähige Bindung von Protestantismus und Humanismus wurde.[50] Von anregendem Wert war *Sturms* Projekt, „eine Centraluniversität für die ganze protestantische Welt, in der Mitte zwischen Deutschland und Frankreich, zwischen Süden und Norden, und so ... zwischen der lutherischen und schweizerischen Reformation" zu gründen.[51]

Über die Zeiten fortgeführte Versuche, Schulen auf die Bindung von Evangelium und Renaissancehumanismus festzulegen, wurzelten

Bild 76: Ansicht von Straßburg (1588)

jedoch im Luthertum und waren zunehmend vom bildungspolitischen und pädagogischen Engagement *Melanchthons* beeinflußt; sie profilierten sich organisatorisch und orientierten sich deutschlandweit an der sicheren Statik melanchthonscher Architektur.

Der Prozeß der Annäherung und des Zusammenfindens in einer zeitgemäßen Schulstruktur hatte viele Facetten, selbst bei den Lutheranern. Er steht aber fast ausnahmslos in direkter oder geistiger Korrespondenz mit *Melanchthon*. Viele seiner Mitstreiter und Schüler gaben über Ordnen und Ordnungen Anregungen (Schulordnungen lösten sich erst nach und nach aus den Kirchenordnungen heraus); sie stellten in Frage, gingen originale Wege und nahmen ihrerseits Einfluß auf melanchthonsche Lösungen.

Als besonders rührig gilt *Johannes Bugenhagen* (1485–1558). Der in Wollin geborene, an der jungen Greifswalder Universität ausgebildete Theologe und Historiker der Herzöge Pommerns, fand 1520 an die Seite *Luthers* und übertrug dessen Bibelübersetzung in die norddeutsche Schrift- und Kanzleisprache, das Plattdeutsche. Sein schulreformatorisches Wirkungsfeld lag vorwiegend im norddeutschen und im sächsischen Raum sowie in Dänemark auf Bitten *Christians III.* (1503–1559). Sehr bekannt

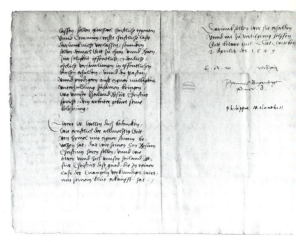

Bild 78: Bugenhagens u. Melanchthons Brief v. 2. Apr. 1549 an den Rat der Stadt Hildesheim betr. Verteidigung der von Bugenhagen verfaßten Kirchenordnung von 1542

wurde seine Braunschweiger Kirchenordnung aus dem Jahre 1528.[52] Das lokale Kolorit berücksichtigend, hatte *Bugenhagen* viele Bitten nach dem Entwurf von Ordnungen erfüllt, so für Hamburg (1529), Lübeck (1531), Pommern (1535), Schleswig-Holstein (1542), Hildesheim (1544) …; an weiteren hat er redigierend mitgewirkt. Zuletzt lebte er in Wittenberg.

Bugenhagen war ein Schulreformer mit dem Blick für das in der Zeit Notwendige. Bereits 1523 hatte er, der Stadtprediger, die Wittenberger Ratsschule zu reformieren begonnen. Als Generalsuperintendent von Sachsen beispielsweise, konnte er sich besonders um das Elementarschulwesen für Jungen und Mädchen verdient machen. Von hier trug dieser Reformator seine Erfahrungen in die deutschen Lande. *Bugenhagen* war es vergönnt, die volkspädagogische Grundlegung von Schule in den protestantischen Gebieten soweit voranzutreiben, daß sich *Melanchthon* mit der Gelehrtenbildung auf sicherem Grund bewegen konnte. Leider gilt wohl auch heute noch *Julius Robert Rosts* Feststellung aus dem Jahre 1890, daß der Zugang zu den Leistungen dieses großen Schulreformers weitestgehend verschüttet geblieben ist.[53]

Gleichermaßen anregend muß das Wirken des *Georgius Agricola* (*Georg Pauwer*, geb. 1494 in Glauchau, gest. 1555 in Chemnitz) gewesen sein. Philologische, historische, medizinische, logische Studien und in Zwickau gesammelte pädagogische Erfahrungen hat-

Bild 77: Johannes Bugenhagen (1485-1558), der Pommer, mit Handschriftenprobe

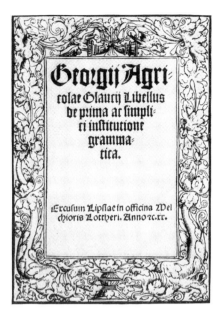

Bild 79: Georgius Agricola (1494–1555), Lehrer in Zwickau v. 1518–1522, Humanist, Mineraloge, Titelblatt der Schrift: „Büchlein des Glauchauer Georg Agricola über den ersten und einfachen Grammatikunterricht", Leipzig 1520

Bild 81: Holzschnitt nach dem Tode Luthers v. L. Cranach

ten ihn über seinen Lehrer *Petrus Mosellanus* (um 1493–1524) in den Bannkreis des *Erasmus* geführt. Von seiner eigenständigen Bindung zwischen Protestantismus und Humanismus zeugen unter anderem die „Ordnung des nawen studii und jetzt aufgerichteten Collegi in Fürstlicher Stadt Zwickau" und die lateinische Grammatik „Libellus de prima ac simplici institutione grammatica". Die Mitarbeit an weiteren Kirchenordnungen – zum Beispiel der Brandenburger (1540) – ist verbürgt. *Johannes Agricola* (*Sneider*, 1492–1566) stützte besonders *Melanchthons* Wissenschaftsverständnis und dessen Vermittlungsversuche zwischen *Martin Luther* und *Erasmus von Rotterdam*.

Der gebürtige Chemnitzer *Georg Fabricius* (1516–1571), Theologe, Historiker, Philologe und Philosoph, gehört dank der sächsischen

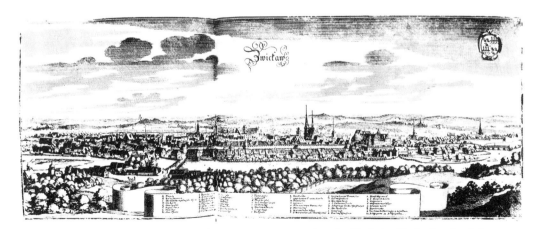

Bild 80: Zwickau, Kupferstich aus M. Merians d. Ä. „Topographia Superioris Saxoniae, Thuringiae, Misniae, Lusatiae etc.", Frankfurt/M. 1650

Bildungsforschung nicht zu den Schulreformern, die in Vergessenheit geraten sind. Seine Bindung an den Humanismus wurde durch Studien in Padua und Bologna gefestigt; lateinisch geschriebene Oden und Hymnen beschworen urchristlichen Geist. Von seinem Lehrer *Johann Rivius* (1500–1553), dem ersten großen Bildungsreformer im protestantischen Kursachsen mit weitreichendem schulpolitischem Einfluß, in das Amt des Rektors der Fürstenschule St. Afra berufen, sollte er zum Repräsentanten einer demokratisch-humanistischen Gelehrtenbildung werden. Die von ihm entworfene, von dem Melanchthonbiographen *Joachim Camerarius* (1500–1574) redigierte Schulordnung aus dem Jahre 1546 atmete nicht nur melanchthonschen Geist, sie bestimmte vielmehr auch die sächsischen Fürstenschulen zu Modelleinrichtungen für den hochschulvorbereitenden Unterricht im gesamten deutschen Sprachraum. In enger Bindung zu *Johannes Sturm* in Straßburg und später auch zu *Michael Neander* (1525–1595) in Ilfeld half er außergewöhnlich leistungsfähige Beschulung über hochgebildete Lehrer und strenge

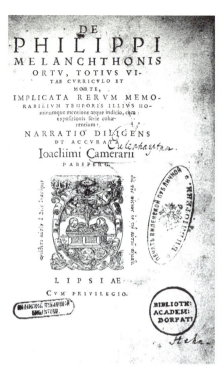

Bild 83: Leipzig-Ausgabe der Melanchthon-Biographie v. J. Camerarius

Bild 82: Joachim Camerarius (1500–1574), Nürnberger Rektor, Tübinger und Leipziger Professor, der bekannteste zeitgenössische Melanchthon-Biograph, Stich um 1790

Bild 84: Michael Neander (1525–1595), Administrat und Rektor der Klosterschule zu Ilfeld im Harz, Schüler Melanchthons, Befürworter eines Realienunterrichts

Begabtenauslese bei Schülern in relativ geschlossenen Systemen zu gestalten.[54]

Die melanchthonschen Intentionen zur Begründung der Schulen unterschiedlichen Anspruchs durch Städte und Landesfürsten waren begleitet von der zunächst sporadischen Einrichtung der Gemeindekassen („gemeiner Kasten"). So konnte die Errichtung von Dorfschulen und die Elementarbildung der Mädchen finanziert werden. Zeugnisse dafür sind die von *Luther* eingeleitete Leisniger Kastenordnung oder die Kirchenordnungen von Wittenberg (1533) und Schönburg (1542).

Bild 85: Georg Spalatin (1484–1545)

Bild 86: Justus Jonas (1493–1555)

Bereits in der sächsischen Landesgesetzgebung des Jahres 1557 waren diese lokalen Initiativen verbindlich gemacht und die des Katechismusunterrichts mit dem Ziel einer zeitgemäßen Elementarbildung zur Aufgabe des christlichen Gemeinlebens bestimmt worden.[55]

Zur endgültigen rechtlichen Fundierung der kursächsischen Landeskirche und zur Vereinheitlichung des Schulsystems beispielsweise, hatte man den schwäbischen Theologen und Tübinger Rektor *Jakob Andreae* (1528–1590), den Mitverfasser der Württemberger Kirchenordnung von 1559, bestellt. In zähem, jahrelangem Ringen wurde die Kopie des württemberger Musters ausgeschlossen. Die kursächsische Kirchenordnung von 1580 hatte den melanchthonschen Geist, festgelegt in der Ordnung von 1528, zeitgemäß festgeschrieben.

Lutheraner, die *Melanchthons* neuzeitliche Architektur des Schulwesens anregten, stützten und weiterführten, sind in allen protestantischen Gebieten zu finden. Die Reihe müßte über den Sekretär von *Friedrich III. (dem Weisen)*, *Georg Spalatin* (1484–1545), *Georg Rhaw* (1488–1548), *Caspar Börner* (1492–1547), *Justus Jonas* (1493–1555), einen der engsten Mitarbeiter *Luthers*, ... ins unendliche weitergeführt werden, wenn die sorgsam begründete, sich latent entwickelnde und für viele Varianten offene melanchthonsche Architektur von Schule abschließend erfaßt werden soll. Wir wollen uns mit dem Angedeuteten begnügen.

Der Rückblick zeigt:

> Die Parteiungen der Reformation – Lutheraner, Ketzergemeinschaften, Zwinglianer, Calvinisten ... hatten entsprechend der Spezifika ihres Bekenntnisses unterschiedliche sozialpädagogische Ziele für Schule und Beschulung; ihr Verhältnis zur Renaissance und zum Humanismus war von wechselnder Gewichtigkeit. Es blieb *Melanchthon* und seinen Schülern vorbehalten, in Jahrzehnte währenden, ausgleichenden Mühen ein Schulhaus zu errichten, in dem alle Christen Platz fanden.

1 Vgl. Zahrnt, H.: Martin Luther. Reformator wider Willen. München/Zürich. 1986. S. 13 f.
2 Ebenda. S. 27.
3 Ebenda. S. 43.
4 Vgl. Ahrbeck, R.: Die allseitig entwickelte Persönlichkeit. Berlin 1979. S. 31.
5 Vgl. Petrarca, F.: De remediis utriusque fortune I, praef. Lutetiae 1557.
6 Vgl. Buck, A.: Die „studia humanitatis" im italienischen Humanismus. In: Humanismus im Bildungswesen des 15. und 16. Jahrhunderts. Mitteilung XII der Kommission für Humanismusforschung. Acta humaniora. Hrsg. v. W. Reinhard. Weinheim 1984. S. 11–24.
7 Ebenda. S. 16 f.
8 Vgl. Castiglione, B.: Der Hofmann. Hrsg. v. A. Wesselski. Bd. 2. München (Leipzig) 1907. S. 159.
9 Vgl. Erasmus von Rotterdam: Ausgewählte pädagogische Schriften. Hrsg.v. A. J. Gail. Paderborn 1963. S. 156.
10 Vgl. Seifert, A.: Der Humanismus an den Artistenfakultäten im katholischen Deutschland. In: Humanismus im Bildungswesen … A. a. O. S. 139.
11 Ebenda.
12 Aus der Benediktinerabtei von Cluny in Burgund kommend, verkündete er die Armut als Zentrum christlicher Gesinnung.
13 Die „Reinen" lehnten kirchliche und weltliche Ordnungen ab; sie wollten nach der „reinen" Lehre leben.
14 Vgl. Molnar, A.: Die Waldenser. Geschichte und Ausmaß einer Ketzerbewegung. Berlin 1980.
15 Ebenda. S. 267.
16 Vgl. Arnhardt, G. / Reinert, G.-B. (Hrsg.): Jan Amos Comenius … Donauwörth 1996. Luther ordnete die „Brüderunität" fälschlicherweise den Waldensern zu.
17 Hofmann, F.: Pädagogik und Reformation. Berlin 1983. S. 14 u. S. 170–215.
18 Zit. n. Werckshagen, C.: Martin Luther, der deutsche Gaubensheld. In: Protestantismus in seiner Geschichte und Gegenwart. Bd. I. Bad Nauheim 1927. S. 25.
19 Vgl. Landgraf, W.: Martin Luther. Berlin 1982. S. 28 ff.
20 Zit. n. Werckshagen, C. A. a. O. S. 28.
21 Zit. n. Wagner, E.: Luther als Pädagoge. Langensalza 1906. S. 12.
22 Spranger, E.: Luther. In: Kultur und Erziehung. Leipzig 1928. S. 2.
23 Vgl. Ebenda. S. 11.
24 Vgl. Ebenda. S. 23.
25 Ebenda. S. 20.
26 Ebenda. S. 13.
27 Zahrnt, H. A. a. O. S. 44.
28 Zit. n. Mülhaupt, E. (Hrsg.): Evangelienauslegung Luthers. Göttingen 1938–1953. Bd. III. S. 293.
29 Spranger, E. A. a. O. S. 4.
30 Mülhaupt, E.: Reformatoren als Erzieher. Moers 1956. S. 13.
31 Vgl. Clemen, O. (Hrsg.): Luthers Werke. Bd. I. Bonn/Berlin. S. 2, 6, 11.
32 Vgl. Ebenda. S. 7, 271, 7.
33 Vgl. Ebenda. S. 33, 274.
34 Vgl. Ebenda. S. 3, 25, 299.
35 Vgl. Ebenda. S. 4, 39, 151.
36 Vgl. Luther, M.: Ein Sermon vom ehelichen Stand (1519).
37 Vgl. Luther, M.: Enchiridion, der kleine Katechismus für die einfachen Pfarrherrn und Prediger (1529). Vorrede.
38 Vgl. Luther, M.: Eine Predigt D. Martin Luther. Das man Kinder zur Schulen halten solle (1530 u. 1541).
39 Begründer der Sekte war Petrus Valdes aus Lyon. Die Mitglieder fanden mit der Ablehnung der „Machtkirche" und der Sehnsucht nach selbstbestimmter Einfachheit Resonanz bei den Armen in den in den Städten und auf dem Land Norditaliens, Südfrankreichs, Österreichs, Böhmens, Brandenburgs sowie in Pommern und im Rheinland.
40 Die Bewegung um Jan Hus verbreitete sich seit dem Prager Fenstersturz am 30. 7. 1419 und fand mit ihrem religiösen und sozialen Reformprogramm in ganz Europa Widerhall.
41 Vgl. Anhang 4.
42 Vgl. Anhang 5.
43 Vgl. Staehelin, D.: Hyldreich Zwingli. In: Protestantismus in seiner Geschichte und Gegenwart. A. a. O. S. 89.
44 Vgl. Hofmann, F. A. a. O. S. 15.
45 Schwarz, R. (Übers.): Calvins Briefe. A. a. O. 1909. Bd. II. S. 178.
46 Vgl. Mülhaupt, E. A. a. O. S. 60.
47 Vgl. Ebenda. S. 65.
48 Vgl. Anhang 6.
49 Vgl. Hofmann, F. A. a. O. S. 42.
50 Vgl. Anhang 7.
51 Paulsen, F.: Geschichte des gelehrten Unterrichts. Bd. 1. Leipzig 1919. S. 276.
52 Vgl. Anhang 8.
53 Vgl. Rost, J. R.: Die pädagogische Bedeutung Bugenhagens. Diss. Leipzig 1890. S. 70 ff.
54 Vgl. Arnhardt, G.: Schulpforte – eine Schule im Zeichen humanistischer Bildungstradition. Berlin 1988. S. 18–67.
55 Vgl. General-Articul und gemeiner Bericht … 1557. In: Codex Augusteus oder neu vermertes juris Saxonici in VI Bdn. Leipzig 1724–1824. Bd. I. p 438.

3. Biographisches

Niemand wird die Biographen *Melanchthons* zählen. Unter ihnen finden sich jene, die pietätvoll erinnern wollten, andere, die das politische, theologische und wissenschaftliche Engagement für würdigenswert hielten; aber auch solche, die das unablässige Vermitteln als Verrat ausgaben oder seine Leistungen für den Protestantismus, insbesondere die „Loci communes" und das „Augsburger Bekenntnis", als Affront gegen die Tradition der christlichen Kirche sahen. Wir betrachten die Beschreibung des „Bildungsganges und der geistigen Entwicklung" *Melanchthons* von *Karl Hartfelder*[1] oder die neueste „Einführung in Leben und Werk" von *Heinz Scheible*[2] als anspruchsvolle, von Tendenziösem weitgehend freie Darstellungen, denen wir uns gern verpflichten.

Der Lebensweg *Melanchthons* ist durch fünf Verweilpunkte – Bretten, Pforzheim, Heidelberg, Tübingen und Wittenberg – markiert. Hier wurden unauslöschliche Spuren in das

Bild 88: Titelblatt der „Loci communes …" v. 1522 (erstes meth. Resümee der protestantischen christlichen Glaubenslehre v. 1521)

Bild 87: „Confessio Augustana", auf dem Reichstag zu Augsburg 1830 gehalten, „Apologia" von Georg Rhaw (1533) „mit vleis emendirt", handschriftliche Widmung v. Johannes Bugenhagen, dem Pommer: „Der edlen tugentsamen frawen Selmitzinnen, Pomeranus D.D.D."

Bild 89: Titelblatt der „Loci communes …" v. 1538, aus dem Lateinischen übersetzt durch Justus Jonas

Bild 90: Brettheim, später Bretten, Ansicht v. Süden, 1645, Kupferstich v. M. Merian d. Ä.

Selbstkonzept eines großen Humanisten gemeißelt.

Wer heute *Melanchthons* ehemals großherzoglich-badische Geburtsstadt Bretten besucht, die in seiner Kindheit zum Kurfürstentum Pfalz (Kurpfalz) gehörte, wird beim Anblick des Marktplatzes jene Wohlhabenheit, Gediegenheit und Wohlanständigkeit nachempfinden können, die schon *Joachim Camerarius* rühmte.[3]

Schwieriger ist es für uns, Kindheitserlebnisse in ihrer Resonanz zu beschreiben. So müssen der elterliche Einfluß, das anregende Leben im Haus *Reuter*, der Großeltern mütterlicherseits, die Begegnungen mit der Vorstellungswelt durchziehender Scholaren ... oder die Belagerung der Stadt 1504 im Landshuter Erbfolgekrieg im Dunkeln bleiben. Wer von einer Höhe aus die wenig veränderte hügelige Umgebung, gestaltet durch Felder und Weinplantagen, genießt, wird verstehen, mit welcher Wehmut der elfjährige Knabe *Philipp Schwartzerd* mit seinem Bruder *Georg* nach Pforzheim zog. Sie fanden 1507 Aufnahme bei der dorthin verzogenen Großmut-

Bild 92: Kurfürstliche Residenz Heidelberg, Kupferstich (1620) v. M. Merian d. Ä.

Bild 91: Pforzheim, Ansicht v. Südwesten, 1643, Kupferstich v. M. Merian d. Ä., Stadtarchiv Pforzheim

Bild 93: Tübingen, Ansicht v. Süden, Aquarell um 1616 aus dem Stammbuch v. Prinz Joh. Wilhelm v. Sachsen-Altenburg, Württembergisches Landesmuseum Stuttgart

Bild 94: Ansicht v. Wittenberg, 1546

Bild 97: Melanchthonhaus Bretten, Philipp als Kind mit der Mutter auf dem Marktplatz zu Bretten, Wandgemälde 1920/21 v. August Groh (1871–1944)

Bild 95: Bretten, Melanchthonhaus und Marktplatz

Bild 98: Melanchthonhaus Bretten, Philipp Melanchthons Rückkehr nach Bretten, Wandgemälde 1920/21 v. August Groh

Bild 96: Bibliothek des Melanchthonhauses Bretten

Bild 99: Joachim Camerarius (1500–1574), zeitgenössischer Kupferstich

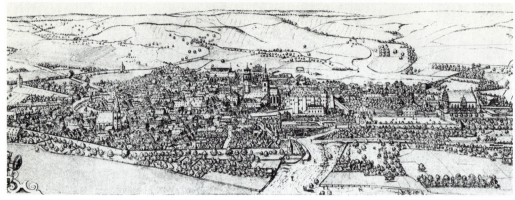

Bild 100: Stuttgart (1592), Stich v. Jonathan Sauter

ter, der Witwe *Els Reuchlin*, einer Schwester seines Großonkels, des Humanisten, Gräzisten und Juristen *Johannes Reuchlin*. Das liebliche Residenzstädtchen (1535–1565) der Markgrafen von Baden-Durlach, zwischen bewaldeten Bergen gelegen, mag das Heimweh bald vertrieben haben. Ein anspruchsvolles geistiges Leben und die regelmäßigen Besuche des nunmehr in Stuttgart lebenden *Reuchlin* müssen unauslöschliche Eindrücke in der Persönlichkeitsentwicklung *Philipp Melanchthons* hinterlassen haben, bevor er sich zwölfjährig am 14. Oktober 1509 in Heidelberg immatrikulieren ließ.

Das hoch am Berge gelegene Schloß der pfälzischen Kurfürsten beherrschte die Stadt am Neckar. Die Lebensweise in der Residenzstadt Heidelberg fesselte den für studentische Freuden noch unanfälligen, höchstbegabten, ehrgeizigen Knaben weniger als die Tradition seiner 1386 gegründeten Universität, deren letzte Blüte nach der Zeit des Kanzlers *Johannes v. Dalberg* (1455–1503) verwelkt war. Der humanistische Geist, der dennoch unter den Dächern vieler Häuser in präziöser Einfachheit und humorvoller Realitätsnähe aus der Antike wiedergeboren schien, muß *Melanchthon* beeindruckt haben. Es fällt den Interessierten heute nicht leicht, Zeugen aus der Zeit zu finden, als diese Stadt wiederholt Zentrum des Humanismus oder Pflegestätte des Calvinismus oder Hochburg der protestantischen Theologie war.

Bild 101: Johannes Reuchlin (1455–1522), Humanist und Großonkel Melanchthons

Bild 102: Ludwig V., der Friedfertige, Kurfürst v. d. Pfalz (1478–1544), 1538 Duldung der Reformation in der Kurpfalz

Bild 103: Ottheinrich v. d. Pfalz (1502–1559), Pfalzgraf der Oberpfalz 1522, Anhänger der Reformation durch Ph. Melanchthon, 1544 Aufnahme in den Schmalkaldischen Bund, Exil in Heidelberg v. Ende 1546–1552, Kurfürst v. d. Pfalz (Regz. 1556–1559), ab 1557 Reformator der Universität und der Schulen

Bild 104: Heidelberger Universität, Stich v. 1804

Im gotischen Hallenbau der Heiliggeistkirche könnte der nach Gottes Wlllen lebende Knabe *Melanchthon* die Zaghaftigkeit seines irdischen Opferganges begründet haben. Der friedliche Wettstreit zwischen Scholastik und Humanismus sowie ein fruchtbarer Ausgleich scheint ihm hier bereits näher gelegen zu haben als der lautstarke Schlagabtausch.

Am 17. September trug er sich, der Baccalaureus artium *Philippus Schwartzerd* ex Preten, in die Matrikel der Universität Tübingen ein; dort, wo Scholastiker und Humanisten im „besten Einvernehmen"[4] lehrten. Die geschichtlichen Plagegeister sind mit dieser Neckarstadt schonend umgegangen. Zeugen aus der Melanchthonzeit drängen sich geradezu auf. In der reizvollen Reihe alter Häuser am Neckar findet man die Alte Burse, eine ehemalige, 1805 klassizistisch umgebaute Studentenherberge; unweit derselben die Alte Aula, die Spitalkirche St. Jakob, das Kornhaus, den Stiefelhof ... das Augustiner Chorherrenstift; sie können als Zeichen eines schönen württembergischen Städtchens darauf verweisen, was den Sechzehnjährigen umgab, als er seine Magisterprüfung ablegte. Weder gehetzte noch von Erwerbsgier gezeichnete Menschen werden ihn auf den Wanderungen zur fünf Kilometer entfernten Zisterzienserabtei in Bebenhausen beunruhigt haben. Kein überstürztes Treiben stand dem Leben nach angenehmen Zwecken entgegen. Das unablässige Hasten, Rollen, Wallen, mit dem die Stadt heute ihre Besucher empfängt, kann nur als Gegenbild der Ruhe und Gemächlichkeit gelten, die *Melanchthon* in den mittelalterlichen Gassen umfangen hielt. Wir vermögen heute nicht nachzuvollziehen, warum *Melanchthon* Tübingen verließ, um am 30. März 1518 dem Ruf des Kurfürsten *Friedrich von Sachsen* nach Wittenberg zu folgen. *Luthers* Urteil ist nie widerlegt worden: Wittenberg war damals „eine arme und unansehnliche Stadt".

Die aus dem 13. Jahrhundert stammende Stadtkirche St. Marien unweit des Rathauses, das Schloß mit der spätgotischen Schloßkirche und das Augustinerkloster müssen das Kolorit dieses dürftigen Gemeinwesens bestimmt haben. Entscheidend für ihn war wohl die reformfreudige Universität, die sich 1518 mit sieben neuen Professuren in der Artisten-

Bild 105: Bebenhausen bei Lustnau, Klosterhof (1683)

fakultät[5] ungewöhnlichen Forderungen der Zeit stellen wollte.

Wittenberg, 1180 erstmals urkundlich erwähnt, 1293 mit dem Stadtrecht versehen, war seit 1422 Residenz der Kurfürsten von Sachsen aus dem Hause Wettin. Mit der Leipziger Teilung 1485 behielten die Ernestiner Wittenberg, mußten jedoch Leipzig mit der 1409 gegründeten Universität den Albertinern überlassen. Unter Kurfürst *Friedrich dem Weisen* (Regz. 1486–1525) entstanden in Wittenberg die Elbbrücke, das Schloß und die Universität. Letztere, gräzisierend Leucorena (am Weißen Berg) benannt, war am 6. Juli 1502 von Kaiser *Maximilian* beurkundet sowie von Leibarzt *Martin Polick* und dem Augustinereremiten *Johannes v. Staupitz* auf die Eröffnung am 18. Oktober gleichen Jahres vorbereitet worden. Für den Lehrbetrieb wählte man die Tübinger Universität zum Vorbild. Seit 1511 nahm *Luther* maßgeblichen Einfluß auf die schnell wachsende Leucorena, deren Erneuerung sich bis 1521 hinzog.

Auf 3500 Einwohner der Stadt kamen alsbald 2000 Studenten aus 11 Staaten. Wittenberg hatte sich im Schutze der Burg als ost-westlich gerichtetes Rechteck mit zwei Hauptstraßen, parallel zur Elbe, ausgedehnt. Nach *Luthers* Tod kam Wittenberg 1547 infolge des Schmalkaldischen Krieges zu den Albertinern. Fernab von den bewegenden Kräften

Bild 106: Kurfürst Friedrich der Weise von Sachsen, Kupferstich v. A. Dürer (1524)

Bild 108: Wittenberg, Ansicht v. Süden nach 1556, kolorierter Holzschnitt, Cranach-Werkstatt, Lutherhalle Wittenberg

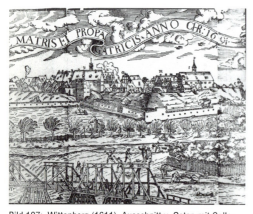

Bild 107: Wittenberg (1611), Ausschnitt v. Osten mit Collegiengebäuden und Melanchthons und Luthers Wohngebäuden, Lutherhalle Wittenberg

Bild 109: Stadtkirche zu St. Marien und Inneres der Stadtkirche zu Wittenberg

Bild 110: Schloß- und Stiftskirche zu Wittenberg

Bild 112: Ausschnitt aus dem Cranach-Altar mit taufendem Melanchthon

Bild 113: Leipzig z. Zt. der Amtszeit des berühmten Thomaskantors Johann Kuhnau (1701–1722)

Bild 111: Wittenberger Cranach-Altar in der Stadtkirche, linker Seitenflügel mit taufendem Melanchthon

Bild 114: Friedrich der Weise (Regz. 1486–1525)

sächsischer Politik und Kultur mußte der Niedergang der Universität folgen.

Wer heute in der ansehnlich gewordenen Stadt über oberflächlichen Trubel, konsumgelenktes Lärmen und anstößiges Geschäftsgebaren hinweg nach Spuren aus der Zeit sucht, in der *Melanchthon* hier sein Lebenswerk vollbrachte, wird dennoch reichlich belohnt werden.

Der 1502 im spätgotischen Stil begonnene Konventbau des Augustinereremitenklosters war seit 1524 Wohnhaus *Luthers*. Hier verkehrte *Melanchthon* gleichsam als Familienmitglied. 1566 wurde das Haus in den neu errichteten Komplex des Augusteums einbezogen und 1844–1873/83 in ein reformationsgeschichtliches Museum umgestaltet. Die Sammlung von Autographen, Urkunden, Münzen, Originaldrucken, Gemälden und Druckgraphiken ruft in uns die Empörung, die Auflehnung gegenüber bedrohlichen Mächten des 16. Jahrhunderts wach; sie atmet gleichermaßen Zufriedenheit im kleinen, das sich in das Unabänderliche zu fügen wußte.

Kälter hingegen, mit einer gewissen Distanz zur Welt und trotzdem tief in die Zeit eingewurzelt, wirkt der 1536 errichtete dreigeschossige Renaissancebau mit Sitznischen-

Bild 116: Luthers Wohnhaus, Queransicht, Lithographie v. Eduard Dietrich, gedruckt um 1826/29, Wartburg-Stiftung

Bild 117: Luthers Wohnstube im Augustinerkloster

Bild 115: Lutherhalle Wittenberg im ehem. Augustinerkloster, Wohnzeit Luthers in diesem Hause ab 1524

Bild 118: Luther (verh. mit Katharina v. Bora [1499–1552]) im Familienkreis – mit Melanchthon und Oekolampadius, Zeichnung v. A. Noack

portal und fünfteiligem Kreissegmentgiebel, das Melanchthonhaus. Es war anstelle des kleinen Bürgerhäuschens, das seine Frau *Katharina Krapp* (1497–1557) mit in die Ehe gebracht hatte, auf Kosten des Kurfürsten zwischen 1536 und 1539 errichtet worden. Garten, Studier-, Sterbe- und Scholarenzimmer lassen ahnen, in welcher Distanz der Genius zu den weltlichen Verführungen in seiner Zeit blieb. Schwer vorstellbar ist, wie ruhige Erhabenheit, plagende Ängstlichkeit, vermittelnde Weltzugewandheit, die sich nur in der Zurückgezogenheit eines rastlos Tätigen kultivieren lassen, in der unsteten Atmosphäre, nicht zuletzt durch seine drei Kinder hervorgerufen und der drängenden Scholaren, bestehen konnten.

Vom Schloß, dem Symbol der behütenden Macht, erbaut zwischen 1490–1525, sind nur noch die Hauptflügel des Westteils mit den mächtigen Ecktürmen erhalten. Die Schloßkirche, ehemals Nordflügel der Anlage, 1509 vollendet, ist zwischen 1883 und 1892 einem Neubau gewichen. In ihr sind die ungleichen Streiter für gemeinsame Ideale, der forsche *Luther* und der bedächtige *Melanchthon*, zur letzten Ruhe gebettet.

Generation für Generation der Nachlebenden haben sich dem Werk *Luthers* und *Melanchthons* verpflichtet. Die Denkmale vor dem Wittenberger Rathaus (*Luther* – 1821 von *Johann Gottfried Schadow* [1767–1850] und *Melanchthon* – 1866 von *Friedrich Drake* [1805–1882]) mahnen in unserer Zeit – einer Zeit, in der man allzu leichtfertig bereit ist, die christliche Ethik, Tradition, das Gemeinwohl und die Idealität oberflächlicher Gewinnsucht und gewissenloser Vermarktung von wissenschaftlichen Erkenntnissen zu opfern.

Bild 120: Melanchthondenkmal (1866) v. Rauch/Drake

3.1 Elementar- und Fachausbildung

Aus Briefen und autobiographischen Äußerungen *Melanchthons*[6] sowie aus Gedächtnisreden, beispielsweise von *Veit Winsheimer* oder *Jakob Heerbrand*[7] und aus der Vita *Melanchthons* von *Joachim Camerarius* läßt sich der Einfluß von Schulen auf die Persönlichkeitsentwicklung vermuten.

Die elementare Bildung des Knaben war im wesentlichen durch den Großvater *Reuter* gelenkt worden. Er hatte die außergewöhnliche Begabung seines Enkels erkannt und gefördert. Jener engagierte auch den gestrengen Hauslehrer *Johannes Unger* (1485–1553), der den Lernanfänger anhand des damals gebräuchlichen Lehrbuchs von *Baptista Mantuanus* innerhalb von drei Jahren zur elementaren Beherrschung des Lateinischen führte sowie die Lust an unablässigem Gedächtnistraining förderte. Die ersten Lernerfolge müssen maßgeblichen Einfluß auf die Strukturierung des Selbstkonzepts des Knaben gehabt haben. In Pforzheim war es dann *Johannes Reuchlin*, der Freude an diesem Großneffen fand, ihn anzuspornen wußte und die Richtung seines gesamten Bildungsgangs maßgeblich beeinflussen sollte; selbst bei der Berufung *Me-*

Bild 119: Lutherdenkmal (1821) v. Schinkel/Schadow

lanchthons* auf den Lehrstuhl für griechische Sprache nach Wittenberg soll er federführend gewesen sein. Auch die Gräzisierung des Namens seines Großneffen muß wohl als Entwicklungsantrieb gesehen werden.

Aber zunächst kam der Zehnjährige in die Obhut der Pforzheimer Lateinschule – wohl der damals leistungsfähigsten nach Schlettstädt im süddeutschen Raum. Dieser Ort des Lehrens und Lernens atmete den Geist des Humanismus reuchlinscher Prägung. *Georg Simler* (ca. 1475–1535) und *Johannes Hiltebrant* (ca. 1480–1513) wußten durch Gelehrsamkeit zu überzeugen und zogen als vortreffliche Didaktiker Schüler in ihre Mauern, die später als Reformatoren und Gelehrte Bedeutendes leisten sollten. Zu jenen gehörten Mitschüler *Melanchthons* wie der badische Reformator *Caspar Hedio* (1494–1552), *Matthias Erb*, der Schweizer Reformator *Berchtold Haller* (1492–1536) ... Mit ihnen wetteiferte er um hohen geistigen Anspruch. *Simler* veranlaßte ihn, griechische Studien zu bevorzugen. Die Aufnahme in den Kreis der Humanisten um *Reuchlin* muß *Melanchthon* in gehörige Distanz zu dem allgemein trockenen und phantasielosen Schulbetrieb seiner Zeit gebracht haben.

Bild 122: Caspar Hedio (1494–1552), Straßburger Reformator, Porträtstudie (1543) v. Hans Baldung Grien

Die von *Reuchlin* nahegelegte Entscheidung des noch nicht vierzehnjährigen *Melanchthon* für die Studien in Heidelberg war wohl auch dadurch beeinflußt, daß diese Hohe Schule ehemals Wirkungsstätte von Männern gewesen war, denen er sich zutiefst verpflichtet fühlte. Allen voran *Rudolf Agricola* (1444–1485), in Heidelberg seit 1482, seinem Vorbild für sachkundige Beredsamkeit, didak-

Bild 121: Ph. Melanchthon, Professor der griechischen Sprache zu Wittenberg

Bild 123: Hohe Schule zu Heidelberg, Hörsaal der Universität, Gründung 1386, Holzschnitt (16. Jhdt.), Interpretation des Textes, den jeder Student in der Hand hält, durch den Professor

Bild 124: Aula der Ruprecht-Karls-Universität Heidelberg

Bild 126: Heidelberger Bezirk, auf 6 Meilen beschrieben, aus Sebastian Münster: Erklerung des newen Instrument der Sonnen. Oppenheym 1528

Bild 125: Rudolf Agricola (1444–1485), Frisius

tische Betrachtungsweise in Wissenschaft und Alltag sowie seiner antischolastischen Lehrmethode („De inventione dialectica"). *Reuchlin* muß ihm auch das Studium der Humanisten *Johann* und *Dietrich v. Dalberg* und *Jakob Wimpfeling* (1450–1528) nahegelegt haben, die neben dem Poeten *Conradus Celtis* (1459–1508) oder dem Grafen *Hermann v. Nuenaar* Synonyme für den traditionellen Studienanspruch in Heidelberg waren. Sein bedeutendster Lehrer sollte hier der scholastisch eingestellte, um die Lehre verdienstvolle *Pallas Spangel* (1445–1512) werden, weil er als Rektor verbindlich machte, daß die Synthese von Beredsamkeit und Weisheit mit neuem Anspruch die Lehre prägte. *Melan-*

chthon bekannte sich zeitlebens zu diesem mutigen Streiter für eine zeitgemäße Installation von Schule und Studium.[8] Er bewunderte dessen didaktische Überzeugungskraft, die Maßstäbe für die pädagogische Beherrschung des Katheders setzte. Nicht zuletzt beeindruckte ihn an diesem Manne die vorgelebte Aufopferungsbereitschaft eines sittlich anspruchsvollen Theologen, der den Zeitgeist auf die reine christliche Ethik verpflichten wollte. Zur Ausprägung der Lebensweise an jeder Schule tragen Freundschaften in erheblichem Maße bei. Der frühreife *Melanchthon* suchte seine Bindungen in der unauffälligen Gruppe humanistischer Studenten. Zum Freundeskreis gehörten wahrscheinlich *Peter Sturm, Diebold Gerlach, Martin Bucer* (1491–1551)[9]; aber auch zu den späteren Reformatoren *Johannes Brenz* (1499–1570), *Johannes Lachmann* (1495–1538), *Johannes Schwebel* (1490–1540) oder *Erhard Schnepf* (1495–1558) müssen hier schon anhaltende Beziehungen geknüpft worden sein.[10] Einige dieser Studienfreunde traten später als erfolgreiche protestantische Schulreformer wieder an *Melanchthons* Seite. Auch mit dem Straßburger Münsterprediger *Johann Geiler von Kaisersberg* (1445–1510) war er befreundet.

Es ist zu vermuten, daß *Melanchthon* sehr

Bild 127: Martin Bucer (1491–1551), Kupferstich (16. Jhdt.), Lutherhalle Wittenberg

Bild 129: Johann Geiler von Kaisersberg (1445–1510), Straßburger Theologe, nach dem Bildnis in Reusners „Icones", Sammlung v. Bildnissen hochgelehrter Männer in Deutschland, Straßburg (1587)

Bild 128: Johannes Brenz (1499–1570), Prediger zu Schwäbisch Hall, Reformator, wichtigster Ratgeber des Herzogs Christoph v. Württemberg u. Teck, Stich v. J. Zuberlein, Tübingen (1583)

zielstrebig auf das Baccalaureatsexamen – vergleichbar der heutigen Hochschulreifeprüfung – hinarbeitete. Dafür war aus den „septem artes liberales" (sieben Künste des freien Mannes) das Trivium (Dreiweg), bestehend aus Grammatik, Dialektik und Rhetorik, gefordertes Rüstzeug für den Abschluß der Artistenfakultät. Die Kenntnis des spätmittelalterlichen zweiteiligen lateinischen Grammatiklehrbuchs, „Doctrinale Alexandri", einiger Schriften des *Aristoteles*, die Teilnahmenachweise für Lektionen, Übungen und Disputationen waren Mindestzulassungsvoraussetzungen für das Examen. *Hartfelder* gibt als Zulassungsdatum für die Prüfung des *Melanchthon* nach altscholastisch-realistischer Art den 10. Juni und für die Prüfung selbst den 18. Juni 1511 an.[11] Der Vierzehnjährige bestand nicht schlechthin. Er hatte Studien zum Trivium, soweit es überliefert ist, durch rhetorische (bei *Peter Günther*) und astronomische (bei *Cunradus Helvetius*) aus dem Quatrivium ergänzt.

Fleiß und vielseitige Begabungen brachten

ihn gleichzeitig in kritische Distanz zum Wissenschaftsanspruch einiger Lehrdisziplinen.[12] Auch Privatstudien in der Nähe von Renaissance und Humanismus ließen ihn in Konflikte zur gewünschten Öffentlichkeit der Fakultät geraten, so daß ihm der Verbleib in Heidelberg nicht angezeigt schien. Der Tod seines Lehrers und Herbergsvaters *Spangel* beschleunigte den Ablösungsprozeß. Wichtig für unsere Analyse müssen *Melanchthons* erste Versuche als Lehrer der zwei Söhne des Grafen *Ludwig v. Löwenstein*[13] sein. Kamen doch dadurch zur pädagogischen Selbsterprobung in Übungen und Disputationen neue Zwänge zur Gestaltung systematischer Beschulung mit sehr handgreiflichen Rückkopplungseffekten hinzu. *Melanchthons* verstreute Äußerungen über seine dreijährige Studienzeit in Heidelberg sind trotzdem nicht durch Distanz dominiert. Er blieb stets eng verbunden mit seiner südwestdeutschen Heimat, ihrem Zentrum Heidelberg und der älteren deutschen Humanistengeneration um *Reuchlin* und *Wimpfeling*. Es war ihm wichtig, seiner Alma mater jene Toleranz zu danken, die ihn nach eigenen Kräften und eigenem Willen zu selbstbestimmtem Studienniveau und jenem dialektischen Denken führte, das in dieser Zeit selten anzutreffen war. Der fast Fünfzehnjährige entwickelte offensichtlich nicht das Bedürfnis, sich mit Menschen anzufreunden, die ihn seiner Studienerfolge wegen umschmeichelten. Er blieb bescheiden, anregend und universal interessiert. Mit großer Hingabe las er alles, was erreichbar war. Auf ständiger Suche nach stilistischer Vollkommenheit erlag er – das bezeugen Jugendgedichte – auch der Mode, die nach geschraubten Konstruktionen schielte; und er war glücklich in der Harmonie mit den gezierten Schnörkeln des *Politan*, die bis in seine Tübinger Rede „De artibus liberalibus" reichten. Einerseits scheint ihn ganz jugendliche Scheu gegenüber Neidern unangreifbar gemacht zu haben, andererseits muß er sich mit innerer Heiterkeit fremd und überlegen im Unzulänglichen bewegt haben. Nur jugendliche Unsicherheit und Unerfahrenheit können diese eigenwillige Mischung aus liebenswürdig-wohlgefälliger Extravaganz und oppositionellem Aufbegehren fruchtbar gemacht haben. So wuchsen Selbstbewußtsein und Selbstsicherheit eines verständnisvollen, besonnenen und ausgleichenden Kämpfers, der später an die Seite des ungestümen *Luther* finden sollte.

Die vorgegebene Stufenleiter der akademischen Bildung ohne Unterbrechung emporzusteigen, war wohl das Hauptmotiv, welches *Melanchthon* an die schwäbische Universität nach Tübingen trieb. Sein Heidelberger Baccalaureat wurde anerkannt, der Stoff des Quatriviums bewältigt, die Eide wurden geleistet. Die Magisterprüfung, einschließlich Disputation, legte er als bester von elf Bewerbern ab. Das war am 25. Januar 1514, als der Jüngling das 17. Lebensjahr noch nicht vollendet hatte. *Camerarius* feiert dieses Ereignis in seiner Biographie über *Melanchthon* als Höhepunkt des Tübinger Aufenthalts mit folgenden Worten: „Doctrina hinc fecit iuvenem alma Tübinga magistrum, Examinum laudis gessit ubi ille decus."[14] (Dann zum Magister erkor die Alma Tübinga den Jüngling, der dort ohne Verzug trefflichen Ruhm sich erwarb.) Als Lehrer für antike Literatur (Vorlesungen zu *Vergil* [Publius Vergilius Maro, 70–19 v. Chr.]), für Beredsamkeit (Interpretationen von *Cicero* und *Livius*) sowie für griechische Grammatik, so berichtet *Camerarius*, durfte er pädagogische Erfahrungen sammeln. Das ergänzende Studium hat er dabei nicht vernachlässigt. Neben der griechischen Grammatik belegte er Theologie, Jurisprudenz und Medizin. Systematische *Aristoteles*-Studien führten ihn, aus gewohnten scholastischen Bahnen heraustretend, zu Versuchen in bezug auf die erkenntnistheoretische Neubestimmung der Ideen von den Dingen.

In seiner Tübinger Zeit erschienen die drei Bücher des *Agricola* über Dialektik, die er mit Freunden zunehmend methodenbewußter zur Kenntnis nahm. Das war ein weiterer Schritt hin zum deutschen Humanismus. Sein Bruch mit der scholastischen Logik und Dialektik vollzog sich sachlich, ohne die damals üblichen gehässigen Konfrontationen.[14]

Camerarius gibt uns auch tiefe Einblicke in *Melanchthons* Beziehungen zu Lehrern und Kommilitonen dieser sechs Jahre während Tübinger Zeit: alte Bande zu seinen Pforzheimer Lehrern, *Simler* und *Hiltebrant*, die nunmehr hier Humaniora, Philosophie, römisches Recht ... lehrten, erleichterten das Einleben. Bei *Heinrich Bebel* (um 1475–1518), dem Inhaber des Lehrstuhls für Rhetorik, Poesie und Eloquenz, fand er sich zunächst in seinen jugendlich stilistischen Höhenflügen, aber auch in seinem Streben nach der Erhöhung des pädagogischen Standortes unverfälschter antiker Quellen bestätigt. Erst später konnte er

Bild 130: Ph. Melanchthon, Handzeichnung v. A. Dürer für den Kupferstich von 1526, Museo Horne Florenz

die Verehrung des faszinierenden Lehrers und kaiserlichen Hofdichters relativieren.[15]
Johannes Stöffler (1452–1532)[16] weckte wohl sein unauslöschliches Interesse für Astronomie und Mathematik. Dankbar war ihm *Melanchthon* für Anregungen und ihm gewährte Hilfe bei Übersetzungen von *Hesiod* oder *Aratus*.
Besonders nahegestanden haben muß ihm sein Lehrer der Dialektik, *Franciscus Stadianus*. Er bestärkte *Melanchthon* in der kritischen Betrachtung der mittelalterlichen Rezeptionsliteratur zu *Aristoteles*. *Stadianus* weckte in ihm das Verlangen nach einer Aristotelesausgabe im griechischen Urtext. Die scholastische Überformung habe weit vom Wissenschaftsverständnis des *Aristoteles* weggeführt. In seiner griechischen Grammatik (1518) und in der Wittenberger Antrittsrede bekannte sich der nunmehr große deutsche Gräzist zu diesem Projekt, dessen Scheitern ihn ein Leben lang bewegte.
Zuverlässigkeit und Herzlichkeit seiner Freundschaften – nachweisbar zu seinem Kommilitonen, dem Alpirsbacher Benediktinermönch *Ambrosius Blarer* (1492–1564) – waren auf tiefe Religiosität, das Streben nach Wahrheit, Weisheit und schöner Rhetorik sowie auf Begeisterung für die klassischen Quellen und das Humanistische in der Theologie gegründet. Davon zeugen viele Briefe.[17] Auch die innige Freundschaft zu dem 15 Jahre älteren *Oekolampadius*, dem späteren Reformator von Basel, deutet auf diese Motive für die Begründung von Freundschaften hin.[18]
Zu vielen seiner Schüler beseitigte *Melanchthon* die natürliche Distanz zwischen Lehrenden und Lernenden, obwohl deren Verehrung für das jugendliche Genie gegenläufige Reaktionen vermuten läßt. Als Beispiel stehe *Franciscus Friedlieb – Irenicus* aus Ettlingen – (1494–1553). Er schrieb: „Mein anderer Lehrer [neben *Simler* – d. Verf.] war *Philipp* aus Bretten, kaum 20 Jahre alt, im übrigen ausgereift und in wissenschaftlichen Kenntnissen keinem nachstehend. Wie viel ihm die Jahre und Beschwerden des Körpers entzogen, so viel fügten sie seinem Geiste hinzu. Je schwächer am Leib, desto herrlicher im Geist. Ich rede die Wahrheit: ..., daß alle von jedem beliebigen fremden Lande oder Alter bezeugen, keinen Jüngling von solcher Tüchtigkeit und Gelehrsamkeit, keinen mit so zahlreichen Fertigkeiten ausgerüstet, in so vielerlei Wissenschaften unterrichteten Mann gehört oder gesehen zu haben."[19] *Melanchthons* Grundverständnis für das Verhältnis von Lehrenden und Lernenden band die Verehrung der Schüler an wohlwollendes Verständnis und fordernde Hilfsbereitschaft des Lehrers. Er stiftete dauerhafte Freundschaften, über die es ihm später möglich war, reformatorisches Gedankengut in viele europäische Länder zu tragen.
Als *Melanchthon* 1514 die Korrekturen bei dem Tübinger Drucker *Thomas Anshelm* (1470–1522) übernahm, erweiterte sich der Kreis seiner Schüler um Autoren, die fast ausschließlich aus der humanistischen Bewegung kamen. Sie fanden in ihm nicht nur den sachkundigen Förderer, sondern auch einen Korrektor, der ihren Stil nach dem Vorbild des *Marcus Fabius Quintilian* (um 35–um 100) verbesserte[20] sowie durch Vorworte, Ergänzungen und Interpretationen Erasmischen Geist verbreiten half. Anregungen dafür hatte er bei den italienischen Humanisten gefunden, die mit außergewöhnlichem pädagogischem Anspruch ihre Ideen zu publizieren wußten. Wie weit sich *Melanchthon* ihnen anschloß, belegen seine beiden großen Arbeiten aus der Tübinger Zeit: die griechische Grammatik aus dem Jahre 1518 (Hagenau) und die Terenzausgabe 1516.
In den öffentlichen Polemiken, die gegen *Reuchlin* vom Zaune gebrochen wurden, stand er zu seinem Oheim mit Kampfesmut und erprobte sich in der Durchschlagskraft

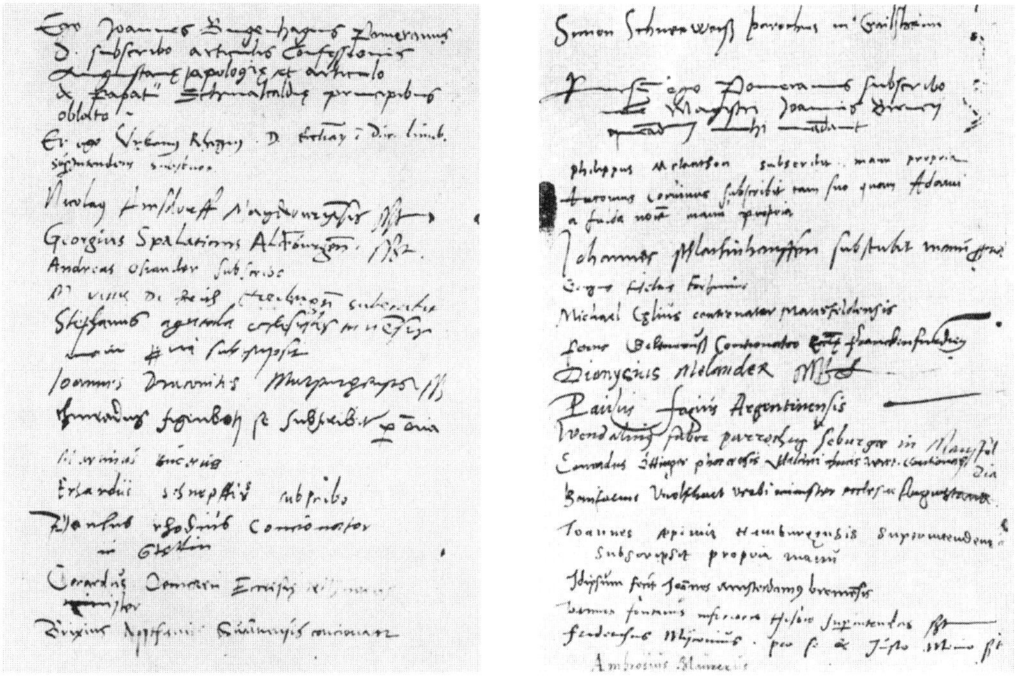

Bild 131: Ambrosius Blarer (1492–1564), Alpirsbacher Benediktiner, später Konstanzer Reformator, 1537 Verpflichtung auf die „Confessio Augustana" auf dem Bundestag in Schmalkalden, Unterschrift am Schluß der beiden Blätter, Thüringisches Landesarchiv Weimar

PHILIPPI MELANCHTHONIS SERMO HABITVS APVD IVVENTVTEM ACADEMIAE VVITTEMBERG. DE CORRIGENDIS ADVLESCENTIAE STVDIIS.

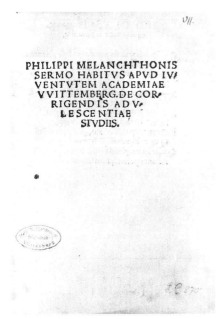

Bild 132: Ph. Melanchthons Antrittsrede an der Wittenberger Universität am 29. Aug. 1518, Titelblatt des Wittenberger Erstdrucks v. Johannes Grunenberg, Evang. Predigerseminar Wittenberg

PHILIPPI MELANCHTHONIS sermo habitus apud iuuentutẽ Academiæ Vuitenberg. de corrigendis adulescentiæ ſtudijs.

RODOLPHVS Agricola Phriſius de ſtudiorum omnium colluuie, uidelicet Iuris Medicinæ, Phyſices, & Theologiæ.

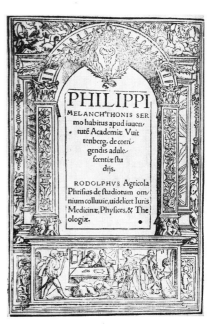

Bild 133: Titelblatt v. Melanchthons Wittenberger Antrittsrede (1518), herausgegeben v. Rudolf Agricola

Bild 134: Nord-, Straßenseite v. Ph. Melanchthons Wohnhaus in Wittenberg, Collegienstr. 60

Bild 135: Arbeits- und Sterbezimmer Ph. Melanchthons

Bild 136: Studentenwappen im Scholarenzimmer des Wittenberger Melanchthonhauses

Bild 137: Familienwappen und Unterschrift Melanchthons

Bild 138: Johannes Oekolampadius (1482–1531), einer der einflußreichsten Anführer des Protestantismus

seiner Argumente. *Melanchthon* hatte sich in der Tübinger Zeit zu dem exklusiven Kreis deutscher Humanisten emporgearbeitet. Mutig und unerschütterlich strebte er mit jenen zu neuen Horizonten. Treu, aber nicht widerspruchslos, stand er zu *Erasmus, Pirckheimer, Wimpfeling, Reuchlin* ... ein Leben lang. Er rieb sich an und mit ihnen, um der Ängstlichkeit vor der bedrohlichen Macht aus dem Mittelalter den Anspruch des Unabänderlichen zu nehmen. Opferbereitschaft löste sich aus philosophischer Vereinsamung und ließ die Erkenntnis reifen, daß Wissenschaft zurück zu den Quellen führen müsse. Das mitzuteilen und nachzuweisen, trieb ihn empor in jene Sphären, in denen sich das Genie selbst zufrieden und glücklich begreift, ohne den mystischen Frieden als Ruhekissen zu betrachten. So waren ihm sonnige Freundlichkeit, Sicherheit verheißende Gewißheit und Liebe in einer Welt voller Neid, Spott, Selbstsucht, Launenhaftigkeit und Anmaßung aufgegangen. Er verließ Tübingen in der pädagogischen Überzeugung, mit den Instrumentarien der Renaissance Häßliches, Verächtliches, Unterdrückendes zu vertreiben und die Freiheit des Christenmenschen zu befördern; denn dazu sei Humanität angetan.

3.2 Student und Hochschullehrer in Wittenberg

Die farblose Stadt an der Elbe schien zunächst nicht übel gewählt. Ohne Trubel, ohne anmaßende Eleganz konnte hier geregeltes und ansässiges wissenschaftliches Leben so gedeihen, daß der Nährboden für Reformen tragfähig wurde. Renaissance und Humanismus etablierten sich nicht als geistige Ströme vager Hoffnungen, sondern als vorherrschbare Beglückung angesichts scholastischer Hilflosigkeit gegenüber den Erfordernissen der anbrechenden Neuzeit.
Melanchthons Wissenschaftsengagement galt den Humaniora. Als einer der besten deutschen Gräzisten war er nach Wittenberg gerufen worden. Am 29. August 1518, vier Tage nach seiner Ankunft in Wittenberg, trug der kleine, schwächlich wirkende Mann seine lateinisch ausgeführte Antrittsrede „De corrigendis adolescentiae studiis ..."[21] vor. Begeistert nahmen Lehrende und Studierende ersehnte und praktikable Vorschläge zur Studienreform auf. Er beklagte die Vernachlässigung der Wissenschaften zugunsten des Waffenhandwerks, die Verstümmlung des Lateinischen, die Unkenntnis im Griechischen, die in Spitzfindigkeiten aufgegangene Dialektik und die leere Rhetorik. Um die Wissenschaft von mittelalterlicher Überfremdung zu befreien, seien die Geschichte der Antike, ihre geistigen Quellen, ihre Sprachen und das Evangelium Wegweiser für ein Studium, das sich dem Guten, Wahren, Schönen und Nützlichen verpflichten wolle.

Der Weckruf des 21jährigen wurde auch von *Luther* aufgenommen, obwohl er dessen Berufung zunächst sorgenvoll gegenübergestanden hatte. Bereits am 31. August schrieb er jedoch an *Georg Spalatin*: „*Melanchthon* hat am vierten Tage nach seiner Ankunft eine so gelehrte und feine Rede gehalten, die einen solchen Beifall und eine solche Bewunderung fand, daß Du ihn uns nicht weiter zu empfehlen brauchst. Wir haben schnell die vorgefaßte Meinung aufgegeben und von seiner

Bild 139: Ph. Melanchthon im Talar als Griechischprofessor, Bildnis v. L. Cranach (1543)

äußeren Erscheinung abgesehen und danken dem erlauchten Fürsten und Dir ... Solange er uns erhalten bleibt, verlange ich sicherlich nicht nach einem anderen Lehrer des Griechischen ... Sehet deshalb zu, daß Ihr nicht seine Person und seine Jugend gering schätzet. Er ist ein Mensch, der jeder Auszeichnung würdig ist."[22] Aus Zuneigung und Verehrung wurde eine Männerfreundschaft, die in Höhen und Tiefen ein ganzes Leben hielt.

Es ist wohl *Luthers* Einfluß zu verdanken, daß *Melanchthons* humanistisch und philosophisch begründeten Wissenschaftsreformideen mit unabsehbarer gesellschaftlicher Relevanz auch ein tragfähiges zweites Standbein zuwuchs. Der Universalgelehrte mußte sich theologischer Studien vorrangig annehmen, wenn er bei Theologen alte Sprachen als Rüstzeug voraussetzen wollte. Bereits am 9. September 1519 reüssierte er zum Baccalaureus biblicus.

Trotz heftiger Gegenwehr *Melanchthons* bestimmte der Kurfürst nunmehr auf *Luthers* Begehren, daß dieser auch eine Professur für Theologie zu verwalten habe. Das Gehalt wurde auf 200 Gulden verdoppelt. *Melanchthon* lehrte nunmehr als Mitglied zweier Fakultäten ein Leben lang Humaniora und

Bild 141: Plocksche Lutherbibel v. 1541 mit Einklebungen (Friedrich der Weise, Melanchthon und Luther), Kupferstichkabinett der Staatlichen Museen Berlin

Bild 140: Georg Spalatin (1484–1545), Handschriftprobe v. 1526

Theologie an der zunächst noch blühenden Universität. Mit der Universitätsreform (1525) waren *Luther* und *Melanchthon* bindender Lehrverpflichtungen enthoben worden. Sie lehrten nunmehr nach eigenem Ermessen. Der Griechischlehrstuhl wurde neu besetzt.

Die beiden großen Männer an der Leucorena hatten Studenten magisch angezogen. Wöchentlich besuchten Hunderte von Hörern ihre Vorlesungen. *Melanchthon* stützte in der Artistenfakultät nicht nur die Griechischprofessur; er lehrte Hebräisch, vermittelte ethisches, physikalisches, historisches ... Wissen, den Rahmen des überkommenen Quatriviums sprengend. In der Theologie folgte er *Luther* aus der Bindung an die theologische Scholastik hin zur unkonventionellen Auslegung der biblischen Schriften. So wuchs *Melanchthon* über die Vertretung bei *Luthers* Abwesenheit zum begehrten Lehrer der evangelischen Dogmatik; seine Kollegien waren hier stets überfüllt. Der Spiritus rector der Wittenberger Universitätsreform wurde zwangsläufig auch in die Hochschulverwaltung eingebunden. Als Rektor (1523/24) stellte er die Weichen für die Erneuerung; als Dekan der Philosophischen Fakultät (1535/36) und im wiederholten Rektorat (1538) „fundierte" *Melanchthon* das neue Universitätsprofil mit beträchtlicher Breiten- und Fernwirkung. Eine Vielzahl von Thesen für Disputationen in deutschen Landen, von Gutachten für Städte und Fürsten, von Kirchen- und Schulordnungen stammen aus der Feder des schier Unermüdlichen mit zähem Arbeitswillen.

Dabei vernachlässigte der vielfältig Begehrte seine akademischen Pflichten keinesfalls. Der Vergleich seiner Vorlesungen[23] und Schriften[24] läßt erkennen, daß aus der Lehre eine Vielfalt von Publikationen hervorging; so der große Teil von Klassikerausgaben mit Erklärungen und Scholien sowie Bibeltexte mit der Exegese von Evangelien und paulinischen Briefen ...

Bild 144: Ph. Melanchthon im Talar

Bild 142: Maximilian I., Disputation mit den Hochschullehrern der sieben freien Künste, Holzschnitt v. Leonhard Beck aus dem Weißkunig

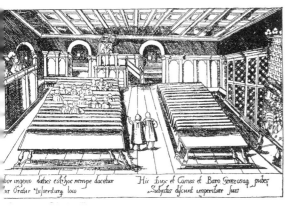

Bild 143: Collegium illustre zu Tübingen 1589, Disputation, Kupferstich v. L. Ditzinger nach Joh. Christof Neyffer, Germanisches Museum Nürnberg

Vorlesungen und Veröffentlichungen verweisen auf den mehr oder minder starken Einfluß von *Luthers* Wissenschaftsverständnis auf *Melanchthon*. Das in der Antrittsrede verkündete zentrale Projekt der kritischen Reinigung des scholastisch vereinnahmten *Aristoteles* wurde zunächst von der Ethik *Luthers*[25] überlagert, so daß ihm die Theologie des Apostels *Paulus* als Hoffnungsträger zuwuchs.[26] Die Begründung dafür suchte er ganz atypisch in einer Kette aus Zweckinterpretationen, die von vornherein keinen Bestand haben konnten. Beispielsweise: „Denn betrachtet man die Philosophie genauer, so sieht man, daß sie nichts enthält als törichte Streitigkeiten über leichtfertige Meinungen, indem der eine Atome, der andere die Ideen zum Anfang aller Dinge macht."[27] Doch diese bedingungslose Auslieferung an die paulinische Rechtfertigungslehre in den Spuren *Luthers* relativierte sich, als die neue Kirche in der Distanz zur geschichtlichen Erkenntnis zu erstarren drohte. Der Affront gegen *Aristoteles* und die antike Philosophie im Entwurf seiner „Loci theologici" wurde bereits in den ausgehenden zwanziger Jahren zugunsten seiner ursprünglichen dialektischen Betrachtungsweise korrigiert, und statt Festungen wurden Brücken für Wege zur christlichen Humanität errichtet.

Es mag uns heute verwundern, mit welcher Verbissenheit dieser Mann arbeitete und dabei Selbstbewußtsein durch Erkenntnisgewinn zu stabilisieren suchte. In Briefen an *Spalatin* lesen wir unter anderem: „Ich halte Vorlesungen, ich arbeite für die Druckerei, damit die Studentenschaft Texte hat; ich habe zahlreiche Zuhörer in meinen Übungen. Bereits wird der Brief an *Titus* gedruckt ... Bezüglich meines Wörterbuchs, das ich beinahe fertig habe, bin ich bemüht, daß es der Drucker *Thomas Anshelm* auf den ersten November in druckfertiger und erweiterter Gestalt der Presse übergeben kann. Dazu kommt die Rhetorik etc."[28] Schüler dieses Riesen an geistigen und psychischen Kräften richteten sich an seinem Vorbild auf: „Er hat uns Vorlesungen gehalten über die Briefe des *Paulus* an die Korinther und Römer, über Rhetorik und Dialektik; inzwischen verbessert er *Martins* Schriften und besorgt sie zum Drucke."[29] Derartige Zeugnisse stehen für die gesamte Wittenberger Zeit, in der er zum Lehrer der Gelehrten emporstieg.

Über Wittenberg hinaus suchte er unablässig die freundschaftliche Verbundenheit mit führenden Humanisten zu erhalten, auszubauen oder neu zu knüpfen. Er gewährte und suchte Hilfe über unzählige Briefe und Reisen. Schmerzlichen Anfeindungen begegnete er mit Erklärungen und Versöhnungsangeboten, stets bemüht, die Bindung von Protestantismus und Renaissancehumanismus glaubhaft und tolerant zu vertreten, ohne den Anspruch auf Unfehlbarkeit als Dreh- und Angelpunkt zu überhöhen.

Viele seiner Freunde hatten den Schritt zum Protestantismus wegen dessen revolutionärer Rigorosität und anfänglicher partieller Bildungsdistanz nicht gewagt. *Melanchthon* blieb auf der Seite derer, die erneuern und veredeln wollten. Er verachtete das Niederreißen und Ausrotten; er war bemüht, den Kreis deutscher Humanisten nicht in sich bekämpfenden Lagern verschleißen zu lassen.

So bekundete *Reuchlin* seinem geliebten Großneffen, er möge sich von der Wildheit der Lutheraner lösen oder aus seinem Leben treten. *Melanchthon* setzte sich über Enttäuschungen und Demütigungen *Reuchlins* hinweg. Er bezeugte ihm Dankbarkeit in Wort und Schrift bis an sein Lebensende.[30] „Optimus maximus literarum praeses"[31] nannte *Melanchthon* den vom Adel und der Kurie gefeierten Humanisten *Desiderius Erasmus von Rotterdam*. *Melanchthons* unablässig vorgetragene Ehrungen fanden freundliche Aufnahme. Die Freundschaft zerbrach auch nicht an zeitweiligen Spannungen, die beide abzubauen wußten, sachlich und aufrichtig. So war es *Melanchthon* möglich zu verhindern, daß der vielfach beschriebenen Streit zwischen *Luther* und *Erasmus* über den freien Willen[32] eskalierte; daß sich Protestantismus und Humanismus wie unversöhnliche Brüder gegenüberstanden.

Erasmus, fern jeglicher subjektiv übersteigerter Empfindsamkeit, ließ *Melanchthon* in einem Brief vom 6. September 1524 wissen:

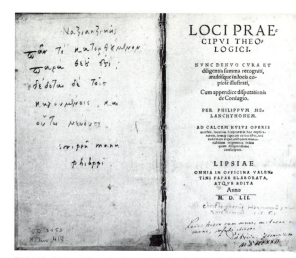

Bild 145: Melanchthons Loci praecipui theologici …, Leipzig 1552 bei Valentin Bapst, mit eigener griechischer Handschrift versehen

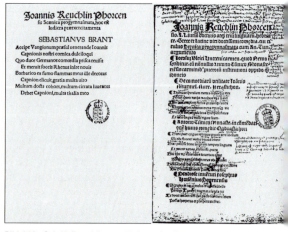

Bild 146: Schrift Reuchlins zur Reform des Schulwesens, mit handschriftlichen Anmerkungen

Bild 147: Johannes Reuchlin (1455–1522), Humanist, Gräzist, Jurist

Bild 148: Beatus Rhenanus (1485–1547)

„Ich habe alle Deine Loci [theologici – d. Verf.] durchgelesen und Dein ebenso reines wie glückliches Talent erkannt ... Ich habe ihm [Kardinal *Campegius* (*Lorenzo Campeggio*, 1464–1539) wollte *Melanchthon* an eine andere Universität vermitteln – d. Verf.] geantwortet, daß ich zwar den Wunsch hege, Dein Talent möge von diesen Kämpfen fern bleiben, aber ich verzweifle daran, daß Du einen Widerruf leisten würdest. Im Vertrauen auf Deinen Verstand schütte ich das in Deinen Busen aus, mein *Philippus*. Es wird Sache Deiner Lauterkeit sein, dafür zu sorgen, daß es nicht unter die Gottlosen ausgestreut wird."[33] (Es ist wohl auch *Melanchthon* gewesen, der *Luther* in den Feindseligkeiten zwischen *Hutten* und *Erasmus* zur Mäßigung bewegte.) Die Freundschaft beider Humanisten hielt bis zum Tode des willentlich einsamen *Erasmus* über viele Händel und Mißverständnisse hinweg. In einer Rede des 60jährigen *Ph. Melanchthon* findet man folgendes Bekenntnis: „Da also *Erasmus* eine große Kraft des Genies und viele ausgezeichnete Tugenden besessen, und da er die Sprachstudien, welche der Kirche und dem Staate notwendig sind, im höchsten Grad gefördert hat, so wollen wir sein Andenken in dankbarem Herzen bewahren, seine literarischen Denkmale lesen und ihn dankbar anerkennen."[34]

Mancher aus dem Kreis von Erasmusanhängern fand auch freundschaftliche Bindung zu *Melanchthon*. *Hartfelder* hebt *Michael Hummelberg*, *Beatus Rhenanus* (1485–1547), *Ulrich Zäsi*, *Nicolaus Gerbel*, *Wilhelm Nesen*, *Ludwig Carinus* ... besonders hervor.[35]

Aber auch der ältere Nürnberger Kreis deutscher Humanisten um den Agricolahörer und Rhetoriker *Conradus Celtis* (1459–1508, eigentlich *Pickel*) hatte *Melanchthon* angeregt. Es deutet vieles darauf hin, daß ihm die Freundschaft mit dem vielseitig gelehrten Ratsherrn *Willibald Pirckheimer* besonders am Herzen lag. Schon dem huldigenden Tübinger Magister hatte *Pirckheimer* seine Aufmerksamkeit zugewandt. Als *Melanchthon* 1518 – auf dem Wege nach Wittenberg – in Nürnberg anklopfte, war der Freundschaftsbund besiegelt worden. Der Nürnberger Patrizier, ursprünglich Anhänger *Luthers*, wurde zum Kontrahenten der „streitsüchtigen Wittenberger", die gerufene Geister mit alten Klischees zu bändigen suchten. Aber auch er kündigte die Freundschaft zu *Melanchthon* nicht auf. Wiederholte Begegnungen in Nürnberg, nie versagte gegenseitige

Bild 149: Ansicht v. Nürnberg um 1680, Kupferstich, Lutherhalle Wittenberg

Hilfe und das gemeinsame humanistische Anliegen haben auch *Pirckheimer* im Alter zu einer toleranteren Sicht auf die Reformation geführt.

Aus dem Kreis der Leipziger Humanisten muß ihm neben *Peter Schade* und *Andreas Francus Camitianus, Petrus Mosellanus*, der ursprünglich von *Spalatin* und *Luther* begünstigte Bewerber auf den Griechischlehrstuhl in Wittenberg, besonders nahegestanden haben. *Camerarius* hat diesen „Bund echter Freundschaft" in besonderer Weise gewürdigt.³⁶ Das Urteil wiegt schwer, weil *Mosellanus* den Erasmianern nahe blieb und zuweilen den Wittenbergern lautstark grollte. Briefe erzählen von beglückenden Stunden der Verständigung und des Austauschs; sie zeugen von gemeinsamen Mühen um Toleranz und Ausgleich in einer Zeit, die aus den Fugen geraten war. Ein gut begründetes Urteil über Ähnlichkeiten dieser beiden Männer – vor mehr als 100 Jahren gefällt – kann noch heute gelten: beide seien „fast gleichen Alters", ... „niederer Herkunft" und Südwestdeutsche gewesen; beide verbanden Bescheidenheit mit einem „Reichtum von Begabungen und Wissen"; beide blieben mit ihren Schülern eng verbunden; sie waren „Männer des Friedens" ..., die „nur wider Neigung und Willen an den Kämpfen des Zeitalters Anteil nahmen".³⁷

Bedeutende Anregungen für sein pädagogisches Engagement muß *Melanchthon* von *Johannes Sturm,* dem großen humanistischen Methodiker und Lateiner aus Straßburg, erhalten haben. In einem Brief aus dem Jahre 1542 beschrieb *Melanchthon* Gemeinsames: „... Ich habe oft aus doppelter Ursache Euch für glücklich gehalten, einmal weil Ihr von den Geschäften eines Fürsten weit entfernt seid, sodann weil Ihr in eurer städtischen Behaglichkeit von den Studien einen reichen Genuß haben könnt ... Wir pflegen, solange es möglich ist, die wissenschaftlichen Studien, damit das kommende Geschlecht Pflanzstätten der Kirche hat, und Dir kommt das um so mehr zu, da Du mich und viele andere durch Talent übertriffst und Du in einer Aristokratie in tiefster Ruhe lebst, wo Du viele uns abgehende Vorteile genießest, wenn auch daselbst unsere Wissenschaften, wie das in ganz Deutschland allgemein der Fall ist, weniger gelehrt sind, als es sein sollte."³⁸

So wie *Melanchthon* einst *Sturm* auf den akademischen Weg half, fühlte sich der Weggefährte verpflichtet, auch dem Wittenberger zu helfen, als dieser, nunmehr 60jährig, vielfach angefeindet wurde. *Melanchthon* wagte jedoch keine Veränderung nach Straßburg mehr; wohl spürend, daß sein Kräftepotential für einen Neuanfang begrenzt war.

Die innigste, tragfähigste und auch belastbarste Freundschaft aus dem Kreis der Humanisten war die zu *Joachim Camerarius*. Dessen „De vita Philippi Melanchthonis" (1777) ist ein Zeugnis mit Bestand über die Zeiten. Diesem sollen keine Kommentare hinzugesetzt werden.

3.3 Reformator

Große Hoffnungen, die deutsche Humanisten auf den neuen Kaiser *Karl V.* (Regz.

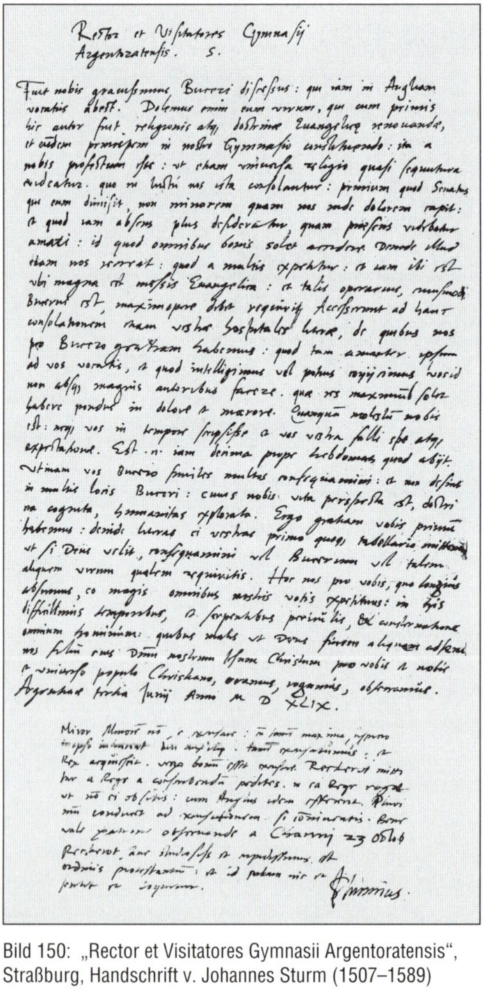

Bild 150: „Rector et Visitatores Gymnasii Argentoratensis", Straßburg, Handschrift v. Johannes Sturm (1507–1589)

1519–1556) setzten, wurden nicht erfüllt. Die Ausweitung der Kirchenreform in eine umfassende Reichsreform, die den Partikularismus durch politische Einheit und Freiheit des Christenmenschen hätte ersetzen können, scheiterte am Weltmachtstreben des Monarchen. Spätestens der Reichstag zu Worms (1521) zeigte, daß der Kaiser nicht bereit war, den nationalen deutschen Interessen besondere Bedeutung beizumessen. Die enge Bindung zwischen Humanismus und Reformation war bedroht. *Melanchthon* sah diese Gefahr. Sie zu mindern, sollte sein Lebenswerk werden.

Als der Kaiser seine Machtpolitik endgültig beim Papsttum versicherte, liefen die Reformatoren Gefahr, ihre breite Resonanz im Lande zu verlieren. Bedrängnis entstand auch aus anderer Richtung. Die „Zwickauer Schwarmgeister“ um *Nikolaus Storch, Thomas Müntzer* und *Andreas Karlstadt* gründeten ihre Lehre der Rechtfertigung nicht mehr auf die Bibel, sondern jenseits von *Luther* auf die innere Erleuchtung des Gläubigen. So löste unter anderem die massenhafte Hinwendung zur Sozialideologie der Wiedertäufer oder im Detail die Unbegründbarkeit der Taufe aus der Bibel[39] *Melanchthons* Kritik aus.

Die Zweckinterpretation der Lehre vom allgemeinen Priestertum in der christlichen Gemeinde ließ in breiten Volksschichten unverzichtbare Werte wie Bildung, Ordnung, Solidarität oder Toleranz untergehen. Der

Rector et Viſitatores Gymnaſij
Argentoratenſis. S.

Fuit nobis grauiſsimus Buceri diſceſsus : qui iam in Angliam
vocatus abest. Dolemus enim eum virum / qui cum primis
hic autor fuit religionis atque doctrinæ Euangelicae renouandæ /
et eundem principem in nostro Gymnaſio constituendo : ita a
nobis profectum eſse : vt etiam vniuerſa religio quaſi ſequutura
videatur. quo in luctu nos ista conſolantur : primum quod ſenatus,
qui eum dimiſit / non minorem quam nos inde dolorem capit :
et quod iam abſens plus deſideratur / quam præſens videbatur
amari : id quod omnibus bonis solet accidere. Deinde illud
etiam nos recreat : quod a multis expetitur : et cum ibi est
vbi magna est meſsis Euangelica : et talis operarius / cuiuſmodi
Bucerus est / maximopere debet requiri. Acceſserunt ad hanc
conſolationem etiam vestræ hospitales literæ / de quibus nos
pro Bucero gratiam habemus : quod tam amanter ipſum
ad vos vocatis / et quod intelligimus vel potius conijcimus vos id
non abſque magnis autoribus facere. quæ res maximum ſolet
habere pondus in dolore et mœrore. Quanquam molestum nobis
est : neque vos in tempore ſcripſiſse et vos vestra falli spe atque
expectatione. Est enim iam decima prope hebdomas quod abijt.
Vtinam vos Bucero ſimiles multos conſequamini : et non deſint
in multis locis Buceri : cuius nobis vita perspecta est / doctrina cognita / humanitas explorata. Ergo gratiam vobis primum
habemus : deinde literas ei vestras primo quoque tabellario mittemus,
vt ſi Deus velit / conſequamini vel Bucerum vel talem /
aliquem virum qualem requiritis. Hoc nos pro vobis / quo longius
abſumus / eo magis omnibus nostris votis expetimus : in his
difficillimis temporibus / et ſerpentibus periculis / et consternatione
omnium hominum : quibus malis vt Deus finem aliquem adferat
nos filium eius Dominum nostrum Jeſum Christum pro vobis et nobis
et vniuerſo populo Christiano / oramus / rogamus / obſecramus.
Argentinæ tertia Junij Anno M D XLIX.

. . . .

Miror Minorem non ſe excuſare : cum tamen maxima ſuſpicio
in ipſo inhaereat dati auxilii. tamen excuſauimus : et
Rex açquieſcit. verum bonum eſſet excuſare. Reckerot mitti-
tur a Rege a[d] conſcribendum pedites. in ea Rege rogat
vt non ei obſitis : cum Anglus idem effecerit. Plurimum conducit ad excuſationem, ſi connіueatis. Bene
vale, patrone obſeruande, a Channj 23 Octob. }
Reckerot ſane ſtudioſiſs[imus] et cupidiſſimus eſt
ordinis proteſtantium : et id palam hic et
ſentit et loquitur.

J. Sturmius.

28 expetimus: m *für* t *korr.*
1 *Zur Situation und zu den hier genannten Persönlichkeiten s. Polit. Correspondenz III 661 u. Register.* 2 excuſauimus: *Sturm hat erst zu einem* t *angesetzt und dann* u *daraus verbessert.* 4 Rege *für* Rex.

Bild 151: Lateinische gedruckte Fassung der Handschrift „Rector et Visitatores Gymnasii Argentoratensis“ v. Johannes Sturm

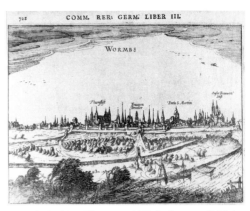

Bild 152: Ansicht v. Worms um 1650, Radierung v. M. Merian d. Ä., Lutherhalle Wittenberg

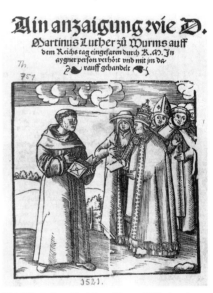

Bild 153: Luthers Verhör zu Worms 1521, Augsburger Holzschnitt, gedr. bei Melchior Ramminger (nachgew. 1542)

Bild 154: Andreas Bodenstein, gen. Karlstadt, und der Bildersturm, Kupferstich

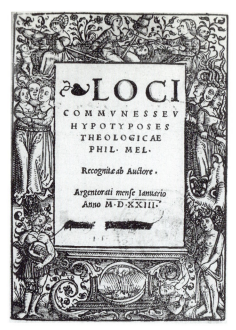

Bild 155: Titelblatt v. Melanchthons „Loci commvnessev ...", Straßburg 1523, Einrahmung der Loci communes mit Figuren der Mythlogie, Erstaufl. 1521 in Wittenberg; das freudige Interesse Luthers bekundete ein Brief an Melanchthon v. 9. Sept. 1521, geschrieben auf der Wartburg

Geist der Reformation drohte im Chaos zu versinken. Angesichts der Haltung des Kaisers mußten sich die Reformatoren mit den Territorialfürsten verbünden, um Dämme gegen die drohende Flut zu errichten. In *Luthers* Programmschriften des Jahres 1520 – insbesondere „An den christlichen Adel deutscher Nation ...", „Von der babylonischen Gefangenschaft der Kirche ..." und „Ein Brief an die Fürsten ..." – werden die Ziele der Reformation zusammengefaßt, begründet und den Territorialfürsten, deren Autorität durch die Bibel gerechtfertigt sei, anheimgestellt.

Angesichts des deutschen Bauernkrieges band sich der erasmisch gewachsene Humanist *Melanchthon* fest an *Luther*; er rechtfertigte die „Ausrottung" der lebens- und kulturzerstörenden Haufen und Sekten, auch solcher, die einst ebenfalls Wegbereiter der Reformation gewesen waren. *Melanchthon* suchte Halt bei den romfeindlichen Territorialfürsten und ließ sich von *Luther* unwiderruflich in die kämpferische Bewegung gegen die Bauern einbinden. Das geschah um so nachhaltiger, als *Melanchthon* mit den „Loci communes" die Reformation dogmatisch-theologisch begründet hatte, die Bibelübersetzung (1521–1534) theologisch und philologisch begleiten mußte und die Bindung zu den katholisch gebliebenen Humanisten gewährleisten wollte, die dem Streben nach der Wiederherstellung der Einheit der christlichen Kirche förderlich war.

Bild 156: Erste Seite v. Ph. Melanchthons „Loci communes theologici"

Luther ließ seinem Helfer und Vertrauten freie Hand bei der Standpunktsuche, tolerierte oder begrüßte sogar die unablässigen Ausgleichs- und Vermittlungsversuche. So widerstand *Melanchthon*, oft schweren Herzens,

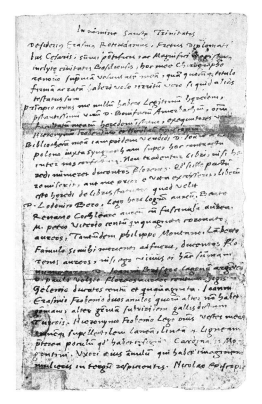 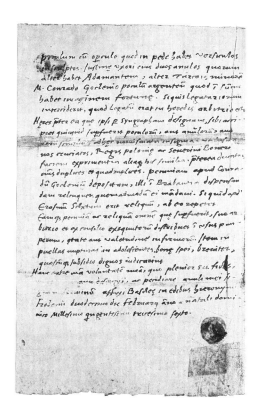

Bild 157: Erasmus' handgeschriebenes Testament, Faksimile, Universitätsbibliothek Basel

der Versuchung, glanzvollen Berufungen zu folgen, die von *Reuchlin, Erasmus,* Kardinal *Campegius ..., Sturm,* nach Nürnberg, Ingolstadt ..., Straßburg betrieben worden waren. Besonders verlockend scheint *Melanchthon* die Teilnahme an der Visitation von Pfarreien und Schulen gewesen zu sein. So sehen wir

Bild 158: Nürnberg (1648), Ausschnitt der Ansicht v. Süden, M. Merian d. Ä., Universitätsbibliothek Heidelberg

ihn mit kurfürstlichen Räten nach dem Bauernkrieg in den thüringischen Ämtern wirtschaftliche Ausstattung der Kirchen und Schulen, Bildung und Sittlichkeit der Geistlichen sowie ihre Verkündigung überprüfen[40], Schulen einrichten, Schulmeister einsetzen, Programme entwerfen, um der äußeren Bedrohung und inneren Spaltung der reformatorischen Bewegung vor Ort zu wehren. Das „Corpus Reformatorum" deutet auf den Umfang seines theologisch-reformatorischen Werkes hin. Hier finden sich die entscheidenden Bekenntnisschriften des Luthertums. Sie sind ausgearbeitet von *Melanchthon*, der die Hoffnung auf die Einheit des Christentums nie aufgegeben und daher den Kontakt zur römischen Kirche nie gelöst hat. Folgerichtig ist der vom erasmischen Humanismus zur Theologie gekommene *Melanchthon* mit dem lautstarken „Zurück zur Bibel" und „Zurück zu den antiken Quellen" wichtige Instanz der Synthese von Christentum und Humanität geworden: „Gleich manchen anderen hat *Melanchthon* dankbar zu seinem griechischen

Neuen Testament [von *Erasmus* – d. Verf.] gegriffen und es sich von ihm auch deuten lassen. *Erasmus* führt ihn seine Wege. Das Ethnische im Neuen Testament liegt ihm am Nächsten."[41] Sein Humanismus stand immer im Dienst der Vermittlung und Überbrückung, weil er theologische Streitfragen auch menschlich anzunehmen und zu lösen wußte.[42] Als Theologe verurteilte er nicht leichtfertig jene, die angesichts der kriegerischen, rhetorischen und lebenspraktischen Auswüchse der Reformation an der alten Kirche festhielten. Im Gegenteil, er nahm ihre Denkansätze sehr ernst, um als Freund Gräben zu überbrücken.

Luther, zeitlebens in Acht und Bann, vertraute dem Freunde die schwierigsten Aufgaben in der latenten Auseinandersetzung an. *Melanchthon* beeinflußte die „Protestation" gegen das Ansinnen des Reichstags zu Speyer (April 1529), die Reformation zurückzudrängen. Einheit in der Bewegung zur Kirchenreform war geboten. Der engagierte Landgraf *Philipp von Hessen* (1504–1567, Regz. ab 1518) lud deshalb den Wittenberger, Nürnberger und süddeutschen Kreis von Reformatoren für Oktober 1529 nach Marburg; auch die Schweizer waren anwesend. Es kam zu einer weitgehenden Annäherung der Standpunkte, ausgenommen das Verständnis vom Abendmahl.[43] Das ermutigte *Melanchthon* zum Entwurf der Verteidigungsschrift für den Augsburger Reichstag 1530, die von der kursächsischen Regierung in Torgau (Torgauer Artikel) gut geheißen wurde. Sie drängte die gleichzeitig eingereichten Bekenntnisschriften der Zwinglianer und der vier Reichsstädte (Konstanz, Lindau, Memmingen und Straßburg) ins Abseits.

Als *Melanchthon* am 2. Mai – *Luther* war in sicherer Entfernung auf der sächsischen Festung Coburg geblieben – in Augsburg eintraf, beherrschten die 404 Artikel des *Johann Eck* zu den Irrtümern der Lutheraner die öffentliche Meinung. *Melanchthon* reagierte sofort; erweiterte, ergänzte und überarbeitete die Torgauer Artikel zum Abendmahl, zur Priesterehe, zur Messe, zu den Fastengeboten, zu

Bild 160: Ansicht v. Marburg (1650), Kupferstich aus M. Merians d. Ä. „Topographia", Frankurt/M. 1650, Lutherhalle Wittenberg

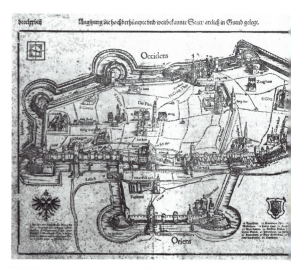

Bild 159: Landgraf Philipp v. Hessen (Regz. 1518–1567), zeitgenöss. Gemälde v. Hans Krell, Wartburg-Stiftung

Bild 161: Augsburg, die höchstberühmte und weitbekannte Stadt, artlich in Grund gelegt 1379

Bild 162: Schloß Torgau, Ostseite, Elbblick, Zuflucht der Universität Wittenberg wegen Seuchengefahr 1552

Traditionen, zu den Gelübden und zum Bischofsamt. Die neue Schrift wurde von *Luther* gebilligt, von vielen Reichsfürsten und Reichsstädten unterschrieben, als „Confessio Augustana" (Augsburgisches Bekenntnis) dem Kaiser überreicht. Der neuerliche Widerlegungsversuch katholischer Theologen, am 3. August im Reichstag vorgetragen, bewegte *Melanchthon* zu einer Verteidigungsschrift für die „Confessio Augustana", deren Annahme der Kaiser ablehnte. Diese „Apologie" kam im Mai 1531 zusammen mit dem Augsburgischen Bekenntnis in Druck.

In kleineren Kreisen hatte *Melanchthon* unablässig für die Annäherung der Standpunkte gestritten. Selbst das Augsburgische Bekenntnis war bei näherer Betrachtung auf Vermittlung und Ausgleich der Konfessionen gerichtet. Zwischen *Luther* und *Erasmus* stehend, versuchte der Taktiker mit langem Atem die Bindung zum Humanismus in seinem Sinne zu fördern, sein Reformprogramm zur Grundlage eines Konzils zu machen. „Kein Glaubensartikel sei in der Confessio Augustana enthalten, der von der Heiligen Schrift oder der katholischen Kirche abweiche. Werde die Sache auf beiden Seiten von charaktervollen und gelehrten Männern (boni et eruditi viri) untersucht, werde man sich bald einig. Es bedürfe nur weniger Zugeständnisse, schrieb er an Kardinal *Campegius*, ‚um die Oberhoheit des Papstes und die Jurisdiktion der Bischöfe wiederherzustellen'."[44] Auch die folgenden Religionsgespräche in Leipzig (1546) weisen *Melanchthon* als beherrschten, zähen Ringer in „erasmischer Vergleichsarbeit" aus. Der Augsburger Reichstag machte aber auch die Schwierigkeiten auf *Melanchthons* Weg deut-

Bild 163: Dessauer Abendmahl mit den Reformatoren als Jünger Jesu (1565), rechts neben Jesus Melanchthon, 2. v. links neben Jesus Luther, Gemälde v. L. Cranach d. J.

lich. Das Bündnis der Lutheraner mit den Landesfürsten hatte „die religiöse Bewegung politisiert ... Hier stand nicht mehr bloß Überzeugung gegen Überzeugung, sondern zuletzt ganz deutlich Gewalt gegen Gewalt."[45]

1537 hatte sich der Protestantische Bund in Schmalkalden lediglich auf die Ergänzung der „Confessio Augustana" zum Regiment des Papstes und der Bischöfe („Tractatus de potestate papae et episcoporum") einigen können. Die Sympathien Frankreichs und Englands mit dem Schmalkaldischen Bund verstärkten den Druck des Papstes auf den Kaiser, die Machtfrage durch Waffen zu lösen.

Der Krieg sollte für Sachsen weitreichende Folgen haben. *Moritz von Sachsen* (Regz. 1541/1547–1553), verheiratet mit der Tochter *Philipps v. Hessen*, hatte infolge des Schmalkaldischen Krieges (1546/47) an der Seite des Kaisers die Kurwürde und große Teile des Territoriums der Ernestiner erlangt. Die Gründung des Jesuitenordens (1540) und das Tridentinische Konzil (1545) verstärkten gegenreformatorische Kräfte. Der Papst entzog dem nunmehr auf machtpolitisch motivierte Konzessionen eingestellten Kaiser die Unterstützung. Dieser ließ mit Hilfe der Mehrheit

Bild 164: Schmalkalden, Kupferstich aus M. Merians d. Ä. „Topographia", Frankurt/M. 1650

des Augsburger Reichstags am 29. Juli 1548 ein reformkatholisches Interim („Interreligio imperialis") verkünden. Ohne Wohlwollen der Römischen Kurie, gegen Frankreich und die norddeutsche Fürstenkoalition, nunmehr mit dem sächsischen Kurfürsten an der Spitze, mußte Karl V. im Zweifrontenkrieg mit seinem Interim unterliegen. Er war nunmehr gezwungen, am 26. September 1555 den Religionsfrieden „cuius regio, eius religio" (wer regiert, bestimmt die Konfession) zu schlie-

Bild 166: Die Ordenssatzungen der Jesuiten (Constitvtiones Soicietatis Iesv, Roma ... 1559) mit Bildnis v. Ignatius v. Loyola (1491–1556), dem Ordensgründer (1534)

Bild 165: Herzog Moritz v. Sachsen, Archiv Schulpforte

Bild 167: Carolus V.: Cæsar invictissimus

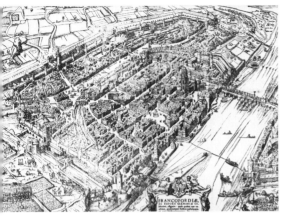

Bild 168: Fürstenrevolution, Fürstenheere bei der Belagerung des kaisertreuen Frankfurt/M. (1552), Auseinandersetzung mit Kaiser Karl V. , Ausschnitt Holzschnitt v. Hans Grav nach einem Entwurf v. Conrad Faber

Bild 169: Kurfürst Johann, der Beständige, von Sachsen im Kreise führender Reformatoren, links Luther, rechts vom Kurfürsten Zwingli und Melanchthon

ßen. Damit war die Kirchenspaltung besiegelt. Der Kaiser selbst dankte im September 1556 ab. Das in Mühlberg so siegreiche Riesenreich zerbrach, nachdem Spanien, Neapel, Mailand, die amerikanischen Kolonien und die Niederlande vom Reich losgelöst und dem Kaisersohn *Philipp II.* (1527–1598) übertragen worden waren.

In dieser spannungsgeladenen Übergangszeit begegnet uns *Melanchthon* als theologischer Gutachter für die Könige von Frankreich und England, als Vermittler bei Religionsgesprächen auf dem Frankfurter Fürstentag, als Berater des protestantisch gewordenen sächsischen Kurfürsten *Johann Friedrich I.* (Regz. 1532–1547) sowie der Herrscher in Branden-

burg oder Anhalt-Dessau. 1540 war er auf dem Bundestag in Schmalkalden gefragt, im Herbst bei den Wormser Religionsgesprächen; im Januar 1541 fand die Disputation zur Erbsünde zwischen *Melanchthon* und *Eck* statt. Der anschließend in Regensburg gesuchte Kompromiß scheiterte an den konträren Auffassungen zu den Sakramenten, der Irrtumslosigkeit der Konzile, der Beichte … Überfordert, deprimiert und gesundheitlich angeschlagen, zog sich *Melanchthon* im August nach Wittenberg zurück, um Ruhe zu finden. Aber auch hier tröstete ihn nicht einmal die Arbeit an seiner „Dialektik" über die machtpolitische Härte der Kurfürsten hinweg, mit der sie ihre Territorien reformierten; auch wenn gute Freunde wie *Nicolaus v. Amsdorf* (1483–1565) in Naumburg oder *Georg v. Anhalt* (1507–1553) in Merseburg als Bischöfe eingesetzt worden waren.

Fehlschläge, wie der Versuch des Kurfürsten

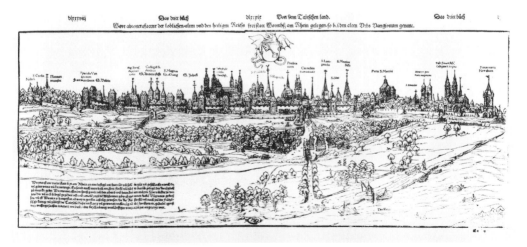

Bild 170: Worms um 1550, nach einem Stich v. Sebastian Münster

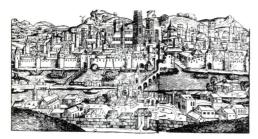

Bild 171: Regensburg, Ausschnitt eines Holzschnitts aus der Weltchronik v. Hartmann Schedel, Nürnberg 1493

Stadt Nordhausen dem Freund und Bürgermeister *Michael Meyenburg* (1491–1555) anvertraut – finden wir ihn bei den Ernestinern in Weimar mit der Gründung der Universität Jena befaßt, weil die Wittenberger an das vergrößerte Kurfürstentum gefallen war. Über Nordhausen, Sangerhausen, Merseburg und Leipzig, wo er seinen Vertrauten *Camerarius* aufsuchte, führte sein Weg zurück nach Wittenberg. Dort fand er den Rektor und nur wenige Professoren vor. Die Mehrzahl von ihnen zögerte, in Magdeburg und Stendal ausharrend, mit der Rückkehr. Im August nahm *Melanchthon* in Dresden Kontakt mit dem bedeutenden Hofrat *Georg v. Kommerstadt* (1498–1559) auf und befreundete sich mit dem zweiten Rektor der Fürstenschule St. Afra in Meißen, einem großen Humanisten und engagierten Schulreformer, *Georg Fabricius* (1516–1571).⁴⁷

Auf dem Landtag in Torgau bewirkte *Ph. Melanchthon* die Wiedereröffnung der Universität für den 16. Oktober 1547 und den Bestand in Wittenberg. Gleichzeitig wurde er als theologischer Ratgeber der Albertiner verpflichtet. Folglich geriet der große Versöhner wiederum, jetzt ohne Rückhalt *Luthers*, in das Spannungsfeld zum Kaiser, das sich aus dem Willen zur Überwindung der Spaltung von Kirche und Reich latent erneuerte.⁴⁸

Bild 172: Bischof Nicolaus v. Amsdorf (1483–1565)

und Erzbischofs von Köln *Hermann V. v. Wied* (1477–1552), 1546 exkommuniziert, mit *Martin Bucers* und seiner Hilfe in Köln an eine Festung des traditionellen Katholizismus zu rühren⁴⁶, belasteten *Melanchthon* genauso wie das von ihm, *Johannes Bugenhagen* und *Justus Menius* (1499–1558) proklamierte – gleichsam als Vermächtnis des zwischenzeitlich verstorbenen *Luther* – Widerstandsrecht der Protestanten im Schmalkaldischen Krieg. Zwischen der kriegsbedingten Schließung der Wittenberger Universität im November 1546 und ihrer Wiedereröffnung – *Melanchthon* hatte seine Familie zunächst im nahen Zerbst untergebracht und später in der reichsfreien

Bild 173: Hermann V. v. Wied, Erzbischof und Kurfürst zu Köln (Regz. 1515–1546), Exkommunizierung 1546, Scheitern des Versuchs der Einführung der Reformation, Abkehr in das protestantische Lager unter Einfluß Melanchthons 1543, Ölgemälde (16. Jhdt.), anonymer Meister

Bild 174: „... einfaltigs bedencken ...", Denkschrift und theologisches Fundament des Kölnischen Reformversuchs, Verfasser Melanchthon und M. Bucer unter Mitarbeit und Auftrag des Kölner Erzbischofs u. Kurfürsten Hermann V. v. Wied

Bild 175: Johannes Bugenhagen (1485–1558)

Melanchthon, im ehemaligen Zisterzienserkloster Altenzella vor dem Zugriff *Karls V.* bewahrt, lehnte das von den reformwilligen Katholiken *Julius v. Pflug* (1499–1564) und *Johannes Gropper* (1503–1559) verfaßte Interim ab. Kurfürst *Moritz* bat daraufhin, die in Meißen versammelten Theologen und Superintendenten um ihr Votum. Aber auch ihre Ablehnung fand kein Gehör vor der katholischen Mehrheit im Reichstag. Der Kurfürst *Moritz von Sachsen* nötigte *Melanchthon* im August 1548 zu Verhandlungen mit den landständigen Bischöfen *v. Pflug* in Naumburg-Zeitz (*v. Amsdorf* war vertrieben worden) und *v. Anhalt* in Merseburg, um einen annehmbaren Kompromiß mit dem Interim zu erhalten. Nach zähem Ringen war das Gesetz mit Unterstützung der Hofräte entworfen und sollte nach den Leipziger Religionsgesprächen Rechtskraft erhalten. Die Landstände lehnten jedoch ab. *v. Amsdorf* und der Wittenberger Hebräischprofessor *Matthias Flacius Illyricus* (*Matthias Vlacich* aus Istrien, 1520–1575) setzten sich an die Spitze des Widerstands gegen das Augsburger und Leipziger Interim. Besonders traditionelle Bräuche mit Symbolcharakter (Feiertage, Kirchengeläut, Gewänder, Fastengebote ...) galten als Zeichen des Verrats an der Reformation. *Melanchthon* wurde von der Opposition öffentlich für schuldig erklärt. Alte und neue Fronten in der Reformbewegung taten sich auf. Vielfältige Vermittlungsbemühungen scheiterten. Das Religionsgespräch des Herbstes 1557 in Worms sollte das letzte für *Melanchthon* werden. Unter dem verständigungswilligen Präsidenten *v. Pflug* lehnten die Melanchthonanhänger, die in der Mehrzahl waren, die Forderungen der nunmehr Jenenser Professoren *Flacius, Ehrhard Schnepf* (1495–1558) und *Victorin Strigel* (1524–1569) ab, wonach der Verrat an der reinen Lehre zunächst verurteilt werden müsse, bevor man mit den

Bild 176: Stadtansicht v. Zerbst in Anhalt, Kupferstich aus M. Merians d. Ä. „Topographia", Frankfurt/M. 1650

Bild 177: Stadtansicht v. Nordhausen im Harz, Zuflucht Melanchthons 1547

Bild 178: Epitaph des Nordhauser Bürgermeisters Michael Meyenburg – Vordergrund Mitte – mit Erasmus im Kreise der Reformatoren, Originalgemälde v. L. Cranach d. J. (1558) in der Kirche St. Blasii 1945 verbrannt, Kopie v. Robert Häusler

Bild 180: Michael Meyenburg (1491–1555), Stadtschreiber, Syndikus und Bürgermeister von Nordhausen

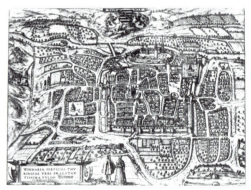

Bild 181: Weimar, protestantische Residenz, Kupferstich nach Johann Wolf, Goethe-Museum Düsseldorf

Bild 179: Ausschnitt der Reformatorengruppe mit Erasmus (Mitte), Luther (links) und Melanchthon (rechts), Kirche St. Blasii

Bild 182: Stadtansicht v. Jena um 1570, Radierung, Lutherhalle Wittenberg

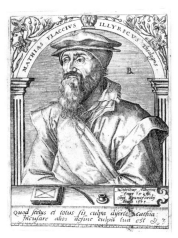

Bild 183: Matthias Flacius Illyricus (1520-1575), Kupferstich (um 1600) v. Robert Boissard, Lutherhalle Wittenberg

Katholiken verhandle. Die Thüringer und Braunschweiger verließen daraufhin Worms; katholische Vertreter betrachteten das Gespräch als gescheitert.[49] Mit der strittigen Aufnahme des Interims hatten die sich schon lange formierenden Fronten pro und kontra *Melanchthon* offen zum Kampf gestellt. Die ohnehin politisierte religiöse Bewegung des Protestantismus mußte, heillos zerstritten, in Augsburg ihre Faszination einbüßen. Die Autorität des Verfassers der „Loci communes" und seine Verdienste um die Bindung von Reformation und Humanismus verblaßten. Das unermüdliche Eintreten für Frieden in einer Zeit latenter religiös motivierter Kriege, für Vermittlung, Annäherung und Ausgleich erwies sich für *Melanchthon* seit dem Interim als arger Fehlschlag.

VLMAE EXCVDEBAT IOANNES VARNIER.
ANNO. M. D. XXXV.

REGVLAE ET TRACTATVS QVIdam de sermone sacrarum literarum, ad genuinam multorum difficilium locorum explicationem perutiles.

AVTHORE MATthia Flacio Illyrico.

Cathalogum scriptorum in fine inuenies.

Hoseæ 14.
Viæ Domini sunt planæ, & iusti facile incedunt per eas, Impij autem corruunt in eis.

TYPOGRAPHVS PIO LEctori, Salutem.

DIV equidem subdubitaui admodum meticulosus, num hoc doctum & pium Compendium tractandarum Concionum sacrarum, premere diutius, an Typis imprimere debuerim, presertim perpendens satis esse imprudens, impudensq; fermè factum, inscio Authore libellum aliquẽ uulgare. At cum rursus mecum expendi ut multi eruditi uiri hactenus Concionandi rationem promiserint, & interea nullus quàm Barbarus & indoctus prædicandi modus extiterit. In tanta aũt Euangelij luce, ardentibus uotis luculentam aliquam cõcionandi rationem, Euangelicæ lucis Prædicatores expetere uideantur. Diutius maligne in tenebris detinere nolui, hanc Concionandi rationem, quam benigne nuper optimus uir Huldenrichus wielandus communicans, in lucem uenire uoluit, qui se quoq; recepit, placaturum eam offensam, quam fortasse uterq; nostrum incurret, inscio & rhapsodo quodam docto, pioq; uiro, & optimo artifice Philippo Melanchthone, hoc uulgantes Compendium, quo tu pie Lector fruere tantisper, donec & copiosius aliquod, meditatiusq; ab illis ipsis Authoribus impetres.
Bene Vale.

RATIO SACRARVM CONCIONVM tractandarum, à Quodam Docto & Pio Rhapsodo, Philippi Melanchtonis familiari, congesta.

QVIA hæc nostra præsens disputatio, tum Dialectices, tum etiam Rhetorices, uerum usum indicabit, omnisq; ex illarum artium, quibus dicendi ratio à prudentibus Viris tradita est, præceptis proficiscatur. Sunt nobis principio illarum artium generaliora Vocabula, quibus sæpius nobis utendum erit, explicanda: ne imperitus Lector, in re perinde difficili, statim in ipso uestibulo impingat. Quemadmodum enim ad ciuitatem aliquam iter facturo multum proderit, si earum, per quas iter faciendum est, uillarum & pagorum teneat nomina. Sic infeliciter in his artibus uersabitur, qui quæ ipsarum sint nomina ignorabit. Et quemadmodũ priusquam Faber domum ædificare discat, instrumentorũ tum nomina, tum usum inquirit. Sic principio diligenter uidendum quid in his Artibus, Exordium, quid Propositionem docti homines adpellarint.

Exordium

Dixerint Exordium (ut inde auspicemur) ingressum quendam, ad rem de qua dicturus sis, cum ceu uia ad eam rem, quàm tractaturi sumus, sterni

A ij

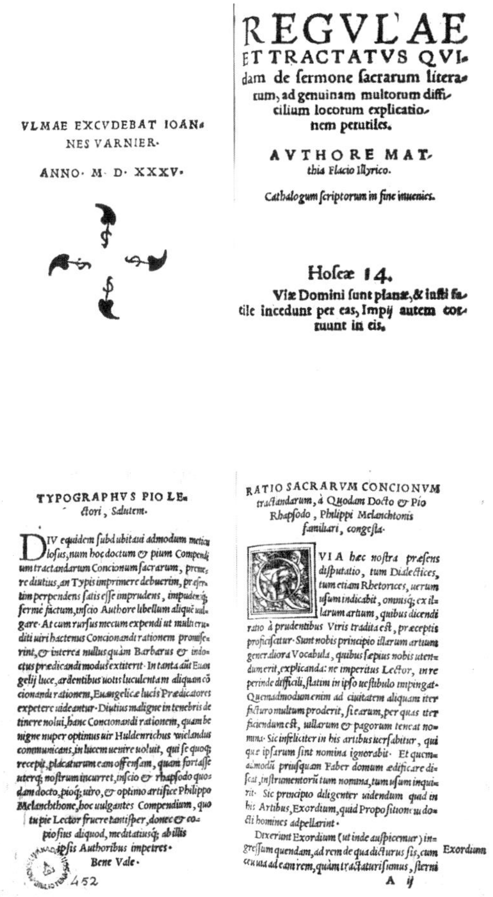

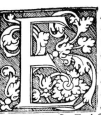

Bild 184: Illyricus' „Regulae et tractatus… Ratio sacrarvm concionvm … Philippi Melanchthonis…", Ulm 1535

EXPOSITVRIS NObis Historiam earum deliberationum, de quibus in suspicionem adductis & infamatis, Flacius Illyricus totis annis decem capitales instituit accusationes, & Theologorum Academiæ nostræ, & ipsius Academiæ, & vniuersim Ecclesiarum in his terris: Visum fuit operæ precium initio paulò altius repetitis exordijs causæ, summatim tamen, commemorare tùm quæ fuerint occasiones præbite à nobis tàm diris & turbulentis vociferationibus, & molitionibus tàm insidiosis, crudelibus & malitiosis, qualibus eum vsum esse, & adhuc vti palàm est, tùm qui conatus fuerint, quæ studia vtrorunq; eo tempore, quidque præstitum sit effectumq; vtrinq; ab vtrisq;, & quare scriptionum velitationibus ac recriminationibus cum Flacio contendere nostri atq; conflictari nec debuerint nec voluerint. Vtrunq; enim ostendendum est posteritati, & quam nauarint nostri publicè operam Ecclesijs coniunctis Augustanæ confeßionis profeßione, in tuenda & conseruanda veritate doctrinæ susceptæ semel atq; cõprobatæ, illo periculosißimæ mutationis articulo, quo in Germania quasi sub iugum redacta, Imperator victor nouas condere leges & decreta sancire cœperat, quibus status constituebatur vsurpandus interea in Ecclesijs, donec

A ij contro-

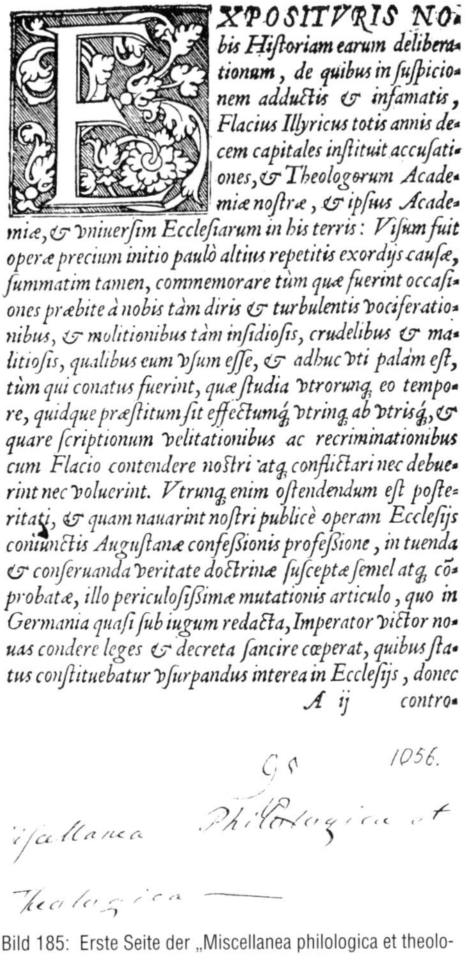

Bild 185: Erste Seite der „Miscellanea philologica et theologica" v. Melanchthon mit Verweis auf Illyricus

Bild 186: Martin Butzer (Bucer, auch Buccer, 1491–1551), zeitgenössischer Stich (um 1560)

Waghalsige psychologische Zweckinterpretationen stempelten ihn in der Folgezeit zum „weltfremden Stubengelehrten", der die Sache des Protestantismus verraten habe. Die Ausgleichsversuche der Erasmianer auf beiden Seiten – die Protestanten *Melanchthon, Bucer, Johannes Niddnus Pistorius* (1502–1583) und die Katholiken *v. Pflug, Gropper, Contanari* – hatten das Vermächtnis ihres Lehrers *Erasmus* allgegenwärtig gemacht: „Sein christlicher Rationalismus war ein Vorgriff auf die Zukunft. In der von ihm

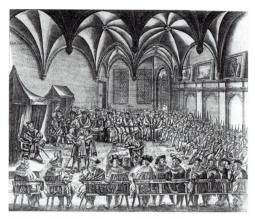

Bild 188: Augsburger Reichstag (1530) mit Verlesung der „Confessio Augustana", Kupferstich (1655) v. „HIBF", Lutherhalle Wittenberg

Bild 189: Übergabe der „Confessio Augustana" an den Kaiser 1530, Wandgemälde im Melanchthonhaus Bretten v. A. Groh 1920/21

Bild 187: Handschrift mit Unterschrift u. zeitgenössischem Stich v. Ph. Melanchthon, Faksimile, Max Senf, Wittenberg

ausgehenden Bildungsreligion klingen sehr verschiedenartige Töne weiter: Skepsis und eine daraus erwachsende Toleranz der Indifferenz, Traditionsgefühl und Sicherheitsbedürfnis, eine Reduktion des Christentums auf eine für jedermann verständliche Moral und ein Glaube an die Bildung als Kern des Menschen; Geringschätzung der kirchlichen Lebensformen und Hochschätzung der Kirche als politische und sittliche Ordnungsmacht, eine Neigung, die religiösen Aussagen zu allegorisieren und ins Gleichnis aufzulösen, und doch ein fast ästhetischer Respekt vor geprägten Dogmen und Formen ..."[50]

Zu den gegen *Melanchthon* agierenden katholischen Traditionalisten gesellten sich orthodoxe Lutheraner, die proklamierten: „Man wartet schmerzlich darauf, daß *Melanchthon* die Führung im Kampf gegen das Interim übernehmen würde und vernahm statt dessen von ihm die Parole der modestia, moderatio und der toleranda servitus."[51] Der Autor der „Confessio Augustana" stand zu seinem Einigungsprogramm, auch angesichts der Gefahr eines religiös motivierten Bürgerkrieges. In dem sogenannten Leipziger Interim riet er im Gegensatz zu *Flacius* zur Akzeptanz der für den Glauben bedeutungslosen Adiaphora (Papsttum, bischöfliche und gottesdienstliche Ordnung ...[52]) im Interesse des Friedens und erntete persönlichen Krieg, der ihn bis an das Lebensende peinigte.

3.4 Licht in der Finsternis

Es war ein unermüdliches Suchen nach Erleuchtung, das *Melanchthon* hin zur Bibel trieb. Weil er im Schatten und im Schwall von gewaltsamen und fremdbestimmenden Worten aufgewachsen war, wurde ihm die widernatürliche Wollust, Menschen unter das Gebot unbedingten Gehorsams zu zwingen, zur Herausforderung, um gegen brutales Auswuchern einer einst kulturbringenden Tradition zu streiten. Über den unablässigen Disput mit Gelehrten, Besonnenen und Mächtigen suchte er leidenschaftlich aus der Einsamkeit in die Freiheit zu kommen. Zugewachsene Erkenntnis wurde meist zur Optik für lebenspraktische Visionen, für mehr Menschlichkeit, die ihn im Wirbel allgemeiner Unlogik zu erdrücken drohte und aus ersehnter Stille und Liebe immer wieder emportrugen in die Auseinandersetzungen um Macht. Er stritt gegen Thesen, Beschlüsse, Gesetze und sprachliche Spitzfindigkeiten im Offenbarungston.

Melanchthon glaubte, den unbezwingbaren, eisigen Berg aus Anmaßung und Größenwahn mit der Ehrfurcht vor dem Wort Gottes abschmelzen und begrünen zu können. Noch kurz vor seinem Tode gab der zunehmend Geschwächte das „Corpus doctrinae christianae" in den Druck, die Sammlung seiner wichtigsten theologischen Wegweisungen. Es sollte bis 1580 dauern, bevor im Konkordienbuch der hier projektierte Konsens der Lehrmeinungen überhaupt zur Kenntnis genommen wurde.

Dieser bescheidene, wohlmeinende und ehrfurchtsvolle Mensch widersetzte sich über den Tod hinaus vordergründiger Vereinnahmung oder bösartiger Verleumdung aus orthodoxen oder gegenreformatorischen Kreisen. Der gütige *Melanchthon* trägt bis heute keine Inanspruchnahme zur Rechtfertigung des Zeitgeistes. Es ist auch nicht die äußerliche Dramatik seines Lebensweges, die uns diesen Menschen vertrauter machen soll! Wir suchen nach den Zielen seiner vielen Reisen, nach seinem Wollen in seiner Zeit, das in Schriften, Briefen, Ordnungen, Visitationen, Anregungen, Thesen, Protokollen, Entwürfen ... als unerschöpflicher Quell nahezu vollständig zugänglich ist. Wir können einen Mann kennenlernen, der mit konzentrierter Geistigkeit, Selbstsicherheit, mit überragender Erkenntnisfähigkeit und humanistischem Verantwortungsgefühl Konturen für die frühe Neuzeit entwarf, bis hin zu einem politisch und kulturell im Umbruch befindlichen Europa. Die Folgen solchen Denkens zwischen schwankender, zuweilen flimmernder Helligkeit sowie bedrückender Unendlichkeit schwer durchdringlicher Nächte werden auch künftige Generationen erregen und verpflichten.

Dennoch – das von *Melanchthon* ausgehende Licht strahlt nicht aus der Aura eines originären Begründers neuer Denksysteme. Er war der große Wiederbeleber der antiken griechischen Anthropologie, die es gestattete, ausgereiftes Denken in praktische Philosophie, in Pädagogisches umzusetzen.[53] Seine Ethik stammt aus den Schriften der griechischen Antike. Er suchte einen Weg aus der sündigen Knechtschaft in die Freiheit über humane und christliche Erziehung; er fand ihn über die Lockerung der Lutherischen Anthropologie zugunsten einer vernunftgeleiteten Willensfreiheit. So wie sich bei *Cicero* Vernunft und Offenbarung gegenseitig durchdringen, verkündete er ein Evangelium, das von Herzen kam. Zunehmende Anfeindungen drängten ihn auf die Schattenseite eines brodelnden Gemeinwesens.

Aber *Melanchthon* gab nicht auf. Sein ordnendes Mühen um ein zeitgemäßes Bild vom Menschen in der Synthese von Reformation und Renaissancehumanismus baute schließlich auf die Addition von Gotteserkenntnis und Ethik: „Nach der Philosophie gibt es drei Normen der Gewißheit: die allgemeine Erfahrung, die Kenntnis der angeborenen Prinzipien und das in der Schlußfolgerung geordnete Denken ... In der Kirche haben wir noch eine vierte Norm der Gewißheit: die göttliche Offenbarung in den prophetischen und apostolischen Büchern, die uns durch klare und untrügliche Zeugnisse verbürgt sind."[54] Die Dominanz des auf das Evangelium gegründeten biblischen Menschenbildes bleibt bei allen seinen Ordnungs- und Vermittlungsversuchen unangetastet. Dennoch reichte ihm Erziehung als Lebensorientierung auf die Gebote Gottes nicht aus. Er gewann „die axiomatische Überzeugung", daß „wahres Menschsein ... auf Gott hin angelegt ist ... Dieses Urgefühl, dieses Streben nach dem sittlich Vollkommenen und Schönen zeigte ihm, daß er [der Mensch – d. Verf.] mehr als Materie ist, daß er von Gott kommt und zu ihm geht. Aber zur Verwirklichung dessen bedarf es einer von außen kommenden Kraft"[55]: der Erziehung, die als Handlungskompetenz auf Gewissen, Vertrauen, Hilfe, Toleranz und Trost baut; sie soll aus dem „Glauben an die Wahrheit des Evangeliums"[56] wachsen. Er wollte Pädagogisches nicht auf Antriebe wie Menschenwürde, Selbstverwirklichung oder sakramentale Kraft der Gnade beschränkt wissen. *Melanchthon* beabsichtigte, freies sittliches Handeln durch freudige Gotteszuwendung in die Schulstuben zu tragen. Mit *Luther* schlußfolgerte er, daß die Kirche Verantwortung für das ganze soziale sowie kulturelle Leben trage, aber überfordert sei, Einrichtungen – wie Schulen – direkt zu unterhalten. Das müsse Aufgabe der weltlichen Obrigkeit sein, gleichsam eines ihrer Bewährungsfelder vor Gott.

Hier und in vielen anderen Bezügen zeigt sich: *Melanchthon* stand nur zeitweilig und partiell im Schatten *Luthers*.[57] Wir begegnen dem kompromißfähigen Humanisten, der durch die Errichtung eines tragfähigen Bildungssystems das mittelalterliche Dunkel zu erhellen suchte und durch breiten Zugriff zu den Quellen des Glaubens und der Kultur anzuregen wußte.

Bild 190: M.T. Ciceronis oratonvm volvmen secvndvm ..., Anno XL (1540)

Bild 191: Ph. Melanchthon, Kupferstich (1530) v. Jakob Binck, Lutherhalle Wittenberg

Der Herbst seines Lebens war durch ruhige Fruchtbarkeit des Geistes gekennzeichnet, die nicht hastig begehrte oder im Eifer zu ersticken drohte. Wachsendem Neid und bösartiger Verleumdung setzte er die weise, selbstsichere Ruhe des Alters entgegen, wohlwissend, daß menschliches Versagen sein Lebenswerk nicht zerstören konnte.
Die Leiden des alternden Genius wuchsen aus seiner Unzulänglichkeit, widerstrebende Parteien der christlichen Gemeinschaft zu versöhnen. Hier liegt das Verhängnis seiner Größe. Es war das Leiden am Zerfall der christlichen Kirche. Seine Kräfte reichten nicht aus, um die Erstarrung der Papstkirche zu lösen und das Luthertum vor wachsender Intoleranz zu bewahren. *Melanchthon* hatte mit seinen Freunden geholfen, wenn auch aus Verantwortung vor der Menschlichkeit, Geister zu trennen, die bis heute nicht wieder zusammenfinden konnten; auch nicht um der Freiheit des Christenmenschen Willen.
Philipp Melanchthon verstarb am Abend des 19. April 1560.

QVAESTIONES LVCAE LOSSII IN EVANGELIA DOMINICALIA ET præcipuorum feſtorum IESV Chriſti Nazareni, filij Dei & Mariæ, & Sanctorum eius, ex prælectionibus & ſcriptis PHILIP. MELANTHONIS, iam recens accurato iudicio ita collectæ, & inſtitutæ, ut iuuentuti in Scholis puerilibus & alijs utiliter proponi & enarrari poßint.

AB IPSO AVTORE DILIgenter recognitæ & auctæ.

VNA CVM INDICE VERBOrum & rerum memorabilium.

VVITEBERGAE EXCVDEBAT LAVRENTIVS SCHVVENCK. M. D. LIX.

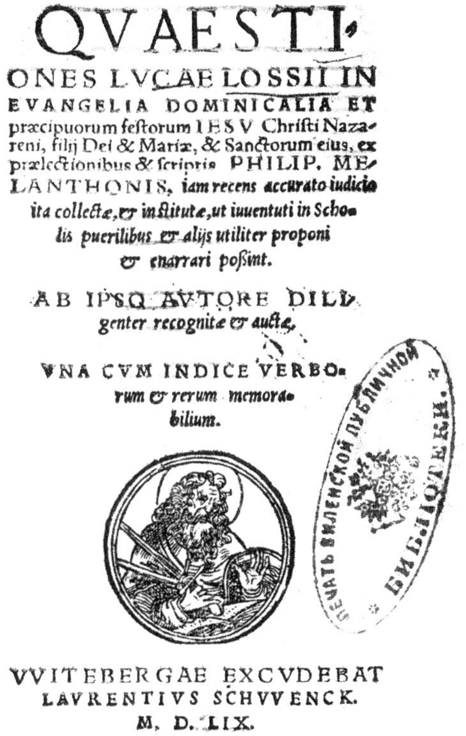

Bild 193: Ph. Melanchthons „Quaestiones …“, Wittenberg 1559

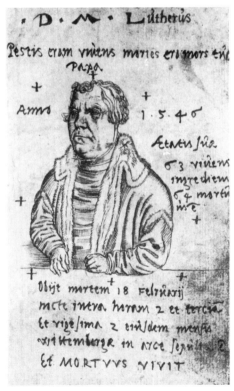

Bild 192: Bild Luthers mit Melanchthons Handschrift zu Luthers Tod (1546), Zeichnung v. Reifenstein, Lutherhalle Wittenberg

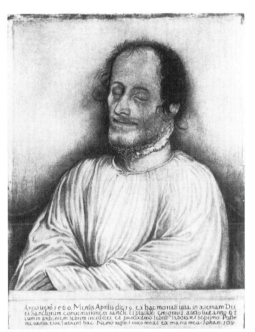

Bild 194: Melanchthons Totenbild (1560) v. L. Cranach d. J., Universitätsbibliothek Leipzig

1 Vgl. Hartfelder, K.: Philipp Melanchthon als Praeceptor Germaniae. In Reihe: Monumenta Germaniae Paedagogica. Band VII. Berlin 1889.
2 Vgl. Scheible, H.: Melanchthon: Einführung in Leben und Werk. In: Philipp Melanchthon. Eine Gestalt der Reformationszeit. Hrsg. v. der Landesbildstelle Baden u. dem Melanchthonhaus Bretten. Karlsruhe 1995.
3 Vgl. Camerarius, J.: De vita Philippi Melanchthonis. Halae 1777.
4 Hartfelder, K. A. a. O. S. 35.
5 Vgl. Scheible, H. A. a. O. S. 18.
6 Vgl. Supplementa Melanchthoniana (Sppl.). IV. Melanchthons Briefwechsel. Hrsg. v. O. Clemen. Bd. 1. 1510–1528. Leipzig 1926 und Corpus Reformatorum (CR) I und XI. Hrsg. v. K. G. Bretschneider und H. E. Bindseil. Halle/Braunschweig 1834 ff.
7 Vgl. CR. X. S. 187 ff. und 293 ff.
8 Vgl. Camerarius, J.: Vita Melanchthonis. In: Vitae quatuor Reformatorum. Praef. A. F. Neander/B. Eichler 1841. p. 12.
9 Vgl. Krafft, K. und W.: Butzer an Luther. Briefe und Dokumente. O. J. S. 18.
10 Vgl. Scheible, H. A. a. O. S. 16.
11 Vgl. ebenda. S. 28.
12 Vgl. CR. IV. 715.
13 Vgl. Hartfelder, K. A. a. O. S. 30.
14 Vgl. Camerarius, J. A. a. O. S. 23.
15 Vgl. CR. I. S. 928.
16 Vgl. Moll, J. C. A.: Biographie über Stöffler. In: Schriften des Vereins für Geschichte des Bodensees. Lindau 1877. Heft III.
17 Zu finden in: CR. I. S. 7. Bindseils Ergänzungsband zum CR. S. 8–15, 86, 522.
18 Vgl. CR. IV. S. 716.
19 Friedlieb, F. (Irenicus): Exegesis Germaniae. Hanoviae 1728. S. 81.
20 Vgl. Hartfelder, K. A. a. O. S. 57.
21 Deutsch-evangelische Monatsblätter für den gesamten deutschen Protestantismus. Hrsg. v. M. Schian. Leipzig 8(1917). S. 438–445.
22 Luther, M.: Briefwechsel mit vielen unbekannten Briefen unter vorzüglicher Berücksichtigung der de Wetteschen Ausgabe. Hrsg. v. C. A. Burkhardt. Leipzig 1866 (Hartfelder, S. 67).
23 Hartfelder, K. A. a. O. S. 553–566.
24 Ebenda. S. 569–621.
25 Vgl. Luthardt, Chr. E.: Die Ethik Luthers. Leipzig 1867.
26 Vgl. Paulsen, F.: Geschichte des gelehrten Unterrichts. Leipzig 1885. S. 135.
27 CR. I. S. 286–358.
28 CR. I. S. 49 f.
29 Seidemann, J. K.: Erläuterungen zur Reformationsgeschichte. Dresden 1844. S. 30.
30 Vgl. Maurer, W.: Melanchthon als Humanist. In: Philipp Melanchthon. Berlin 1961. S. 116 ff.
31 Brief an Erasmus in CR. I. S. 59.
32 Vgl. Maurer, W. A. a. O. S. 123 ff.
33 CR. I. S. 667–673.
34 CR. XII. S. 264–271.
35 Vgl. Hartfelder, K. A. a. O. S. 119–131.
36 Camerarius, J. A. a. O. p. 26.
37 Schmidt, O. G.: Petrus Mosellanus. Ein Beitrag zur Geschichte des Humanismus in Sachsen. Leipzig 1887.
38 CR. IV. S. 905.
39 Vgl. Scheible, H. A. a. O. S. 27.
40 Vgl. ebenda. S. 27 f.
41 Stupperich, R.: Der Humanismus und die Wiedervereinigung der Konfessionen. In: Schriften des Vereins für Reformationsgeschichte. Leipzig 53(1936)2. S. 20.
42 Vgl. Stern, L.: Philipp Melanchthon. Humanist, Reformer, Praeceptor Germaniae. Halle 1960. S. 39.
43 Vgl. Scheible, H. A. a. O. S. 29.
44 Nach Schwarzenau, P.: Der Wandel im theologischen Ansatz bei Melanchthon. Diss. Theolog. Fak. a. d. Uni. Münster 1954. S. 66.
45 Ritter, G.: Die Neugestaltung Europas im 16. Jahrhundert. Berlin 1950. S. 134.
46 Vgl. Scheible, H. A. a. O. S. 38 f.
47 Vgl. Arnhardt, G.: Schulpforte – eine Schule im Zeichen der humanistischen Bildungstradition. Berlin 1988. Drittes Kapitel. S. 18–33.
48 Vgl. Scheible, H. A. a. O. S. 41 ff.
49 Vgl. ebenda. S. 45 f.
50 Bornkamm, H.: Erasmus und Luther. In: Lutherjahrbuch. Berlin 1958. S. 20 f.
51 Aland, K.: Die Theologische Fakultät Wittenberg und ihre Stellung im Gesamtzusammenhang der Leucorena während des 16. Jahrhunderts. In: 450 Jahre Martin-Luther-Universität. Bd. I. O. J. (Halle 1952) S. 181.
52 Vgl. Stern, L. A. a. O. S. 47.
53 Vgl. Bornkamm, H.: Melanchthons Menschenbild. In: Philipp Melanchthon. Berlin 1961. S. 76 ff.
54 CR. XIII. S. 150 f.
55 Bornkamm, H. A. a. O. S. 88 f.
56 Ebenda.
57 Vgl. Ritschl, A.: Die christliche Lehre von der Rechtfertigung und Versöhnung. 3 Bde. A. a. O. 1870–1884.

3.5 Leben und Werk Melanchthons – Zeittafel

Geschichtliches	Lebensweg	Beteiligung an der Schulorganisation, Schul- und Studienbücher
	1497–1507 (Bretten)	
– **1497** Krieg der Habsburger gegen die Schweiz; – **1499** Frieden von Basel, Trennung der Schweiz vom Reich; – Landshuter Erbfolgekrieg; – **1505** Klostereintritt Luthers; – **1506** Ablaßhandel des Dominikaners J. Tetzel; – statt Deutsche Lande Durchsetzung der Bezeichnung ‚Deutschland' für ca. 350 weltliche und geistliche Territorialstaaten	– geb. am 16. Februar **1497** in Bretten – südlichster Ort der Kurpfalz im Kraichgau; – Hauslehrer: Johannes Unger (3 Jahre); – Tod des Vaters	
	1507–1509 (Pforzheim)	
– **1507** Bamberger Halsgerichtsordnung; – **1508–1511** Tätigkeitsbeginn Luthers in Wittenberg; – **1509** Erfurter Bürgeraufstand; – **1510–1511** Aufenthalt Luthers in Rom; – **1511–1514** Reuchlins Streit mit den Kölner Dominikanern	– Aufnahme bei Els Reuchlerin in Pforzheim, der Schwester von Johannes Reuchlin; – Lateinschule; – Lehrer: Georg Simler und Johannes Hiltebrant; – Mitschüler: Irenicus, Hedio, Erb, Megander, Holler, Grynaeus	

1509–1512 (Heidelberg)

– **1511** Heilige Liga gegen Frankreich; – **1512** Reichstag zu Köln; – Bürgeraufstände in Mühlhausen, Speyer, Nordhausen, Regensburg, Ulm	– 14. Oktober **1509** Immatrikulation in Heidelberg; – Freunde: Sturm, Brenz, Billicanus, Butzer, Wimpfeling, Geiler v. Kaisersberg; – Lehrer: Pallas Spangel, Peter Günther, Cunradus Helvetius; – 10. Juni **1511** Baccalaureus artium	

1512–1518 (Tübingen)

– **1513** Beginn des Bauernkrieges in der Schweiz; – Papst Leo X. – **1514** Erhebung der württembergischen, siebenbürgischen, ungarischen und slowakischen Bauern; – **1516** Französisches Konkordat: Ernennung von Bischöfen und Äbten durch den König; – 31. Oktober **1517** Thesenveröffentlichung Luthers	– 17. September **1512** Immatrikulation in Tübingen; – Januar **1514** Magisterexamen (Mag. der freien Künste); – Lehrer: Heinrich Bebel, G. Simler, J. Hiltebrant, Johannes Stöffler, Johannes Brassicanus, Franciscus Stadianus; – Verteidigung Reuchlins gegen die Kölner Verleumder; – ab **1514** Korrektor bei Thomas Anshelm; – Vorlesungen über Vergil und Terenz, Cicero, Livius; – Lectur für Beredsamkeit; – Weiterführende Studien: Theologie bei Lemp, Jurisprudenz, Medizin; – Freunde und Schüler: Irenicus, Schorndorf, Kurrer, Maurus, Geräander, Blarer, Knoder, Oekolampadius, Secerius	– Rede: De artibus liberalibus; – erste Fassung der Griechischen Grammatik

1518–1560 (Wittenberg)

1518 – Reformation; – Eröffnung des Prozesses gegen Luther in Rom; – Ablehnung der Auslieferung Luthers durch Kurfürst Friedrich III. von Sachsen	– ab 25. August Prof. für Griechisch an der Artistenfakultät; – Studium der Theologie bei Luther; – Vorlesungen über Homer und Paulusbrief, über Titus, Lucian	– Lateinschule Dresden; – 29. August Antrittsrede: De corrigendis adolescentiae studiis …
1518/1519 – Wahl Karls V. durch die sieben Kurfürsten zum Kaiser am 28. 6. 1519 in Frankfurt a. M.; – Disputation Luther/ Eck; – Schwäbischer Bund gegen den Herzog von Württemberg; – Beginn der Schweizer Reformation, Antrittsrede Zwinglis in Zürich	– am 19. September Promotion zum Baccalaurius der Theologie; – Vorlesungen über Psalmen (Hebräisch), Plutarch, Homer, Lucian, den Römerbrief; – Schriften: Epistola de Lipsica disputatione, Defensio contra Johannem Eckium	– Institutiones graecae grammaticae; – Vorrede zu hebraicae grammaticae institutionibus; – De rhetorica libri res; – Vorrede, An die Studiosi / zu Luthers Psalmenkommentar – Philipps Melanchthons handtbuchlein wie man die kinder zu der geschrifft vnd lere halten soll
1520 – Kaiserkrönung Karls V. in Aachen (Titel eines Römisches Kaisers durch Papst Leo X.) am 22. Oktober; – Verbrennung der Bannandrohungsbulle und des kanonischen Rechts durch Luther; – Geyers und Müntzers Aufruf zum Aufstand	– Vorlesungen über Römerbrief und Plinius	– Compendiaria dialectices ratio; – Integrae graecae grammatices institutiones
1521 – Januar: päpstlicher Bann über Luther; – April: Reichstag zu Worms, Verweigerung des Widerrufs durch Luther; – Wormser Edikt: Reichsacht gegen Luther; – Krieg Habsburg gegen Frankreich bis **1559**; – Luther auf der Wartburg	– Vorlesungen über Römerbrief, Korintherbrief, Kolosserbrief, Lucian, Dialektik, Rhetorik; – Schriften: Didymi Faventini adversus Thomam Placentinum pro Luthero oratio, Ein Urteil der Theologen zu Paris, Apologia pro M. Bartolomeo Praeposito, Loci communes (erste Ausg.)	– Institutiones rhetoricae; – Loci communes rerum theologicarum seu hypotyposes theologicae; – Indicium. Unterschied zwischen weltlicher und christlicher Frömmigkeit

1522 – Predigten Luthers in Wittenberg, Müntzers in Allstedt; – Kämpfe v. Sickingens und seine Reichsacht; – Papst Hadrian VI.	– Vorlesungen über Johannesevangelium, Paulus, Aratus, Hesiot, Homer; – Schriften: Indicium D. Martini Lutheri, de Erasmo Roterodamo, Das die Priester Eheweiber nehmen mögen …	– Privatschule Wittenberg; – Ratio discendi; – Lateinische Grammatik
1523 – Bewaffneter Aufstand der Müntzeranhänger bei Mühlhausen; – Reichstag zu Nürnberg; – Bekenntnis Zürichs zu Zwingli; – v. Huttens Angriff auf Erasmus	– Rektor der Universität bis 1524; – Schrift: Deutung des Papstsessels	– Einfluß auf die Universität Heidelberg (bis 1557) – Necessarias esse ad omne studiorum genus artes dicendi …; – In caput Exodi XX Scholia; – Rede: Daß für jede Art von Wissenschaft die sprachliche Bildung unerläßlich sei
1524 – Erasmus' Angriff auf Luther; – Deutscher Bauernkrieg; – Regensburger Konvent; – Sieg der Reformation in Magdeburg	– Prof. der Theologie (Doppelamt); – Vorlesungen über Demosthenes, Cicero, Homer; – Sendbrief an die Kartäuser	– Städtische Lateinschulen in Mansfeld, Magdeburg, Aschersleben, Weimar; – Epitome renovatae ecclesiasticae doctrinae; – Elementa puerilia; – Enchiridion elementorum puerilium;
1525 – Ende des deutschen Bauernkrieges; – Heirat Luthers; – Preußische Kirchenordnung; – Luther gegen Erasmus	– Rundreise mit Luther durch Thüringen; – Gutachten für Ludwig V. von der Pfalz; – Vorlesungen über Demosthenes, Cicero, Terenz; – Schriften: Wider die Artikel der Bauernschaft, Sermon vom Priestertum	– Lehrplan für Eisleben; – Städtische Lateinschulen in Zerbst, Straßburg, Eisleben, Jena; – Vorrede zur Terenzausgabe des Camerarius; – Ain klaine Außlegung vber das XX. Capitel Exodi der zehen gebot; – De philosophia; – Lateinische Grammatik; – Lateinische Syntax

1526		
– Torgauer Bündnis zwischen Sachsen und Hessen; – Reichstag zu Speyer – de facto Anerkennung des Protestantismus	– Vorlesungen über Demosthenes, Theokrit; – Schrift: Bedenken von den Stiftungen	– Visitation in Thüringen; – In laudem novae scholae (Nürnberger Eröffnungsrede); – Gelehrtenschule St. Egidien Nürnberg (Lehrplan); – Bedenken über Ceremonien (für Nürnberg); – De miseriis paedagogorum
1527		
– erste Kirchenvisitation in Sachsen; – Entstehung der protestantischen Landeskirchen; – Einführung der Reformation in Schweden	– Vorlesungen in Jena über Salomon, Aristoteles, Ethik, Demosthenes; – Schrift: Indicium de anabaptistis;	– Neugründung der Universität Marburg; – Etliche Sprüche, darin das ganze christliche Leben gefaßt ist – Articuli de quibus egerunt per visitatores in regione Saxoniae
1528		
– Verfolgung der Täuferbewegung; – Sieg der Reformation in Goslar	– Vorlesungen über Cicero, Aristoteles; – Schrift: Adversus anabaptistas iudicum	– Braunschweiger Kirchenordnung; – Unterricht der Visitatorn; – Dialectices libri quatuor
1529		
– Reichstag zu Speyer: Durchführung des Wormser Edikts, Protest der evang. Stände; – Religionsgespräch zwischen Luther und Zwingli in Marburg; – Sieg der Reformation in Braunschweig, Göttingen und Hamburg	– Reise zum Reichstag; – Teilnahme am Marburger Religionsgespräch; – Vorlesungen über den Römerbrief, Dialektik, Aristoteles, Cicero, Salomon, Salust; – Schrift: Ad Oecolampadium de coena domini	– Visitation in Thüringen; – Lateinschule Kitzingen; – Catechesis puerorum …; – Nova scholia Ph. M. in proverbia Salomonis; – In ethica Aristotelis commentarius

1530 – Reichstag zu Augsburg; – Sieg der Reformation in Lübeck; – Krönung Karls V. in Bologna zum Kaiser des Heiligen Römischen Reichs Deutscher Nation durch Papst Hadrian VI. am 24. Februar	– Augsburgisches Bekenntnis; – Vorlesungen über Cicero, Vergil, Aristoteles; – Schriften: Indicium de Zwinglii doctrina, Gutachten über die im Ausschuß (zu Augsburg) unverglichen gebliebenen Artikel, Apologia confessionis (Augustanae)	– Ciceronis officia cum scholiis ...; – Commentarii in aliquot politicos libros Aristotelis; – Vergilius cum Ph. M. scholiis
1531 – Gründung des Schmalkaldischen Bundes; – Heinrich VIII. wird Oberhaupt der englischen Kirche; – Sieg der Reformation in Rostock und Münster	– Vorlesungen über Homer, Cicero; – Schrift: Apologie der Konfession (dt.)	– Lateinschule Rostock; – Elementorum rhetorices libri duo; – De formando studio ...; – De ordinae discendi
1532 – Reichstag zu Regensburg; – Nürnberger Aufstand; – Zustimmung des Kaisers zum befristeten Religionsfrieden; – Sieg der Reformation in Greifswald, Hannover	– Vorlesungen über den Römerbrief, Aristoteles und Cicero; – Schrift: Lutherus, Jonas et M. Indicium ...	– Lateinschule Eisenach; – Universität Rostock; – Vom Abendmahl des Herrn; – Catechesis puerilis; – Scholia zu Ciceronis orationes ...
1533 – Frieden von Istanbul (Türkei tritt Teile Ungarns an Habsburg ab)	– Vorlesungen über Aristoteles, Lucian, Demosthenes, Cicero; – Schriften: Praefatio zu Rom, Theologicae propositiones ...	– Lateinschule Luckau; – Rede: De studio linguarum; – Rede: De miseriis paedagogorum; – Eine Schrift Ph. Me. an eine ehrbare Stadt von der Aufrichtung der lateinischen Schule nützlich zu lesen; – Statuten für das Promotionswesen in Wittenberg; – Statuten für die Theologische Fakultät in Wittenberg

1534		
– Sieg der Reformation in Anhalt, Augsburg, Pommern, Mecklenburg und Württemberg; – Suprematsakte der englischen Staatskirche; – Papst Paul III.	– Reise über Straßburg nach Kassel; – Vorlesungen über Cicero, Dialektik Quintilian, Sophokles; – Schrift: Handlung zu Leipzig von der Religion	– Einfluß auf die Universität in Tübingen (bis **1545**); – Annotatiunculae in Vergilii opera
1535 – Zweite Reformation in Genf; – Frankreichs Bündnis mit der Türkei gegen Habsburg; – Niedergang der Hansa;	– Dekan der Philosophischen Fakultät bis 1536; – Vorlesungen über Dialektik, Cicero, Plinius, Ptolemäus, Homer, Livius, in Jena zum Römerbrief; – Schrift: Etliche Propositiones wider die Lehr der Wiedertäufer	– Lateinschule Stettin; – In orationem Ciceronis pro Milone
1536 – Bundestag der Schmalkaldener; – Wittenberger Konkordie; – Reformation in Dänemark durch Bugenhagen; – Reformation in Irland; – Frankreich im Krieg gegen Habsburg bis **1538**	– Beilegung des Abendmahlstreits; – Vorlesungen zu Isokrates, Cicero, Ptolemäus, in Jena Römerbrief, Kolosserbrief; – Schrift: Widerlegung der Wiedertäufer	– Hannoversche Kirchenordnung; – Reform der Universität Tübingen; – Rede: De laude vitae scholasticae; – De philosophia; – De astronomia et geographia; – Praefatio zu Elementa arithmetices; – Der Gelehrten zu Wittenberg erster Ratschlag des künftigen Concilii halber; – Loci communes ...
1537 – Entstehung von Börsen in Nürnberg und Augsburg	– Vorlesungen über Euripides, Ethik des Aristoteles, Demosthenes, Ptolemäus, Ovid; – Schrift: De recusatione concilii	– Lateinschule in Zwickau; – Rede: De digntate studiorum theologicorum

1538		
– Bundestag der Schmalkaldener; – Gründung des katholischen Bündnisses in Nürnberg	– Rektor der Universität; – Vorlesungen über Demosthenes	– Lippe'sche Kirchenordnung; – Herzberger Schulordnung; – Lateinschule Naumburg; – Rede: De ulitate eloquentiae; – Vorrede zum Catechismi capita decem von A. Moibanus; – Philosophiae moralis epidome (bis **1540**)
1539		
– Sieg der Reformation im Herzogtum Sachsen, Kurbrandenburg, Erzbistum Riga, Norwegen; – Frankfurter Aufstand	– Ratschläge für Neubesetzung der Pfarreien im albertinischen Sachsen; – Ratschläge für die Kirchenordnung in Anhalt-Dessau; – Vorlesungen über den Römerbrief und Aristoteles; – Schrift: Die ... Unterschiede zwischen reiner christlicher Lehre ... und der abgöttischen papistischen Lehre	– Lateinschulen Chemnitz, Kassel, Leipzig; – Reform der Universitäten Frankfurt/Oder und Leipzig; – De Ecclesiae autoritate et de veterum scriptis libellus; – De officio principum ...
1540		
– Doppelehe des Landgrafen Philipp von Hessen mit Billigung Luthers; – Melanchthons Kompromiß zur Abendmahlslehre (Luther – Calvin); – Religionsgespräch in Hagenau, Worms und Regensburg; – Bestätigung des Jesuitenordens durch Papst Paul III.	– Reise zu Philipp von Hessen; – Reise nach Worms; – Vorlesungen über Euripides; – Schriften: Defensio coniugii sacerdotum	– Lateinschule Quedlinburg; – 2. Gutachten über die Leipziger Universität; – Catechesis puerilis; – Rede: De restituendis scholis; – Commentarius de anima; – Moralis philosophiae epidome

1541 – Reichstag zu Regensburg; – Krieg Karls V. mit der Türkei; – Calvinistische Reformation durch John Knox in Schottland	– Reise nach Regensburg; – Diskussion zum Regensburger Buch und Alternativentwurf; – Vorlesungen über Ptolemäus; – Schrift: Von des Papstes Gewalt ...	– Lateinschule Halle; – Lazaris Klage vor des Reichen Thür, das ist, wie die armen Pfarher, der Kirchen vnd Schuelen ir not vnd elend klagen etc.; – Ein gewisser vnd klarer Unterricht ...; – De ratione studii ...
1542 – Sieg der Reformation in Braunschweig-Wolfenbüttel, Naumburg, Merseburg; – Krieg Frankreichs gegen Habsburg bis **1544**; – Erneuerung der Inquisition in Italien nach spanischem Vorbild	– Vorlesungen über Euripides, Cicero, Thukidides; – Schriften: Vorrede zur Übersetzung der Loci communes, Indicium de bigamia, Bericht, wie die Handlung zu Regensburg vorgenommen	– Lateinschule Zeitz; – Institutionae rhetoricae (3. Ausg.)
1543 – Nürnberger Reichstag	– Vorlesungen über Ptolemäus, Aristoteles, Homer, Plinius, Dialektik	– Universitäten Bonn, Köln; – Gründung der Fürstenschulen Meißen und Pforte; – Lateinschulen Soest, Merseburg; – Loci theologici recens recogniti; – Unterschied des Alten und Neuen Testaments; – Zur Kölnischen Reformation; – programmatische Rede: De necessaria coniunctione scholarum cum ministerio evangelii; – Eine Schrift Philipp Melanchthons an eine ehrbare Stadt über die Errichtung der Lateinschule, nützlich zu lesen

1544 – Reichstag zu Speyer; – Vertrag von Speyer zwischen Karl V. und Christian III. von Dänemark	– Vorlesungen über Aristoteles, Dialektik, Horaz, Ptolemäus und Römerbrief, – Beginn der Sonntagsvorlesungen	– Gutachten zur Gründung der Universität Königsberg; – Melanchthons Katechismus; – Dialecticae praeceptiones collectae
1545 – Reichstag zu Worms; – Waffenstillstand zwischen Habsburg und den Türken; – Konzil von Trient	– Vorlesungen über Aristoteles, Sophokles, Ptolemäus, Cicero, Lycurg, Pindar; – Schriften: Wittenbergische Reformation, Wie Kaisers Maj. der Reformation halben auf dem Reichstag zu Worms ..., Der Theologen zu Wittenberg Ratschlag und Bedenken	– Statuten für die Artistische Fakultät in Wittenberg; – Lateinschulen Braunschweig; – Libellus graecae grammaticae
1546 – Scheitern des Regensburger Religionsgesprächs; – Schmalkaldischer Krieg bis **1547**	– im November Schließung der Universität Wittenberg; – Melanchthon in Zerbst; – Vorlesungen über den Römerbrief, Horaz, Aristoteles	– Leges Academiae Wittenbergensis de studiis et moribus auditorum; – zu Vergil; – Wahre Historia ...
1547 – Schlacht bei Mühlberg; – Kurwürde an Moritz von Sachsen; – Wiedereröffnung der Universität Wittenberg	– Reisen über Magdeburg, Braunschweig, Einbeck, Weimar, Nordhausen, Sangerhausen, Merseburg, Leipzig, Wittenberg, Dresden, Meißen, Nordhausen, Leipzig; – Landtag in Torgau; – Vorlesungen über den Kolosserbrief, Salomon, Konfessionslehre; – Schrift: Vorrede zu Erklerung D. M. Luthers von der Frage, die Nothwehr belangend ...	– Universität Jena (bis **1552**); – Visitationen der Fürstenschulen in Meißen und Pforte mit Camerarius; – Erotemata dialectices ...

1548 – Reichstag zu Augsburg; – Augsburger Interim	– Leipziger Interim; – Beginn des Streits mit Osiander; – Vorlesungen über Dialektik, Aristoteles, Horaz, Salomon, Pindar, Demosthenes, Römerbrief; – Bericht vom Interim der Theologen auf dem Landtag zu Meißen ... **(1548)**	– Summa christlicher Lehre ...; – Oratio recitata cum decerneretur gradus magisteri ...
1549 – Beginn der Gegenreformation in Deutschland	– Lehrteil für die Agende des Georg von Anhalt; – Vorlesungen über Cicero, Demosthenes, Römerbrief	– Initia doctrinae physicae; – Doctrina de poenitentia
1550 – Entmachtung der Stände durch Herzog Albrecht V. in Bayern; – Wiedertäuferkonzil in Venedig	– Vorlesungen über Apollonius, Römerbrief, Timotheusbrief	– Lateinische Grammatik; – Ethicae doctrinae elementa ...; – Enarratio Symboli Niceni; – Doctrinae physicae elementa
1551 – Gründung des Torgauer Fürstenbundes; – Krieg Frankreich gegen Habsburg bis **1559**; – Zweite Sitzungsperiode des Konzils zu Trient	– Confessio Saxonia für das Tridentinische Konzil; – Vorlesungen über Theognis, Thukydides, Aristoteles	– De coniugio piae commonefactiones collectae
1552/53 – Krieg des Torgauer Fürstenbundes gegen den Kaiser – Sieg Moritz von Sachsens bei Sievershausen; – In England Protestantenverfolgung	– Vorlesungen über Dialektik, Römerbrief, Psalm 60, Martyr, Pindar, Propheten Sacharja und Malachia; – Schriften: Responsio de controversis Stancari, Welchs die Einig Recht, Kirche Christi sey etc.	– Kirchenordnung: Wie es mit christlicher Lehre ... (Mecklenburg) – Gründung der Universität Rostock; – Hauptartikel christlicher Lehre (Loci theologici)

1554 – Einsetzung des Kaisers Ferdinand I.; – Aufnahme reformatorischer Lehren in die anglikanische Staatskirche	– Vorlesungen über Cicero; – Lebensbeschreibung von Luther; – Kirchenordnung	– Quaestiones aliquot ethicae ...; – Pfalz-Neuburger Kirchenordnung; – Ordinationsexamen für Mecklenburg; – Fabularum Ovidii ...
1555 – Reichstag zu Augsburg (Religionsfrieden)	– Vorlesungen über Cicero, Carionis; – Schriften: Erinnerung von dem heiligen Ehestande, Regulae vitae a Dav. Chytraeo, Bedenken von einer Zusammenkunft vor dem Reichstag zu Regensburg	– Christlicher und kurzer Unterricht von der Vergebung der Sünden und Seeligkeit ...; – Vnterschied zwischen reiner Christlicher leere des Evang. und der Abgött. Lere der Papisten; – Rede: De conjugio
1556	– Vorlesungen über den Kolosserbrief; – Wiederaufflackern des Abendmahlstreites; – Versuche zur Übereinkunft mit Flacius; – Schrift: Bedenken vom „National-Concilio"	– Kurpfälzische Schulordnung; – Gutachten über die Satzungen zur Reform der Universität Heidelberg; – Oratio de dignitate studii juris a G. Cracouio; – Homeri ranarum ...
1557 – Religionsgespräche in Worms	– Teilnahme an Religionsgesprächen; – Vorlesungen über Demosthenes; – Schriften: Artikel zu Worms gestellt ..., Abschied der Gesandten A. C. zum Kolloquium in Worms	– Pfalz-Zweibrücksche Kirchenordnung; – Kirchenordnung: Wie es mit der christlichen Lehr ... (Bayern); – Historiae quaedam recitatae inter publicas lectiones
1558 – Frankfurter Rezeß	– Thesen zur Einigung der reformatorischen Bewegung; – Schriften: Responso ad criminationes Staphyli et Avii, Bericht über das Kolloquium zu Worms, An den Rath zu Nürnberg	– Abschluß der Heidelberger Universitätsreform; – Chronicon Carionis ...; – Euripidis tragoediae ...; – Der Ordinanden Examen ...

1559 – Verschärfung der innerprotestantischen Auseinandersetzungen	– Vorlesungen über Timotheus; – Schriften: Responsiones ad impios articulos Bavaricae inquisitiones	– Reform der Universität Leipzig bis **1560**; – Epistola zu Hieron; – Oratio de dicto Aristotelis virtutes esse habitus …
1560 – Erfolgloser Putschversuch der Hugenotten in Frankreich; – Schwedische Expansion im Ostseeraum	– Vorlesungen über seine Loci theologici, Jesaia, Cicero, Theogines; – aufgrund seines Todes Abbruch der Vorlesungen über Dialektik, Euripides, Römerbrief, Ethik, Weltgeschichte, Auslegung biblischer Texte für Ausländer; – Schrift: Judicum de controversia coenae domini ad illustr. – gest. am 19. April **1560** in Wittenberg	– Corpus doctrinae christianae; – Ethicae doctrinae elementa …; – Kommentar zu Ciceros Partition

Bild 195: Florian Geyer (um 1490–1525), fränkischer Reichsritter und Führer des Bauernaufstands 1525 um Würzburg, ermordet auf der Flucht nach seinen Niederlagen

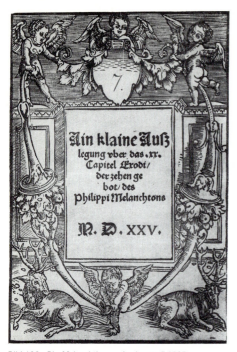

Bild 196: Ph. Melanchthons „Auslegung" 1525

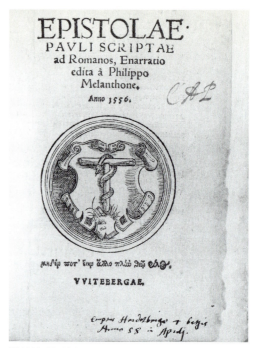

Bild 198: Ph. Melanchthons „Epistolae Pauli scriptae ad Romanos ..." (Römerbriefkommentar), Wittenberg 1556, Titelblatt mit Wappen Melanchthons und handschriftlichen Anmerkungen

Bild 197: Ph. Melanchthons Schrift v. 1525 „Wider die Articke1 der Pawerschafft"

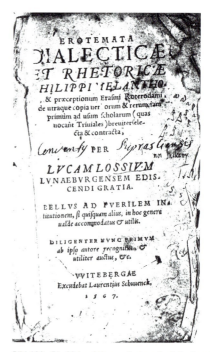

Bild 199: Ph. Melanchthons „Erotemata dialecticae et rhetoricae ...", Wittenberg 1567

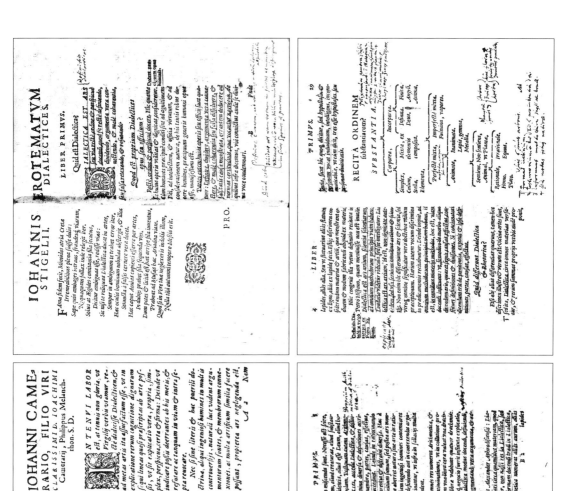

Bild 200: Ph. Melanchthons 1586 erschienene Schrift „Erotemata. Dialectices continentia integram artem, ita scripta, vt iuuentuti vtiliter proponi possint" und erste Seiten von Melanchthons Kapitel im ersten Band „Erotematum dialectices" zur Frage „Quid est Dialectica?" und der Gliederung der „Substantia", S. 29

Bild 201: Erste Seiten von Melanchthons „Catechesis puerilis …", Leipzig 1545

Bild 202: Titelblatt von Melanchthons „Libellus graecae grammaticae", Leipzig 1554

Bild 203: Titelblatt von Melanchthons „Ethicæ doctrinæ elementa …", Wittenberg 1566

Bild 204: Titelblatt von Melanchthons erstem Teil der „Chronici Carionis latine …", Wittenberg 1573

RESPONSIONES SCRIPTÆ A PHILIPPO MELANTHONE AD IMPIOS ARTICVLOS BAVARICÆ INQVISITIONIS.

VVITEBERGÆ

EXCVSAE AB HAEREDIBVS GEORGII RHAVV.

ANNO M. D. LVIII.

RESPONSIONES SCRIPTÆ A PHILIPPO MELANTHONE, AD IMPIOS ARTICVLOS BAVARICÆ INQVISITIONIS.

PRIMA QVÆSTIO.

Quid sit Ecclesia sancta?
Responsdeo.

Ecclesia in hac uita est coetus amplectentium Euangelium, & recte utentium Sacramentis, in quo filius Dei per ministerium Euangelij uerè est efficax, & multos regenerat uoce Euangelij & Spiritu sancto, & facit hæredes uitæ æternæ. Et sunt in eo coetu multi electi & alij non sancti, sed tamen de uera doctrina consentientes.

Hæc definitio prorsus congruit cum descriptionibus, quæ sunt in cap. Matthæi de semine & de sagena. Et hæc Ecclesia dicitur sancta in hac uita καταχρηστικῶς, quia uerè filius Dei in ea regnat, & multa sunt membra sanctificata Spiritu sancto & electa.

Fit autem à principali nuncupatio, & membra sanctificata usitatè nominantur uiua membra Ecclesiæ. Alij non sancti nominantur mortua membra, si tamen de uera doctrina consentiant. Possunt autem & sancti habere aliquos errores, sed non euertentes fundamentum, id est, articulos fidei, sicut Paulus inquit: Supra fundamentum extruunt alij aurum, alij stipulas. Et cœca ac infœlix arrogantia est, si putamus, nihil in nobis

A ij bis

---

bis infirmitatis esse, nos nihil ignorare ac omniscios esse.

Quanta caligo fuit in Apostolis, qui quanquàm post resurrectionem uiderant initia nouæ & æternæ uitæ, tamen somniabant regnum politicum, & multi uolebant retineri cultus Leuiticos. Et multa sunt impropriè dicta in scriptoribus pijs, ut uix quisquam etiam tàm disertus & tàm circumspectus est, ut ubique uitare possit ἀκυρολογίας. Sicut apud Cyprianum multa horridè de satisfactionibus Canonicis dicta sunt, ut cùm ait, Frustra absolutionem pronunciari non seruanti ritum satisfactionis. Sed sancti sunt dociles, & cedunt rectè monenti. De his dicit Paulus, infirmum in fide assumite. Comedens non abijciat non comedentem, Deus enim assumpsit eum. Qui autem palàm defendunt Idola, aut aliquem articulum fidei euertunt, ij non retinent fundamentum. Sicut Papistæ defendentes adorationem panis in circumgestatione, & mercaturam Missæ, Item, Inuocationem mortuorum, Item, Delentes doctrinam de Fide gratis accipiente remissionem & reconciliationem. Tales blasphemi etiamsi dominentur in Ecclesia, tamen nequaquàm sunt membra Ecclesiæ, nec uiua nec mortua. Sed prorsus existimandi sunt esse anathemata, sicut Paulus inquit: Si quis aliud Euangelium docet, anathema sit.

Respondi igitur clarè, quid sit Ecclesia, & qui homines sint Ecclesia, & quomodo dicatur sancta. Iam dicamus de signis monstrantibus Ecclesiam, & quomodo sit uisibilis.

II.

Quæ

Quæ sunt signa monstrantia Ecclesiam Dei?
Responsdeo.

Signa tria sunt monstrantia Ecclesiam, necessaria & uniuersalia, Doctrinæ Euangelij incorrupta professio: usus Sacramentorum conueniens diuinæ institutioni: & obedientia debita ministerio Euangelij. De primo & secundo dicitur: Oues meæ uocem meam audiunt. Item, Fundamentum aliud poni non potest, præter id quod positum est, quod est Christus Iesus. Item, Vna fides, unum baptisma. Et de omnibus simul dicitur 1. Cor. 1. Idem dicatis omnes, nec sint inter uos schismata, & sitis coagmentati eadem mente & eadem sententia. Item, Obedite præpositis uestris. Hæc tria signa sunt necessaria.

Sed Aduersarij deducunt homines ad alia signa, uidelicet ad politiam humana autoritate in Ecclesia constitutam. Dicunt signa esse Ecclesiæ, ordinem Episcoporum, Romani Episcopi primatum, & deinde successionem ordinariam Episcoporum, & similitudinem rituum, qui humana autoritate in Ecclesia instituti sunt. Hic breuis est responsio de Romano Episcopo & de alijs. Quantumcunq́; amplificatur illa autoritas, tenendæ sunt hæ regulæ: Fugite idola. Item, Si quis aliud Euangelium docet, Anathema sit. Cùm igitur manifestum sit, Romanum Episcopum & agmen Episcoporum ipsi adiunctum defendere idola, & iniustam crudelitatem exercere ad delendam ueram doctrinam, necesse est ab eis dissentire. Sicut necesse fuit Apostolos dissentire & discedere à Iudaico Pontifice & Leui

A iij Leui

Bild 205: Erste Seiten von Melanchthons „Responsiones scriptæ", Wittenberg 1558

3.6 Ausgewählte Literatur für weiterführende Studien

A. Werke des Melanchthon

- Gesamtausgabe der Werke. Corpus Reformatorum. Opera quae supersunt omnia. Hrsg. v. K. G. Bretschneider und H. E. Bindseil. 28 Bde. Halle/Braunschweig 1834/60 (Nachdruck Frankfurt/Main 1963).
- Supplementa Melanchthoniana. Bde. I 1–VI 1 Leipzig 1912–1926 (Nachdruck Frankfurt/Main 1968).
- Stupperich, R. (Hrsg.): Melanchthons Werke in Auswahl. 7 Bde. Gütersloh 1951–1975 (2. Aufl. 1978–1983).
- Scheible, H. (Hrsg.): Melanchthons Briefwechsel. Kritische und kommentierte Gesamtausgabe. 8 Bde. Stuttgart/Bad Cannstatt 1977–1995.
- Bauch, G. (Hrsg.): Die Einführung der Melanchthonschen Declamationen und andere gleichzeitige Reformen an der Universität Wittenberg. Breslau 1900.
- Beutemüller, O.: Vorläufiges Verzeichnis der Melanchthon-Drucke des 16. Jahrhunderts. Halle 1960.
- Bizer, E. (Hrsg.): Texte aus der Frühzeit Melanchthons. Texte zur Geschichte der Evangelischen Theologie 2. Neukirchen-Vluyn 1966.
- Hartfelder, K. (Hrsg.): Melanchthonia Paedagogica. Eine Ergänzung zu[m] ... Corpus Reformatorum. Leipzig 1892.
- Müller, J.: Vor- und frühreformatorische Schulordnungen ... in deutscher und niederländischer Sprache. 2. Abt. Zschopau 1886.
- Pöhlmann, H. G. (Übers.): Philipp Melanchthon, Loci communes 1521. Gütersloh 1993.
- Schmidt, G. R.: Philipp Melanchthon. Glaube und Bildung. Stuttgart 1989.
- Sehlig, E.: Die evangelischen Kirchenordnungen des XVI. Jahrhunderts. Leipzig 1902.
- Vormbaum, R.: Evangelische Schulordnungen I. Gütersloh 1860.
- Walter, E.: Erasmus und Melanchthon I./II. Bernburg 1877 ff. (Wiederabdruck des Briefwechsels).
- Weber, K. (Hrsg.): M. Phil. Melanchthon's evangelische Kirchen- und Schulordnung vom Jahre 1528, bevorwortet von Dr. Martin Luther. Schlüchtern 1844.

B. Darstellungen (deutschsprachig)

- Adam, A.: Lehrbuch der Dogmengeschichte. Gütersloh 1968.
- Apel, H. J.: Theorie der Schule. Donauwörth 1995.
- Arnhardt, G.: Philipp Melanchthon – eine pädagogische Betrachtung zur 495. Wiederkehr seines Geburtstags. In: Pädagogik und Schulalltag 47(1992)1. S. 13–19.
- Arnhardt, G.: Melanchthon und Comenius. Miszellen zu Nähe, Distanz und Reichweite im pädagogischen Denken. In: Türen nach Europa. Herrnhut 1992. S. 73–78.
- Arnhardt, G.: Die Leistung Luthers und Melanchthons bei der Konstituierung des protestantischen Schulwesens. In: Pädagogik und Schulalltag 48(1993)6. S. 562–575.
- Arnhardt, G.: Pädagogisches im Aufbruch. Martin Luther – Philipp Melanchthon – Jan Amos Comenius. In: Jan Amos Comenius. Über sich und die Erneuerung von Wissenschaft, Erziehung und christlicher Lebensordnung. Hrsg. v. G. Arnhardt und G.-B. Reinert. Donauwörth 1996. S. 63–95.
- Bauer, K.: Die Wittenberger Universitätstheologie. Tübingen 1928.
- Bellermann, C.: Melanchthon in Heidelberg. Berlin 1855.
- Bornemann, W.: Melanchthon als Schulmann. Magdeburg 1928.
- Buschmann, R.: Das Bewußtwerden der Deutschen Geschichte bei den deutschen Humanisten. Diss. Göttingen 1930.
- Camerarii, J.: De vita Philippi Melanchthonis. Halae 1777.
- Dadelsen, H. v.: Die Pädagogik Melanchthons. Diss. Straßburg 1878.
- Ehmer, H.: Der Humanismus an den evangelischen Klosterschulen in Württemberg. In: Humanismus im Bildungswesen des 15. und 16. Jahrhunderts. Mitteilung XII der Kommission für Humanismusforschung. Acta humaniora. Hrsg. v. W. Reinhard. Weinheim 1984. S. 121–135.
- Elliger, W. (Hrsg.): Philipp Melanchthons Forschungsbeiträge ... Berlin 1961.
- Engelland, H.: Melanchthon. Glauben und Handeln. München 1931.
- Fischer, E. F.: Melanchthons Lehre von der Bekehrung. Tübingen 1905.
- Goebel, K.: Luther in der Schule. Bochum 1985.
- Grabois, A.: Illustrierte Enzyklopädie des Mittelalters. Königstein 1981.

- Hartfelder, K.: Philipp Melanchthon als Praeceptor Germaniae. Berlin 1889 (Bd. VII d. Monumenta Germaniae Paedagogica).
- Heer, F.: Die dritte Kraft. Frankfurt a. M. 1959.
- Heppke, H.: Phil. Melanchthon, der Lehrer Deutschlands. Marburg 1860.
- Heyd, L. F.: Melanchthon und Tübingen. In: Thür. Zeitschrift für Theol. (1839). S. 1–104.
- Hofmann, F.: Philipp Melanchthon und die zentralen Bildungsprobleme des Reformationsjahrhunderts. In: Melanchthon 1497–1560. Humanist, Reformator, Praeceptor Germaniae. Berlin 1963. S. 100–108.
- Hofmann, F.: Pädagogik und Reformation. Berlin 1983.
- Hoffmann, J. C. V.: Unsere großen geistlichen Reformatoren Luther und Melanchthon gegenüber den Naturwissenschaften und dem naturwissenschaftlichen Unterricht. In: Hoffmanns Zeitschr. f. math. u. nat.-wiss. Unterricht. Bd. XVIII (1887). S. 471–473.
- Koch, L.: Phil. Melanchthons schola privata. Gotha 1859.
- Krüger, G.: Melanchthons Antrittsrede. In: Deutsch-Evangelisch 8(1917). S. 437 ff.
- Laube, A./Steinmetz, M./Vogler, G.: Illustrierte Geschichte der deutschen frühbürgerlichen Revolution. Berlin 1974.
- Liedtke, H.: Theologie und Pädagogik der Deutschen Evangelischen Schule im 16. Jahrhundert. Wuppertal/Kastellaun/Düsseldorf 1970.
- Lochner, G. W. K.: Ph. Melanchthon und das Gymnasium zu Nürnberg. Nürnberg 1853.
- Mertz, G.: Das Schulwesen der deutschen Reformation im 16. Jahrhundert. Heidelberg 1902.
- Mülhaupt, E.: Reformatoren als Erzieher. Moers 1956.
- Neubert, H. M.: Melanchthon und die Stadt Dresden. Dresden 1860.
- Niemeyer, H. A.: Ph. Melanchthon. Praeceptor Germaniae. Halle 1817.
- Nürnberger, W.: Kirche und weltliche Obrigkeit bei Melanchthon. Würzburg 1937.
- Paulsen, F.: Geschichte des gelehrten Unterrichts. Bde. I/II. Berlin/Leipzig 1919 u. 1921.
- Planck, A.: Melanchthon. Praeceptor Germaniae. Nördlingen 1860.
- Rachum, I.: Illustrierte Enzyklopädie der Renaissance. Königstein 1980.
- Reinhard, W. (Hrsg.): Humanismus im Bildungswesen des 15. und 16. Jahrhunderts. Acta humaniora. Weinheim 1984.
- Reuther, K. M.: Melanchthons Briefwechsel mit den Magistraten deutscher Städte. Leipzig 1878.
- Scheible, H.: Melanchthon. Einführung in Leben und Werk. In: Philipp Melanchthon. Eine Gestalt der Reformationszeit. Hrsg. v. der Landesbildstelle Baden und dem Melanchthonhaus Bretten. Karlsruhe 1995. S. 15–51.
- Scheible, H.: Philipp Melanchthon. In: Gestalten der Kirchengeschichte. Hrsg. v. M. v. Greschat. Bd. 6. Stuttgart 1986. S. 75–101.
- Scheible, H.: Melanchthons Bildungsprogramm. In: Lebenslehren und Weltentwürfe im Übergang vom Mittelalter zur Neuzeit. Hrsg. v. H. v. Boockmann. Göttingen 1989.
- Sperl, A.: Melanchthon zwischen Humanismus und Reformation. München 1959.
- Stempel, H.-A.: Melanchthons pädagogisches Wirken. Bielefeld 1979.
- Stern, L.: Philipp Melanchthon. Humanist, Reformator, Praeceptor Germaniae. Halle 1960.
- Stupperich, R.: Melanchthons deutsche Bearbeitung seiner Loci. Amsterdam 1973.
- Stupperich, R.: Der unbekannte Melanchthon. Wirken und Denken des Praeceptor Germaniae in neuer Sicht. Stuttgart 1961.
- Zahrnt, H.: Martin Luther. Reformator wider Willen. München/Zürich 1986.

Bild 206: Titelblatt des ersten Teils der gesammelten Werke: „Omnium operum reverendi", Pars prima, Wittenberg 1562, verlegt v. Johannes Krafft, mit Miniaturbild Melanchthons, Evang. Predigerseminar Wittenberg

4. Pädagogische Parameter für die Architektur des neuen Schulwesens

Die Renaissance hatte Kraftbewußtsein geweckt. Geradezu ungestüm war sie durch Streben nach wissenschaftlichem Denken, nach Freisetzung von Menschlichkeit und Wahrhaftigkeit gekennzeichnet; war sie zur Mißachtung angestammter Autorität, gegen Dünkelhaftigkeit und Fremdbestimmung angetreten; ein Paradigma, das trotz vieler Unebenheiten seinesgleichen in der Menschheitsgeschichte sucht.

Die Reformation *Luthers* richtete sich gegen die Verflachung und Veräußerlichung des religiösen Lebens. Sie nahm den Zeitgeist in anderer Weise auf. Halsstarrigkeit auf beiden Seiten des Kirchenstreits erschwerte erfolgreiches Zusammengehen und erzwang die Gegenreformation als Notwehr des Papsttums; ein Verhängnis, das Krieg und Leid heraufbeschwor. Pädagogik mußte Spielball der Ungunst solcher Verhältnisse werden und einen eigenen Weg aus großer Unordnung und verworrenen Zielen finden. Trennende, ja verfeindete Anmaßung konnte auf Dauer nicht Hilfe zur Selbsthilfe vermehren. Wenn Unwissen und Halbbildung eingedämmt sowie Glauben, Erkennen und Hoffen im Leben wieder Platz finden sollten, mußten sich solche geistigen Mächte die Hände reichen, von denen befreiende Wirkung ausgehen konnte. *Melanchthon* versuchte zur Heilung dieser Wunde sein Bestes zu geben. Um zur Fernwirkung eines verklärten, verehrten, totgeschwiegenen, verketzerten genialen Architekten vorzudringen, bedarf es einer Standortbestimmung. Im Leben *Melanchthons* scheint der Brückenschlag über den reißenden Fluß zwischen dem sonnenüberfluteten Ufer renaissancehumanistischer Landschaft und dem gegenüberliegenden, aufgewühlten Gestade, geprägt durch Bündnisse von Theologie und Macht, weithin pädagogisch motiviert gewesen zu sein.

Entgegen den bislang angehäuften glanzvollen Forschungsergebnissen zu seinen theologischen und philologischen Leistungen blieb die Aufarbeitung der pädagogischen Innovation in unserer Zeit zumeist eine trivialisierende, wohlwollend geduldete, im Zeitgeist begrenzte praktische Philosophie. Dieser Widerspruch hat vielfältige Ursachen. Das Hauptproblem war wohl das wechselnde, sich in Richtungskämpfen verschleißende Selbstverständnis von Pädagogik. Eine weitere Ursache findet sich gewiß auch darin, daß *Melanchthon* kein geschlossenes, sezierbares Werk zur Schule und Beschulung hinterlassen hat. Darüber hinaus scheint die vielseitige

Bild 207: Croy-Bildteppich mit dem ehrwürdigen Dr. Martin Luther auf der Kanzel, links im Vordergrund die sächsischen Kurfürsten mit Johann den Beständigen in der Mitte, Greifswald

Bild 208: Schreib- und Rechenlehrer Arnold Möller, dreiundsechzigjährig mit vierzigjähriger Lehrerfahrung, Kupferstich (1644)

Analyse zur Architektur und Begründung von Schulen zu aufwendig, um die Ergebnisse angesichts der historischen Distanz gewinnträchtig vermarkten zu können.

Wer Pädagogisches als unablässige menschliche Verpflichtung sieht, über Verständnis, Kommunikation sowie Anteilnahme Hilfe zur Selbsthilfe zu gewähren und dabei Mündigkeit und Emanzipation zu befördern sucht, wird auf Dauer nicht ignorieren können, daß *Melanchthons* Brückenschlag zentraler Teil seines großen Vermächtnisses geblieben ist. Die Utopie vom harmonischen „Dreiklang zwischen Humanismus, Theologie und Erziehung"[1] bestimmte die Statik seines Verständnisses von Menschwerdung und Menschsein. Wird ein Ton vernachlässigt, bleibt Disharmonie zurück. Wir reihen uns in Versuche derer ein, die verstreute und oft unzuverlässig edierte Quellen in bezug auf die pädagogische Grundlegung von Schule und Beschulung bei *Melanchthon* befragten. Genesis und Entwicklung des Verständnisses von Pädagogik des protestantischen Wegbereiters sind durch ständiges Mühen um Vervollkommung und Erneuerung gekennzeichnet. Wer nach Unverrückbarem Ausschau hält, wird enttäuscht werden. Schwierig bleibt das Suchen nach Antworten auf theoretische Geschlossenheit seines Systems, weil ihm Pädagogisches vorwiegend Kleinarbeit im Sichten, Ordnen, Analysieren, Addieren, Ausgleichen, Projektieren, Beraten und Vorleben bedeutete. Selbstlos und aufopferungsvoll suchte er das Rüstzeug dafür in der humanistischen Tradition und einem explosiven Zeitgeist, behindert durch eine weithin bildungsfeindliche Welt. Als Gelehrter und wissenschaftlicher Denker seiner Zeit voraus, wandte er sich vom Katheder der Leucorena sowie in unzähligen Schriften an die Mächtigen und beschwor sie, dem Verfall des Schulwesens eine geordnete Neuerung und Ausweitung entgegenzusetzen.

Das bildungsphilosophische Fundament dafür fand *Melanchthon* zunächst in einer originalen Aristotelesrezeption, die zeitweilig verworfen, nach 1522 wieder aufgegriffen, Vermittlungen zwischen *Luthers* Auffassung von der Erbsündhaftigkeit und der Vervollkommungsfähigkeit aller Menschen durch Erziehung und Selbsterziehung nach antikem Vorbild ermöglichte.

Melanchthon war als Student und junger Gelehrter in den Spuren von Humanismus und Renaissance zum Verfechter der enormen Aufwertung des Menschseins geworden. Aus der Reformationsbewegung *Luthers* fesselte ihn der kritische Aspekt einer parallelen Denkrichtung. Er ging nicht nur den Weg gemeinsam mit *Luther*, der Überkommenes vom Menschen als „Maß" oder „Mittelpunkt" aller Dinge hinter sich ließ, sondern gestaltete ihn schließlich pädagogisch so aus, daß Tradition und Zeitgeist zum Wohle aller Menschen zusammenfinden konnten.

Bereits im „Unterricht der Visitatorn..." (1528) formulierte *Melanchthon* seine Synthese zwischen Humanismus und Protestantismus mit weitreichender pädagogischer Relevanz: „Der Mensch hat aus eigener Kraft einen freien Willen, äußerliche Werke zu tun oder zu lassen ... Deshalb vermag er auch weltliche Frömmigkeit und gute Werke zu tun aus eigener Kraft, von Gott dazu gegeben und erhalten."[2] Von hier aus weitete sich sein pädagogisches Selbstverständnis für den Auftrag der Schule zur Herausbildung sittlicher Lebensnormen im protestantischen Fürstenstaat. Er wollte in der Schule die Kräfte des humanistischen Herzens zu gleichartiger Faszination bringen, damit vom Brückenschlag Selbstfindung und Freiheit des Christenmenschen ausgehen könnten.

Angesichts der Auswüchse des mörderischen Bauernkrieges und *Luthers* Kontroverse mit *Erasmus* über den freien Willen, flüchtete

Bild 209: Ph. Melanchthon, Kupferstich (um 1780) v. Christian Gottlieb Geyser

Bild 210: Melachthons „Unterricht der Visitatorn …", Wittenberg 1528, Titelblatt des Erstdrucks v. Nickel Schirlentz, Titelholzschnitt Cranach-Werkstatt, links unten die Luther-Lilie

Melanchthon zeitweilig wieder in die gegenwartsfernen Gefilde der humanistischen Wissenschaften zurück; dorthin, wo freies pädagogisches Handeln seine Wurzeln hatte. Fassungslos stand der Verständnisfreudige *Luthers* maßloser Verurteilung von Schulen als Ställe für „Esel, Klotz und Bock"[3] gegenüber; hilflos registrierte er, wie sich die Obrigkeit an den durch die Säkularisierung freigewordenen Lehen und Stiftungen bereicherte und somit dem Rückfall in die Barbarei Tür und Tor öffnete.

Die von *Melanchthon* beeinflußten Visitationen in den Jahren zwischen 1527 und 1529 zeigten aber den alsbaldigen Wandel dergestalt, daß er Glauben und Macht ohne Geist – gestützt durch die Autorität mittelalterlicher Wissenschaft – keine Chance im menschlichen Dasein gab. Selbstbestimmung, auch mit Hilfe historischer Erkenntnis, und die Idee von der Staatskirche als Schutz- und Trutzbündnis wiesen Schulen schließlich den angestammten Platz auch in der Weltgestaltung der Reformatoren zu. Dabei ging es bereits 1530 nicht nur um unverzichtbare Qualifikation für Mächtige, Prediger, Beamte, Ärzte, Lehrer …[4], sondern gleichermaßen um die selbstbestimmte Zuwendung zum Glauben über die Quellen.

Melanchthon, aus Irritationen und Zweifeln wieder emporgestiegen, formulierte für die neuzeitliche Schule daraufhin das Ziel: Durch imitatio antiken Geistes zu sachkundiger Beredsamkeit „eloquentia" – oft synonym eruditio genannt – zu führen. Sorgfältige Sprachpflege sollte auf Sachkenntnis bauen und von daher Denken und Urteilen über beharrliches Lernen fördern. Das Erlernen der alten Sprachen blieb ihm das Zentrum der Geistesschulung. Sein Ziel, die oratio sei „explicata animi ratio" oder „prudentio", hatte bis in das 19. Jahrhundert dort Bestand im deutschen Gelehrtenschulwesen, wo humanistische Frömmigkeit als Motiv und „declamatio" als Zweck für Beschulung erhalten blieben.[5]

Bild 211: Gründung der Fürstenschule St. Afra zu Meißen, Wandgemälde in der Aula v. F. Pauwels (Pauwels, F./Grosse, Th.: Wandgemälde in der Aula der Landesschule Meißen, Dresden o. J.)

Bild 212: Schulhof der Fürsten- und Landesschule St. Afra zu Meißen (Meißen und seine Fürstenschule. Afranisches Merkbuch, Dresden 1929)

Bild 213: Kloster St. Marien ad Portam um 1200, nach einer Darstellung v. Werner Hirschfeld, Modell Heimatmuseum Bad Kösen (Hirschfeld, W.: Zisterzienserkloster Pforte, Dresden 1933, Diss. phil.)

Bild 216: Die ehemalige Fürsten- und Landesschule zu Grimma v. 1550–1870 (Lorenz, Chr. G.: Bericht über die Gründung und Eröffnung der Landesschule zu Grimma im Jahre 1550, ihre äußeren Verhältnisse und Schicksale während ihres Bestehens und über die Jubelfeier derselben in den Jahren 1650, 1750 und 1850, Grimma 1850)

Bild 214: Schulpforte: Westportal der Zisterzienserkirche

Bild 217: Neubau der Landesschule zu Grimma (Illustrierte Zeitung – Wöchentliche Nachrichten, Leipzig 1887)

Bild 218: Kloster Bebenhausen (1622)

Bild 215: Schulgebäude in Schulpforte

Bild 219: Kloster Maulbronn, Anlage aus dem Mittelalter

Nach den Intentionen des jüngeren *Plinius* (*Gaius Plinius Caecilius Secundus*, 61/62–112/113) sollte das „multum, non multa" methodisches Fundament konzentrierten und gründlichen Lehrens, Lernens und Studierens sein.⁶ Symbole für derart Geist entfesselnde Kraft, die sein pädagogisches Reformdenken in die deutsche Bildungslandschaft der folgenden Jahrhunderte trugen, wurden unter anderem die sächsischen Fürsten- und Landesschulen in Meißen, Pforte und Grimma sowie die württembergischen Klosterschulen in Denkendorf, Bebenhausen, Maulbronn und Blaubeuren ... Die Reform der Universitäten ging von Wittenberg aus.

Melanchthon wußte neue Ziele auf die „Confessio Augustana", auf die Freiheit des Evangeliums einzuschwören, dabei jedoch das in der Tradition Bewährte neu zu beleben. Das war angesichts der Verachtung durch radikale Humanisten eine mutige Leistung. „Zurück zu den Quellen" bestimmte seine Vorstellung vom Forschungs- und Lehrbetrieb. Die septem artes liberales (sieben freien Künste) als Bildungsfundament sowie Vorlesung und Disputation wurden hinsichtlich neuer Ziele modifiziert und um die Declamatio, die sachkundige, klare Rede im klassischen Latein, angereichert. Als Vorbilder traten neben die Scholastiker vor allem *Aristoteles* und *Cicero*. Harte Prüfungen für die rehabilitierten akademischen Grade (Baccalaureus, Magister, Doctor) betrachtete *Melanchthon* als Maßstab eines selbstbestimmten Leistungsanspruchs. Dabei sollten der Offenbarung, natürlichen Erkenntnissen und Erfahrungen angemessener Platz eingeräumt werden. Nur so könnten sittliches Handeln ermöglicht und die willentlich begehrte göttliche Gnade zur Pflicht werden. Diese erkenntnisgeleitete Wahlfreiheit des Willens war nicht extrem rationalistisch angelegt, sondern durch die Unzulänglichkeit des Menschlichen begrenzt und von daher – im Gegensatz zu dem Humanisten und Pädagogen *Johannes Ludovicus Vives* – auf das göttliche Lumen gegründet.

Mit dieser, hier vereinfacht angedeuteten Formel, hatte *Melanchthon* die Denkrichtung für eine natürliche und lebenspraktische Pädagogik angegeben, die sich später in der Aufklärung bemerkenswert ausweiten sollte. Das adäquate Schulsystem wurde lebendig ausgestaltet und blieb offen für pädagogische Forderungen folgender Jahrhunderte. *Melanchthon* wollte kein Visionär sein. Jenseits von politischem Hader und theologischem Fanatismus war er bemüht, seine Synthese aus Humanismus und Protestantismus als pädagogisches Phänomen an die Nachwelt zu vermitteln, ängstlich lavierend, sich latent korrigierend, aber in sich vervollkommnender Statik über sein ganzes Leben. Wie konstituierte und entwickelte sich der so umrissene Radius originalen pädagogischen Denkens? *Sperls* Untersuchung¹⁰ hat einige Antworten bereit, die unser Verständnis stützen können. Fragmenthaftes über die Brückenarchitektur des Pädagogischen finden wir bereits im Vorwort zu seiner Griechischen Grammatik, veröffentlicht im Mai 1518. Er kritisierte die Auslieferung der Schule an überlebtes Scho-

Bild 220: Allegorien als Einblattdruck (Anfang 16. Jhdt.) der septem artes liberales (sieben freien Künste bzw. sieben Künste der Freien), Trivium (drei formale Disziplinen einer Spracherziehung): Grammatik (Sämann), Rhetorik/Cicero (Müller), Logik/Aristoteles (Bäcker) und Quadrivium (drei materiale mathematische Disziplinen und eine materiale ästhetische Disziplin): Arithmetik/Boethius (Gelehrter am Rechenbrett mit Jetons), Geometrie/Euklid (Baumeister), Astronomie/Ptolemäus (Künstler), Musiktheorie, verbunden mit Praxis, bzw. Klanglehre/Pythagoras (Schmied)

Bild 221: Johannes Ludovicus Vives (Valentinus, natione Hispanus), †1540, Philosoph und Pädagoge

lastizieren, das schöne Künste und eloquentia vernachlässige. Spärlicher Geist und verdunkelte Urteilskraft wuchsen aus dem verwahrlosten Trivium, das ursprünglich bedeutende Potenzen der Verstandes- und Charakterbildung besessen hatte. In „Streit und Eifersüchteleien"[7] verzehre sich ein Bildungsanspruch, der es nicht wage, aus einer in Irrtümer verstrickten Tradition herauszutreten. „Die wahre Weisheit, die vom Himmel gesandt ist, um die Beherrschung der menschlichen Willensregungen zu ermöglichen, lebt in der Verbannung."[8] Hier schimmert bereits ein entscheidendes Motiv für die Reform der Schule durch, das drei Monate später, in der Wittenberger Antrittsrede[9], Gestalt annahm: die sokratische Überzeugung, Tugend sei lehrbar.

Mit der vielbeachteten Rede „De corrigendis adolescentiae studiis ..." begründete *Melanchthon* sein Programm zur Erneuerung von Schule als Erfordernis, dem historisch gewachsenen, für die Gegenwart unbefriedigenden Zustand abzuhelfen.

Der in Tübingen gelebte Ausgleich zwischen Humanismus und Scholastik auf ethischem und literarischem Gebiet wurde in der Antrittsrede dort aufgekündigt, wo es um Bildung und Religion ging. Seit 300 Jahren sei der Verfall der „ursprünglichen Frömmigkeit" durch die mittelalterliche Ordnung eingeleitet und zum Normativ erklärt worden.[11] Seiner scharfen Kritik am scholastizierenden Schulbetrieb folgte das relativ geschlossene Programm der Erneuerung, welches Bildungsziel, Bildungsinhalt und anthropologische Grundlegung der neuen Schule beschrieb.

In der „Rhetorik", im Jahre 1519 erschienen, sind die methodisch-systematischen Grundlagen seiner Schulreform dargelegt. Methodisches Axiom ist die Einheit von begrifflicher Klärung (Dialektik) und willentlicher Verinnerlichung infolge der Wirkung von Affekten[12] beim Lehren und Lernen (Rhetorik). Unfruchtbare Spitzfindigkeiten beim Zergliedern von Texten sollten ausgemerzt, und mit Hilfe von Grundbegriffen sollte zur Lebensweisheit geführt werden, die Urteile, Verhalten und Frömmigkeit begründen könnte. „Lebensbedingungen, Lebensnormen und Verhaltensweisen sind in gleicher Weise als loci communes [sic] bezeichnet."[13] Naturrechtliche Lebensnormen, „leges naturales", bestimmten Rhetorik zur Methode, die Gutes lehrbar und über logische Begründung verinnerlichungswürdig macht. Mit dem auf Normierung und Logisierung begründeten einheitlichen Methodensystem war das Ziel von Beschulung in direkte Konfrontation zur Scholastik geraten.

„... *Melanchthon* glaubte, den Schlüssel zu einem alle Lebensgebiete umfassenden ethischen System"[14] gefunden zu haben, das allseitige Lebenshilfe gewähren könne. So hatte er in der Abgrenzung zur späten Scholastik

Bild 222: Ph. Melanchthon, Stich nach Holbein

seit 1518 das Verständnis *Agricolas* über den Zusammenhang von rationaler Erkenntnis und Verhalten in eine originale Bindung zu der vorwiegend ethisch motivierten Bildung des *Erasmus* gebracht. Sein Vorlesungsprogramm zeigt, daß ihm dabei die Rhetorik *Ciceros* wichtige Antriebe vermittelte. Der junge Professor in Wittenberg half somit, die Umklammerung mittelalterlicher Überlieferung zu lösen und die „leges naturae", die „res humanae" und „literae" der Antike als weitere Quellbereiche der Bildungsreform zu nutzen.

Die Hinwendung zum Luthertum brachte für *Melanchthon* das Problem mit sich, sein in antiker Tradition normativ und logisch begründetes Methodensystem über den Lebens- und Zeitbezug hinaus mit dem ewig geltenden Gehorsamsgebot des freien Christenmenschen in Einklang zu bringen. Sein Bildungskonzept hatte sich bislang auf antike Leitbilder zur Erneuerung der Schule gestützt. *Luther* schloß jedoch „bewußte Akte menschlicher Setzung" aus. Für ihn war „die in der Bibel bezeugte Geschichte durch die Verkündigung am Glaubenden" als Zusammenfließen von Vergangenheit, Gegenwart und Ewigkeit zur Logik und Norm der Lebensbewältigung geworden. Diese suchte ihr Leitbild nicht in der Rückbesinnung, sondern „bediente sich der gewandelten Welt".[15]

Nach der Leipziger Disputation im Juni 1519 gab es erste Anzeichen dafür, daß *Melanchthon Luthers* Verdikt über *Aristoteles* ernsthaft in die gewandelte Haltung zur Scholastik einbezog. Die Zweifel an der einheitlichen und geschlossenen Überlieferung, an einer Tradition, die über die Schrift hinausging, verdichteten sich in den Baccalaureasthesen vom 19. 9. 1519 zur Auflehnung gegen den verstümmelten *Aristoteles*; sie führten schließlich zu seiner Abwertung. Mit der Überzeugung, daß menschliche Erkenntnis nie irrtumsfrei sein könne, drohte das erasmische Bild von der großen Harmonie in der Antike zu zerfallen.

Folgerichtig war das Kernstück bisheriger pädagogischer Erneuerungsideen, die Erziehung zum Guten, zeitweilig zerbrochen.[16] Im pädagogischen Handlungsraum wurde selbstbestimmende Rationalität heruntergestuft und der unfreie Wille zum anthropologischen Bezugssystem. Machtlosigkeit gegenüber den Affekten schließe die Unfreiheit des Willens zum Guten ein. *Melanchthon* hatte damit sein Hauptmotiv für die Begründung der neuen Schule zeitweilig gelöscht. Die Suche nach Wegen zur Tugend trat in den Hintergrund. Pädagogisch relevant wurden ihm die Einsichten *Luthers*: nur der Geist Christi ermögliche die Beurteilung, Findung und Gestaltung menschlicher Kräfte.[17] Nach der paulinischen Verkündigung habe die Lehre drei Loci im

Bild 223: Melanchthon (1543), Cranachs Stammbuch, Staatl. Museen Berlin

Bild 224: Luther und Joh. Eck bei der Disputation in Leipzig, Holzschnitt, aus: Ludwig Rabus „Historien der Heyligen Außerwölten Gottes Zeugen", Straßburg 1557, Lutherhalle Wittenberg

Bild 225: Titelblatt des Melanchthonschen Kommentars zur Aristotelischen Ethik, Basel 1531, wobei Melanchthon versuchte, Aristotels' Philosophie zur Legitimation einer protestantisch-theologisch-reformatorischen Ethik heranzuziehen

Zentrum: „lex, peccatum, gratia!"[18] Damit waren Grundlagen seines Programms zu neuartiger Beschulung ernsthaft in Frage gestellt, obwohl sich Tugend als Ziel behauptete. Aber der heidnische Weg schien zunächst ausgeschlossen.

Erasmisches Vokabular – oder auch der bekannte Brief aus dem Jahre 1525 an *Camerarius*, in dem es heißt: „Ich bin mir bewußt, aus keinem anderen Grund Theologie getrieben zu haben; quam ut vitam emendarem."[19] – zeugen jedoch von der Relativität dieser Wandlung. Das im humanistischen Geist gewachsene Selbstkonzept *Melanchthons* ließ sich nicht einfach abstreifen.

Im Streit zwischen *Luther* und *Erasmus*, der sich bis 1527 hinzog, suchte er das Lebensrecht von Schulen, die in den Sturmjahren 1521 bis 1525 niedergetreten worden waren, wieder zu begründen. Die Relativierung von *Luthers* Prädestinationslehre, in den Reden „De philosophia" (1526) und „De ordine discendi" (1531) begründet, ermöglichte es, die „Barbarei ungebildeter Theologie" anzuprangern und die Neugestaltung eines Schulsystems für die Bildung und Erziehung des freien Christenmenschen in das protestantische Programm einzuschmelzen. Das war folgerichtig, weil geistige und charakterliche Erziehung zur Tugend hin anthropologischer Ansatz blieb, der, auf die Gestaltung des Menschseins gerichtet, innerlich nie aufgegeben worden ist. *Melanchthon* strich diesen Denkansatz nicht einmal vollständig aus den „Loci" von 1521. Diese Inkonsequenz in der zeitweiligen Wende zeugt vom trotzdem nie aufgegebenen Streben nach Überwindung lähmender Ausschließlichkeitspositionen. Dabei mußte das schwierige Problem gelöst werden, ob Frömmigkeit des einzelnen und des staatlichen sowie sozialen Lebens von der Schrift her einheitlich normiert werden könne. Eine pädagogisch folgenschwere Wandlung von der Einheitsschau zur Trennung folgte aus dem Erlebnis des weitgefächerten Aufbegehrens gegen die etablierte Macht. Die Hilflosigkeit des fast Fünfundzwanzigjährigen gegenüber der für ihn Verabscheuungswürdigen und adäquate Erklärungsnot führten den Suchenden bis zum Juli 1522 zum Ausweg in der Lehre vom „duplex regimen".[20]

Die reformatorische Lehre von der Erbsündhaftigkeit des Menschen sollte auf das geistliche Regiment beschränkt bleiben. Diesem

Bild 226: M. Luthers Talar wurde Vorbild für die Amtstracht der evang. Pfarrer, nach einer Miniatur v. L. Cranach

Bild 227: Erasmus von Rotterdam, Gemälde (1523) v. Hans Holbein d. J., National-Gallery London, früher im Besitz des Earl of Radnor (Longford Castle)

stellte *Melanchthon* das „regimen corporale" gegenüber. Es begründete das Recht der Gesetzgebung durch die weltliche Macht und dessen Verbindlichkeit der Kirche gegenüber.[21] Damit lag die Schulreform in der Hand politischer Gewalten. Der partiellen Aufgabe pädagogischer Theoreme des Humanismus folgte die religiöse Bewertung fürstlicher Macht. Erstes umfassendes Zeugnis dafür ist die kurfürstlich-sächsische Instruktion von 1527. Der tragfähige Kompromiß war gefunden, das Schriftprinzip für die Schule eingeschränkt.

Über die Cicerorezeption gewann *Melanchthon* die Ratio angestammter humanistischer Aktionsradien im pädagogischen Denken zurück. Die Lehre ward getrennt. Im „regimen corporale" sollte die antike Überlieferung, in der „iustitia spiritualis" die Heilige Schrift verbindlich sein. Auf diese neue Standortbestimmung baute *Melanchthons* pädagogisches Lebenswerk, das der göttlichen Offenbarung entsprang und durch das Vorbild der Antike gestützt wurde. Humanistische Bildung wurde *Melanchthon* zum Licht für das „regimen corporale". Die Bedrohung für die humanistische Bildung war ausgeräumt. „Gottgewollte" Differenzierung zwischen „ju-

stitia civilis" und „justitia spiritualis" blieb ihm zeitlebens unverrückbar. Schule lag damit im Machtbereich der bürgerlichen Ordnung. Sie blieb der humanistisch verstandenen „paedagogia in Christum" verpflichtet.[22] Humanistische Bildung war ihm nunmehr notwendige Voraussetzung für eine christliche Lebensweise geworden.

Der Ort für die verstärkte und bis um 1540 anhaltende Pädagogisierung der Wissenschaften in übersichtlicher und allgemein zugänglicher Gliederung sollte die Schule sein. Auch für diese schrieb er keine allgemeinen Abhandlungen, sondern gestaltete direkt oder über Ordnungen mit. *Melanchthon* pädagogisierte wesentliche Wissensbestände für die christliche Unterweisung. Er lebte in diesem Dienst an der Reformation, und *Luther* hatte ihn darin bestärkt.[23] In der Rede „De miseriis paedagogorum"[24] bekannte er sich zu einer Schule, die dem Verfall der Gottesfurcht entgegenzuwirken habe und hohe Bildung in den Dienst der Frömmigkeit zu stellen wisse. Die Rede „De laude vitae scholasticae"[25], drei Jahre später (1536) niedergeschrieben, verweist auf die dem Schul- und Studienalter zugemessene große Bedeutung und dessen Berücksichtigung. Über Organisationsformen hinaus bekannte sich der humanistische Pädagoge zu den erzieherischen Potenzen des schulischen Lebens im Dienste der Wahrheit und Gerechtigkeit. In allen seinen Urkunden zur Reform von Hochschulen wurde die Wahrheitssuche aus wissenschaftlicher und existentieller Sicht Maßstab eines zeitgemäßen Universitätsverständnisses.[26]

Über Lehrbücher wollte er verkürzte und kompensierte Wissensbestände (Bildungsinhalte), geordnet und methodisch aufbereitet, als praktische Handreichungen zur Verfügung stellen. Pädagogische Arbeit wurde zunehmend wissenschaftlich begründet und den Lehrenden und Lernenden anheim gestellt. Der geniale Philologe und Theologe *Melanchthon* war als Pädagoge ein außerordentlich produktiver Eklektiker, der die Schätze der humanistischen Denktradition „zu heben und zu verwerten wußte".[27] Zeitlebens fühlte er sich den pädagogischen Intentionen des *Agricola*, des *Erasmus* ... und der Lutheraner als Bewahrer, Ausgestalter und Überwinder verbunden. So ebnete er Wege zu einem in sich geschlossenen, neuzeitlich trag- und ausbaufähigen Ort der Menschenbildung: der Schule.

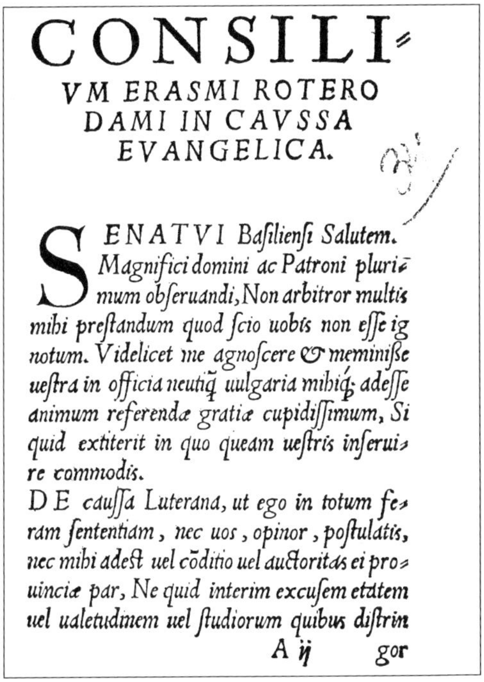
CONSILI-
VM ERASMI ROTERO
DAMI IN CAVSSA
EVANGELICA.

SENATVI Basiliensi Salutem.
Magnifici domini ac Patroni plurimum obseruandi, Non arbitror multis
mihi prestandum quod scio uobis non esse ig
notum. Videlicet me agnoscere & meminisse
uestra in officia neutiq; uulgaria mihiq; adesse
animum referendae gratiae cupidissimum, Si
quid extiterit in quo queam uestris inserui-
re commodis.
DE caussa Luterana, ut ego in totum fe-
ram sententiam, nec uos, opinor, postulatis,
nec mihi adest uel cõditio uel auctoritas ei pro-
uinciae par, Ne quid interim excusem aetatem
uel ualetudinem uel studiorum quibus distrin
A ij gor

Bild 228: Erste Seite v. Melanchthons „Consilivm Erasmi Roterodami in cavssa evangelica“ mit Gruß an den Senat der Stadt Basel: „S e n a t v i Basiliensi Salutem.“

Die verwirrende Vielfalt, Widersprüchlichkeit und Spontaneität in der Entwicklung pädagogischen Denkens bei *Melanchthon* provoziert nunmehr die Frage nach dem Ertrag für die Architektur des deutschen Schulsystems. Das Luthertum verdankt seinen Einfluß auf die Entwicklung der pädagogischen Theorie in erster Linie *Melanchthon*. Die von ihm hergestellte Verbindung zwischen der rigoros verfochtenen Lehre vom „unfreien Willen“ und dem Lebensoptimismus der Humanisten brachte bedeutendes Rüstzeug in die Schatzkammer pädagogischen Denkens. Schule sollte der Ort der Selbstvervollkommnung durch Erziehung und Bildung werden; ein Ort, an dem Lernende und Studierende auf die Entwicklung eigener Kräfte verwiesen werden. Folgerichtig fanden theoretische Vorleistungen des Humanismus in der Reformation fruchtbaren Boden für die neuzeitliche Entwicklung der Schultheorie, für den Ausbau des Schulnetzes, für die Schulorganisation und für die Formierung schulischen Lebens. *Melanchthon* gestaltete Orte der Erziehung, die als Kristallisationskerne von Neuem und Edlem gelten können. Sie mußten einer Staatskunst anheim gestellt werden, die ihre Leistungsfähigkeit und Freiheit auf Dauer verbürgte. Wahrheit, Weisheit und Nutzen sollten den Schulen zuträglich sein; intellektuelle und soziale Sicherheit galt es in ihnen zu begründen. An diesen Orten des Lehrens und Lernens war es geboten, wahrhaft menschliche Leidenschaften und fruchtbare Energien zu wecken. Nicht nach allen Begehrlichkeiten konnte man greifen.

Melanchthons Weg der Mitte schien der einzig begehbare. Er gestattete, zwischen ungebändigtem Kräftespiel dem Pädagogischen eine reale Chance zu geben. Die tüchtigsten und gründlichsten Gelehrten mußten einer Pädagogik verpflichtet werden, die überkommenes Fügen, Fordern, Nivellieren, Sanktionieren in den Dienst der Selbsterziehung, Selbsterfahrung, Selbstentdeckung für die Gemeinschaft der Christen stellte. Aus der Überlieferung der Heiligen Schrift, des *Aristoteles, Cicero* und *Quintilianus* synthetisierte er die sachkundige Beredsamkeit als Voraussetzung, Bedingung und Ergebnis neuzeitlicher Beschulung; eine Harmonisierung von Wort- und Sachverständnis zur Aufhebung des spätscholastischen Bildungsanspruchs:

- Eloquentia sei auf die Vereinigung von Glauben, Tugend und Weisheit gegründet.
- Eloquentia werde zum pädagogischen Ideal, wenn sie sich zur Inkarnation des Guten erhebe, wenn sie als Vorbedingung für die Humanitas wirksam werde.
- Eloquentia begründe ein neues pädagogisches System durch die Bindung an Prudentia (Kenntnis) und Sapientia (Weisheit) einerseits *(Agricola)*; als Fülle weiser Worte werde sie andererseits gesprochene Verheißung und führe zur rechten Lebendigkeit der Sprache (*Erasmus*) bei der Erziehung.
- Eloquentia möge Realkenntnis mit grammatischer Einsicht so zusammenschließen, daß über den sprachlichen Ausdruck wahre Bildung vermittelbar werde; nur so könne sprachliche Bildung zur intellektuellen werden.
- Über Eloquentia werde zum verantwortungsbewußten Urteilen geführt, weil sie ganz natürlich mit der Urteilsfähigkeit des Geistes verbunden sei.

- Anspruchsvolle Eloquentia führe zur Imitation der Klassiker, weil nur hier die höchste formale und materiale Bildung zu heben sei.
- Eloquentia müsse den Anspruch bildender Künste erhalten, sich auf rhetorische, grammatische und phraseologische Elemente (Imitatio generalis) beziehen und die Kompositionsweise, Periodengliederung und Verknüpfung (Imitatio specialis) nicht außer acht lassen.
- Eloquentia sichere den naturgemäßen Vorrang der sprachlichen Schulbildung vor der logischen aus der scholastischen Überlieferung.
- Eloquentia erfordere Übung, die Klassikerlektüre mit dem Erwerb grammatischer Kenntnisse verbinde und daher gebräuchlichen grammatischen Unterricht als Selbstzweck überwinde.
- Eloquentia baue gleichzeitig auf schriftliche Stilübungen in Prosa und Versen, um zu elegantem Ausdruck zu erziehen.
- Eloquentia gipfele in der Declamatio, der Fähigkeit, „Form und Anschauung" zu rhetorischer Eleganz zu führen.
- Eloquentia sei geordnetes, konzentriertes Lernen an Beispielen nach dem Grundsatz: „No multa, sed multum". Sie schließe Prüfungen mit einem harten Sanktionssystem ein.

1 Bach, A.: Vorwort. In: Philipp Melanchthon 1497–1560. Band I. Berlin 1963. S. VII.
2 Weber, K. (Hrsg.): M. Phil. Melanchthons evangelische Kirchen- und Schulordnung vom Jahre 1528 ... Schlüchtern 1844. S. 88.
3 M. Luthers pädagogische Schriften und Äußerungen. Hrsg. v. Keferstein. Langensalza 1888. S. 32.
4 Vgl. Luther, M.: Eine Predigt ... Das man Kinder zur Schulen halten solle (1530).
5 Vgl. Melanchthon, Ph.: An eine ehrbare Stadt [Soest – d. Verf.] von anrichtung der Lateinischen Schuel. 1533. CR. V. S. 125 ff.
6 Vgl. Melanchthon, Ph.: Unterricht der Visitatorn ... 1528. CR. XXVI. S. 90 ff.
7 CR. I. S. 24 f.
8 Ebenda.
9 CR. XI. S. 15 ff.
10 Vgl. Sperl, A.: Melanchthon zwischen Humanismus und Reformation. München 1959.
11 CR. XI. S. 17, 43.
12 Vgl. Reth. 19 (Exemplar der Stadtbibliothek Nürnberg). fol. C iiija.
13 Sperl, A. A. a. O. S. 35.
14 Ebenda. S. 37.
15 Ebenda. S. 70.
16 Vgl. CR. XI. S. 34 ff.
17 Vgl. CR. XXI. S. 50.
18 Vgl. CR. I. S. 276. XI. S. 37, 38. XXI. S. 11, 12.
19 CR. I. S. 722.
20 Vgl. Stupperich, R.: Melanchthons Werke in Auswahl. Gütersloh 1951 ff. (StA) Bd. I. S. 168 ff.
21 Vgl. ebenda. Bd. II. S. 1, 159, 31 ff.
22 Vgl. ebenda. Bd. II. S. 1, 321, 35.
23 Vgl. CR. VI. 897 ff.
24 StA. III. S. 70–81. Nr. 5.
25 CR. XI. S. 298–306. Nr. 41.
26 Vgl. Stempel, H.-A.: Melanchthons pädagogisches Wirken. Bielefeld 1979. S. 140.
27 Hartfelder, K.: Melanchthon als Praeceptor Germaniae. A. a. O. S. 327.

5. Schulpolitik – der Aufbau des protestantischen Schulwesens

Der Streit christlicher Parteiungen im Reformationszeitalter hatte sich am Anspruch entzündet, mit Hilfe der rechten Lehre Gerechtigkeit zu üben. Sehr bald mußten die Neuerer in diesem Streben erkennen, daß Gerechtigkeit ohne die Bindungen an die Begehrlichkeiten der Macht keine Chance hatte. Aus der Feindseligkeit gegenüber der Papstkirche wuchs ein nicht vorhersehbarer Wahn zum Umsturz, der drohte, die ursprüngliche Güte in der Natur des Menschen zu verschütten. Protestanten mußten die historische Erfahrung machen, daß Umsturz scheinbar bezwungene wilde Energien und begrabene Furchtbarkeiten auferstehen läßt. Auch sie fanden keinen anderen Weg, als ihre Sache der etablierten Macht anzutragen, wenn aus dem Kraftquell Reformen weiterhin Ordner, Baumeister und Vollender emporsteigen sollten. Ihr Haß gegen Gewalt, Betrug und Irrtum in der Vergangenheit setzte nunmehr auf die Hoffnung in eine Macht, die aus der Reinheit des Glaubens und der Menschenkenntnis die Freiheit des Christenmenschen hervorbringen werde. Mächtige begegneten der ausgestreckten Hand mit bedachter Zuwendung. In Zeiten des Schreckens, der Entbehrungen, der Kriege und unsäglicher seelischer Leiden wirkte der Glaube an die Botschaft Christi beruhigend und lindernd. Einsicht zähmte die Widerspenstigen; viele einte die Volksempfindlichkeit in der Sehnsucht nach Ruhe und Frieden. So wurde eine ehrfürchtige und pietätvolle Hinwendung zum protestantischen Landesherrn wieder zum Mysterium für Ordnung und Sicherheit. Obrigkeit verhieß die Freiheit des Christenmenschen und förderte Freude am Leben, Kühnheit des Begehrens und Zuversicht im Glauben.

Schule wurde eine Hoffnung in diesem Spannungsfeld widerstrebender Kräfte. Es ist daher folgerichtig, wenn machtpolitische und soziale Interessen der neuen Landeskirche die Wiedererrichtung, Reorganisation und Einrichtung von Schulen zur gebieterischen Notwendigkeit erhoben. Der Dienst am Gemeinwesen, der Zugang zur „reinen Lehre" und die latente Auseinandersetzung mit Andersgläubigen – wesentliche Elemente der Kirchenreform – orientierten sich am gebildeten Menschen und an der Autorität bewegender Wissenschaft. Die alten Sprachen bahnten einen Zugang zum Evangelium, zum neuen Verständnis von Gottes Wort in der grammatisch-philologischen „Interpretation des Urtextes. Damit ging die letzte Entscheidung in Sachen der Lehre an die Sprachwissenschaft."[1] Der vermittlungsfreie Zugang aller Christen zum Wort Gottes gebot aber auch die Überwindung original-sprachlicher Hürden, die pauschal nicht zu nehmen waren. Die Bibelübersetzung, der entscheidende Schritt zur Herausbildung einer einheitlichen deutschen Schriftsprache, sollte die Lösung bringen. *Luther* begann damit im Asyl auf der Wartburg im Mai 1521 und führte sie bis zum März 1522 fort. Der Übersetzung des Neuen Testaments schloß sich das Übertragen der gesamten Bibel – mit tatkräftiger Unterstützung *Melanchthons* – bis 1534 an. *Luthers* Bekenntnis zu dessen Anteil lautete: „Opus Dei mei in *Philippo* veneror. Quidquid scimus in artibus et in vera philosophia, illud debemus *Philippo*."[2] Bibel, Katechismus und Gesangbuch in deutscher Sprache ermöglichten ein

Bild 229: Martin Luther als Junker Jörg, lat. Textübersetzung: „Bildnis Martin Luthers in der Erscheinung dargestellt, in welcher er zurückkehrte aus Pathmos (Wartburg) nach Wittenberg im Jahre des Herrn 1522", Nachbildung des Holzschnitts (1522) v. L. Cranach

einheitliches Kommunikationsniveau und einen schulpolitisch geordneten Anspruch hinsichtlich des Auf- und Ausbaus des Elementarschulwesens bis in kleine Gemeinden. Durch die zielstrebige Hinwendung zur Eloquentia unterstützten Reformatoren die weltliche und kirchliche Obrigkeit bei der Wiedererrichtung und Schaffung leistungsfähiger Latein- und Gelehrtenschulen sowie bei der Reform und Gründung von Universitäten. Auch die Neuordnung des Kirchenwesens sicherte wirtschaftliche Voraussetzungen für eine bahnbrechende Schulpolitik. Kursachsen und Hessen gingen mit dem Aufbau eines relativ geschlossenen Systems voran. Von der Obrigkeit bestellte Theologen und Juristen überprüften hier in den Jahren 1527 bis 1529 mit dem Kirchenwesen gleichzeitig das Niveau der Beschulung und schufen die Grundlagen eines bislang nicht dagewesenen, ausbaufähigen Netzes von Elementar-, Mittel-, Gelehrten- und Hochschulen.

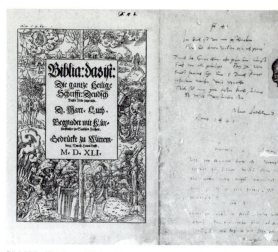

Bild 232: Wartburg-Bibel: „Biblia: das ist: Die gantze Heilige Schrifft: Deudsch / Auffs New zugericht ...", Wittenberg 1541, gedr. bei Hans Lufft, Wartburg-Stiftung

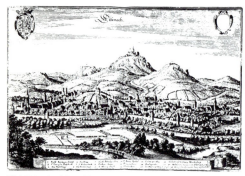

Bild 230: Ansicht v. Eisenach, Kupferstich aus M. Merians d. Ä. „Topographia", Frankurt/M. 1650

Melanchthon war einer der vom Kurfürsten *Johann* bestimmten Visitatoren. Mit erstaunlicher Energie und hervorragendem Organisationstalent half er vor Ort, durch mehr als 10 000 Briefe, durch Reden, Schul- und Universitätsordnungen, Studienpläne, Gutachten und Empfehlungen, Elementar-, Trivial-, Landes- und Klosterschulen zu errichten. Lateinschulen in Eisleben, Magdeburg, Zwickau, Soest, Straßburg, Braunschweig, Nürnberg, Stettin ... sowie die Universitäten Wittenberg, Heidelberg, Tübingen, Frankfurt (Oder), Leipzig, Rostock, Marburg, Königsberg, Jena ... erwarteten seine Hilfe bei der Erneuerung. Die Schrift „Unterricht der Visitatorn ..." setzte Maßstäbe für die Gestaltung des prote-

Bild 231: Lutherzimmer auf der Wartburg

Bild 233: Triptichon (um 1535) der Kurfürsten Friedrich der Weise (links), Johann der Beständige u. Johann Friedrich der Großmütige (rechts) v. Sachsen, Cranach-Werkstatt, Kunsthalle Hamburg

Bild 234: Nordansicht des Heidelberger Schlosses vor der Zerstörung 1689 u. 1693, Stich (1683) v. Ulrich Kraus, Städtische Sammlungen Heidelberg

Bild 235: Nordwestansicht v. Jena (1650), Kupferstich aus M. Merians d. Ä. „Topographia", Frankurt/M. 1650, Universitätsbibliothek Heidelberg

und Schriften zeugen von sorgsamem Sondieren, Verwerfen, Weiterführen, Reorganisieren oder Reformieren. Er wußte, daß man sich dem Erbe nicht ohne Strafe entziehen kann.

Melanchthon brachte die Ethik eines *Cicero* und *Aristoteles* mit neuem theologischem Anspruch in die Schulpolitik, weil es ihm partiell gelang, Wissenschaft und Religion zu nähern. Seine Leistungen in der vergleichenden Reli-

Bild 236: Melanchthons „Unterricht der Visitatorn an die Pfarherrn im Kurfürstenthumb zu Sachssen." Wittemberg 1528

stantischen Schulwesens, seine Schüler halfen als Theologen, Beamte, Professoren und Schullehrer das große soziale Werk nicht ausschließlich in den protestantischen Landen mit Leben zu erfüllen. Der Humanist erasmischer Prägung verstand es, Fürsten, Adel und weitsichtiges Bürgertum in den Städten für eine staatliche Schulpolitik zu interessieren. Sie trug den aktuellen nationalen Erfordernissen Rechnung, brachte sich ein in die germanische Geschichte und wußte patriotische Gefühle anzubahnen. (*Melanchthon* gab beispielsweise wiederholt *Tacitus'* (um 55–nach 115) „Germania" mit Kommentaren heraus, die den Freiheitshelden *Arminius* im Geiste *Ulrich v. Huttens* priesen.)

Der große Humanist in Wittenberg verriß nicht blindwütig die schulpolitischen Leistungen der mittelalterlichen Kirche oder des vorreformatorischen Humanismus. Seine Taten

Bild 237: Ph. Melanchthon, Kupferstich (1526) v. A. Dürer, Lutherhalle Wittenberg

gionswissenschaft verweisen auf Toleranz und Aussöhnung; sie ließen adäquate schulpolitische Intentionen über die protestantischen Einflußsphären hinaus interessant werden. Die Reichweite solchen Denkens und Handelns deutete der katholische Publizist *Friedrich Heer:* „Es ist *Melanchthons* Verdienst, hier die Kontinuität der Vergangenheit zu und die Offenheit, der Zukunft zu, geschaffen zu haben[3] ... (W)ie eine Pest, wie eine Krebskrankheit breiteten sich Täufertum und Schwärmertum in den lutherischen Gemeinden aus: der Magister *Philipp* wurde da immer lauter beschuldigt, die Reformation verraten zu haben.[4] ... Reformation und Gegenreformation haben mit ihrem Bekehrungseifer Europa eineinhalb Jahrhunderte heißen Krieg und dreihundert Jahre kalten Krieg der Konfessionen und ihrer säkularisierten Erben, der religiös-politischen Weltanschauungsparteien, beschert.[5] ... (U)nd erst nach dem zweiten Weltkrieg wird sein [des Protestantismus – d. Verf.] Blick frei, um zwei große Anliegen des offenen erasmischen Humanismus wirklich wahrnehmen zu können: die Versöhnung der Kirchen und Konfessionen in seinem Raum und die Befreiung des Wachstums an Katholizität im Protestantismus."[6]

Parallel dazu muß registriert werden: die Weite von *Melanchthons* Auffassungen über die Sach-, Handlungs- und Sozialkompetenz des Individuums tangierte nüchtern morali-

Bild 239: Christian Frhr. v. Wolff (1679–1754), Porträt und Titelblatt seiner Schrift „Vernünfftige Gedancken / Von den / Kräfften des menschlichen Verstandes ...", Halle 1733

sierende Nützlichkeitserwägungen so, daß sein religiös-philosophischer Rationalismus auch schulpolitische Anschauungen prägte, die über *Gottfried Wilhelm v. Leibniz* (1646–1716), *Christian v. Wolff* (eigentlich *Wolf,* er schrieb sich aber meist *Wolff,* 1679–1754) ... hinaus selbst die deutsche Klassik anzuregen wußte.[7]

5.1 Ausgangssituation

Bereits die griechische Polis, auch *Platon,* wollten Bildung auf den Staat verpflichten. Im idealen Staat sollte sie aufs höchste ausgereizt werden. Der athenische Historiker *Thukydides* (um 455–um 400 v. Chr.) führte solchen Erziehungsanspruch gleichsam als

Bild 238: Gottfried Wilhelm Frhr. v. Leibniz (1646–1716)

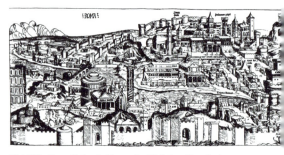

Bild 240: Rom, Holzschnitt aus der Weltchronik v. Hartmann Schedel, Nürnberg 1493

hoffnungsvolle Morgenröte aus dem untergehenden Athen über die Zeiten. Das antike Rom bestimmte Schulen als den Ort pädagogischer Aktion.

Viele mittelalterliche Hoch-, Dom-, Kloster- und Stiftsschulen begründeten ihren Ruf durch die enzyklopädische Bildung ihrer Absolventen; sie zeugen von achtenswerten Kulturleistungen der katholischen Kirche. Zum Ausgang des Mittelalters zerfiel der Lehrbetrieb durch die Isolation vom Wissenschaftsfortschritt.[8] Formal scholastizierende Theologen in allen Fakultäten – erst die päpstliche Bulle aus dem Jahre 1482 gestattete beispielsweise Nichtklerikern Zugang zu Lehrstühlen der Medizin – behaupteten sich in trotziger Selbstgefälligkeit, die Öffnungen für Renaissance und Humanismus begrenzte. In der Theologie gelehrte Sentenzen seien eine Sammlung „widerstrebender Meinungen und die törichte Verherrlichung von Nichtigkeiten" gewesen. Vereinnahmte Aristotelische Philosophie und die „Tyrannei Roms" zum kanonischen Recht erhoben, würden von „Zungendreschern und Windmachern" als heilige Wahrheit verkündet.[9] „Üppigkeit und sinnliche Lust" hätten die Sitten an den Hochschulen verdorben. Lehrer, charakterisiert durch „Gehässigkeit ..., unersättliche Habsucht, Hochmut und Aufgeblasenheit ... [sowie] Heftigkeit und Nachlässigkeit in der Sprache ..."[10] müssen nachhaltige Gegenreaktionen provoziert haben. Die Ausstrahlung verkommener Hochschullehrer auf Latein- und Ratsschulen, die in den Städten entstanden waren, muß zuweilen verhängnisvoll gewesen sein.

In der Polemik gegen diesen allgemeinen Verfall griffen die Reformatoren – im Gegensatz zu den Humanisten – zu einer derben, in der Zeit wirksamen, aber zugleich vernichtenden Sprache. *Melanchthon* schloß sich anfangs davon nicht aus. 1521 schrieb er: Nie sei etwas „Verderblicheres, Gottloseres erfunden worden" als die hohen Schulen, deren „Urheber nicht die Päpste, sondern der Teufel selbst" sei.[11] Schwärmer führten die Kritik an verkommenen Schulen ad absurdum, indem sie den Sinn von Beschulung überhaupt in Frage stellten, weil jede Erkenntnis des Gläubigen aus dem Heiligen Geist ohne Vermittlung wachse. Professor *Andreas Karlstadt* löste die Wittenberger Lateinschule auf und empfahl seinen Studenten, fernerhin sündhafte akademische Studien und Grade zu meiden sowie nach Gottes Gebot ganz natürlich vom Ackerbau zu leben. Schwärmer wie *Mohr, Stübner* oder *Kuhlmann* erklärten Unterricht, Bücher oder auch die lateinische Sprache zu „Ursachen von Abgötterei; die Verderbung durch Wissenschaft als den Antichrist selbst."[12] Die Folge der leidenschaftlich geführten Offensive gegen die Mißstände in bestehenden Schulen und die massenpsychologische Wirkung ihrer Negierung durch die Schwärmer war ein beispielloser Niedergang von Schulen und Studien in allen protestantischen Gebieten. Viele Humanisten, allen voran *Erasmus,* bedauerten diesen Prozeß der Selbstzerstörung und wandten sich ab. *Friedrich Paulsen* (1846–1908, *Sprangers* Lehrer) resümierte: „Ich gehe nun auf die ersten Wirkungen der Reformation auf das Studienwesen kurz ein; sie sind zerstörender Natur. Die Studien lieben die Stille und den Frieden; die leidenschaftliche Erregung, welche *Luthers* Schriften ins Volk warf, entzog der Poesie und den schönen Wissenschaften rasch die Teilnahme; die bald folgenden furchtbaren Erschütterungen des sozialen Krieges brachten die Universitäten und Schulen auch äußerlich zu einem beinahe vollständigen Stillstand."[13] *Luther* hatte sehr bald diese zwangsläufig eingetretene Misere beklagt und rief die Protestanten, besonders die Obrigkeit, zur Überwindung des Notstandes auf.

Melanchthon muß das zeitweilige Schicksal des Schulsystems besonders hart getroffen haben. Aus einer Vielzahl von Briefen und Schriften sprechen Hoffnungslosigkeit und Verzweiflung. Im Oktober 1524 bemerkte er beispielsweise: „Die Schule fällt schnell zusammen, da die besten Professoren weggehen. Ich habe mir in den zwei Jahren alle Mühe gegeben, sie zu befestigen. Aber die Sache wird so hinausgeschoben, daß ich alle Hoffnung auf ihre Befestigung aufgegeben habe."[14] Unter dem Eindruck der kursächsischen Schulvisitation registrierte er: „Wie kann man es verantworten, daß man die Leute bisher in so großer Unwissenheit und Dunkelheit gelassen hat. Mein Herz blutet, wenn ich diesen Jammer erblicke. Ich gehe oft beiseite und weine meinen Schmerz aus, wenn wir mit der Untersuchung eines Ortes fertig sind. Und wer wollte nicht jammern, der da sieht, wie die Anlagen des Menschen so ganz vernachlässigt werden und der Geist, der so viel lernen und fassen kann, nicht einmal von seinem Herrn und Schöpfer etwas weiß."[15]

Es war die Zeit einer kritischen Bilanz angebrochen. In der Wittenberger Antrittsrede hatte *Melanchthon* noch die einseitige Schuldzuwendung mit den fatalen Folgen unterstützt: „Wahr ist's, eh ich wollte, daß hohe Schulen so blieben, wie sie bisher gewesen sind, daß keine andere Weise zu lehren und zu leben sollte für die Jugend gebraucht werden, wollte ich eher, daß mein Knabe nimmer nichts lernte und stumm wäre; denn es ist meine ernste Meinung, Bitte und Begierde, daß diese Eselsställe und Teufelsschulen entweder im Abgrund versänken oder zu christlichen Schulen verwandelt würden."[16]

Wie so oft in der Geschichte hatte sich die revolutionäre Situation radikalisiert. Die absolute Negierung der bildungspolitischen Tradition, aller Leistungen des überkommenen Schulsystems und blindwütiger Antiklerikalismus hatten mit zu den Abgründen geführt. Aus ihrem schauerlichen Anblick mußten neue Energien wachsen. Es war ein weiter Weg, bevor der Schmalkaldische Bund 1537 allen evangelischen Fürsten auferlegte, Beschulung für die Untertanen zu ermöglichen. *Melanchthon* wuchs in diesem zähen Ringen über den selbstgewählten Anspruch hinaus, ein Helfer *Luthers* zu sein. Das wird unter anderem aus den Motiven für die angestrebte Schulpflicht sichtbar:

- *Melanchthon* fand über das Hauptmotiv, Jugenderziehung sei unveräußerliches Gebot Gottes, schließlich wieder zur verpflichtenden Tradition zurück: „Darum sind allzeit von Anfang der Welt bei der Kirche Gottes Schulen und Studia gewest; diesen edlen Schatz, Gottes Verheißung und Zeugnis, nämlich dieses Buch, darin der Kirche Lehre gefaset gewesen, zu erhalten und auf Nachkommen zu vererben."[17] Für Christen habe es ohne Bibel kein Heil gegeben. Zugänge zur Bibel würden die Sprachen bilden, die nur in Schulen erlernt werden könnten.[18] Das gleiche treffe auf die philosophischen Studien zu, besonders die Aristotelische Philosophie, weil Dialektik für die Kirche unentbehrlich sei.[19]
- Die Freiheit des Christenmenschen sei an die Lehrautorität der Bibel gebunden, die sich nur über Kanzel und Katheder verwirklichen lasse.
- Christliche Bildung für das Volk bedürfe des Lesens der Bibel in der Volkssprache; erfordere, den Katechismus unter das Volk zu bringen und baue auf elementare Kulturtechniken. Diese Wohltat für alle Menschen könnten nur gute Schulen in allen Orten und Flecken leisten.
- Schule sei für Kirche und Obrigkeit unentbehrlich, weil in ihr „fromme Männer" als Glieder und Gestalter des evangelischen Gemeinwesens „herangezogen" würden. Alles müsse von diesen „in Bewegung gesetzt werden, damit die Studien erhalten bleiben …[20] Guter Gott! wie verkehrt treiben Theologen diejenigen, welche durch Verachtung der Wissenschaft weise sein wollen. Was ist dieser Irrtum anders als die Erzeugung einer neuen, noch törichteren und gottloseren Sophistik."[21]
- Nur die Schule könne universal gebildete Lehrer ausbilden, die über sachkundige Beredsamkeit alle Heranwachsenden erreichen würden. „Wer Theologie ohne die anderen Wissenschaften betreiben will, gleicht denen, welche ohne Flügel fliegen wollen."[22] Zudem: „Was könnte Törichteres ersonnen werden, als daß ohne Beredsamkeit die Lehrer in der Kirche auch Führer im Leben genannt werden wollten, und nicht einmal sagen könnten, was sie meinen."[23]
- Schulen seien als „Werke des ökonomischen und politischen Lebens … gute Werke des wahren Gottesdienstes, von Gott vorgeschrieben."[24] Das ethische Motiv wird verstärkt durch die Lokalisierung der Schule als Ort im Dienste der Mitmenschlichkeit.[25]
- Schulen seien nicht zuletzt unentbehrliche Rüststätten für das werktätige Leben: „So ist auch bei den Studien zu bedenken, welchen Nutzen sie fürs Leben bringen können, und es sind solche Studien auszuwählen, welche sowohl im Privatleben als auch zur Leitung des Staatswesens am meisten nützen."[26] Als utilitaristisches Instrument der sittlichen Gemeinschaft bedürften sie der Förderung und Unterstützung aller Stände, von den Eltern bis zu den Für-

sten.²⁷ Folgerichtig hatte man mit dem Alleinanspruch der mittelalterlichen Kirche auf die Bildung endgültig gebrochen.
- Beschulung, so bekundete *Melanchthon* letztlich, sei Friedenswerk im doppelten Sinne: sie gebiete den Frieden als Voraussetzung und fördere ihn durch Verbreitung wahren Glaubens und Humanität.²⁸

5.2 Schulstruktur

Wenn wir *Hermann-Adolf Stempels* Analyse²⁹ folgen, gelang der Durchbruch zu „evangelischen Schulgründungen" in den Jahren 1525/26. *Melanchthons* Engagement in Eisleben und Nürnberg läßt die Einsicht erkennen, daß der angestrebte Bildungszugang eine adäquate Organisation der Schulen erforderte. Mit der Schulordnung für Eisleben bahnte er erstmals einem öffentlichen Schulsystem in einer Dreigliederung den Weg. Drei „Haufen", nach Bildungsinhalten geordnet, sollten sich als Kristallisationskerne eines abgestimmten, allgemeinbildenden Schulsystems ausweiten. Die Elementarstufe, der erste Haufen, hielt Religion, grundlegende Kulturtechniken für den Lernprozeß und einfache Lerngewohnheiten bereit. Die mittlere Stufe sollte über Grammatik und Lektüre sowie spezielle Lehrbücher zu einer zeitgemäßen Allgemeinbildung und einer schöpferischen Grundhaltung führen, die Bildungsbedürfnisse und Glauben zu einen vermochte. In der oberen Stufe, dem dritten Haufen, konnte auf die Hochschule vorbereitet werden. Diese wurde in der Nürnberger Ordnung richtungsweisend angelegt. Eine durch Lektüre vertiefte Allgemeinbildung mußte durch Dialektik und Rhetorik ausgeweitet und durch interessengebundenes Lernen akzentuiert werden. Der Einstieg des Schülers in dieses System sollte allein von den Vorkenntnissen und der persönlichen Reife abhängig sein, so daß hierin auch die innere Schulstruktur mit den Fachklassen angelegt war. Die Einordnung des Lernenden und Studierenden geschah selbstbestimmt oder leistungsabhängig.

Melanchthon stand zu seinem Plan einer zeitgemäß geordneten Allgemeinbildung, die der Spezialbildung an den Universitäten oder im Erwerbsleben vorausgehen müsse, auch als *Erasmus* das Nürnberger Projekt verriß.³⁰ *Camerarius,* der nie wankende Freund an *Melanchthons* Seite, leitete die Aufbauarbeiten vor Ort. Das weithin beachtete Experiment konnte trotz aller Vorläufigkeit Leitbild für die Hochschulvorbereitung im evangelischen „Gelehrtenunterricht" werden. „In Eisleben und Nürnberg hatte die pädagogische Institution Schule" Gestalt angenommen.³¹ Aus christlicher Verantwortung waren Lebensgemeinschaften Heranwachsender modelliert, die Unterricht und selbstbestimmtes Lernen mit pädagogischem Anspruch so vereinten, daß nicht engmaschig-didaktisierender Fremdbestimmung und damit schulpolitischer Verführung wiederum Raum gegeben wurde. *Melanchthon* widerstand in dieser ersten Phase allen Anfechtungen, Schulen zuvörderst in den Dienst der Anerkennung und Festigung anmaßender Macht zu stellen.

Die sächsische Kirchen- und Schulvisitation führte aus der Phase des Experimentierens heraus. Eine Schulstruktur, die im Grundsätzlichen akzeptiert werden konnte, mußte die Anforderungen einer speziellen Region an die Bildung von Lehrern, an die Organisation des Lehrens und Lernens zum erstrangigen schulpolitischen Anliegen machen. Dabei konnten Wünsche der Eltern und wirtschaftliche Möglichkeiten nicht weiterhin aus mittelalterlichem Traditionsverständnis ignoriert werden. *Melanchthon* sah den Umfang des Projekts und suchte sich in einem Schreiben an den Kursächsischen Kanzler *Georg Brück* dem unzweifelhaft kräftezehrenden schulpolitischen Engagement zu entziehen.³² Seine Wahl in den Visitationsausschuß machte das jedoch unmöglich. Mit der ihm eigenen Energie bemühte sich der realistisch denkende Professor, den Ertrag der zielstrebigen Visitation in einen Gesamtplan für das Schulwesen in protestantischen Landen münden zu lassen.

Articuli
de quibus
egerunt per Visitatores [sic]
in
regione Saxoniae.

Wittembergae 1527.

Artuculi
erga curatos
per
Visitatores examinandi XX.

1. De decalogo; an doceant decalogum, ex quo tradant doctrinam timoris. De poenis corporalibus et perpetuis. Differentia poenarum; de singulis vitiis.
2. Quomodo fidem doceant; quid sit fides; quo consequamur eam, et quo doceant homines iustificari.
3. Quid doceant de sacramentis, Baptimatis, Eucharistiae et poenitentiae.
4. Sit ne verum Corpus Christi in pane, verusque Sanguis in calice, et quo hoc probent.
5. Quis fructus sit ex manducatione petendus.
6. De Baptismo parvulorum, et rebaptisatione.
7. De poenitentia, quid sit, et quae sint eius partes.
8. De charitate et obedientia erga magistratum; de cruce, de patientia, et aliis fructibus spiritus.
9. De coniugio; de timore Dei, quomodo semper cum fide sit; de insidiis diaboli.
10. De traditionibus hominum, quo doceant, quae servandae sint, quae non servandae, cur sint servandae; de vitandis scandalis.
11. De forma missae; de concionibus; de feriis.
12. De casibus matrimonialibus; de gradibus prohibitis.
13. De redditibus et usuris.
14. De mortuis quomodo doceant.
15. De praecatione, an enarrent orationem Dominicam.
16. An symbolon enarrent.
17. De scholis.
18. De aedituis.
19. De aerrario; de fundatione pro defunctis.
20. Quisuam puniet adulteros.
[...]

De traditionibus humanis.

IX.

Jam hoc postremo loco tractando, magna pars concionatorum plurimum collocant temporis, quum loci poenitentiae, timoris, fidei, bonorum operum, obedientiae erga magistratus, multo magis necessarii sint ad instituendam conscientiam et mores, quam haec disputatio de traditianobus humanis. Et plane nunc est novum genus caloris eorum, qui clamitant scelus esse, haerere cuculla, aut non edere feria sexta carnes. De timore Dei interim nihil dicunt. Tum enim quid aliud faciunt, quam quod ait Christus: „Gluciunt camelum et colant culicem." Propterea moneo concionatores, ut vulgo recte de hoc loco dicant et caute. Tractent ea potius, quae ad aedificationem faciunt, nempe superiores locos. Nimia enim insectatio traditionum hominum, quid facit aliud, quam ut vulgus adsuescat ad omnium legum humanarum et divinarum contemtum. Non enim discernit vulgus satis inter divinas et humanas leges. Itaque hoc genus scandali summe cavendum est docentibus.

Traditionum aliae manifeste praecipiunt contra divina praecepta, et non sunt servandae, quia dicunt Apostoli Actor V. „Oportet Deo magis obedire, quam hominibus." Huiusmodi sunt nundinationes Missarum, ut cum Missae leguntur tantum pecuniae caussa pro defunctis. Missa enim est instututa , ut esset sacramentum seu memoriale vivorum, ad exercendam eorum fidem. Mortui vero nullo opere possunt exercere fidem suam. Sic etiam est traditio de coelibatu, quia pugnat cum loco, ubi Paulus ait: „Melius est nubere, quam uri." Cogit enim traditio illa eos, qui uruntur, ad peccandum. Uruntur autem illi, qui nullo modo possunt continere.

Secundo, quaedam traditiones sunt de mediis rebus. Dc his ita doceant, non eas esse necessarias ad iustificationem, sicut Christus ait: „Frustra colunt me mandatis hominum." Sed inter has quaedam sunt utiles ad pacem ecclesiae, ut observatio dominicae, aut aliarum feriarum, Pascatis, Pentecostes, Natalis aut similium. Oportet certum diem populo constitui, quo conveniat ad discendum, nec semel tota historia Evangelica tradi potest. Quare alia aliis diebus traditur: alia Pascati, alia in Pentecoste, alia in Natali docentur. Ad hunc usum tales traditiones servandae sunt, quia praecipit Paulus: „Omnia fiant in ecclesia cum decore. Est enim confusio, si non constitueretur certus dies multitudini, quo conveniret. Huiusmodi etiam ordinatio concionum est. Esset n. confusio, si suam quisque concionem faceret, et non certam aliquam cantilenam omnes canerent.

Sic igitur hae traditiones sunt servandae, non tanquam necessariae ad iustificationem, sunt tamen utiles ad pacem; et sicuti longa veste, non militari, sacerdos libere utitur, et alia, alio labore vel negotio, uti potest. Si quis argumentatur: potestatibus esse obediendum, et potestatem praecipere, omnes traditiones servari; item, „Supra cethedram Mosi sederunt scribae, quicquid dicunt, facite." Respondeo: Obediendum est potestati, sed si praecipiat facere contra praecepta Dei, iam Deo plus obediendum est, et Christus iussit pseudoprophetas vitari. Porro omnes traditiones, etiam mediae, sunt contra Evangelion, quando exiguntur tanquam Dei praecepta necessaria ad iustificationem, quia Paulus ait: „Nemo nos iudicet in cibo, aut potu etc." Item, vocat doctrinas daemoniorum. Sed tamen cum existimentur necessariae, videndum est, quod Christus ait; et Paulus noluit circumcidere Titum, cum circumcisio tanquam necessaria exigeretur. Sed in violandis traditionibus servanda est moderatio, ne offendamus infirmos. Infirmi autem sunt duplices. Alii accipiunt occasionem licentiae, ut magna pars vulgi, ex causa traditionum violationem, nesciunt fieri, incipiuntque divinas et humanas traditiones contemnere. De hoc gradu scandali dictum est: „Vae homini, per quem veniunt scandala." Alii sunt infirmi, qui nondum satis sunt instructi, et suspicantur doctrinam falsam esse, itaque abalienantur reliquis doctrinae partibus necessariis. Paulus ait, se malle mori, quam offendere fratrem. Item, „Si haberem fidem, ut montes transferrem, caritatem autem non habeo, nihil sum." Cedit igitur in tali casu fides aliquamdiu caritati, propterea huiusmodi offensiones diligenter vitandae sunt. Haec satis est monuisse.

De traditionibus hominum non podest usque adeo multum quotidie disputare apud vulgus. At isti sunt maximorum scandalorum auctores, sicut qui vulgo sunt auctores maioris licentiae. Quare non potius hortantur eos ad servitutem? Ut Paulus ait: „Qui vocatus est in circumcisione, non accersat praeputium"; „Qui est apud eos, qui vescuntur carnibus, vescatur in nomine Domini; qui est apud alios, non vescentes, non iudicet eos et abstineat." Hoc consilium dedit Ambrosius matri Augustini, ut Romae servaret ritus eius, nobis Mediolani Mediolanum ritus, satis enim sciret, quod non iustificent. Diligenter etiam discernant ecclesiasticas traditiones, ne putent, legibus civilibus conscientias non teneri. De his enim Paulus ait: „Obedite non solum propter metum, sed etiam propter conscientiam."

Quelle: Weber, K. (Hrsg.): M. Phil. Melanchthon's evangelische Kirchen- und Schulordnung vom Jahre 1528 ... Schlüchtern 1844. S. 1–4 u. 31–35. [Auf die Anmerkungen wurde verzichtet, ebenso auf die Hervorhebungen des Kapitels „De traditionibus humanis" (S. 31–35).]

Die Anordnung des Kurfürsten zur Durchführung der Visitation „Articuli de quibus egerunt per visitatores in regione Saxoniae" (1527) verrät den Geist und die Sprache *Melanchthons*. Seine 1528 erschienene Schrift „Unterricht der Visitatorn ..." weitete die Anleitung zum Gesamtprogramm der Erziehungspflichten für Kirche und Obrigkeit aus. Es wuchs aus dem melanchthonschen Verständnis bezüglich der Einheit von Kirchen- und Schulreform und betonte die zentrale curriculare Stellung des Anfangsunterrichts (Katechismusunterricht). Auf ihn fußten die weiterführenden Stufen, die organisch und logisch in einen einheitlichen pädagogischen Prozeß gegossen worden sind. In der Schrift „Unterricht der Visitatorn ...", entstanden unter dem Eindruck der Visitationen, findet sich die neue Schulstruktur vertieft wieder. Sie war auf Erkenntnisse aus Theologie, Pädagogik, Curriculumtheorie und Bildungsorganisation mit bemerkenswerter Weitsicht gegründet.

Bis ca. 1540 kam es dann zur Präzisierung des Gesamtplans durch die Modellierung der Schulen in ... Hannover (1536), Lippe (1538), Herzberg (1538) ... Dabei erfuhren Abstimmung und Ausweitung der Curricula besondere Beachtung. Anforderungen an Lehrbücher erhielten ihre Konturen.[33] In der Folgezeit wurden in protestantischen Territorien Gelehrten- und Hochschulen wirtschaftlich fundiert, Schulträger definiert, zunehmend Mädchenschulen eingerichtet und ein Netz von Küsterschulen auf dem Lande ins Leben gerufen. Auch in den vierziger und fünfziger Jahren erlahmte *Melanchthon* nicht in seiner selbstauferlegten Mission als Mahner und Förderer einer christlich-humanistischen Schulpolitik. Sie war begleitet von großen Wirkungsradien in der Reform von Hochschulen, die in den Rektoratsreden 1541[34] und 1546[35] ihren Höhepunkt erreichten. Das Ergebnis der sächsischen Kirchen- und Schulvisitation folgte nunmehr der allgemein gewonnenen Einsicht, daß die evangelische Kirche nicht mit unwissendem Volk sowie unwissenden Priestern und Lehrern aufgebaut werden könne: „Auch hier müßte die Obrigkeit eingreifen, Ordnung schaffen, organisieren, vor allem aber die Gemeinden zwingen, Pfarreien und Schulen zu erhalten bzw. neu einzurichten."[36] In einer unübersehbaren Fülle von Schriften hatte *Melanchthon* vorbehaltlos *Luthers* Forderungen nach der Einrichtung von Schulen in allen Städten, Dörfern und Flecken – beispielsweise nachzulesen in *Luthers* Briefen an den Kurfürsten *Johannes* (1526) oder an den Markgrafen *Georg, den Frommen, von Brandenburg* [Linie Ansbach] (1529) – unterstützt, wie das in der Rede „De restituendis scholis" (1540) sichtbar wird. Bestehende deutschsprachige Knaben-, Rechen-, Schreib- und Leseschulen oder Dorfküsterschulen konnten jetzt den Zielen gemäß reformiert werden.[37] Im Zusammenhang mit Vorschlägen zur Verwendung säkularisierter Nonnenklöster regte *Melanchthon* die Eröffnung von Mädchenschulen für alle Stände an[38], weil er hier günstige Voraussetzungen für die Beschulung, besonders der Töchter der Landbevölkerung, sah. In den Städten seien utilitaristisch angelegte und weiterführende Mädchenschulen eine Selbstverständlichkeit. Seine schulpolitischen Ziele – entgegen den Knabenschulen – waren im Bereich der Vorbereitung der Mädchen auf das Dasein als Hausfrau und Mutter angelegt.

Dem Ordnen und Vereinheitlichen solch schulpolitischen Engagements mußte Richtung und Ziel gegeben werden. In der Schrift „Unterricht der Visitatorn ..." fixierte *Melanchthon* drei schulpolitische Zielstellungen für die Elementarschulen: religiös-sittliche Charakterbildung, Beherrschung grundlegender Kulturtechniken und geschlechterspezifische Lebensertüchtigung.

Die zunehmende Konzentration von Menschen in den Städten hob die dreiklassige Lateinschule oder Ratsschule in einen besonderen Rang. Sie ward Trivialschule benannt, weil das Trivium (Grammatik, Dialektik, Rhetorik) das Bildungsfundament darstellen sollte. In ihr konnte nach dem letzten Kapitel des Programms „Unterricht der Visitatorn ..." der Anspruch der Elementarschule mit einer allgemein geweiteten Bildung vereint werden. Die Verbindlichkeit der Wissenschaftssprache Latein begrenzte die Wirksamkeit sozialethischer Motive für den Besuch dieser Schule. Der Schulmeister hatte „Latein zu lehren und danach Deutsch". Die erste Klasse (erster Haufen) sollte geteilt werden und Anfangsunterricht anhand der Urfibel erhalten. Es folgten die Anfangsgründe des Lateinischen nach *Donat* und der Sentenzensammlung mit dem Namen *Cato*. Die zweite Klasse erweiterte das Curriculum um systematische Lehrgänge in Grammatik, Religion und Musik. *Melanchthons* „... handtbuchlein wie man die kinder

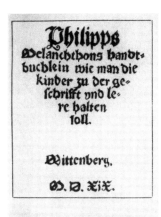

Bild 241: Ph. Melanchthons „handtbuchlein", Wittenberg 1519, mit Kindergebeten, Weisheitssprüchen ...

zu der geschrifft vnd lere halten soll" (Wittenberg 1519) setzte den didaktischen Rahmen. War diese Klasse gut geführt, bot sie Anschlußmöglichkeiten an Gelehrtenschulen, die sich allmählich unter den Namen Klosterschulen, Fürstenschulen oder Landesschulen etablierten und speziell auf das Hochschulstudium vorbereiteten, also den studienvorbereitenden Charakter der Artistenfakultät ersetzten.

Da sich dieser Strukturierungsprozeß recht langsam vollzog, übernahm die dritte Klasse vieler Lateinschulen noch für Jahrzehnte die Vorbereitung auf die Artistenfakultät, insbesondere über die Lektüre von *Cicero, Ovid* und *Vergil* und über das Elementare aus der Dialektik und Rhetorik. Als eigentlichen Stiftungsbrief für diesen zur Artistenfakultät führenden, durchgängigen evangelischen Schultyp zur Befriedigung elementarer und mittlerer Bildungsbedürfnisse bezeichnete *Hartfelder*[39] die zweite Schulordnung für Herzberg (1538). Vorbildliches für den Stundenplan (Sommer ab 6.30 Uhr Morgengebet und Gesang in der Kirche, Unterricht bis 11.00 Uhr; dazwischen Andacht in der Kirche, 12.00 Uhr Musik, 13.00 Uhr Unterricht, danach Pause, 16.00 Uhr Unterricht; im Winterhalbjahr verschob sich der Tagesablauf um eine Stunde) und das Lehrregime mit einem Magister und drei Gehilfen war hier angelegt worden.[40] Evangelische Trivialschulen hatten solchermaßen Erprobtes aus dem Mittelalter mit der humanistischen Bildungstradition angereichert. Die Ablehnung humanistischer Exklusivität zugunsten von Schlichtheit, Überschaubarkeit, Machbarkeit und Folgerichtigkeit öffnete diesen Schultyp für das Volk trotz begrenzender Latinität ihres Curriculums.

Die mittelalterliche Vorbereitung des Hochschulstudiums in der Artistenfakultät konnte dem inzwischen ermöglichten Zugang durch die Reformatoren auf Dauer nicht standhalten. Die Doppelbelastung der Universitäten durch systematische Vermittlung von Allgemein- und Spezialbildung hatte zu Überlastung und Unübersichtlichkeit geführt. Die Trivialschule mit natürlicher Konzentration auf Elementares konnte auch nur sehr begrenztes Rüstzeug für eine Allgemeinbildung sichern, die universitäre Spezialbildung voraussetzen mußte.

Melanchthon war daher besonders rührig, nach dem Vorbild der „Oberen Schule" in Nürnberg – „Ratio scholae Norembergae nuper institutae" (1526) – Bildungsstätten neu zu installieren, die künftige Gelehrte anstelle der Artistenfakultät speziell und hinreichend auf das Studium vorbereiteten. Ihre leistungsfähigsten entstanden in säkularisierten Klöstern als landesherrliche Gründungen, aus Privatschulen und zunehmend aus spezialisierten städtischen Lateinschulen. Namen von berühmten süddeutschen Klosterschulen und sächsischen Fürsten- oder Landesschulen stehen für den erfolgreichen Abschluß der melanchthonschen Intention eines dreigliedrigen allgemeinbildenden Schulsystems für elementare, mittlere und höhere Allgemeinbildung. An der wohl ersten deutschen Gelehrtenschule evangelischer Prägung St. Aegidien in Nürnberg waren Lehrer als Professoren unterschiedlicher Fächer (Dialektik und Rhetorik, Poetik, Mathematik, Griechisch) für solche Schüler tätig, die sich privat oder in der Trivialschule hinlängliche Vorbildung im Lateinischen angeeignet hatten. Wir haben bereits betont: schon in der Schulordnung für Eisleben war die Idee einer differenzierten Hochschulvorbereitung im dritten Haufen („Selecta") – nach dem Vorbild von *Jakob Wimpfelings* erfolglosem Vorstoß von 1501 in Straßburg – formuliert worden. Trotz intensiver Hilfe durch *Camerarius* führten diese Anfänge nicht zur erwünschten Leistungsfähigkeit. Aber *Melanchthon* verhalf dem Programm durch die Gelehrtenschulgründungen in den 30er Jahren dennoch zum revolutionärsten Teil der neuen Struktur des protestantischen Schulsystems. Unzählige Humanisten aus den Artistenfakultäten wanderten ab

Bild 242: Melanchthon, 55 Jahre alt, Gemälde Cranachs d. J., links: Mauritshuis Den Haag (1552), rechts: Stadtgeschichtliches Museum Leipzig (um 1552)

und bauten die Gelehrtenschule zu ihrer überzeugenden Heimstatt aus.

Die Reform der mittelalterlichen Universitäten mußte über die Erneuerung der Spezialbildung in den Fakultäten, ihrer Verwaltung und Studienorganisation hinaus auch für lange Zeit mit Flexibilität auf die unterschiedlichen Voraussetzungen in der Allgemeinbildung der immatrikulierten Studenten reagieren. Mittelalterliche Hochschulen, in der vorreformatorischen Zeit Gymnasium, Akademie oder Universität bezeichnet, waren als „Agmen Ecclesiae Dei" gegründet und bewahrt worden. Die Pflege der theologischen Lehre erhielt nachhaltige Impulse aus dem Anspruch, Institution zur Klärung theologischer Streitfragen zu sein.

Melanchthon hatte in seiner Wittenberger Antrittsrede die Konturen der Universitätsreform vorgezeichnet. Er rüttelte dabei nicht an der zentralen Stellung der theologischen Fakultäten, deren Selbstverständnis aus den alttestamentarischen Priester-, Leviten- und Prophetenschulen gewachsen war.[41] Im Gegenteil, er war bemüht, über Universitätsreformen das Niveau in der Lehre des Evangeliums über hochgebildete Professoren mit Lehrfreiheit und eine funktionierende Kompetenzhierarchie zeitgemäß auszugestalten. Seine Leucorea sollte Leitbild für die Erneuerung werden. So forderte er für die Besetzung der Theologischen Fakultät die Berufung von drei promovierten Professoren und des Pfarrers der Wittenberger Stadtkirche, „der ain Doctor oder zum wenigsten ain Licentiat der hailigen Geschrift sein soll".[42]

Der Wechsel von einer zur anderen Universität war an die Überprüfung von „Wissen, Rechtgläubigkeit und Übereinstimmung in der Lehre" gebunden.[43] Ein von Kreativität und Forscherethos getragener Meinungsstreit zum kirchlichen Dogma wurde gefördert. Sobald er jedoch aus niedrigen Beweggründen ausartete oder gar das Glaubensbekenntnis in Frage stellte, mußte der Rat der Universität entscheiden, ob die Regelung in die Hand des gewählten Schiedsgerichts der Universität gelegt werden sollte, oder ob in schweren Fällen Fürst und Universität gemeinsam Richter bestellen konnten, „welche die ganze Streitfrage sorgfältig prüfen und nach ihrem Dafürhalten die richtige Meinung mit deutlichen Worten bestätigen und die falsche mit deutlichen Worten verdammen sollen".[44] Widerspenstige Lehrer konnten weiterhin nach mittelalterlichen Gepflogenheiten im Kerker isoliert werden. Dem Dekan der Theologischen Fakultät oblagen die Geschäftsverteilung, Beratungsverpflichtungen, Studien- und Prüfungsaufsicht sowie die Teilnahme am Kirchenregiment. Professoren hatten neben den vier Vorlesungen pro Woche zwei Predigten zu halten. Nach 1546 waren sie auch verpflichtet, Griechisch und Hebräisch zu lehren.[45]

Die Besetzung der Juristischen Fakultät sollte ebenfalls mit vier Legenten, davon drei Doktoren, erfolgen, die gleichermaßen Montag, Dienstag, Donnerstag und Freitag je eine Vorlesung zu halten hatten. Alle Hochschullehrer mußten Beraterverpflichtungen am Wittenberger Hofgericht wahrnehmen. Die ersten

Bild 243: Ph. Melanchthon, Kupferstich (1540) v. Heinrich Aldegrever

drei Professoren waren dort Beisitzer, der vierte „der Armen Advocat und Procurator".[46] Bis 1536 erhöhten sich die Ordinariate in der Medizinischen Fakultät auf drei. Dadurch gewann diese an Gewicht und Leistungsfähigkeit. Sie war über Jahrhunderte die unansehnlichste und schwächste der Fakultäten gewesen. Dieser Prozeß vollzog sich nicht nur in Wittenberg.

Die bis dato größte Fakultät, die Artistenfakultät – von *Melanchthon* mit wachsender Leistungsfähigkeit der Gelehrtenschulen auch Philosophische genannt[47] – blieb noch lange Zeit über das Baccalaureat selektierendes Eingangstor der Universitäten. Die zehn Lehrkräfte in Wittenberg mußten neben dem wissenschaftlichen Magisterexamen auch eine theologische Qualifikation nachweisen. Der Dekan dieser Fakultät hatte neben den bereits beschriebenen Aufgabenbereichen in anderen Fakultäten wie seine Amtsbrüder öffentliche Disputationen vorzubereiten und zu leiten sowie die Bibliothek zu verwalten. Er wurde jeweils für ein Semester, meist in der Reihenfolge des Dienstalters, gewählt. Sein Hauptarbeitsfeld war die neue Organisation und Überwachung einer humanistisch geprägten Vielfalt von Vorlesungen zu den alten Sprachen, Dialektik, Rhetorik, Mathematik, Physik, Ethik, Philosophie ...; sie verdrängten die scholastische Bildung stetig. *Melanchthon* legte zur Abwehr von Fanatismus Wert darauf, daß auch Studenten der Philosophischen Fakultät – wie die Theologen – auf die ökumenischen Symbole und die „Confessio Augustana" verpflichtet wurden, wenn sie ein Zeugnis begehrten.[48] Damit waren auch spätere Juristen und Mediziner auf die evangelische Landeskirche eingeschworen.

In den Wirren des Übergangs zur Neuzeit waren mit dem Zerfall der Studiendisziplin der Studenten auch die akademischen Grade vorübergehend verpönt: „Jetzt sind alle jene Grade zerbrochen, und man treibt es ohne Ordnung. Wie Pilze schießen plötzlich Theologen, Juristen und Mediziner auf, ohne Grammatik, ohne Dialektik, ohne Plan im Lernen etc."[49] Über Examini und Prüfungen versuchte *Melanchthon* seit seiner Wittenberger Antrittsrede Ordnung und Leistungswilligkeit in den Studienablauf zu bringen sowie wissenschaftliche Studien erstrebenswert zu machen. Er belebte damit nachdrücklich eine vom Papsttum begründete und forcierte Hierarchie der Priviligierung und stellte diese in den Dienst der evangelischen Landeskirche.[50] An der Spitze stand der **Doktor**, ein über das Philosophikum, Rigorosum und die Disputation feierlich promovierter Akademiker. Das höchste Ansehen besaß die theologische Doktorwürde, die in der Regel ein sechsjähriges Studium an einer evangelischen Universität voraussetzte.[51]

Melanchthons Mühen um eine folgerichtige und gegliederte Allgemein- und Spezialbildung führte zur Architektur einer Bildungslandschaft, die bis in unsere Gegenwart reicht und über Jahrhunderte ausbaufähig geblieben ist. Die Allgemeinbildung sollte sich zunehmend in drei aufeinanderfolgenden Abstufungen anreichern können:

- Der **Elementarschule** blieb die religiös-sittliche Charakterbildung, die Aneignung grundlegender Kulturtechniken und geschlechterspezifischer Lebensertüchtigung vorbehalten.
- **Trivialschulen** dienten als mittlere Schulen den gehobenen Bildungsansprüchen des Städtebürgertums und bereiteten in einer Übergangszeit noch auf die Artistenfakultät vor.
- In säkularisierten Klöstern wurden mit fundierten **Kloster-, Fürsten- und Landesschulen** erstmals Einrichtungen geschaffen, deren Aufgabe allein darin bestand, systematisch zur Hochschulreife zu führen (Gelehrtenschulen), um jene vom allgemeinbildenden Lehrbetrieb zu entlasten. Trivialschulen in großen Städten folgten diesem Beispiel.

Damit war ein in sich geschlossenes, folgerichtig aufgebautes, leistungsfähiges und allgemeinbildendes Schulsystem geschaffen worden, das wegen seiner Übertragbarkeit und Offenheit in den protestantischen Fürstentümern bereitwillig aufgenommen wurde.

Die Spezialbildung an den Hochschulen erfolgte in den philosophischen, theologischen, juristischen und medizinischen **Fakultäten**, die ihre spätscholastische Hülle nach und nach abzustreifen verstanden und die mittelalterliche Bindung der Studien an starre Lehrautorität beseitigten. Die Hochschulen wurden Einrichtungen der Landeskirche, unterstanden also dem Landesfürsten und bedurften lediglich der Bestätigung durch den Kaiser.

Albrecht Dürer (1471–1528) setzte mit seinem Kupferstich „Der heilige *Hieronymus* im Gehäuse" (*Sophronius Eusebius Hieronymus*, der Heilige [340–420]) die Symbolfigur des Renaissancehumanismus[52] so ins Bild, daß der Prototyp des neuen Gelehrten erstrahlte. Aus universalem Wissen, der Suche nach der Wahrheit und der asketischen Grundhaltung wuchs das neue Intellektuellenideal, für das Lehren, Forschen und Anwenden eine unverrückbare Einheit wurde.
Melanchthon beeinflußte die Erneuerung der Universitäten über Visitationen, Statutenentwürfe und Gutachten in bezug auf
- die Verwaltung;
- die Studieninhalte;
- die Studienorganisation;
- den Leistungszwang über Prüfungen und akademische Grade;
- die Ausbildung des wissenschaftlichen Nachwuchses;
- die Berufung von Hochschullehrern.

Bild 244: A. Dürer: Der heilige Hieronymus im Gehäuse, Kupferstich (1514), Reprint, Wartburg-Stiftung

5.3 Neuerungen in der Unterhaltung und Aufsicht von Schulen

Die Schule hatte sich als ein Faktor zur Wiederherstellung des Gleichgewichts in den gestörten Machtverhältnissen aufgeschwungen. Sie mußte selbst ein Stück dieser Macht des Guten werden, wenn an die Stelle mittelalterlicher Begrenzung neuzeitliche Vernunft treten sollte.
Kloster- und Domschulen sowie Stiftungen vor der Reformation waren kirchlich oder privat unterhalten worden; der Unterricht war meist unentgeltlich. Trivialschulen als städtische Gründungen erhoben in der Regel Schulgeld. Öffentliche Mittel stützten ihren Bestand. Deutsche Schreib- und Rechenschulen gewährten private Dienstleistungen gegen Bezahlung.[53] Nur wenige Menschen hatten Zugang zu zeitgemäßer Bildung. Analphabetentum war noch weit verbreitet. Die Reform des christlichen Menschenbildes negierte die Exklusivität der Bildung und verlangte nach einer Übergangsphase das Recht auf Bildung aller freien Christenmenschen. Der selbstbestimmte Zugang zu den Schulen unterschiedlichen Anspruchs erforderte sozial differenziertes Schulgeld bzw. dessen Abschaffung, besonders in den Elementarschulen.

Die Braunschweiger (1528) und Hamburger (1529) Kirchenordnungen bestimmten erstmals in protestantischen Gebieten, daß „dem deutschen Schulmeister" Unterrichtsraum und Wohnung von „der Gemeinde unentgeltlich" zu stellen sei. Ein jährliches Geschenk aus dem „Schatzkasten" sollte zu dessen Lebensunterhalt beitragen; in der Pommerschen Ordnung (1535) war bereits Besoldung des Schulmeisters festgelegt. Bezüglich der Dorfküsterschulen orientierte man sich an der Leisniger Kastenordnung (1523); nach ihr wurde der Lehrer aus dem gemeinen Kasten entlohnt.
Die Kirchenordnungen, Visitationsbescheide oder Generalartikel für Trivialschulen erwarteten seit den vierziger Jahren in der Regel nur noch Schulgeld von begüterten Eltern; ebenso mußte für die höhere Allgemeinbildung gezahlt werden. Dadurch war die Zugangsbeschränkung aus sozialen Gründen gemindert. Opferwilligkeit der Besitzenden und eine neue Sozialethik der Obrigkeit in Städten und Gemeinden sicherten zunehmend eine reguläre Besoldung der Lehrer und wirtschaftliche Sicherstellung der Elementar- und Trivialschulen. Städtische und territorialstaatliche Fonds waren durch wachsenden Wohlstand und durch die Übernahme von kirchlichen Besitzungen leistungsfähiger geworden.

Kloster- und Fürstenschulen sowie viele Hochschulen wurden in säkularisierten Klöstern eingerichtet und mit Teilen des Klosterbesitzes fundiert. So bestimmte beispielsweise die „Neue Landesordnung" des Herzogs und späteren Kurfürsten *Moritz von Sachsen* (1521–1553) 1543 die Errichtung von Schulen (Gelehrtenschulen) mit Stiftungsvermögen, die hohes soziales Engagement gestatteten. Damit wurde auch *Melanchthons* Forderungen an das Landeskirchenregiment entsprochen. In der „Apologie", in den „Ratschlägen für Straßburg (1525) und Zürich (1555)", im „Consilium de constituenda Academica Lipsia"[54], in der „Repetition der Augsburger Konfession, de vita monastica"[55] ... bekräftigte er die Forderung aus dem Gutachten an den französischen König: „Es ist nicht nötig, die Klöster von Grund auf zu zerstören; denn es ist zu wünschen, daß die Klöster Schulen seien, wie sie es ehedem gewesen."[56] So wurde beispielsweise das ehemalige Zisterzienserkloster St. Marien ad Portam nicht nur Heimstatt einer Fürstenschule, sondern gleichzeitig Gebieter über die riesigen Klosterbesitzungen und Obrigkeit über die dort lebenden Menschen. Üppige Einkünfte und die pädagogische Fundierung durch *Rivius*, *Fabricius* und *Camerarius* sowie die Visitation *Melanchthons* ließen eine Schule entstehen, an der Maßstäbe für die humanistische Hochschulvorbereitung über Jahrhunderte gesetzt worden sind. Das Stiftungsvermögen erlaubte es, besonders leistungsfähige Lehrer zu berufen und den begabten Schülern aus niederen sozialen Schichten über Freistellen und Stipendien eine elitäre humanistische Bildung zu gewähren.[57]

Eine wachsende Zahl von Kirchenordnungen folgte den Regelungen in Sachsen und Süddeutschland (zum Beispiel dem sächsischen Visitationsartikel 1535) und schließlich den Festlegungen des Konvents zu Schmalkalden (1537), nachdem eingezogene Kirchengüter für schulische Zwecke verwendet werden durften. Waren diese bereits vom Adel in Besitz genommen, sollten sie zurückgegeben und von weltlichen Beamten verwaltet und erhalten werden.[58] Die Landesfürsten hatten diesen Prozeß zu regulieren. Auf dem Reichstag zu Speyer 1544 mußte der Kaiser solches Vorgehen postum sanktionieren. Aus dieser Quelle allein konnte jedoch das künftig stark wachsende gesamte Schulsystem nicht unterhalten werden. Städte und Dörfer mußten angesichts der Ausgangssituation im elementaren und mittleren Bildungsbereich in die Pflicht genommen werden.

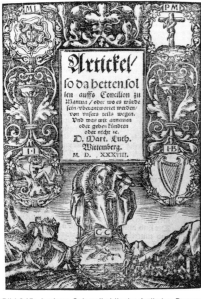

Bild 245: Luthers Schmalkaldische Artikel v. Dezember 1536, Wittenberg1538 (bei Hans Lufft), Holzschnitt-Titelblatt v. Meister MS, Lutherhalle Wittenberg

Im 16. Jahrhundert gab es für Elementarschulen in der Regel noch keine gesonderten Gebäude. Der Lehrer unterrichtete in seinem Wohnraum, der meist recht dürftig ausgestattet war. Die „Locale" der Trivialschulen wurden lediglich bautechnisch unterhalten. Das Schaffen der Innenausstattung, Reparieren, Heizen, Säubern ... gehörten zu den Pflichten der Lehrer.[59]

Die in den Klöstern eingerichteten Gelehrtenschulen paßten sich den Rahmenbedingungen der schlichten und rauhen Lebensweise an. Im Vergleich zu den Elementar- und Trivial-

Bild 246: Die Reichstatt Speier, Ansicht v. Speyer (1644/45)

schulen waren diese jedoch von zeitgemäßer Exklusivität (unbeheizbare Mönchzellen, beheizbare Speise- und Unterrichtsräume; versehen mit Kirchen, Gärten, Kellern, Küchen, Brunnen ...).

Im mittelalterlichen Feudalstaat hatte es wenig Interesse an einem Schulwesen für alle Heranwachsenden gegeben. Den geistlichen Orden und der städtischen Geistlichkeit als Bildungsträger oblagen fast ausnahmslos das Verwaltungs- und Aufsichtsrecht. Sendboten des Papstes und der Kirchenfürsten visitierten bei Bedarf. Mit der Reformation schuf sich die Landeskirche auch Oberbehörden. Von Nürnberg aus forderte *Melanchthon* 1526, Bischöfe müßten im Auftrage der Obrigkeit den Schulen vorstehen.[60] Oft wurden von den Räten in den Städten Schulherren (Vorsteher, Prädikanten, Curatores) gewählt.[61] Unterhaltung, Anstellung und Prüfung von Lehrern, Zucht und Unterrichtspflicht bedurften der staatlichen Schulaufsicht, die meist von Geistlichen, Ratsherrn und Stadtschreibern wahrgenommen wurde. Bei der Aufsicht über die Gelehrtenschulen waren die Universitäten einbezogen. Schulmeistern und Rektoren in den Städten wurde das Recht, Lehrer (Gesellen) anzustellen, entzogen; das oblag nunmehr der Obrigkeit.[62]

In den fünfziger Jahren wurden zunehmend „Räte" oder Kollegien als Oberbehörden für Kirchen- und Schulangelegenheiten eingesetzt.[63] In Württemberg führte seit 1559 das Konsistorium die Aufsicht über das höhere Schulwesen und die Universität Tübingen. Dieser direkte Einfluß einer Landesbehörde auf die höheren und hohen Schulen, auf das Prüfungs- und Anstellungswesen war eine Voraussetzung für die kontinuierliche Leistungssteigerung der Einrichtungen und die allgemeine Akzeptanz der reformatorischen Bildungsziele. Konsistorien und Oberkonsistorien konnten in den meisten Territorialstaaten für das weltlich-kirchliche Schulregiment der deutschen evangelischen Länder bis zur Gründung der Kultusministerien im 19. Jahrhundert ihre schulpolitische Schlüsselstellung behaupten und unauslöschliche Leistungen vollbringen.

Seit den 30er Jahren des 16. Jahrhunderts bekamen Lehrer auch Mitbestimmungsrechte in Schulangelegenheiten. Die stete Aufwärtsentwicklung der allgemeinbildenden Schulen läßt sich auch am Zuwachs von Selbstverwaltung ablesen.[64]

Luthers Auffassung von der Verantwortung der Eltern für die Erziehung ihrer Kinder wurde von *Melanchthon* vehement unterstützt.[65] Eine vorbildliche Lebensweise in der Familie, das Sorgen für einen angemessenen Schulbesuch[66] und die Erziehung zur Dienstgefälligkeit gegenüber dem Staat waren die wichtigsten Erwartungshaltungen der Reformatoren an die Eltern.[67]

Wohlwollen für die weltliche Obrigkeit sollte einerseits aus der Familie wachsen. Wenn der Staat Rechtsschutz gewähren solle, müsse ihm andererseits – neben der Familie – auch Einfluß auf die sittliche Erziehung zugestanden werden. Nur so könne, schlußfolgerte *Melanchthon*, die Obrigkeit „Wächterin des sittlichen Lebens des Volkes" werden.[68]

Melanchthon hatte in seiner Wittenberger Antrittsrede (29. August 1518) die Konturen für die Reform der Hochschulen umrissen. Zwei Jahre danach bestärkte ihn *Luther* mit seiner Schrift „An den Christlichen Adel deutscher Nation von des Christlichen standes besserung" in diesem Vorhaben. In den reformierten Gebieten zog sich die Umgestaltung und Neugründung von Universitäten über Jahrzehnte hin. Selbst in Wittenberg, dem Orientierungspunkt der Reform, benötigte man Jahrzehnte bis zu ihrem relativen Abschluß. *Luther* und *Melanchthon* begannen 1518, philosophische und theologische Studiengänge vom scholastischen Ballast zu befreien; 1525 folgte die Reorganisation der Professuren, und in der Fundation von 1536 folgte die Anhebung ihrer Gehälter. Erst *Melanchthon* war es nach zähem Ringen möglich, mit der „Leges Academiae Vitenbergensis de studiis et moribus auditorum" (1545) und der „Leges collegii facultas artium[69], quas Philosophia continent"[70] (1546) die vollständige Umgestaltung abzuschließen. Es scheint nur folgerichtig, daß dieser Gelehrte mit Wittenberger Erfahrungen bei vielen Territorialfürsten gefragt war. Wir finden sein Engagement beispielsweise in Tübingen (1536), in Frankfurt/O. (1537), in Leipzig (1539/40), in Jena (1548), in Heidelberg (1557) ... Die Lösung von der klerikalen Vormundschaft zugunsten der von den Renaissancehumanisten wiederentdeckten antiken Bildungsvorstellungen und die relative Autonomie der Einrichtungen setzten wirtschaftliche Unabhängigkeit voraus. Diese wurde an vielen Universitäten durch Stiftung von Klosterbesitzungen und Privilegien (Gebäude, Ländereien, Jagd-

und Fischrechte, Braurechte ...) gewährt. Relative akademische Freiheit an protestantischen Universitäten und auch die Leistungsfähigkeit blieben ursprünglich an die Wirtschaftlichkeit dieser Lebensgemeinschaften gebunden. Nur wenige Einrichtungen existierten allein aus dem Haushalt des Landesfürsten. 1536 wurde beispielsweise das Vermögen des Stiftes zu Wittenberg der Universität überschrieben und der Fiskus des Kurfürsten *Johann Friedrich* (Regz. 1532–1547) angewiesen, regelmäßig Zuschüsse zu zahlen. Professoren erhielten hier Gehälter von 100 bis 200 Gulden im Jahr (das war die Hälfte des Gehalts eines fürstlichen Kellermeisters). Lehrer an der Artistenfakultät mußten sich mit 40 bis 100 Gulden begnügen. Offensichtlich war die wirtschaftliche Ausstattung der Wittenberger Universität nicht besonders attraktiv. Dennoch wurde das Gehalt *Luthers* und *Melanchthons* innerhalb weniger Jahre verdoppelt.

Mit der Fundierung der Hochschulen installierte man vielerorts erstmals das Stipendienwesen. Adlige setzten für Kinder ihrer Untertanen regelmäßige Zuwendungen aus, so daß Begabungen unterer und mittlerer sozialer Schichten mehr und mehr Zugang zu akademischer Bildung bekamen. Auch damit wurde ein Beitrag zur Aufhebung geburtlicher Privilegierung geleistet.

In der zweiten Hälfte des 16. Jahrhunderts erhielten fast alle protestantischen Universitäten dank *Melanchthons* unermüdlicher Vorarbeit ein humanistisches Profil, in dem wissenschaftliches Streben, Leistungswille, Zucht und Harmonie wichtige architektonische Details wurden. Die Leistung, die deutsche Humanisten in wenigen Jahrzehnten vollbrachten – wenn auch vieles noch mittelalterlich düster anmutete – ist wohl gut zu erkennen, wenn man sie an der Ausgangssituation mißt. *G. Knod* hat *Wimpfelings* eindrucksvolle Schilderung der scholastischen Universität Heidelberg im ausgehenden 15. Jahrhundert festgehalten: „Wir hören von neidischer Rivalität der Professoren untereinander, von gegenseitiger Beschimpfung der Bursen, von haßerfüllter Verfolgung der Anhänger anderer philosophischer Richtungen, von Streitigkeiten über die inneren Angelegenheiten der Fakultät vor unberufenen Laienohren usw. Die Lehrer machen sich ihre Schüler gegenseitig abspenstig, nach subjektivem Wohlwollen und Mißfallen geben sie ihre Stimme ab; aus Neid und Rachsucht werden verdiente Schüler zurückgesetzt, um schnöden Gewinnes willen weniger tüchtige zu den akademischen Ämtern promoviert. Auch die Studenten geben durch ihr unanständiges Betragen, ihre zügellose Lebensweise, ihre Völlerei und geschlechtlichen Ausschweifungen gerechten Anstoß. Täglich sieht man sie durch Flur und Wald schweifen oder in auffallender Kleidung, den Degen an der Seite, unter wüstem Lärmen und Bramarbasieren [Prahlen – d. Verf.] die Straßen und Plätze durchziehen und jeden Begegnenden mit ihren Roheiten belästigen; selbst die Bäume sind vor ihrer Zerstörungswut nicht sicher ..."[71]

Bereits 30 Jahre nach *Wimpfelings* Schilderung wurde an den protestantischen Universitäten gegen solche Unzulänglichkeiten, gegen Scholastizieren und Mißbrauch mit Hilfe der von Landesfürsten angewiesenen Visitationen nachdrücklich vorgegangen. Dort, wo sich die innere Erneuerung nur schleppend vollzog, mußte äußerer Zwang Abhilfe schaffen. Die erste umfassende und flächendeckende Visitation aller Kirchen und Schulen ordnete der sächsische Kurfürst *Johann der Beständige* (1468–1532) im Jahre 1527 an. Darüber wurde bereits berichtet.

Der Altenberger Reformator *Georg (Burkhardt) Spalatin*, Hofprediger des Kurfürsten, und *Luther* hatten am Beispiel des Wittenberger Stifts bereits 1525 eine effektive Schulunterhaltung demonstriert. Diese „erste Visi-

Bild 247: Kurfürst Johann Friedrich der Großmütige v. Sachsen, Kupferstich (1609) v. Friedrich Brentel, Straßburg, Kunstsammlungen der Veste Coburg

tation", von *Melanchthon* und *Johannes Bugenhagen* unterstützt, sollte Modell für das Überprüfen, Ordnen und Installieren der Lehre, der stabilen wirtschaftlichen Fundierung von Kirchengemeinden und Schulen sowie der Berufung von Predigern und Lehrern werden.

Die Durchsetzung der „reinen Lehre", die Beseitigung scholastischer Rudimente und der Dienst am Gemeinwesen erlangten als Grundmotive des Vorgehens in der Folgezeit Akzeptanz. Beklagt wurden der Mangel an Schulen, schlechte Verhältnisse in bestehenden Schulen, weil sich der Adel an den Kirchengütern widerrechtlich bereichert hatte. Zu bemängeln waren auch Bildungsgrad und Lebenswandel vieler Priester und Lehrer. Nicht enden wollende Beschwerden veranlaßten den Fürsten zu einer umfassenden Visitation nach den verbindlichen „Articuli de quibus ergerunt per visitatores ..." (1527). In der Instruktion war festgelegt, daß die Erkenntnisse der Visitation für Pfarrer und Lehrer veröffentlicht werden sollten. Der Kurfürst betraute *Melanchthon* mit dieser Aufgabe.

Die vielfach erwähnte Schrift „Unterricht der Visitatorn an die Pfarherrn im Kurfürstenthumb zu Sachssen" erschien 1528 in Wittenberg (später Visitationsbüchlein genannt). Sie weitete Grundpositionen zu einem allgemeinen schulpolitischen Dokument aus, so daß es für die Schulaufsicht, für Pfarrer und Lehrer handhabbar war.[72] *Luther* unterstützte das Vorhaben und schrieb auch die Vorrede. Dieses Vorbild für eine Lehr-, Kirchen- und Schulordnung ist in 18 Kapiteln abgefaßt. Die Lehrordnung bezieht sich auf die „vornehmsten Stücke des christlichen Lebens", auf die „Heiligen Sakramente", die „Ehesachen", den „freien Willen", die „christliche Freiheit" ... Die Kirchenordnung beinhaltet kirchliche Übungen, „christlichen Bann" und Verwaltung ... Die Schulordnung umfaßt Anregungen für das kirchliche Gemeindeleben und die Schulpolitik. Danach sollten Pfarrer und Lehrer geprüft und die tüchtigen fest angestellt, die anderen ausgestoßen, aber versorgt werden; „Aufruhr und Unruhe" Stiftende konnten des Landes verwiesen werden. Besitztümer und Einkünfte mußten den Visitatoren aufgelistet werden, und die Ausgabenverteilung wurde vorgeschrieben. Besoldungen, Stipendien für den Nachwuchs und Gebäudesanierungen räumte man dabei den Vorrang ein. Die Visitation währte zwei Jahre in vier Bezir-

Bild 248: Luther als heiliger Hieronymus im Gehäuse, Kupferstich (1587/88) v. Wolfgang Stuber, Wartburg-Stiftung

ken (Thüringen, Kurkreis und Meißen, Osterland und Voigtland, Franken). Theologen und kurfürstliche Räte wurden als Visitatoren berufen. Für Thüringen waren das beispielsweise die Theologen *Philipp Melanchthon*, *Friedrich Myconius* (1490–1546), *Justus Menius* (1499–1558) und die Räte *Johann v. Plaunitz*, Dr. *Hieronymus Schurff* (1481–1554) und *Erasmus v. Haugwitz*. Mit Akribie, Besonnenheit und Umsicht wurden Klöster, Städte und Gemeinden visitiert. *Luther*, *Bugenhagen* und *Justus Jonas,* die mit den Beamten *Johann Mezsch, Dr. Benedict Pauli, Bernhard v. Hirschfeld* und *Johann v. Taubenheim* den Kurkreis und Meißen visitierten, bestätigten *Melanchthons* treffsichere Analyse. Sie stützten sein Programm.[73] Die immense Leistung dieser Visitatoren faßte *Luther* wie folgt zusammen: „Denn freilich Ew. Kurf. Gn. Lande die allerbesten Pfarrherren und Prediger haben, als sonst kein Land in aller Welt, die so treulich und rein lehren und so schönen Frieden helfen halten."[74]

Melanchthons Einsatz für den Aufbau eines relativ geschlossenen, humanistisch geprägten christlichen Schulsystems mündete in das zukunftsträchtige Programm, das eine Einheit von Analyse und schulpolitischer sowie pädagogischer Handlungshilfe darstellte. Ein Überblick über *Melanchthons* Leistungen für die Organisation von Beschulung zeigt:

- An der Schwelle zur Neuzeit entwickelte *Melanchthon* eine tragfähige Synthese zwischen Renaissancehumanismus und Protestantismus im Menschenbild. Dieses gebot die Öffnung für den selbstbestimmten Zugang zur Beschulung aller Christen.
- Er verlangte neben anderen Reformatoren, das Eigentum säkularisierter Klöster, Stifte ... ausschließlich für Bildungszwecke zu verwenden, darüber hinaus staatliche Fonds einzusetzen sowie Adel und Eltern angemessen am Unterhalt der Schüler zu beteiligen.
- Lehrerbildung und Lehrerbesoldung, Erneuerung bestehender und Einrichtung neuer Schulen waren für ihn vorrangige schulpolitische Aufgaben, die Staatskirche und Obrigkeit gemeinsam zu lösen hatten.
- Ein vielgestaltiges Stipendienwesen half, Begabungen aus niederen Schichten zur akademischen Ausbildung zu führen, also Bildungsgerechtigkeit anzubahnen.
- Mit *Melanchthons* Kirchen- und Schulordnungen für Eisleben, Nürnberg und Kursachsen war die Allgemeinbildung in ein dreigliedriges Schulsystem gebracht worden: Elementar-, Trivial- (mittlere) und Gelehrtenschule. Trotz vielfacher Modifizierungen über die Zeiten hat es bis heute Bestand. Die Glieder waren in sich geschlossen und bildeten gleichzeitig eine folgerichtige Architektur von Allgemein- und Spezialbildung.
- Wachsende Akzeptanz angebotener Bildung und ein dichter werdendes Schulnetz förderte das Niveau der Allgemeinbildung und erzwang Mitspracherechte der Lehrer und Eltern.
- Die Reform der Spezialbildung an den Universitäten erreichte in der zweiten Hälfte des 16. Jahrhunderts nach Wittenberger Vorbild ihren endgültigen Durchbruch.
- Der Ausarbeitung des Schulsystems folgte die Konstituierung öffentlicher Behörden mit spezifischen Schulaufsichtsverpflichtungen. Solche waren: Kirchenräte, Konsistorien, kirchliche Stadt- und Gemeindeämter, Stadträte ... (für Gelehrtenschulen auch Universitäten).
- Die kursächsische Visitation in den Jahren 1527 bis 1529 und *Melanchthons* Visitationsbüchlein hatten die Richtung für die Organisation des Schulsystems und für die Arbeitsweise dieser aufsichtführenden Körperschaften gewiesen.

Vom dritten Hauffen.
bar/anderer schrifft zuuerstehen/Machet auch die knaben reich an worten/vnd zu vielen sachen geschickt. Darnach/so sie jnn der Grammatica gnugsam geübet/sol man die selben stunde zu der Dialectica vnd Rhetorica gebrauchen. Von dem andern vnd dritten Hauffen/sollen alle wochen ein mal schrifft/als Epistolen oder Vers/gefoddert werden. Es sollen auch die knaben dazu gehalten werden/das sie Latinisch reden/ Vnd die Schulmeister sollen selbs/so viel müglich/nichts denn Latinisch mit den knaben reden/dadurch sie auch zu solcher vbung/gewonet vnd gereitzet werden.

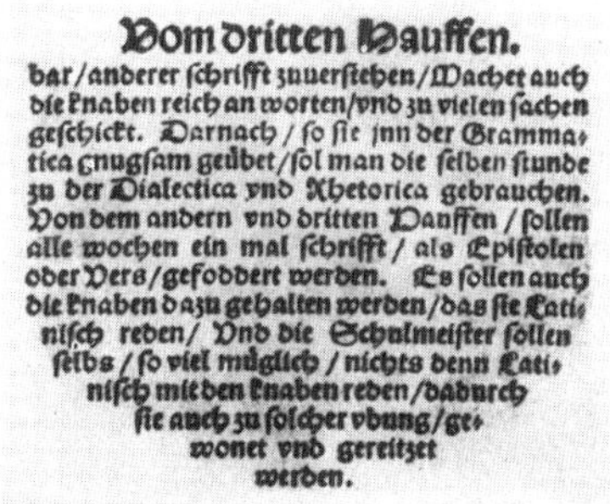

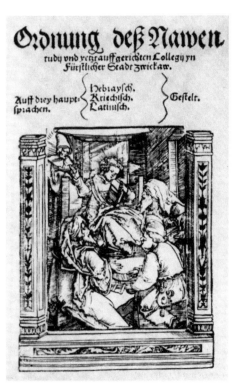

Bild 249: Sächsischer Schulplan v. 1538, Unterricht in 3 „Hauffen“, hier: Unterrichtsstoff des „dritten Hauffens“ zur Vorbereitung auf die Universität

Bild 250: Zwickauer Schulordnung v. 1523, älteste deutschsprachige Gelehrtenschulordnung, Titelblatt mit der Abbildung des Jesus im Tempel und dem Hinweis „Auff [die] drey hauptsprachen“ Hebräisch, Griechisch, Latein

Die Brandung, in der sich der Praezeptor Germaniae mit solchen Mühen behaupten mußte, versuchte *Friedrich Wilhelm Nietzsche* (1844–1900) in folgendes Bild zu setzen:
„Was ist Wahrheit?
Schwartzerd (Melanchthon): ‚Man predigt oft seinen Glauben, wenn man ihn gerade verloren hat und auf allen Gassen sucht, – und man predigt ihn dann nicht am schlechtesten!'
Luther: ‚Du redest heut wahr wie ein Engel, Bruder!'
Schwartzerd: ‚Aber es ist der Gedanke Deiner Feinde, und sie machen auf Dich die Nutzanwendung.'
Luther: ‚So wär's eine Lüge aus des Teufels Hintern.'"[75]

Bild 251: Friedrich Nietzsche (1844–1900), Schüler der Königlich-preußischen Landesschule Pforta (Kloster St. Marien ad Portam), al. port. v. 5.10.1858–7.9.1864

1 Paulsen, F.: Geschichte des gelehrten Unterrichts. Bd. I. Leipzig 1919. S. 206.
2 Zit. bei Planck, A.: Melanchthon, Praeceptor Germaniae. Eine Denkschrift zur dritten Säkularfeier seines Todes. Nördlingen 1860. S. 16.
3 Heer, F.: Die dritte Kraft. Der europäische Humanismus zwischen den Fronten des konfessionellen Zeitalters. Frankfurt/M. 1959. S. 237.
4 Ebenda. S. 240 f.
5 Ebenda. S. 684.
6 Ebenda. S. 653.
7 Vgl. Petersen, P.: Geschichte der aristotelischen Philosophie im protestantischen Deutschland. Leipzig 1921. S. 19 f. (I. Abschnitt: Melanchthon und Aristoteles in den Jahren bis 1529 – Luther).
8 Vgl. CR. XI. S. 617.
9 CR. I. S. 343.
10 Ebenda. S. 345.
11 Ebenda. S. 286–358.
12 Mertz, G.: Das Schulwesen der deutschen Reformation ... A.a.O. S. 7.
13 Paulsen, F. A.a.O. S. 2.
14 CR. I. S. 679.
15 Zit. n. Mertz, G. A.a.O. S.3.
16 CR. XI. S. 15 f.
17 CR. V. S. 127. Nr. 2719.
18 Vgl. ebenda. S. 125 ff. /CR. I. S. 772 / XI. S. 231 ff. und S. 855 ff. sowie S. 708 und S. 867 / XII. S. 385 ff.
19 Vgl. CR. XI. S. 106 / V. S. 130 / II. S. 832 / XI. S. 654.
20 CR. I. S. 604.
21 Vgl. ebenda. S. 601.
22 CR. I. S. 594.
23 CR. IX. S. 693.
24 CR. XXI. S. 1006.
25 Vgl. Mertz, G. A.a.O. S. 47.
26 CR. III. S. 1110.
27 Vgl. CR. XI. S. 109 / ebenda S. 213 und S. 438 / XII. S. 162.
28 Vgl. CR. VI. S. 441, 452 und S. 952.
29 Vgl. Stempel, H.-A.: Melanchthons pädagogisches Wirken. Bielefeld 1979. S. 70 ff.
30 Vgl. CR. I. S. 1083 Nr. 624.
31 Vgl. Stempel, H.-A. A.a.O. S. 86.
32 Vgl. Suppl. VI. S. 384. Nr. 577.
33 Vgl. ebenda. V. S. 390.
34 Vgl. CR. X. S. 937–940. Nr. 18.
35 Vgl. ebenda. S. 944–947. Nr. 21.
36 Sapper, K.: Der Werdegang des Protestantismus in vier Jahrhunderten. München 1917. S. 31.
37 Vgl. StA. III. S. 105–114.
38 Vgl. CR. IV. S. 551.
39 Vgl. Hartfelder, K. A.a.O. S. 424.
40 Vgl. Mertz, G. A.a.O. S. 476 ff.
41 Vgl. Hartfelder, K. A.a.O. S. 437 ff.
42 CR. XX. S. 637.
43 Vgl. CR. X. S. 1003.
44 Ebenda. S. 1004.
45 Vgl. Hartfelder, K. A.a.O. S. 440 f.
46 Ebenda. S. 441.
47 Vgl. z. B. CR. VI. S. 18. 782. 803. / VII. S. 106. 145. / IX. S. 442.
48 Vgl. CR. XII. S. 9.
49 CR. XI. S. 212 (XVII. S. 679).
50 Vgl. CR. III. S. 540.
51 Vgl. CR. X. S. 1004.
52 Hieronymus (um 347–419/420), Heiliger, ein Kirchenvater, Vertreter des siegreichen Christentums in Rom, Gründer der berühmten Klo-

sterschule in Bethlehem, Übersetzer der Bibel ins Lateinische (Vugato).
53 Vgl. Mertz, G. A. a. O. S. 211 f.
54 Vgl. CR. III. S. 1155.
55 Vgl. CR. XXVIII. S. 446.
56 CR. II. S. 759.
57 Vgl. Arnhardt, G. A. a. O. S. 211 f.
58 Vgl. CR. IV. S. 1042 f.
59 Vgl. Kirchenordnungen von Lübeck (1531), Schulordnung von Baden-Durlach (1536) ... bis zur Nordhäuser Schulordnung von 1583.
60 Vgl. CR. XI. S. 108.
61 1559 in Wittenberg, 1564 in der Pfalz ...
62 Vgl. Schulordnungen von Hall (1526), Braunschweig (1528), Mölln (1531), Northeim (1539), Württemberg (1559) ...
63 Vgl. Ordnungen von Straßburg (1534), Braunschweig-Wolfenbüttel (1543), Pfalz (1564), Herzogtum Sachsen (1575), Altdorf (1575) ...
64 Vgl. Ordnungen für Württemberg (1559), Lauingen (1565), Altdorf (1575), Stralsund (1591), Hermannstadt (1598)
65 Vgl. CR. XII. S. 131.
66 Vgl. Ordnungen von Pommern (1535), Calenberg (1542), Göttingen (1542), Mecklenburg (1552), Brandenburg (1573), Kursachsen (1580) ...
67 Vgl. Melanchthon, Ph.: Loci theologici. In: CR. XXI. S. 546. 702. 986. 991. 1003.
68 CR. II. S. 710 / III. S. 224. 242.
69 CR. X. S. 992 ff.
70 CR. X. S. 1008 ff.
71 Knod, G.: Heidelberg in den Augen Wimpfelings. In: Zeitschrift für Geschichte des Oberrheins. Bd. 40 (N. F. Bd. 1). S. 322.
72 In: Weber, K. (Hrsg.): M. Phil. Melanchthon's Kirchen- und Schulordnung vom Jahre 1528. Schlüchtern 1844. S. 1–42 (Articuli de quibus egerunt per Visitatores [sic] in regione Saxoniae).
73 Vgl. ebenda. S. 21 und Anm. 15.
74 Ebenda. S. 25.
75 Nietzsche, F.: Menschliches, Allzumenschliches II. Bd. I. München 1990. S. 567.

6. Ausgestaltung der Schulen

Melanchthons Vision von der Humanisierung des Lebens erhielt dort realistische Züge, wo Schule als selbständige Lebensstätte zunehmend ethische und praktische Lebenshilfe zu geben vermochte. Zweckentsprechende Gebäude mußten in sich geschlossene Lebenswelten mit spezifischem Rhythmus und neuen Kommunikationsstrukturen aufnehmen. Unterricht, Repetitionen, interessengebundenes Lernen und Prüfungen sollten zielstrebige Bildung, Erziehung, Sozialisation und Enkulturation ermöglichen.

Die Ursprünglichkeit und Ganzheitlichkeit des angestrebten pädagogischen Prozesses war auf selbständige Lebensbewältigung gerichtet, die Privilegierung und Sicherung von Herrschaft als überkommene Motive nicht ausschlossen. Der subjektive Bildungsanspruch von Lehrenden und Lernenden weitete sich an der Schwelle zur Neuzeit zum Kraftfeld für Selbstverwirklichung und Weltorientierung und erreichte somit neue Dimensionen.

6.1 Formierung schulischen Lebens

Es war ein langwieriger Prozeß, allgewaltigen Bischöfen Aufsichtsrechte oder Gerichtsbarkeit zu entziehen und den Weg freizumachen für eine Subjektivität, die sich der gottgewollten und gottergebenen weltlichen Obrigkeit verpflichtete. Ausgerechnet *Melanchthon*, dem Mittler und Versöhner in der christlichen Bewegung, fiel es zu, *Luthers* Mühen um das Ordnen der kirchlichen und schulischen Belange Gestalt zu verleihen.

Die 1525 vom Kurfürsten *Johann dem Beständigen* (Regz. 1525–1532) angeordnete Visitation in Kursachsen entmachtete die Bischöfe. *Melanchthon* war es aufgetragen, durch den Entwurf der „Articuli de quibus egerunt per visitatores ..." (1527) und mit der „Instruktion für Visitatoren ..." (1528) Handlungsanleitung zur endgültigen Kirchentrennung in Sachsen zu geben. Sie sollte Symbolwirkung erhalten.

In Klostergebäuden wurden Schulen eingerichtet; Klosterbesitzungen dienten ihrer wirtschaftlichen Unterhaltung. *Melanchthon* half durch Schrift und Tat, so daß schulisches Leben nach und nach dem spätscholastischen Diktat entglitt und sich für ungebrochene christliche Lehren und antike Ideale in neuer Synthese öffnen konnte. Seine Schul- und Hochschulordnungen setzten unablässiges Leistungsstreben als höchste Ehre im schulischen Leben.

Es war *Friedrich Daniel Ernst Schleiermacher* (1768–1834), der *Melanchthons* Grundideen zur Formierung und Ausgestaltung des schulischen Lebens systematisierte und mit ethisch-strukturanalytischen, historisch-kulturellen, staatspolitischen und persönlichkeitspsychologischen Denkansätzen anreicherte. „Behütung, Unterstützung und Gegenwirkung"[1] sah er als die historisch gewachsenen, unverzichtbaren Säulen, auf denen schulisches Leben in sich ruhen müsse. Wir folgen seiner Analyse.

Erziehungspraktiken:

„Behütung" der Heranwachsenden in zweckdienlichen Einrichtungen war für *Melanchthon* eine erstrangige soziale Aufgabe, der er bei Visitationen besondere Bedeutung beimaß. In der Isolation von den Widrigkeiten einer aus den Fugen geratenen Zeit sollte Schule als Ort der Geborgenheit und Zuwen-

Bild 252: Porträt Melanchthons v. L. Cranach d. Ä. (1537), Staatl. Kunsthalle Karlsruhe

Bild 253: Friedrich Daniel Ernst Schleiermacher (1768–1834)

dung für Heranwachsende standesgemäße Sozialisation gewähren und für Begabte Standesgrenzen sprengen. Die Anforderungen an Bildung und sittliche Erziehung gereichten – so *Melanchthon* – der Schule dann zu Ehren, wenn Lehrer und Schüler ein hohes Maß an Selbstforderung durch Wetteifern um Leistung und Wahrnehmung gegenseitiger Verantwortung anstrebten.[2]

Der Tagesablauf entsprach den jahreszeitlichen Möglichkeiten und war ursprünglich durch Speisepläne und erforderliche Ruhephasen bestimmt. In der Regel folgten dem Frühstück Gottesdienst, Unterricht und Repetition; nach dem Mittagessen erteilte man wiederum Unterricht. An den Gelehrtenschulen sollte der Nachmittag vielerorts durch interessengebundenes Lernen und der Abend durch Unterweisungen der älteren für die jüngeren Schüler zusätzlich beansprucht werden. Hier blieb sehr bald ein Tag in der Woche dem interessengebundenen Lernen und den Prüfungen vorbehalten; der Sonntag gehörte Gottesdiensten, religiösen Feiern und religiösen Unterweisungen. Wenige freie Tage gab es zunächst nur im Zusammenhang mit Festtagen.[3] An den Elementarschulen auf dem Lande wurde Beschulung für Zeiten großer Arbeitsbelastung – etwa zur Ernte – ausgesetzt.

Selbsterziehung und Selbstbedienung waren von Anbeginn integrale Bestandteile melanchthonscher Erziehungsvorstellungen in allen Gliederungen des Schulsystems. Sie erlangten in den Landes- und Klosterschulen sehr bald regulierende Wirkung im schulischen Leben, die, über Jahrhunderte ausgebaut und perfektioniert, Bestand haben sollten. Ältere Schüler – Decurionen, später Inspektoren oder Assistenten genannt – übernahmen Aufsichtspflichten in allen Lebensbereichen (im Speisesaal, in Unterrichts- und Arbeitsräumen, in Schlafsälen, auf Schulhöfen und in Schulgärten ...).[4] In den Trivialschulen beaufsichtigten Auserwählte nicht selten das Verhalten der Mitschüler in allen Lebensbereichen der Stadt und erreichten somit, daß die Schulen vor ungewollten Einflüssen geschützt wurden.[5]

So sehr *Melanchthon* auch an die Obrigkeit appellierte, Schulen zu erneuern und einzurichten, mußte dennoch pädagogische Leistung und Faszination aus ihrer anziehenden Lebenswelt wachsen. Diese war weithin geprägt durch naturwüchsige Erziehungspraktiken, die das renaissancehumanistische Bildungsideal zu stützen vermochten. Eine Vielzahl von Schulordnungen belegt direkte Konsequenzen aus dem neuen Menschenbild für die „Behütung".

So ist beispielsweise dem Zusammenhang von geistiger und körperlicher Leistungsfähigkeit als eine Handlungsorientierung zunehmende Bedeutung beigemessen. Bewußte Hinwendung zum eigenen Körper über Pflege und Bewegung wurde nunmehr Bestandteil systematischen pädagogischen Denkens. Dabei gruppierten sich um den zentralen Begriff „Erholung" sehr bald Körperbewegung, Gesang und Deklamation.[6] Schulausflüge und ausgedehnte Wanderungen an unterrichtsfreien Tagen, sportliche Spiele (Laufen, Tanzen, Kegeln, Rudern, Jagen, Ringen, Fechten, Ball- und Reifspiele ...) sollten erstmals, an deutschen Schulen pädagogisch gelenkt, ausgleichende körperliche Bewegung schaffen. Grenzen bestimmte *Melanchthon* dort, wo vermeintliche Gefahren für Leib und Sitte bestanden: „Wir verbieten aufs strengste, aus väterlicher Liebe und mit väterlicher Autorität, daß die jungen Leute im Fluß baden. Die Eltern übertragen ihre Sorge auf uns Lehrer, auch ist der Behörde von Gott ihr Ansehen verliehen."[7] Fleißiges Baden im Elternhaus oder Alumnat hingegen wurde in der Folgezeit vielerorts angeraten.[8] Im Anhang von *Camerarius'* Schrift „Praecepta morum" finden wir eine bemerkenswerte Anleitung für turnerische Übungen, die auch Gesang einbezieht.

133

Luther regte in seinen „Tischreden" an, Musik über den Anspruch häuslicher Erholung hinaus zum Bestandteil des Tagesablaufs sich ordnender Schulen zu machen; so in Gottesdiensten, zu den Mahlzeiten bis zum regulären Gesangsunterricht in der Mittagszeit.[9] Auch die bezeichnete Schrift des *Camerarius* sprach den öffentlichen Declamationen und Disputationen besonderen Erholungswert zu. Vielgestaltige Themen reichten von theologischen (z. B. „Betraf das Leiden Christi nur seine menschliche Hülle?") über katechetische (z. B. „Darf man an Sonntagen arbeiten?"), historische (z. B. „Der Prinzenraub von 1457") bis zu philosophischen Problemen (z. B. „Besitzen Wörter an sich irgendeine Kraft?").

Über Reden in Versen und Prosa zu festlichen Höhepunkten im schulischen Leben fand schließlich das Theaterspiel als nützliches exercitium in die Schulordnungen Eingang. Selbstverfaßte Reflexionen über das aktuelle Leben und über Werke antiker Schriftsteller – bevorzugt waren *Homer* und *Vergil* – kamen in ständig steigender Zahl zur Aufführung.[10] Mit dem Theaterspiel hatten die Reformatoren einen Weg gefunden, selbstgewähltes und gewolltes geistiges Aktivitätspotential, Erholung und Lebensfreude in die Schule zu tragen. Melanchthonschüler bauten diesen Weg aus. Die Tradition wurde beispielsweise an der Zittauer Trivialschule vorbildlich gepflegt. Die Einrichtung hatte wohl zur Zeit ihres Rektors *Christian Weise* (1642–1708) diesbezüglich den höchsten Anspruch in der deutschen Bildungsgeschichte erreicht.[11]

„Behütung", so scheint es, stand beim schulischen Erneuerungswillen immer in Korrespondenz mit „unterstützenden" Praktiken für selbstbestimmtes Streben nach Eloquenz. Die Leistungsfähigkeit der Schule, zunehmend gemessen an den Persönlichkeitsqualitäten ihrer Absolventen, sollte Stolz und Verpflichtung anregen. Dabei kamen den Prüfungen und dem Selbsterziehungssystem besondere Bedeutung zu.

Bereits in den Elementarschulen bestimmte die latente Überprüfung der Kenntnisfortschritte vielerorts die „Localisation", eine Sitzordnung der Schüler nach den Leistungen. Gegenseitiges Abfragen, eine elementare Form des Leistungswettstreits, unterstützte das allgemeine Streben nach einem höheren Rang. Mit zunehmendem Alter bestimmten Prüfungen zum Wissen und Können persönliches Prestige, das in vielfältigen Belobigungen zum Ausdruck kam. Die Magdeburger (1553) und die Augsburger (1559) Schulordnung setzten dafür das Vorrücken in die nächsthöhere Decurie sowie Prämien ein. Laut Eßlinger Schulordnung (1548) erhielten die besten Schüler Anerkennung in Form von Geld, Büchern und Kleidung. Die Sächsischen Generalartikel (1557) weiteten Prämien auf die Zuwendung begehrter Speisen aus. Prüfungen nahmen auch Einfluß auf die Strukturierung des Selbsterziehungssystems. *Melanchthon* selbst bestimmte in seiner zeitweiligen schola privata für die leistungsfähigsten Schüler Ehrensitze bei Tisch; aus ihrer Reihe ernannte er seine Famuli. Präfekten, Inspektoren, Decurionen …, Lenker des Selbsterziehungssystems, erhielten ihre Legitimation aus vorbildlichen Prüfungsergebnissen.[12] Über begrenztes Strafrecht, aber vor allem über die persönliche Vorbildwirkung nahmen sie Aufsichts- und Kontrollpflichten wahr. Viele von ihnen erwarben über Lehrverpflichtungen für Gemeinschaften oder jüngere Schüler, über Hilfsdienste für Lehrer und über die Anteilnahme an deren Forschungen bereits in jungen Jahren bedeutendes pädagogisches Rüstzeug. An Gelehrten- und Hochschulen unterstützte der sich ausweitende Prüfungsbezug zu den Privatstudien selbstbestimmtes interessengebundenes Lernen und Studieren. Die aufgezeigten „behütenden und unterstützenden" Praktiken zur Neugestaltung des schulischen Lebens dürfen jedoch nicht jenen

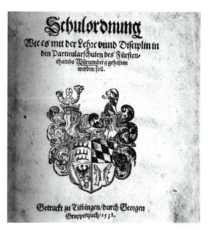

Bild 254: Herzog Ulrich v. Württemberg u. Teck erließ die „Neue Schulordnung", Tübingen 1538, für das Fürstentum Württemberg, die Verordnungen zu Lehre und Disziplin in den Particularschulen enthielt

Bild 255: Schulmeister von Esselingen, Heidelberger Manessische Handschrift, 13. Jhdt., links Unterricht der Mönche in der „inneren" Klosterschule, rechts Unterricht in der „äußeren" Schule

glorifizierenden, wirklichkeitsfremden Interpretationsmustern Aufwind geben, die in der „alten Schule" Sehnsüchte verwirklicht sehen, die heute begehrenswert, aber unerreichbar zu sein scheinen. Es waren zarte Pflänzchen auf kargem Boden, die sich noch lange Zeit gegen Zuchtmethoden aus finstersten Ecken des deutschen Mittelalters behaupten mußten.

Berichte aus der Schulwirklichkeit sowie Kirchen- und Schulordnungen belegen den überkommenen, zwar abgeschwächten, aber nach wie vor dominanten Einfluß von „gegenwirkenden" Praktiken im schulischen Leben des reformierten Schulsystems im 16. Jahrhundert. Die rauhe, in unseren Augen menschenverachtende mittelalterliche Gerichtsbarkeit, die Verwilderung öffentlicher Sitten infolge latenten Kriegsgeschehens, hatten Ordnung und Zucht in den Schulen beeinträchtigt. Zu ihrer Wiederherstellung bediente man sich der gängigen, strengen klösterlichen Methoden.

Die vorhandenen Einrichtungen der Klosterkomplexe und die Übernahme der Gerichtsbarkeit für die als Stiftung beigegebenen ehemaligen Klosterbesitzungen brachte nicht selten Verwaltungsjuristen, genannt Schösser, in die Leitungen der Schulen, die ob ihrer wirtschaftlichen Macht zunächst einflußreicher als die Rektoren waren. Sie unterschrieben neben dem Rektor die Abgangszeugnisse und regierten auch nach innen mit dem überkommenen Instrumentarium Karzer, Folter, Vertreibung ...[13]

In *Luthers* „Tischreden" finden wir wiederholt die Forderung, solche Marter aus den Schulen zu verbannen. In seiner Schrift „An die Radherrn ..." bat er, dafür zu sorgen, daß „jetzt nicht mehr die Hölle und das Fegefeuer in unseren Schulen, da wir immer gemartert sind ...", sei. Nachsichtiger Umgang mit einer weithin wildwüchsigen Jugend, die nur auf extreme Sanktionen zu reagieren gewohnt war, scheint jedoch in den Schulen sehr bald an ihre Grenzen gestoßen zu sein. Der gleiche *Luther* beklagte daher, besonders in seinen letzten Lebensjahren, oft resignierend Zuchtlosigkeit und Unsittlichkeit der Studenten.

Es war eine der großen Herausforderungen für den Schulmeister der Reformation, *Melanchthon*, diesen Balanceakt zwischen verführerisch einfacher Fremdbestimmung und humanistisch geprägtem Recht auf Selbstverwirklichung in mühseliger Kleinarbeit pädagogisch auszugestalten. Er mußte

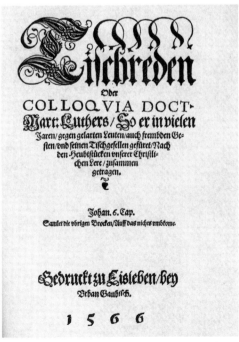

Bild 256: Martin Luthers „Tischreden ... Nach den Heubtstücken vnserer Christlichen Lere ...", Eisleben 1566

Bild 257: Gemälde Ph. Melanchthons aus der Werkstatt v. Cranach d. Ä. (1532)

ein Verständnis von Schulzucht fördern, das der im Zeitgeist gemarterten Realität entgegenwirkte und sich allmählich humanistischer Idealität annäherte.

Ph. Melanchthons Herzstück gegenwirkender Praktiken sollte die selbstbestimmte Gesetzgebung für das Zusammenleben aller am schulischen Leben Beteiligten sein. Der Universitätsrektor *Melanchthon* stellte nach 1538 fest: „Denn wir zweifeln nicht daran, daß viele unter den Studenten sind, die schon aus freien Stücken das tun, was unsere Gesetze von ihnen verlangen. Aber daneben haben einige so lockere Sitten, daß es den Anschein hat, als ob sie nicht bedächten, was sich für sie schickt."[14]

Es nimmt daher nicht wunder, daß Gesetzen als Handlungsvorschriften für das schulische Leben wachsende Bedeutung in den Schulordnungen zukam.[15] Sie sollten sichtbar ausgehängt und regelmäßig verlesen werden.

So wurde in der Konstituierungsphase protestantischer Schulen aus pädagogischen Zwängen heraus angebahnt, was die praktische Vernunft gebot, wohl wissend, daß eine allein auf Einsicht begründete Ethik das humanistische Streben nur partiell voranbringen konnte.

Die Einbeziehung von Schulgesetzen in Declamations- und Disputationsübungen zeugt vom Ausbrechen aus selbstangelegten Fesseln.

Wenn auch Schulgesetze aus unterschiedlichen lokalen Bedürfnissen entstanden waren, näherte sich jedoch ihre inhaltliche Struktur über Ländergrenzen hinweg. So wurde eingangs das ethische Selbstverständnis fixiert; allgemeine Verhaltensanforderungen wurden daraus abgeleitet (zum Beispiel Frömmigkeit, Gottesfürchtigkeit, Fleiß, Gehorsam, Ehrlichkeit, Rechtschaffenheit, Bescheidenheit, Ehrfurcht ...). Danach sind die Pflichten der Schüler gegenüber der Schule, den Lehrern, den Oberen, den Schuldienern sowie Verhaltensnormen im Unterricht und in der Freizeit aufgeführt;[16] Schülerämter sind ausführlich beschrieben.[17] Es folgen die Pflichten für Lehrer und Rektoren. Das Selbsterziehungssystem galt es, an der Einhaltung der Schulgesetze zu messen. Speisepläne und Unterrichtspläne begrenzten als Bestandteile der Schulordnungen die Freizügigkeit der Lehrenden und Lernenden.

So wurden allmählich subjektive Interessen und Statik eines schulischen Lebens koordiniert. Immer häufigeres Aufgreifen pädagogischer Erfordernisse des Renaissancehumanismus mußte auf Dauer Früchte tragen.

Um den vermeintlichen „Nährboden der Unzucht" zu begrenzen, trennte man bereits in den Elementarschulen die Knaben von den Mädchen[18], verbot das Lesen unerwünschter Schriften sowie den Umgang mit „verkommenen Menschen" oder die Teilnahme an Zechgelagen sowie an Glücksspielen in Wirtshäusern. Spezielle Kleiderordnungen geboten Sauberkeit und Bescheidenheit.[19] Waffenbesitz und Duellen begegnete man mit höchsten Strafen.[20] *Melanchthon* wurde nicht müde, auf die Folgen derartiger Laster zu verweisen, Schulen und Eltern auf ihre diesbezügliche Verantwortung zu verpflichten.[21]

Offensichtlich war jedoch die auf Humanität festgelegte milde Zucht keine hinreichende Reaktion auf eine rauhe Wirklichkeit. Dort, wo Gewöhnung an Gesetze durch Kontrolle nicht ausreichte, mußten Strafen mit ihren abschreckenden Wirkungen als regulierende Kräfte zur Stabilisierung des Gleichgewichts im schulischen Leben auferlegt werden.

Um überkommene Mißbräuche mit dem Symbol der Rute zu begrenzen, hatte man in den Schulgesetzen zunehmend einen abgestuften Strafkatalog und differenzierte Strafgewalt für Rektor, Lehrer und Schüler sowie das Verhältnis von Strafe und Vergebung verbindlich geregelt. In vielen Gesetzen waren Vergehen und Strafe in ein direktes Verhältnis gesetzt.

Es wird die Tendenz sichtbar, körperliche Folter durch zeitweiligen Ehr- und Freiheitsverlust zu ersetzen.

In den Magdeburger Gesetzen (1553) finden wir als Strafen „Tadel, Schimpf, Schläge, Geldbuße, Einsperrung, Entlassung". Die Strafe sollte dem Alter des Schülers angemessen und nach „Leichtsinn, Absichtlichkeit und Frechheit" bei Verfehlungen differenziert werden.

Während man in der Konstituierungsphase der sächsischen Fürstenschulen[22] und der süddeutschen Klosterschulen mittelalterliche Abschreckungsmittel zur Sühne von Vergehen – bis hin zur grausamsten Folter – nach wie vor einsetzte, breitete sich das melanchthonsche Maßhalten Magdeburger Prägung in den Trivialschulen sehr schnell aus.[23]

Auch Motive der Vergehen und Einsicht sollten zunehmend berücksichtigt, Abbitte gefordert und Wiedergutmachung ermöglicht werden. Strafen wurden in der Regel durch Lehrer, zuweilen auch durch Strafgerichte unter Leitung von Rektoren verhängt und nach den Anregungen des Heidelberger Pädagogiums (1565) nicht selten vor allen Lehrern und Schülern vollzogen. Ungerechtigkeit und Leidenschaft sollten bei der Suche nach dem Strafmaß ausgeschlossen bleiben.[24] In gut funktionierenden Selbsterziehungssystemen erhielten auch Inspektoren begrenzte Strafgewalt. Vielerorts wurden Strafen in einem Buch registriert.

Schon in den fünfziger Jahren des 16. Jahrhunderts finden wir eine Vielfalt leichterer Strafen, die von Ermahnungen, Drohungen, Tadel, Versagen von Anerkennung, Prestigeverlust über öffentlich zu tragende Schmachzeichen, Auswendiglernen von Gesetzen oder Texten bis zum Entzug von Mahlzeiten in Alumnaten reichten. Züchtigung und Folter wurden seltener. Als typisch kann die allmähliche Einschränkung gesundheitsschädigender Auswüchse angesehen werden. So verbot die Eßlinger Schulordnung (1558) dem Lehrer das „Kopfschlagen..., Tatzen, Schleppen, Maultaschen und das Haarrupfen ..., Umdrehen der Ohren, Nasenschnellen und Herüberbatzen ...". Für die Rute als Universalstrafmittel empfahl man „mäßigen Gebrauch". An einzelnen Einrichtungen wurde Kerker bei Wasser und Brot sehr bald ausgeschlossen. Nur auf Dauer Uneinsichtige sollten von der Schule verwiesen werden.[25]

Ein Überblick zeigt: die von *Melanchthon* pädagogisch ausgestaltete Synthese von Renaissancehumanismus und Protestantismus veränderte die Erziehungspraktiken von den dominant „gegenwirkenden" hin zu den „behütenden und unterstützenden". So schwächte sich der Mythos des allgewaltigen Schulmeisters in der Übergangszeit ab. Durch das Amt gesetzte Autorität lockerte sich zugunsten eines Berufsethos', das zunehmend auf Vorbild im Glauben, in der Lebensführung und in der Gelehrsamkeit baute.

Lehrer:

Das Spannungsfeld, in dem Lehrende an der Schwelle zur Neuzeit zu neuer Identität finden mußten, läßt ahnen, welche menschliche Größe und Selbstlosigkeit diesem Stande abverlangt wurde.

Melanchthon machte es sich zur Pflicht, *Luthers* Wertschätzung des Lehrerberufs unablässig von der Öffentlichkeit einzufordern. In einem Brief an *Bugenhagen* aus dem Jahre 1526 lesen wir: „Diese beiderlei Leute, als Lehrer und Richter, sind die Allerhöchsten auf Erden, nicht ihrer Person halben, denn so sind sie nur arme Menschen wie andere, sondern ihres Amtes halben, das ihnen Gott befohlen hat an seiner eigenen Statt." 1538 fügte er hinzu: „Ich weiß nicht, wie andere gesinnt sind, aber von mir kann ich das nicht rühmen, daß mir diese Schulvereinigungen und Zusammenkünfte aus vielen Gründen im höchsten Grade erfreulich sind. Denn es ist

Bild 258: Ehem. Großherzogliches Lehrerseminar in Heidelberg-Neuenheim, später Altbau der Pädagogischen Hochschule Heidelberg, in der heute nach gründlicher Sanierung vor allem die Erziehungs- und Sozialwissenschaftliche Fakultät einschließlich der Sonderpädagogik untergebracht ist

eine Freude, diese, wenn ich so sagen darf, Stützen des Staates zu sehen, sowohl die älteren, welche mit ihrer Einsicht und ihrem Ansehen bereits den Staat regieren, als auch diese Blüte der Jugend, welche die Zukunft regieren soll."[26] Das 1542 in einem Brief an *Sturm* formulierte Bekenntnis kann wohl als Credo ut intelligam gelten: „Denn gibt es was Nützlicheres, ich füge auch hinzu, was Rühmlicheres, als die Herzen der Jugend mit der Heilslehre von Gott, von der Natur der Dinge und mit guten Sitten zu erfüllen? Das ist das Licht des Lebens."[27] Bereits 1537 hatte er *Camerarius* gegenüber bedauert: „Ich bin der Meinung, daß diese Art des Lebens [als Lehrer – d. Verf.] hochheilig, für den Staat sehr nützlich ist. O daß doch die Zeiten mich davon nicht abhielten!"[28]

Realistisch sah *Melanchthon* die Bedrängnisse des Lehrerdaseins in einer Zeit, die Riesen an Menschlichkeit zeugte und diese zugleich mit Verachtung strafte. Kaufleute ohne hinreichende Bildung und „jene Halbgötter, welche an den Höfen herrschen", brächten den Lehrern ungerechterweise nur Spott, Haß und Verachtung entgegen.[29] Mühsam sei ein solches Leben, das selbst dem Tüchtigsten mehr abverlange als einem „Mühlesel". „Sklaven" seien zu beneiden gegenüber den gesundheits- und geisteszerstörenden Kräften des Lehrerberufs.[30]

Das geringschätzige Ansehen des Lehrerberufs in den reformierten Landen, eine Nachwirkung des verabscheuten mittelalterlichen Lehrerbildes – man sah im Lehrer noch immer den Halbgebildeten mit gierigem Zugriff auf fette Pfründe – machte es nicht leicht, neue Erziehungsideale vorzuleben. So war *Melanchthons* Leben begleitet vom Kampf um die Anerkennung des Lehrerberufs. Die Differenzierung dieser Berufsgruppe nach Vorbildung und Tätigkeitsmerkmalen sollte eine mühsame Wegstrecke ihrer sozialen Aufwertung werden.

Lehrer an den Elementarschulen waren **Küster oder Handwerker**. Sie hatten den Katechismus und die elementaren Kulturtechniken – Lesen, Schreiben und Rechnen – zu lehren. Als Gehilfen des Ortspfarrer sollten beispielsweise Küster ursprünglich neben dem Verrichten von Kirchendiensten Kindern den Katechismus vorlesen und sie Kirchenlieder lehren.[31] Die Anforderungen erhöhten sich besonders in den Städten sehr bald, als von ihnen „Unterricht für kleine Kinder an deutschen Schulen"[32] und Lehre im „Buchstabieren, Lesen und in den Anfangsgründen des Lateinischen"[33] an den Trivialschulen erwartet wurde. Das solchermaßen ausgeweitete Berufsprofil erforderte nunmehr elementare Bildungsvoraussetzungen für den Küster: „Es sollen Kirchner oder Glöckner, vom Richter, [von] Kirchenräten und Ältesten aus der Gemeinde mit Vorwissen des Pfarrherrn gewählt und fürders dem Konsistorio präsentiert und zugeschickt werden, welche ihn verhören, und da er im Examen geschickt befunden, zum Amt confirmieren und bestätigen sollen."[34] In Württemberg hatten Gemeinden die ausgewählten Küster den Kirchenräten vorzuschlagen:

„Die haben ihrerseits Befehl, einen jeden, so ihnen dermaßen zugeschickt, zu examinieren und zu erlernen, ob er selbiger Schule vorstehen möge und mit Nutzen und Wohlfahrt der Schuljungen zugelassen sei oder nicht. Und keinen confirmieren und einlegen denn zuvor seine gute Kundschaft und Zeugnis seiner Geburt, ehrlichen Lebens und Wandels vor, sei auch in Religionssachen nicht irrig, sektiererisch oder abergläubisch, sondern der reinen, wahren, christlichen, der Augsburgischen, Unserer Konfession [zugetan]; verstände den Katechismus und wisse denselben der Jugend verständlich vorzugeben und sie darin einfältiglich zu unterweisen. Und habe guten Verstand und Bericht, die Kinder mit Buchstaben und Syllabieren, Lesen und Rechnen, genugsamlich und nützlich zu lehren. Dazu mache eine ziemliche, leserliche Handschrift, könnte auch dieselbe der Jugend mit Nutzen vorgeben ..."

Vorschriften zur Amtsführung des Lehrers sollten Kompetenzstreitigkeiten mit Pfarrherrn mindern, die immer zu Lasten des schulischen Lebens ausgetragen wurden. Die gleiche Kirchenordnung (1559) bestimmte beispielsweise, „worauf ein jeder deutscher Schulmeister, der keine lateinische Schule anhangen hat, Promission und Pflicht thun soll ...: Erstlich, daß er sich dieser Unser Ordnung und seines Amtes jederzeit fleißig und zum Besten erinnern und berichten, was ihm alleweg in ihm thun oder zu lassen sei.

Und dann, daß er auch solle und wolle vermittels göttlicher Gnaden die ihm befohlene Schule und untergebenen Schulkinder mit allem treuen Fleiß regieren und der Jugend mit züchtigem, ehrbarem nüchternem Leben vorstehen.

Keine Stunde in der Schule gefährlich oder ohne erhebliche Ursache unterlassen, sondern selbst zu rechter Zeit in der Schule sein und alles jenige mit Lehren und in anderen Wegen, wie ihm die Ordnung auferlegt, mit Fleiß verrichten.

In den Strafen kein Übermaß oder Zorn gebrauchen, sondern mit Maß und wie die Ordination aufweist, die Kinder zum Lernen und zur Disziplin anhalten.

Den Katechismus, Kirchengesang und das Gebet mit allen Treuen und Eifer der Jugend einbilden, mit ihnen üben und sie dessen unterrichten.

Auch seines Diensts wegen seinen verordneten Superintendenten, Pfarrherrn, Amtmann und Gericht als ein getreuer Diener gewärtig und gehorsam sein, Unsern und des Fleckens, auch Schule Nutzen und Frommen mit allem Fleiß fördern, Schaden und Nachteil seines Vermögens wahren und wenden.

Und so sich in Zeit seiner Dienste einige Irrung zwischen ihm und Unsern Unterthanen oder Zugewandten zutrüge, wohin er von Uns beschieden würde, Recht geben und nehmen, und sich Rechts in Unserm Fürstenthum sättigen und begnügen lassen ohne ferner Appelieren.

Auch von der Schule nicht verreisen oder gar abkommen ohne Erlaubnis des Gerichts und Superintendenten.

Da er auch von seinem Dienst abstehen wollte, solchen ein Vierteil Jahres davor kündigen, damit man beizeiten einen andern bekommen möge.

Auch sich nicht hintanthun, er habe denn Unsere Unterthanen, welchen er schuldig worden, bezahlt oder zur Genüge sonst versichert und den Willen gemacht.

Und in alleweg der Ordination und was er von Unsertwegen durch die Superintendenten und Pfarrherrn beschieden, demselben geleben und nachsetzen.

Darauf soll er dem Amtmann im Beisein des Pfarrherrn und Gerichts bei Hand gegebener Treue solches alles zu halten und dem nachzukommen, an Eides Statt promittieren und Pflicht thun, getreulich und ungefährlich."[35]

Wer in Ortsschulgeschichten nachliest, wird feststellen, daß derartige öffentliche Prüfungen in den deutschen Territorialstaaten allmählich Handwerker, fahrende Schüler oder Scharlatane aus dem Küsteramt verdrängt haben. Schulmeister, die aufgrund der Schulgröße Hilfslehrer (Provisores oder Collaboratores) beschäftigten, sollten alsbald den Besuch einiger Semester an der Artistenfakultät nachweisen.[36] Taugliche, fromme sowie gelehrte Küster und Schulmeister mußten fest angestellt als auch sozial abgesichert werden, wenn Schule als beständige und leistungsfähige Zufluchtsstätte für Selbstverwirklichungsbegehren der Jugend Anerkennung finden wollte. Elementarlehrer lebten von Schulgeld und Naturalien gutsituierter Eltern. Mancherorts kam ein vierteljährlicher Obulus aus dem Gemeinen Kasten hinzu.[37] Erträge aus Dienstleistungen bei Hochzeiten und Beerdigungen ergänzten den kargen Unterhalt. Der Unterrichtsraum war zunächst Bestandteil der Dienstwohnung. Sie konnte in der Regel mietfrei genutzt werden.

Auf ähnliche Art bestritten dort, wo Mädchenschulen eingerichtet worden waren, die Schulmeisterinnen ihren Unterhalt. Man gewährte ihnen ebenfalls freies Wohnen, einen Sold aus dem Schatzkasten, das Schulgeld, zuweilen Feuerholz und Abgabenfreiheit.[38] Analog der Leisniger Kastenordnung (1523) forderte man vielerorts die Arbeit „ehrlicher, betagter, untadeliger Weibspersonen" an den Mädchenschulen. Sie sollten „geschickte Matronen", dem „Evangelium verständig und von gutem Gerücht" sein.[39] Anfangs versahen die Frauen der Pfarrer und Küster dieses Amt, ohne daß von ihnen hinreichende Vorbildung verlangt worden wäre.[40]

Lehrer an Trivialschulen, **Praeceptores** genannt, sollten christliche und gelehrte Männer sein, die einige Zeit auf der Universität verbracht hatten. Latein, zuweilen

Bild 259: Holzschnitt aus der Chronik v. Köln (1449), Handwerksberufe, Händler … darstellend

Bild 260: Mädchenschule (17. Jhdt.), Kupferstich v. Abraham de Bosse (1605–1678)

Bild 261: Schulmeisterin beim Unterrichten, Kupferstich (1577) v. Jost Amman

Kenntnisse im Griechischen und Hebräischen, wurden von Superintendenten, Pastoren oder „Oberschulmeistern" überprüft, bevor eine Anstellung erfolgte.[41] Schriftliche Zeugnisse über das Vorleben, über Studien und bisherige Lehrtätigkeit waren sehr oft Zulassungsvoraussetzungen für die Anstellungsprüfung geworden.[42] Zunehmend wurden erfolgreiche Universitätsstudien Bedingung für die Berufsausübung. In den Kirchenordnungen von Braunschweig (1528), von Hadeln (1544) ..., ebenso im Heidelberger Pädagogium (1565) forderte man, der Bewerber für die niederen Klassen solle den Baccalaureusabschluß, der für die höheren Klassen den Magisterabschluß nachweisen. Die folgerichtige Prestigeerhöhung der Lehrer in der Oberklasse bedeutender Trivialschulen zeigte sich auch in der Verleihung des Professorentitels, der ansonsten nur an Gelehrtenschulen und Universitäten üblich war. Nicht wenige Trivialschulen folgten den neuen Gelehrtenschulen in Sachsen und Süddeutschland, indem sie ihr Programm auf die Studienvorbereitung einengten.

Gegen Ende des 16. Jahrhunderts mehrten sich Einrichtungen mit gezielter Lehrerbildung nach dem Vorbild: „Vom Seminario Ecclesiae, das ist, welcher Maßen bei den Kirchen und Schulen solche Personen mögen aufgezogen werden, die man künftig zu Kirchen- und Schuldiensten nützlich möge gebrauchen."[43] Wenige gut fundierte Collegien für die Ausbildung von Pfarrherrn und Lehrern sollten dem Begabtenpotential sozial schwacher Schichten eine akademische Berufsausbildung ermöglichen; so in Marburg (ab 1526), Tübingen (ab 1536), in Heidelberg (ab 1555) ... In dieser Tradition vergingen jedoch noch 150 Jahre, bevor die Seminaridee breite Resonanz in der Volksschullehrerbildung fand.

Luthers Auffassung, unter anderem in der Schrift von den „Konziliis" dargelegt, wonach „keiner zu einem Prediger erwählet würde, er wäre denn zuvor Schulmeister gewest", führte zunächst dazu, daß Praeceptores, Professores et Collaboratores theologische Bildungsgänge durchlaufen hatten. Das stressige Schulamt wurde folgerichtig nicht selten als Bewährungszeit für das einflußreichere und einträglichere Pfarramt betrachtet. Einige Ordnungen[44] bestimmten sogar, daß die Prediger aus dem Kreis der theologisch vorgebildeten Lehrer ausgewählt werden sollten. Damit waren zugleich latente Auseinandersetzungen zwischen Kirchen- und Schulmännern vorprogrammiert.

Protokolle und Briefe zeugen vom Fortbildungsbegehren derart unterschiedlich vorgebildeter Lehrer an den Trivialschulen. Lehrerkonferenzen, Pfarrsynoden, Synoden, Disziplinarverhandlungen, Disputationen zu Methode und Disziplin in den Schulen waren erste Organisationsformen der Fortbildung, die in Kirchen- und Schulordnungen Rechtsverbindlichkeit erhielten.[45] Die gehobenere Stellung der Praeceptores zeigt sich auch in größeren Einnahmen gegenüber den Schulmeistern. Schülerzahlen und Schulgeld waren an den Trivialschulen höher; der Anteil zahlungskräftiger Eltern war es gleichermaßen. Bücher wurden zunehmend aus dem Stadtsäckel gezahlt. Freitische bei reichen Bürgern und mehrmalige obligate Geschenke, beispielsweise zu den Festtagen, hoben ihren sozialen Status sichtlich.[46] Verheiratete Lehrer waren angehalten, über Privatstunden Nebeneinnahmen zu erzielen; die Zahl der Privatschüler wurde jedoch meist begrenzt, um dem Auswuchern dieses Tätigkeitsfeldes einen Riegel vorzuschieben.[47] Praeceptores und Professores nahmen Schüler in Pension – so auch *Melanchthon* – und machten solche „Privatschulen" zu ersprießlichen Einnahmequellen.

Um den Lehrer totzdem vorrangig an seine schulischen Aufgaben zu binden, wurden ihm Gemeinde- und Kirchendienste erlassen sowie „Handwerkelei, Advocieren, Arznei- und Prozeßkrämerei ..." verboten.[48] Gemeinde- und Gerichtsschreibereien waren von diesen Verboten meist ausgenommen. Anfänge der Kranken- und Altersversorgung stützten Dienstgefälligkeit und wachsendes Selbstvertrauen der Trivialschullehrer.[49] Ihr Wirkungskreis in der Schulgemeinschaft gewann an humanistischen Zügen.

Die **Professoren** an den Gelehrtenschulen, welche nach und nach Artistenfakultäten ersetzten, hatten in der Regel den Magisterabschluß der Theologischen Fakultät. Sie wurden meist von Universitäten an Schulen vermittelt, über die diese Visitationsrechte ausübten. *Melanchthon* war bei Stellenbesetzungen ein vielbegehrter Ratgeber in allen reformierten Landen.

Nicht wenige der in der zweiten Hälfte des 16. Jahrhunderts gegründeten Gelehrtenschulen waren ähnlich den Universitäten in säkulari-

Bild 262: Bildnis Ph. Melanchthons im Talar nach L. Cranach

sierten Klöstern eingerichtet und durch eine Stiftung unterhalten worden. Lehrer lebten zunächst gemeinsam mit Schülern, Verwaltern und Bediensteten in wenig veränderten Klosteranlagen. Gerichtsbarkeit und Zölibat wurden auf die Schulen übertragen. In Sachsen war der Besitz säkularisierter Klöster an den Staat gefallen. Hier gelang es erstmals, große Teile davon in Stiftungen zum Unterhalt von Schulen zu verwenden. Die 1543/50 gegründeten Fürstenschulen sollten Modellwert für das sich entwickelnde Gelehrtenschulwesen erhalten. Selbstherrliche, vom Hof bestellte Verwalter reglementierten hier anfangs die Lebensweise so, daß Rektoren und Lehrer gedemütigt und entehrt die Schulen nach kurzer Zeit wieder verließen. Erhoffte Leistungsfähigkeit hielt sich zunächst auch durch apädagogische Systeme extremer Fremdbestimmung und adäquates Aufbegehren verrohender Schulgemeinschaften in Grenzen.[50] Erst *Melanchthons* direkter Einfluß über Visitationen bewirkte allmählich Kontinuität bei der Grundlegung der pädagogischen Prozesse in Sachsen. Mit *Camerarius'* Hilfe gelang es ihm, über den Einsatz bedeutender Humanisten als Rektoren und Lehrer mit angemessener Bezahlung, freier Unterkunft und Versorgung, den angestrebten Bildungsanspruch zu erreichen und einmalige Lebensgemeinschaften als faszinierende Modelle aufzubauen. Unzählige Briefe zeugen von seiner Hilfe beim Ausbrechen aus der mittelalterlich-klösterlichen Lebensweise. Allein der Briefwechsel mit dem Kurfürsten *August* (Regz. 1553–1586) im Sommer 1557 zur Beseitigung des Zölibats, das in Sachsen für Rektoren 1558, für Lehrer erst 1679 aufgehoben wurde, belegt *Melanchthons* maßgeblichen Einfluß auf die Konstituierung des hochschulvorbereitenden Unterrichts. Es bleibt wohl sein Verdienst, daß, von Eisleben und Nürnberg ausgehend, renaissancehumanistische Ideale vor allem in ehemaligen sächsischen und süddeutschen Klöstern sehr bald dauerhafte Heimstätten fanden, die ihrerseits das deutsche Geistesleben der folgenden Jahrhunderte maßgeblich beeinflußten. Mit welcher praktischen Vernunft und Akribie *Melanchthon* diesen Schultyp auszugestalten half, zeigt sich nicht zuletzt in der angestrebten Stellung des Lehrenden inmitten der Schulgemeinschaft.

Nach ursprünglichen Anregungen des sächsisch-albertinischen Rates *Georg v. Kommerstadt* und von *Rivius* eingerichtet, erhielten die Schulen in Meißen und Pforte bereits 1546 eine „Forma disciplinae ..."[51], die *Melanchthons* Entwürfe zur schulischen Lebensweise zusammenführte. Sie gab der Selbstverwirklichung mit hohem ethischem und geistigem Anspruch eine zeitgemäße Chance. Aus *Fabricius'* Feder, Rektor in Meißen, stammt der Entwurf, *Camerarius* redigierte

Bild 263: Georg Fabricius, Rektor der Fürstenschule zu Meißen, nach einem anonymen Stich (Zeitschrift Musik in Geschichte und Gegenwart 3(1954))

ihn und gab ihm im Auftrag der revidierenden Universität Leipzig verbindlichen Charakter. Nach dieser „Forma disciplinae …" wirkte der Lehrer in der Schulgemeinschaft als Vorbild an Gelehrsamkeit, Fleiß und väterlicher Hinwendung gegenüber den Schülern. Er lebte in den engen Klosteranlagen unter den Schülern und half ihnen, ihre Kräfte in einem sich ständig vervollkommnenden Selbsterziehungssystem zu erproben. Als Tutoren vertrauten ihnen Eltern ihre Kinder an. Beliebte Tutoren regulierten die Entwicklungsprobleme von mehr als 20 Schutzbefohlenen durch Aufsicht, Beratung und Hilfe.

Das Prestige der Lehrer an den Fürstenschulen war an ihr wissenschaftliches Engagement gebunden; begabte Schüler nahmen Anteil und konnten von daher sehr zeitig beachtenswertes forschungsmethodisches Rüstzeug erwerben. Ordinariate für die Fachklassen wurden nach wissenschaftlichen Leistungen vergeben. Der Auswahl von Rektoren maß man besondere Bedeutung bei. *Fabricius* in St. Afra Meißen und *Johann Gigas* (gest. 1581) in St. Marien ad Portam waren Gründungsrektoren von humanistischer Gelehrsamkeit, die Lehrfreiheit und die Einheit von Lehre und Forschung zu unveräußerlichen Grundsätzen des schulischen Lebens machten. So wurde die Lücke zwischen mittlerer und universitärer Bildung sehr bald geschlossen, zuweilen mit außergewöhnlichem Anspruch und auf Dauer; die Universitäten konnten entlastet werden. Rektor, Conrektor, Tertius, Pastor und Cantor unterrichteten täglich maximal zwei Stunden, so daß hinreichend Zeit für interessengebundenes Forschen blieb, in das Schüler mit zunehmendem Alter eingebunden wurden.

In der Zeit des schweren Anfangs in Schulpforte beispielsweise, kann folgende Begebenheit für den Rang stehen, den die Humanisten diesem neuen Schultyp zumaßen: nachdem *Gigas* ein hohes kirchliches Amt in Freistadt übernommen hatte und auch der Conrektor *Cyriakus Lindemann* (1516–1568) nicht mehr an der Schule weilte, führte *Camerarius*, wohl in Absprache mit *Melanchthon*, seinen Amtsbruder, den 34jährigen Dekan der Philosophischen Fakultät von der Universität Leipzig, *C. Landsiedel,* als Rektor ein. Nach dessen Rückkehr an die Universität Leipzig – er blieb drei Jahre in Schulpforte – wurde er sehr bald auch hier zum Rector magnificus gewählt.

Bild 264: M.J. Gigas, erster Rektor der Churfürstlich-sächsischen Landesschule (Kloster St. Marien ad Portam) von 1543–1545

Ein Überblick über die Begründung der neuen Gelehrtenschulen in Sachsen als Modelle für den protestantischen deutschsprachigen Raum läßt erkennen, daß hier neuartig-faszinierende Lebensweise durch kämpferische und gelehrte Humanisten angebahnt worden ist. *Melanchthon* im Verein mit *Camerarius* und *v. Kommerstadt* bewegten den Kurfürsten, nicht nur bedeutende Lehrer zu berufen, sondern diese auch mit einem hohen Sozialstatus auszustatten. Im Gegensatz zu den Elementarschullehrern wurden sie alsbald vorzüglich untergebracht, kostenlos versorgt und gekleidet, mit Büchern, Forschungs- und Lehrfreiheit versehen. Hinzu kamen Gehälter, die manche Universitäten nicht zahlen konnten. Universitätsprofessoren zog es immer öfter an diese Einrichtungen; die anfängliche Fluktuation von Lehrern konnte folglich überwunden werden. Einmalig beständige Traditionen bildeten sich heraus. Absolventen trugen den neuen Geist aus klösterlicher Enge und sorgten für Nachgründungen; so im Franziskanerkloster Hof (1543), im Prämonstratenserkloster Ilfeld (1550), im Zisterzienserkloster Walkenried (1557), im Nonnenkloster Donndorf (1561), im Augustinerkloster Erfurt (1561), im Grauen Kloster Berlin (1574) … Zu den Neugründungen von Gelehrtenschulen gehörten auch die evangelischen Klosterschulen in Württemberg, obwohl die Ausgangssituation und ihre pädagogische Grundlegung wenig Analogien zu den sächsischen Fürstenschulen aufwiesen.

Die Gründung der evangelischen Klosterschulen in Württemberg geht auf den Beginn der Reformation in diesem Lande (1534) zurück. Die unter dem 1487 geborenen Herzog *Ulrich* (Regz. 1498–1550) säkularisierten Klöster wurden infolge des Augsburger Reichstages 1548 jedoch an die Orden zurückgegeben. Nach dem Augsburger Religionsfrieden (1555) unter Herzog *Christoph* (Regz. 1550–1568) konnten Klöster endgültig protestantische

Bild 265: Herzog Ulrich von Württemberg u. Teck (Regz. 1498–1550), Holzschnitt (1520)

Bild 266: Herzog Christoph v. Württemberg u. Teck (Regz. 1550–1568), Graphische Sammlung der Württembergischen Staatsgalerie Stuttgart

Bild 267: Benediktinerklöster Alpirsbach und Hirsau: (1) Rekonstruktionszeichnung (1929) des Klosters Alpirsbach v. G. Fehleisen; (2) Kloster Hirsau (Erbauung 1082–1091) und Renaissancejagdschloß (Erbauung 1592) vor und nach der Zerstörung 1692 (heutiger Zustand)

143

kirchliche Einrichtungen werden. Ihre Besitzungen fielen nicht – wie in Sachsen – an den Staat. Sie wurden der neuen Zweckbestimmung direkt zugeschrieben. 13 der großen Klöster nahmen evangelische Schulen auf: die Benediktinerklöster Alpirsbach, Anhausen, Blaubeuren, Hirsau, Lorch, Murrhardt und St. Georgen; die Zisterzienserklöster Bebenhausen, Herrenalb, Königsbronn und Maulbronn; das Prämonstratenkloster Adelberg sowie das Kloster des Ordens des Hl. Grabes in Denkendorf.[52]

Die Schulen unterstanden kirchlicher Aufsicht, pflegten klösterliche Traditionen und folgten den pädagogischen Vorstellungen des Reformators *Johannes Brenz*, „Syngramma Suevicum" (1525), zur Ausbildung von Theologen.[53] Als Propst von Stuttgart und Herzoglicher Rat bestimmte er die Inhalte der Württembergischen Klosterordnung von 1556, das Gründungsdokument dieser Gelehrtenschulen, und visitierte ihre Grundlegung unermüdlich. Unter seinem Einfluß entstanden auch die Pfalz-Zweibrück'sche (1557) und die bedeutende Württembergische Kirchenordnung (1559). Sein Katechismus (1527), die Vorrede zu *Melanchthons* Katechismus (1543) und seine Rhetorik zeugen von breitem pädagogischem Engagement.

Valentin Vannius (*Wanner*, gest. 1568), 1557 zum Superintendenten an das Pädagogium im Kloster Maulbronn berufen, ist einer der Fortsetzer des Erbes von *Brenz*. Sein Curriculum war um die Bibel und *Melanchthons* „Loci" gruppiert. Lehrer sollten sich als gelehrte Theologen verstehen und in der Lage sein, den Bildungsinhalt sowohl der Unteren Klosterschule – sie reichte bis zur Quarta – als auch der Oberen Klosterschule – sie führte zum Baccalaureat – durch Humaniora zu stützen. Der Reformator *Brenz*, wie *Melanchthon* aus der humanistischen Tradition stammend, und der Theologe *Vannius* bereicherten damit das Streben nach einer eigenständigen Gelehrtenschule in Süddeutschland. Es bleibt zu registrieren, daß das Berufsethos von Lehrern dieses neuen Schultyps Gelehrtenschule im Norden viel öfter dem melanchthonschen Bild folgte, welches Reformation und Renaissancehumanismus als untrennbare Geschwister ansah.

Melanchthons Vorstellungen vom neuen Ethos des Lehrers stammen nicht nur aus dem akademischen Raum. In seiner Privatschule, die zehn Jahre Bestand hatte, müssen sich Kindheitserlebnisse angereichert und Einfühlungsvermögen in das praktisch Mögliche herausgebildet haben. Ein Motiv für die Gründung seiner schola privata war die mangelhafte Vorbereitung des Studiums durch die Trivialschulen;[54] ein anderes wird das Bemühen um die Aufbesserung des kärglichen Gehalts des 27jährigen gewesen sein. 1524 beschrieb er die wirtschaftliche Bedrängnis in einem Brief an *Spalatin*: „Weder aus den Privatvorlesungen noch sonstigen Arbeiten hatte ich bei dieser allgemeinen Teuerung große Einnahme, und nur mit Mühe bringe ich die Ausgaben auf, indem ich schmutzige Knickerei vermeide, die meinem Wesen und meiner geistigen Anlage vollkommen fremd ist. Doch wende ich in meinem Hauswesen die größte Sorgfalt an, um nicht Schulden machen zu müssen, und meine Haushaltung wird mehr durch meine Sorgfalt als durch die Größe meines Einkommens aufrecht erhalten ... Möglicherweise könnte ich im Überfluß schwimmen, wenn ich aus der Theologie ein Geschäft machen wollte; aber ich werde das unter keinen Umständen thun. Du kannst dir aber von meiner Peinlichkeit in Geldangelegenheiten daraus einen Begriff machen, daß für meine Frau seit meiner Verheiratung [vor vier Jahren – d. Verf.] kein neues Kleid gekauft werden konnte ... Ich hatte den Wunsch, meinen Kindern ein kleines Vermögen zu hinterlassen, wenn es auf ehrliche Weise erworben werden könnte. Jetzt sehe ich ein, daß in so schlechten Zeiten jenen außer dem traurigen und leeren Ruhm meines Namens und dem bißchen Bildung nichts übrig bleibt."[55] Wie später viele Lehrer an Gelehrtenschulen nahm er Kinder zahlungskräftiger Eltern in sein Haus und bereitete diese auf das Studium vor. Seine treffliche Auswahl des Bildungsinhalts stützte er durch Lehrmittel für selbständige Arbeit der Schüler, die systematische Befähigung für das Studieren zum Gegenstand hatten, als da waren: die Sammlung von Bibeltexten und Gebeten in zwei kleinen Schulbüchern, die überschaubaren, didaktisch meisterhaft angelegten Lehrbücher „Enchiridion elementarum puerilum" (Wittenberg 1524) und „Institutio puerilis literarum Graecarum" (Hagenau 1525). Regelmäßiges Theaterspiel der Schüler war wichtiger Bestandteil seines Bildungskonzepts. *Melanchthon* bearbeitete Dramen und Komödien von *Plautus, Terenz, Seneca, Euripides* für solche Aufführungen[56] und stellte ihnen belehrende Prologe voran.⁵⁷ Auf das allgemeine Ziel – sachkundige Beredsamkeit – hatte er in seiner Privatschule auch die Binnengliederung der Schülergemeinde ausgerichtet. Titel (Rex poeticus in convivio oder rex sodalitii) und Ehrensitze bei Tisch stimulierten nachhaltig.⁵⁸

Obwohl wachsende Reiseverpflichtungen nach zehn Jahren zur Auflösung der Schule führten, zeugen Visitationsberichte von der Reichweite dieses melanchthonschen Experimentierfeldes. Durch einige seiner Schüler, wie *Julius* aus Wolfenbüttel, Vizekanzler *Franz Burchard* (1504–1560), *Erasmus Ebner, Joachim Camerarius, Georg Sabinus* (1508–1560), Schwiegersohn *Melanchthons*, ... wurde das pädagogische Engagement ihres großen Lehrers in viele deutsche Schulen getragen.

Melanchthons Bild vom Lehrer in den reformierten Hochschulen baute auch auf Leistungen der überkommenen Scholastik. Zeitlebens stand er zu seinem Heidelberger Lehrer *Pallas Spangel* (ca. 1445–1512) und zu Tübinger Scholastikern – seinen Lehrern und Kollegen, die sich tolerant für humanistische Denkweisen öffneten. Fern jeder Euphorie ließ sich der junge Wittenberger Professor nicht von den Stürmen berauschen, die den Schönheitssinn und Geistesadel der Antike in den Dienst der Zerstörung der hierarchischen Weltordnung stellten und der Theologie an sich als Feinde gegenübertraten.

Als Humanist blieb ihm der Jurist und Sprachwissenschaftler *Reuchlin* Leitbild. Jener hatte das Hebräische im Kanon humanistischer Bildung vehement verteidigt und sich öffentlich zur Satire „Epistolae obscurorum virorum" – eine Abrechnung mit den Spitzfindigkeiten eines halbgebildeten, lüsternen und hochmütigen Mönchtums – bekannt. *Melanchthon* stellte sich unerschrocken auf die Seite seines durch alle kanonischen Instanzen gejagten Oheims und engagierte sich in der dadurch ausgelösten Flugschriftenliteratur. Seine Mitarbeit an den Dunkelmännerbriefen, gerichtet an den orthodoxen Dominikanermönch *Ortninus Gratius* (1481–1542), der an der Kölner Hohen Schule lehrte, belegt, daß er das Ethos des Hochschullehrers jenseits der mittelmäßigen Gelehrsamkeit suchte, die auch das Öffnen der Lehre für neue Erkenntnisbereiche ausschloß.

Starker Einfluß auf *Melanchthons* Hochschullehrerbild ging von *Erasmus* aus. Dieser hatte

Bild 268: Südansicht des Heidelberger Schloßhofs 1683 vor der Zerstörung, nach einem Stich v. Ulrich Kraus (1683), Städtische Sammlungen Heidelberg

Bild 269: Namensgebung Melanchthons durch Reuchlin (15. März 1509), Johannes Reuchlins handschriftliche Widmung einer griechischen Grammatik auf dem aus seinem hebräischen Lehrbuch eingeklebten Wappen, Universitätsbibliothek Uppsala

bereits 1508 in seinem Lob der Torheit schonungslos mit den Gebrechen seiner Zeit abgerechnet und geglaubt, daß die Kirche imstande sei, sich mit humanistischem Instrumentarium zu reformieren. Ungeachtet des Streits zwischen *Erasmus* und *Luther* suchte und fand *Melanchthon* bei *Erasmus* jene Tugenden wie die Suche nach Selbstverwirklichung, Ehrlichkeit und Toleranz durch die Verinnerlichungswürdigkeit antiker Vorbilder. *Erasmus*' Optimismus – „Unsterblicher Gott, was für ein Jahrhundert sehe ich in Kürze kommen! Wenn es doch gelänge, wieder jung zu werden"[59] – muß den jungen Hochschullehrer *Melanchthon* gefesselt und nie wieder losgelassen haben.

Wenn auch die Vielfalt der Einflüsse auf das Hochschullehrerbild des jungen Universalgelehrten, dessen berufliches Selbstverständnis hier nur angedeutet werden kann, schwerlich zu erfassen ist, mutet die Identität von lebensbejahender Wissenschaftsverpflichtung in der Antrittsrede „Über die Verbesserung der Studien der Jugend" und im Brief *Ulrich v. Huttens* an *Pirckheimer* nicht nur aus zeitlicher Parallelität frappierend an. *Hutten* schrieb darin wenige Monate nach *Luthers* Thesenveröffentlichung: „O Jahrhundert! O Wissenschaft! Es ist eine Lust zu leben ... Es blühen die Studien, die Geister regen sich: Du, nimm den Strick, Barbarei, und mache Dich auf Verbannung gefaßt!"[60]

Melanchthon war vielen Humanisten seiner Zeit zugetan, weil er mit ihnen das neue Bild vom Menschen und von der Welt teilte. Die Wiedererweckung und Pflege antiker Sprachen und Kultur einte diese Männer in ihren Forderungen nach Selbstverwirklichung sowie allseitiger und uneingeschränkter Bil-dung des Menschen und selbstbestimmter Zuwendung zu Gott, zu den Menschen und zur eigenen Existenz. Das neue Ethos des Hochschullehrers sollte Weltleidenschaft ausstrahlen, die im Sinne von *Wimpfeling*, des Schweizer Arztes und Alchemisten *Paracelsus* (*Philippus Aureolus Theophrastus Bombastus von Hohenheim*, 1493–1541), des flämischen Anatoms *Andreas Vesalius* (1514–1564), des Astronomen *Nikolaus Kopernicus* (1473–1543), des *R. Agricola*, des *Euricus Cordus* (1484–1535), des *Beatus Rhenanus* (1485–1547) oder des Historikers *Sebastian Franck* ... Theologie mit alter Philologie und Kultur, Geschichte und Nationalbewußtsein, Naturbeschreibung und Medizin, Physik und Astronomie, Geographie und Bergbau zu einer Universitas weitete, die dem Menschsein neue Inhalte und Leidenschaften verleihen konnte.

Erasmus' „Studien-Gebrauchsanleitung" aus dem Jahre 1497 hatte Hochschullehrern und Studenten methodische Hilfe gegeben, Humanismus über Lehre und Fürsorge pädagogisch auszugestalten. Beständige Anforderungen an den Hochschullehrer sollten dem Bündnis von Reformation und Humanismus verpflichtet bleiben, so wie sie aus dem Zusammenwirken von *Luther* und *Melanchthon* an der Leucorena Gestalt angenommen hatten. Es ist erstaunlich, mit welcher Energie die Reformatoren den heraufbeschworenen zeitweiligen Bildungsverfall und das Grollen älterer Humanisten überwanden. Über die Bindung von *Luthers* Forderung nach der Freiheit des Christenmenschen und *Melanchthons* ‚Sapere audete' wirkten *Bugenhagen* im Norden, *Brenz* im Süden, *Sturm* in Straßburg, *Valentin Trotzendorf* (*Friedland*, 1490–1556) auf seiner pädagogischen Insel in Goldberg ... für ein humanistisches Lehrerbewußtsein, das bis in unsere Tage reicht.

Schüler und Studenten:

An der Schwelle zur Neuzeit lebte die Mehrzahl der Kinder auf dem Lande. In einer Art Meisterlehre – das Vor- und Nachmachen im Kreise der Familie – erwarben sie Kenntnisse und Erfahrungen für ihre Lebensgestaltung. Bei der Arbeit, beim Spiel, beim Treiben in den Spinnstuben oder bei Festen der Dorfge-

Bild 270: Schloßkirche zu Wittenberg, Portal der Lutherthesen

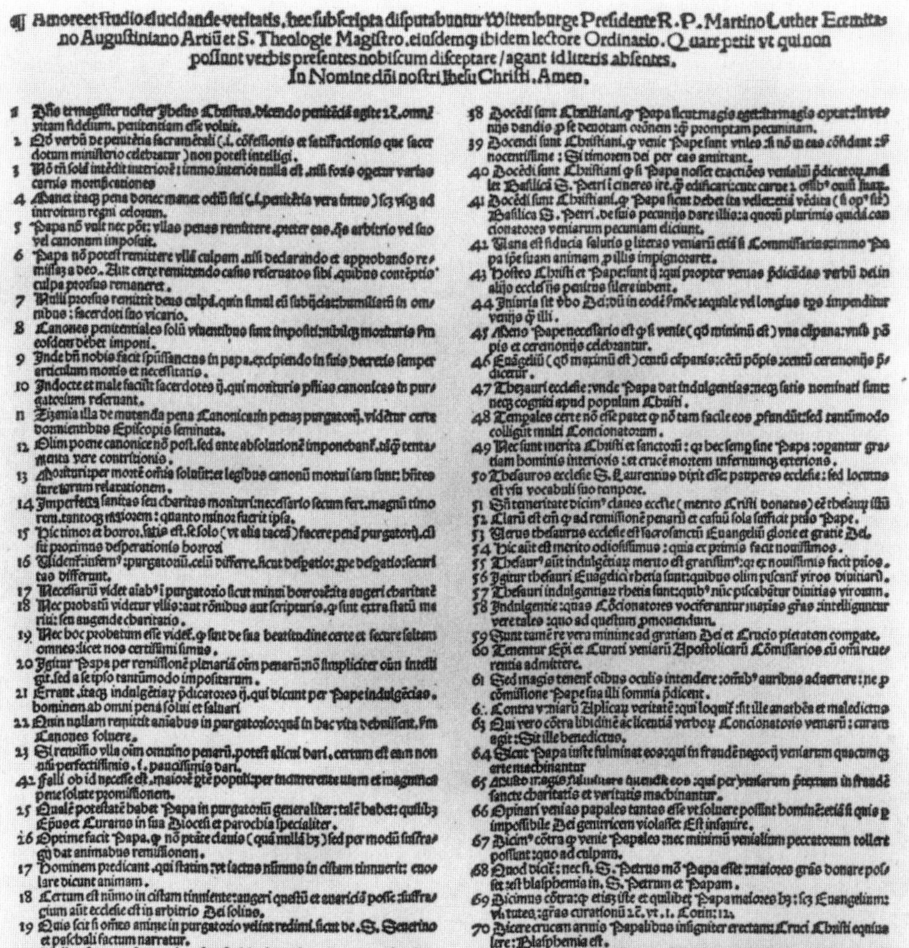

Amore et studio elucidande veritatis, hec subscripta disputabuntur Wittenburge Presidente R. P. Martino Luther Eremitano Augustiniano Artium et S. Theologie Magistro, eiusdemque ibidem lectore Ordinario. Quare petit ut qui non possunt verbis presentes nobiscum disceptare / agant id literis absentes. In Nomine dñi nostri Iheſu Christi. Amen.

1517.

Bild 271: Luthers Thesen über Ablaß und Gottes Gnade, Pergament (1517), als Plakat gedruckt bei Jakob Thanner in Leipzig, Landesarchiv Merseburg, Faksimile, Wartburg-Stiftung meinschaften lernten sie über Lieder, Tänze, Fabeln, Sagen, Schwänke, Sprüche, Rätsel … Erzählungen Volksweisheiten und Bräuche kennen. Systematische Belehrungen gingen von der niederen Geistlichkeit aus, die dafür volkssprachliche Texte, das Vaterunser, das Glaubensbekenntnis, das Taufgelöbnis … einsetzten. Für die Ausbildung von Meßdienern, Chorknaben und niederem Kirchenpersonal bildeten sich an größeren Flecken und in Städten Pfarrschulen. Von Ortsgeistlichen und Küstern betrieben, sollten diese Wirkungsradien von Kultus, Sakramenten und Ohrenbeichte stützen. Kinder wuchsen auf unter dem Eindruck überwältigender gotischer Architektur, dem Glanz hoher Kunst und priesterlicher Gewänder, belehrender Mysterienspiele und des allseitig akzeptierten Gehorsamsgebotes. Aus *Melanchthons* Kindheit wissen wir, wie faszinierend fahrende Schüler mit ihrem Ausbruch aus der fremdbestimmten Ordnung gewirkt haben müssen.

Das Bildungsbedürfnis der Zünfte in den Städten institutionalisierte sich trotz erklärten Widerstandes des Klerus in deutschen Schreib- und Leseschulen. Seit Anfang des 15. Jahrhunderts erhielten Knaben die Möglichkeit, meist im Alter zwischen sieben und zwölf Jahren, elementare Kulturtechniken bei einem Schulmeister zu erwerben. Da Kinder plebejischer Schichten vielerorts ausgeschlossen blieben, gründeten deren Eltern unter schweren Geburtswehen private Klipp- und Winkelschulen. Töchter der Zunftmeister wuchsen im Pflichtkreis der „Frau Meisterin" heran, erhielten Einblick in das väterliche Handwerk und besuchten zuweilen auch deutsche Schreib- und Leseschulen. Mädchen aus unteren Schichten lernten in der Regel von der Mutter, sich dem Manne fromm, demütig, fleißig und hingebungsvoll zu fügen. *Luther* hatte mit seinem Appell „An die Radherrn aller stedte deutsches lands …" (1524) den Weg dafür gebahnt, daß alle Menschen Rechte auf elementare Bildung erhalten konnten.

Vorstellungen zur Einordnung der Lernenden in die Schulgemeinschaft sind in der Kursächsischen Ordnung (1528) von *Melanchthon* erstmals umfassend dargelegt worden. Die Württembergische Ordnung des Reformators *Brenz* baute die Ansätze aus, ordnete und sicherte die Paßfähigkeit des neuen protestantischen Schulsystems aus Elementar-, Trivial-, Gelehrten- und Hochschule für einen

Bild 272: (1) Bildnis v. Paracelsus (1493–1541) und (2) Titelblatt „Der grossen Wundartzeney …", Erster Theyl (1536)

ganzen Territorialstaat. Sie hatte mit unwesentlichen Änderungen Bestand bis in das 19. Jahrhundert und wurde Modell für evangelisch motiviertes Bildungsstreben. So muß diese Ordnung über den Tübinger Professor und späteren Göppinger Generalsuperintendenten *Jakob Andreae* (1528–1590) auf den latenten Reformierungsprozeß zwischen 1539 bis 1580 in Sachsen nachhaltig gewirkt haben.[61] Offensichtlich war es ein langer und schwieriger Weg, elementare Bildung auch für Kinder unterer Schichten verbindlich zu machen. In der Sächsischen Ordnung von 1580 heißt es dazu beispielsweise:

„Nachdem aber in etlichen Dörfern eine so geringe Anzahl derer Knaben, dass daselbsten keine lateinische Schule aufgerichtet werden kann, darzu die Untertanen arm, dass sie von wegen der Nahrung ihrer Arbeit nachwandern müssen, und also nicht Zeit haben, ihre Kinder selbst zu lehren und zu unterweisen; damit nun derselben arbeitenden Leute Kinder in ihrer Jugend nicht versäumt, fürnehmlich aber in dem Gebet und Catechismo und darneben im Schreiben und Lesen, ihnen selbst und gemeines Nutzes wegen, desgleichen mit Psalmen singen, besser unterrichtet und christlich auferzogen werden: Ist unser Befehlich, wo noch zur Zeit durch die Custoden oder Kirchendiener nicht Schulen gehalten, dass solches mit Rat derer Erb- und Gerichtsherren, auch des Visitatoris und unserer Ambtleute aufgerichtet, und dahin getrachtet werde, dass jederzeit die Küstereien einer solchen Person verliehen werden, die schreiben und lesen könne, und wo nicht durch das ganze Jahr, doch auf bestimmte Zeit, besonders im Winter, Schule halte; damit die Kinder in dem Catechismo, und im Schreiben und Lesen etlichermassen unterwiesen werden möchten."[62]

Welche Stellung den Kindern am Ende der Gründungsphase des Elementarschulwesens im pädagogischen Prozeß zugemessen worden ist, zeigt anschaulich das Kapitel über die Zucht in der gleichen Ordnung:

„Von der Zucht.
Die Schulmeister sollen von ihren Schulkindern nicht leiden oder dulden Gotteslästerung, schändliche leichtfertige Reden, viel weniger ärgerliche Sachen und Handlungen.
Die Ordnung auch unter denen Kindern halten, damit sie sämtlich zu der Zeit, wenn der Katechismus in der Kirche gelehrt, vor dem Zusammenläuten alle in der Schule erscheinen, und sämtlich von dem Schulmeister in die Kirche geführt werden.
Auch darob halten soll, dass sie darinnen bleiben, und dem Worte Gottes fleissig zuhören.
Dazu jedesmal davor etliche Paar bestellen, welche denselben in der Kirche aufsagen.
Desgleichen ermahnen, auf die Auslegung des Katechismi ihr fleissiges Aufmerken zu haben, damit sie ihm hernach etwas daraus erzählen können. Wie er dann nach Ende der Predigt sie daraus fragen und examinieren soll.
Mit denen Knaben aber sollen die Schulmeister den Kirchengesang, auf solche Mass bei einer jeden Schule verordnet, verrichten.
Auch vor Mittage vor dem Auslassen, wenn sie heim zu Tische sollen gehen, das Gebet mit ihnen halten, und sonderlich die fürnehmsten Stücke des christlichen Glaubens, das Vaterunser und die Zehen Gebot, ingemein aufsagen und erzählen lassen.
Ihnen gar nicht gestatten, in der Schule hin und wieder umzulaufen, oder ohne ihr Erlauben heimzugehen, sondern darob sein, dass sie jede Stunde zu rechter Zeit kommen, und bis zu gemeinem Heimgehen verharren, auch ob ihrem Catechismo oder Büchlein stille sitzen.
Derohalben sie ihnen kein Geschrei oder Geschwätze gestatten, sondern sie davon abhalten sollen.
Und nachdem der Schulmeister die Kinder aus der Schule gelassen, die Verordnung tun, und deshalb heimliche Aufmerker unter ihnen bestellen, damit sie stracks und züchtiglich heimgehen und ihnen kein unordentlich Wesen, so er das erfähret, nachgeben.
Also auch mit Ernst sie anhalten, miteinander friedlich und schiedlich zu sein, und gegeneinander sich alles Verspottens, Schmähens und Widerwillens zu enthalten, die Übertreter der Gebühr nach strafen.
Dergleichen nicht ungestraft hingehen lassen, da einer dem andern etwas nähme, zerbräche oder verwüstete.
Und in mögliche Wege Fleiss fürwenden, dass sie sich gottsfürchtig, züchtig, ehrbar, friedlich, schiedlich und fromm halten und erweisen.
Es sollen aber die Schulmeister in dem Züchtigen die Rute gebührlichen gebrauchen, die Kinder nicht übel anfahren, bei dem Haar oder denen Ohren ziehen, um den Kopf schlagen, oder dergleichen; sondern in dem Strafen ziemlich Mass, zu Besserung derer Kinder, halten, und sie von der Schule nicht abschrecken.
Die Schulmeister sollen auch schuldig sein, nach dem Katechismo, Sommerszeit in der Kirche, Winterszeit in der Schulstube mit der anderen Jugend in Dörfern, so nicht seine Schulkinder sind, den Katechismum und gemeine Gesänge zu üben, und dieselbigen darinne mit Fleiss zu unterrichten, wie sie des jederzeit von denen Pfarrern unterweiset und ihnen befohlen wird."[63]

Weniger Schwierigkeiten scheint den Reformatoren die Bestimmung des Schülerbildes an den reformierten oder neugegründeten Trivialschulen gemacht zu haben. Diese ehemaligen Gründungen des Klerus und Patriziertums sollten allgemein zugänglich gemacht werden und den Knaben eine geschlossene mittlere Bildung ermöglichen. Solche Öffnungen setzten einerseits Ordnungsbegehren und andererseits Sicherungsmöglichkeiten für den Lebensunterhalt der Schüler voraus.

Zunächst versuchten die Reformatoren um *Melanchthon* ein Schülerleitbild zur Norm zu machen, das dem der Bacchanten (fahrende Schüler) diametral entgegenstand. Schulordnungen verpflichteten Schüler in wachsendem Maße zu diszipliniertem Verhalten über längere Verweildauer an einer Schule. Dazu wurden regelmäßiger Unterrichtsbesuch durch Kontrollen und ein strenges Sanktionssystem bei Verstößen zur Regel.[64] Urlaub mußte von den Eltern beantragt, vom Lehrer genehmigt werden und durfte eine vertretbare Zeitspanne nicht überschreiten. Wie hart willkürliches Verlassen der Schule zuweilen bestraft wurde, zeigt die Württembergische Ordnung (1559):

„Und so einer oder mehr hierüber heimlicher Weise ohne Vorwissen und Erlaubnis Unser und des Prälaten aus dem Kloster abtreten, so soll solcher alsbald von dem Prälaten Uns zu geschrieben, gedenken wir Unsern Amtleuten, hinter des Amtung solche gesessen, Befehl zu thun, nach solchen Abgetretnen zu trachten, und in Haft zu bringen, und dasselbige alsbald Uns zu berichten, damit Wir als der Landesfürst, einen solchen mit dem Prälaten wissen mögen, nach seinem Verschulden und andern zum Exempel zu strafen und zu büßen." Gewünschter Schulwechsel sollte beantragt werden. Die Genehmigung des Rektors schloß zunehmend die Aushändigung eines Zeugnisses und die Verpflichtung zum Verlassen der Stadt ein.[65] Andere Ord-

nungen banden darüber hinaus an den Weggang eine öffentliche Abschiedsrede, die Überreichung eines Geschenks an die Lehrer und das Begleichen der Schulden.⁶⁶ Die Aufnahme neuer Schüler sollte an die Vorlage eines Zeugnisses, an eine Aufnahmeprüfung und die Immatrikulation, an eine Mindestverweildauer und Verhaltensverpflichtung gebunden werden.⁶⁷ In die gleiche Richtung zielte die Privilegierung einheimischer Schüler. Vielerorts wurde ihnen das Schulgeld gemindert oder erlassen.⁶⁸ „Fremden" Schülern wurden nicht selten strenge Verhaltensregulative auferlegt. So finden wir in den Lauinger Kirchengesetzen (1565) folgendes über die „Pflichten der Ankömmlinge:
1. Fremde Schüler dürfen ihre Wohnung nur mit Einwilligung des Rektors und Prorektors wählen. 2. Sie dürfen dieselben auch nicht ohne Erlaubnis der genannten Personen wechseln. 3. Sie dürfen nur bei anständigen Leuten wohnen. 4. Sie haben anständige, keine militärischen Kleider zu tragen. 5. Sie dürfen ohne Einwilligung der Lehrer und des Vormunds keine Bücher und Kleider kaufen und kein Geld leihen. 6. Sie haben beim Gesang, bei der Predigt und beim Gebet in der Schule zu sein. 7. Sie müssen die Predigten in der Kirche hören. 8. Fechten, musizieren und tanzen dürfen sie nur mit Erlaubnis des Rektors und Präfekten. 9. Sie erhalten vierteljährlich ein Zeugnis, welches sie Eltern und Patronen zu senden haben. 10. In Streitigkeiten zwischen ihnen und den Bürgern entscheiden der Rektor und der städtische Prätor."⁶⁹ Analoges enthalten die Breslauer Schulordnung (1570), c.10, die Altdorfer Schulordnung (1575), c.7, die Brieger Schulordnung (1581), II. c. 11 oder die Nordhäuser Schulordnung (1583), V. B. 2. ...
Neben der Sicherung eines kontinuierlichen Bildungsprozesses für die Schüler an den Trivialschulen mußten Wege gefunden werden, die es auch den Kindern der „Armen" ermöglichten, mittlere Schulen zu besuchen. Besonders *Luther* hatte die Weichen für eine solchermaßen verpflichtende Schulpolitik gestellt. In seinem Sermon oder „Eine Predigt ... Das man Kinder zur Schulen halten solle" sagte er: „Solche tüchtige Knaben sollte man zur Lehre halten, sonderlich der armen Leute Kinder: denn dazu sind aller Stifte und Klöster Pfründe und Zinse verordnet ... Darum laß deinen Sohn studieren, und sollte er auch dieweil nach Brot gehen, so gibst du unserm Gott ein feines Hölzlein, da er dir einen Herrn ausschnitzen kann. Es wird doch dabei bleiben, daß dein und mein Sohn, das ist, gemeiner Leute Kinder, werden die Welt müssen regieren, beide in geistlichem und weltlichem Stande." Es sei Verpflichtung der Reichen, begabte und fleißige Kinder der Armen so zu unterstützen, daß Bildung soziale Schranken zu überwinden vermöge. Noch entschiedener ermahnte *Luther* in seiner Predigt über Luc. 19, 1–10 die Besitzenden zu solidarischem Verhalten: „Zum anderen bedarf unser Herr Christus der Reichen auch dazu, daß sie helfen, daß feine geschickte Knaben zur Lehrung und Gottesfurcht aufgezogen werden. Denn das erfahren wir gemeiniglich, daß armer Leute Kind zum Lernen tauglicher sind. Wo aber denselben, weil es in ihrem Vermögen nicht ist, von reichen Leuten nicht geholfen wird, müssen sie dahinten bleiben, und können nicht fort kommen."⁷⁰
Pfarrer riefen allerorten zur Hilfe für die Armen auf. Die Resonanz dieses Appells, der zu einem sozialpolitischen Programm der Reformatoren ausgeweitet wurde, ermöglichte in der Folgezeit Tausenden von Kindern aus unteren sozialen Schichten den Aufstieg zu höchsten wissenschaftlichen, politischen, wirtschaftlichen und militärischen Ehren.
Aber auch die mittelalterliche Form von Selbsthilfe der Schüler durch „Betteln", zu Beginn der Reformation nicht nur von *Bugenhagen* verworfen oder in der Lauinger Schulordnung (1523) verboten, erhielt, besonders durch *Luther*, eine neuerliche Aufwertung. Seit Mitte der dreißiger Jahre des 16. Jahrhunderts forderten Kirchen- und Schulordnungen besondere Unterstützung für Kurrendschüler.⁷¹ Das war jedoch keine Neuauflage des überkommenen Kurrendenwesens. Es wurde geordnet und die pädagogische Ausgestaltung den Schulen übertragen. So bestimmte die Magdeburger Ordnung (1553), daß die in der Schule ausgewählten Kurrendschüler, dem Zweck angepaßt, lateinische Gesänge vortragen und sich sittsamen Benehmens befleißigen mußten. Die erste Kurrendenordnung, 1570 für Braunschweig von Pastor *Martin Chemnitz* (1522–1586), „Repetitio sanae doctrinae de vera praesentia" (1561), entworfen, begrenzte das auswuchernde tägliche Singen auf einen Wochentag.
Die folgende Braunschweiger Schulordnung (1596) bestimmte dann das Kurrendenwesen in einem besonderen Abschnitt:

Bild 273: Martin Chemnitz (1522–1586), Theologus

„Von den elemosinis pauperum oder Unterhaltung der Armen: 1. Die Currendarii sollen zwei Provisores haben, welche in Gegenwart des Superintendenten, Rektors und der Visitatoren jährlich an Ostern und Michaelis die Listen der armen Schüler aufstellen. In dieselben werden keine Schüler eingetragen, welche reiche Eltern oder freie hospitia haben, oder symphoniaci sind, oder nicht zum Schulbezirk gehören, oder bereits einen Bruder in der Kurrende haben, oder als Fremde noch nicht Tertia sind. Nur in der höchsten Not können davon Ausnahmen gemacht werden. 2. Die Currendarii haben ihre Praefectus, Divisores und Collectores. Die Praefecti haben die Anwesenden nach dem Katalog zu controllieren, auf der Gasse zu beaufsichtigen und in der Schule die Gesänge mit ihnen einzuüben, die Divisores verteilen das Brot. Die Collectores merken sich die Häuser, wo Brot oder Geld gegeben wird, und sammeln die Gaben ein. 3. Die Currendarii versammeln sich mittwochs und samstags in der ersten Stunde zur Übung der Lieder in der Schule und singen auch nur an diesen Tagen vor den Häusern, wobei sie sich züchtig aufführen sollen. Außerdem haben sie sich früh zur Messe in der Kirche einzufinden. Wer gegen die Verordnung verstößt, wird mit Abzug von dem ihm zufallenden Teil oder mit Ausschluß bestraft. 4. Das Gesammelte wird in Gegenwart der Visitatoren sonntags und donnerstags um 2 Uhr durch die Divisores zu gleichen Teilen unter die Sänger verteilt. Nur die Praefecti, Divisores und Collectores bekommen etwas mehr als die übrigen. Der Rest des Geldes wird gezählt und in die Kasse gelegt. Die Zinsen davon werden zur Unterstützung der ganz armen und kranken Schüler verwendet."[72]

Viele Ordnungen gestatteten später auch das Singen bei Hochzeiten und Begräbnissen, zu Festen (Ostern, Martini, Weihnachten …) oder Familienfeiern.[73] Nicht selten oblagen Kurrendschülern zusätzliche Verpflichtungen zu kirchlichen und schulischen Diensten.[74] An Orten wie Braunschweig oder Nordhausen wurden Kurrendschüler durch Symphonaci abgelöst. Sie waren Mitglieder eines vom Kantor geleiteten Chores, der regelmäßig übte, wöchentlich einmal in der Öffentlichkeit und bei den üblichen Festen musizierte und kirchliche Dienste versah.

Currere war im 16. Jahrhundert für ärmere Schüler die wichtigste Unterhaltsquelle geworden, aber auch andere Formen der Selbsthilfe dürfen nicht unterschätzt werden. Als Hauserzieher, die meist Pädagogen genannt wurden, schlugen sich arme, fremde oder ältere Schüler bei freier Kost und Unterkunft durch. Rektoren oder Schulen wiesen solche Stellen bei Bedürftigkeit zu; Schulen bestimmten die Pflichten der ausgewählten Schüler.[75] *Mertz* gibt dazu einen anschaulichen Bericht aus Braunschweig:

„1. Bei der großen Anzahl der Schüler ist es dem Lehrer unmöglich, den einzelnen im Auge zu behalten. Darum soll Privatunterricht in den Häusern unter der Oberaufsicht des Rektors erteilt werden. Er kann sowohl von den öffentlichen Lehrern als auch von Schülern gegen freie Wohnung gegeben werden. 2. Die fremden Schüler, die als Pädagogen vom Rektor in die Häuser gewiesen werden, dürfen nicht von andern daraus verdrängt werden. 3. In den Hospitien sollen die Hauslehrer die Frauen und Männer ehren, sich dienstfertig erweisen und ohne Erlaubnis des Hausherrn das Haus nicht verlassen oder außerhalb desselben übernachten. 4. Sie müssen gegen die Kinder fleißig und gelinde sein, dieselben aufwecken, anziehen, waschen, kämmen, beten lassen, in die Schule bringen und aus derselben wieder abholen und die Schullektionen mit ihnen repetieren. 5. Sie sollen das Gut des Hauses nicht schädigen oder stehlen und sich mit den Dienstboten nicht herumschlagen. 6. Die Rektoren haben vierteljährlich die Hospitien zu visitieren. Die Vorschriften für die Pädagogen werden auch auf die öffentlichen Lehrer angewandt, welche als Hauslehrer Verwendung finden. 7. Die Pädagogen dürfen weder Winkelschulen errichten, noch neben ihren Hauskindern andere Schüler unterrichten."[76] Allgemein wird sichtbar, daß Adlige und das wohlhabende Bürgertum dem Aufruf zur Nächstenliebe auch nachkamen, indem sie armen Schülern finanzielle Unterstützung, Freitisch oder auch Kleiderhilfe gewährten.

Neben der Selbsthilfe armer Schüler durch den Abruf privater Wohltätigkeit gab es zunehmend Unterstützung aus öffentlichen Bereichen. Gemeinden und Kirchen stifteten für Begabte ebenfalls Kleidung, Bücher oder Freitisch.[77] Nicht nur für Studenten oder Gelehrtenschüler, sondern auch für Trivialschüler wurden aus Stiftungen Stipendien gewährt.[78] Öffentlich verwalteter Nachlaß, Einkünfte aus staatlichen und kirchlichen Lehen, öffentlich vergebene Spenden von Familien, Gutsbesitzern, Gilden ... wurden dafür zunehmend verwendet. Die Vergabe der Stipendien war in der Regel an Leistungen, Fleiß und an das Verhalten der Anwärter gebunden. Anhand von „Prüfungsergebnissen und Aufsicht" ward die Würdigkeit des Stipendiaten einer ständigen Kontrolle unterzogen. Zuwendungen konnten gestrichen werden, wenn der Schüler den Anforderungen nicht genügte.[79] Oft gingen Stipendiaten Verpflichtungen gegenüber dem Spender ein. In Hamburg oder Wittgenstein mußten beispielsweise Stipendien zurückgezahlt werden, wenn der Empfänger nach der Ausbildung in fremde Dienste trat.

Mit dem Säkularisierungsprogramm der Protestanten gelang es *Melanchthon*, Weichen für die Entwicklung eines neuen Schultyps zu stellen, der sich ausschließlich der Hochschulvorbereitung widmen konnte. Er begegnete damit den Klagen von Schülern der Oberklassen aus den Trivialschulen über unzureichende Studienvorbereitung genauso, wie denen aus überfüllten Artistenfakultäten, die allgemeinbildende Verpflichtungen abschütteln mußten, weil sie nach einem philosophischen Profil drängten. *Melanchthon* und seine Mitstreiter konzentrierten darüber hinaus eine Gelehrtenschule mit hohem, ja noch für heute vorbildlichem sozialem Engagement. Überzeugend belegt das die Neue Landesordnung ... des Herzogs *Moritz von Sachsen* vom 21. Mai 1543, in der die Gründung von Fürstenschulen nach *Melanchthons* Idealen festgelegt wurde. In ihr heißt es: „ Damit es an der Zeit mit Kirchendienern und anderen gelarten Leuten in unseren Landen nicht Mangel gewinne, seind wir bedacht von den verledigten Clöster- und Stifftgütern drey Schulen aufzurichten, namlich eine zu Meissen, darinne ein Magister, zweene Baccalaurien, ein Cantor und sechzigk Knaben, die ander zu Merseburg, darinnen ein Magister, zweene Baccalaurien, ein Cantor und siebzigk Knaben, die dritte zu der Pforten, darinnen ein Magister, drey Baccalaurien, ein Cantor und ein Hundert Knaben sein und an allen Orten Vorstehern und Dienern, Lare, Kösten und anderen Notturft, wie folget, und sonst versehen und unterhalten werden, und sollten die Knaben alle unsere Unterthanen und keine Auslendischen sein."[80] Schüler mit hinreichender Vorbildung durften sich um eine freie Stelle bewerben. (Für St. Marien ad Portam entsprach das beispielsweise für: Landesteil Meißen 56 Stellen, Thüringen 22 Stellen, Stift Naumburg-Zeitz 18 Stellen, Stift Meißen 4 Stellen, Vogtland 7 Stellen; für den Adel 5 Stellen sowie 18 Gnaden- und 20 Koststellen – insgesamt 150 Schüler; eine in der Zeit außergewöhnlich große Alumnatsbildungsstätte.)

Mit einer Stellenanwartschaft ausgestattet, hinreichenden Kenntnissen im Trivium und guten Fähigkeiten versehen, mußte sich der Bewerber einer Aufnahmeprüfung unterziehen. Nach bestandener Prüfung wurde der Novitius für ein Jahr zur Probe aufgenommen. Feste Termine hinsichtlich der Aufnahme und des Abgangs gab es nicht. Der Schüler mußte geloben, „daß er fromm und gottesfürchtig und in seinen Studiis vleissig, desgleichen den Praeceptoribus gehorsam und pro accepto beneficio dankbar sein wolle."[81] Nicht geeignete Schüler wurden entlassen.

Schüler und Lehrer schliefen in den unbeheizbaren Zellen. Das Coenakel war Wohn-, Speise- und Unterrichtsraum zugleich. Lehrende und Lernende wurden einheitlich gekleidet und mit allem Lebensnotwendigen ausgestattet. Die Zahl der vollen oder halben Freistellen erhöhte sich ständig. Die Schulen setzten sehr bald für die besten Absolventen Stipendien zur Absicherung des Universitätsbesuchs aus. Der Tagesablauf war durch die Speiseordnung von *G. v. Kommerstadt* bestimmt: 7.00 Uhr Frühstück; 9.15 Uhr Mittagessen; 14.00 Uhr Vesper; 16.00 Uhr

Abendessen. Daraus ergab sich die Einteilung: 5.00 Uhr Frühandacht (danach Repetition); 6.00 Uhr Lektion; 8.00 Uhr Lektion; 12.00 Uhr Vortrag von Bibeltexten, Repetieren und Musizieren für den gesamten Coetus; 14.00 Uhr selbständiges Lernen; 15.00 Uhr Lektion; danach Arbeit der älteren mit den jüngeren Schülern. Ferien gab es nicht.[82] Wie in den Fürstenschulen wurden auch in württembergischen Klosterschulen Alumnen aufgenommen, die freie Unterkunft, Verpflegung oder Bekleidung erhielten. Unterschiedliche Systeme von Freistellen ermöglichten es, hier dem Begabtenpotential der Unterschichten besonders günstige Entwicklungschancen zu geben. An einigen württembergischen Klosterschulen wurden nur angehende Theologiestudenten aufgenommen. Hier waren die Aufnahmebedingungen Armut und Würdigkeit.

Beide Gelehrtenschultypen führten Alumnen von der Tertia bis zur Prima, in der Regel über sechs Jahre. Die Lebensweise in den Alumnaten war klösterlicher Zucht noch sehr ähnlich.

Nicht alle begabten Knaben konnten in Alumnatsschulen aufgenommen werden. Daher finden wir an den sich zu Gelehrtenschulen entwickelnden Trivialschulen kleine Alumnate, deren Insassen den öffentlichen Unterricht besuchten. Eindrucksvolle Regularien über das Leben in diesen Einrichtungen sind unter anderem aus der „Ordnung und Satzung der Stadt Nürnberg Alumnos, so man die 12 Knaben nennt und der selben Disziplin belangend", bekannt. In 18 Gesetzen wurde bestimmt: „1. Sie haben dem Präfekten zu gehorchen. 2. Den angerichteten Schaden an Bänken etc. müssen sie ersetzen. 3. An Sonn- und Festtagen haben sie den Gottesdienst zu besuchen. 4. Das Psalterium und Neue Testament sollen sie mit in die Kirche nehmen und mitsingen. 5. Täglich müssen sie zu Hause die Schullektionen repetieren. 6. Sie dürfen nur lateinisch sprechen. 7. Die Lektionen in der Schule müssen sie pünktlich besuchen. 8. Sie sollen sich nicht gegenseitig am Studium durch Lärmen etc. hindern. 9. Nach der Mahlzeit müssen sie sich in ihre Zimmer verfügen. 10. Sie sollen ehrbar und züchtig gekleidet sein. 11. Sie dürfen nicht beliebig das Kollegium verlassen, sich nicht gegenseitig auf den Zimmern besuchen und müssen das Licht wohl verwahren. 12. Sie haben zur bestimmten Zeit aufzustehen und schlafen zu gehen. Nachtarbeit ist verboten. 13. Sie dürfen keine fremden Schüler als Schlafgäste mitbringen. 14. Ihre Stubengesellen sollen sie im Schlaf und Studium nicht stören. 15. Stube und Bett müssen sie in Ordnung halten. 16. Sie dürfen nicht heimlich zusammenkommen. 17. Der Präfekt hat wöchentlich mindestens einmal die Stuben zu visitieren. 18. Der Präfekt hat das Kollegium zur bestimmten Zeit zu öffnen und zu schließen."[83] Analoges findet sich in Alumnatsordnungen vieler protestantischer Länder.

Soweit Erkenntnisse aus dem 16. Jahrhundert vorliegen, läßt sich vermuten, daß *Melanchthon* Kopf und Hand bei der Begründung eines protestantischen Schulsystems war, das erstmals großen Teilen der Heranwachsenden eine Elementarbildung ermöglichte. Nicht wenige konnten in den Trivialschulen eine zeitgemäße Allgemeinbildung erhalten, die als hinreichend für niedere kirchliche und weltliche Ämter, das Handwerk und den Handel galt. Hochbegabte bekamen in der vielfältigen Landschaft sich entwickelnder Gelehrtenschulen allmählich die Möglichkeit einer speziellen Studienvorbereitung.

Damit war wachsender Andrang auf Hochschulen programmiert. Bestehende Universitäten mußten reformiert, neue gegründet und spezifisch ausgerichtete Kollegs eingerichtet werden. Nur so war es möglich, die gewachsenen Ansprüche eines nunmehr geschlossenen Systems der Allgemeinbildung in der akademischen Spezialbildung aufzufangen und weiterzuentwickeln. Der Übergang gestaltete sich auch hier nicht einfach. *Luther* und *Melanchthon* waren sich der Tatsache bewußt, daß Traditionen nicht einfach abgeschnitten werden konnten. Vieles deutet darauf hin, daß sie solches Begehren nicht einmal für wünschenswert erachteten, weil sie die Grundfesten des akademischen Lebens bewahrt wissen wollten.

Melanchthon war bemüht, die rohen und unsittlichen Seiten studentischen Daseins zu begrenzen. Traditionen wurden von Auswüchsen befreit, auf ihre Ursprünge zurückgeführt sowie humanistischer und christlicher Lebenserwartung verpflichtet. Nicht alles gelang, so daß sich *Melanchthon* und besonders *Luther* zeitweilig resignierend zurückzogen, um danach durch Appelle und Reden sowie Predigten einer zeitgemäßen Lebensweise an den Universitäten neuerlichen Auftrieb zu geben.

Sie wollten überkommene „Ceremonien" in den erzieherischen Dienst gestellt wissen. So sollte das Blanium von den Quälereien durch „Salzeinreiben, Hörner-, Eselsohren-, Schweinszähnetragen ..." befreit werden. Dennoch müsse man Novitii „demütigen", damit sie gewöhnt werden „Unglück, Plagen und Züchtigung" anzunehmen und auszuhalten. So finden wir in einer Tischrede *Luthers* bei der Deposition des Famulus *B. Tham* folgende Feststellung: „Er solle wissen, daß seine Studia und dieser Studentenstand vielem Unglück, Unlust und Widerstand unterworfen wäre und allerlei Anstoß haben würde. Es hebt sich mit dem Deponieren und Vexieren an und bleibet auch bis in die Grube, darum so sollt er sich zur Geduld schicken. Denn das Deponieren ist nichts anderes, denn ein Werk des Gesetzes, das uns lehrt, daß wir uns selbst erkennen, wer und wie wir sind, und uns demütigen sollen, beide vor Gott und den Menschen, wie einem jeglichen in seinem Stande gebühret; daß man nicht hochmütig und stolz werde, als die jungen Studenten, Baccalaurien, Magistri und Doktores in ihren Gaben thun, die ihnen doch Gott aus lauter Gnaden schenket. Darum schickt ihnen Gott auch viel Depositiones zu, auf daß sie wohl deponiert und gedemütigt werden. Und ist das Deponieren in Universitäten und hohen Schulen ein alter Brauch und Gewohnheit."[84] Aber auch im ersten Semester blieben die Studenten „Hörige oder Pennele", bevor sie ab zweitem oder drittem Semester als Schoristen Autorität gegenüber den Studienanfängern zugesprochen bekamen. Ältere Studenten wurden zunehmend Partner bei der Überwindung der spätscholastischen Lebensweise an den akademischen Einrichtungen.

Humanisten hatten die mittelalterlichen akademischen Grade zugunsten des poeta laurentius, des gekrönten Dichters, der die venia legendi zugesprochen bekam, abgeschafft. Schwärmer verpönten akademische Grade, weil sie angeblich dem Gleichheitsgrundsatz aus dem Urchristentum widersprachen. *Melanchthon* sah darin eine Ursache für den Niedergang der Hohen Schulen. Bei der Reform und Neubegründung von Universitäten führte er die akademischen Grade als wichtigsten Faktor für die neue Ordnung des Studiums und die Selbstbewertung der Studenten wieder ein.[85] Fast die Hälfte der immatrikulierten Studenten verließ vor dem Erwerb des Magistergrades die Universitäten und fand lukrativen Lebenserwerb mit dem erlangten Abgangszeugnis.

Tiefere Einblicke in die Lebensweise an den Universitäten gelingen, wenn die Zeugen aus dieser Zeit aus einmalig und unverwechselbar Lokalem sprechen. Als repräsentativ kann in vieler Hinsicht *Melanchthons* Leucorena stehen, weil das gemeinsame Wirkungsfeld von *Luther* und *Melanchthon* der Faszination des Renaissancehumanismus Inhalt und Form gegeben hat. So stiegen hier die Zahlen der Immatrikulationen – 1516 waren es 162 Studenten – auf 273 (1518), 453 (1519), 579 Studenten (1520) an; Zeiten, in denen Köln, Tübingen, Leipzig oder Erfurt über bedrohlich sinkende Studentenzahlen klagten. Selbst im Pestjahr 1521 wurden in Wittenberg noch 245 Studenten immatrikuliert. Aussagekräftig ist auch der Vergleich für das Jahr des Bauernkrieges 1525: Während sich in Tübingen 52, in Heidelberg 24 oder in Erfurt nur 21 Studenten einschrieben, waren es in Wittenberg 201 Studenten.

Studentische Briefe reflektieren zuweilen die konkrete Situation. Sie bezeugen beispielsweise das Maß an Toleranz und Gedankenfreiheit in Wittenberg. Es gibt nicht wenige Briefe, denen zu entnehmen ist, daß deren Verfasser *Erasmus* höher schätzten als *Luther*. So schrieb *Albert Burer* am 30. Juni 1521 aus Wittenberg: „Je höher bei euch [zu Basel – d. Verf.] *Erasmus* in der Theologie geschätzt wird, um so geringer hier; er wird in der That von einigen für einen Schmeichler gehalten ... Man sagt, *Erasmus* habe noch nicht den Geist erlangt, den *Luther* besitze ... Es sind hier mehr als anderthalbtausend Studenten, die man beinahe alle ihre Bibel überall mit sich herumtragen sieht. Alle gehen ohne Waffen, unter allen herrscht Friede wie unter Brüdern in Christo. Hier gibt es keine Streitigkeiten, worüber man sich wundern kann, da hier so viele und verschiedene Nationen vertreten sind. Da sind: Sachsen, Preußen, Polen, Böhmen, Schwaben, Schweizer, Franken, Thüringer, Meißner und Leute aus vielen anderen Gegenden, und dennoch herrscht unter allen, wie ich erwähnt habe, der schönste Friede."[86] Aus einem anderen Blickwinkel schrieb der Student *Wolfgang Schiver* 1523: „Niemals kann ich Christus genug preisen, daß ich durch seinen Willen hier sein kann bei den zwei christlichsten und in Wahrheit für alle verehrungswerten Männern. Denn mit welchem Geiste *Luther* das

Evangelium Christi verkündet, das können nach meiner Meinung nur die ganz vom Geiste Erfüllten (spiritualissimi) wissen, welchen vor der Weisheit Christi die menschliche Weisheit sinkend ist. Zugleich höre ich fleißig bei *Philippus* [*Melanchthon* – d. Verf.]; bei dem unsterblichen Gotte, welch ein genialer und mit göttlichem Herzen ausgestatteter Mensch etc."[87]

Spalatin hatte dem 28jährigen *Melanchthon* die Reform dieser Modelluniversität übertragen. In zähem Ringen um besoldete Professuren und Berufungen konnte er das Werk um 1536 annähernd vollenden.

Der Schmalkaldische Krieg 1546/47 brachte das Symbol Leucorena für eine neue akademische Lebensweise zum Erliegen. *Melanchthon* wechselte nicht an die Universität nach Jena, der er bei der Gründung beratend zur Hand gegangen war. Er stand zu seinem Lebenswerk in Wittenberg und bewegte den neuen Kurfürsten *Moritz* für dessen Erhalt. Mit der Rückkehr nach Wittenberg 1547 und dem Einsatz für die Wiedereröffnung seiner Alma mater verlor *Melanchthon* viele, den Ernestinern ergebene Freunde, und setzte sich wachsenden Anfeindungen aus. Die Motive seines Festhaltens am Symbol humanistisch-reformatorischer Bildung sind bis heute nicht allseitig erhellt. Der umfangreiche Briefwechsel läßt die Vermutung zu, daß *Melanchthon* hier unangefochtene Autorität seiner Studenten und Kollegen vorfand. Daraus muß ihm die Kraft erwachsen sein, den von seinen Gegnern frohlockend prophezeiten Untergang zu vereiteln.[88]

Unsere Einblicke in die Formierung der Lebensweise an den reformierten oder neu gegründeten Schulen ermöglichen folgende Verallgemeinerungen:

- Auch für die Überwindung der in sich erstarrten mittelalterlichen Lebensweise an den Schulen schöpfte *Melanchthon* aus dem Anregungspotential der originalen Synthese von Renaissancehumanismus und Reformation. Sein teleologischer Denkansatz bestand darin: unter dem Patronat der Landeskirche sollte die weltliche Obrigkeit Schulen zu Orten ausgestalten, die dem Untertan **Selbstverwirklichungsmöglichkeit** aus **christlicher Verantwortung** bot. Das die Gemeinschaft seit altersher regulierende Grundprinzip des Gehorsams mußte zwingend durch Dialogisches gelockert werden.
- Entscheidende **Motive** für diesen Wandel bestimmte *Melanchthon* aus der Idealität in der griechischen Antike und der protestantischen Ethik. Dieser Vereinigung folgte seine dialektische Auffassung über das Verhältnis von **Gehorsam und freiem Selbstvollzug**. In einem solchen Gleichgewicht hatten göttliche und selbstgegebene **Gesetze** (Ordnungen) katalytische Wirkung.
- Regulierend auf die lokale Einstellung dieses Gleichgewichts sollten **Visitationen** wirken. Sie halfen daher, eine auf gottgewollte und gottergebene Obrigkeit verpflichtete schulische Lebensweise für den neuerlichen Anspruch auf Menschlichkeit durch allseitige Kräfteentfaltung zu öffnen. **Schule als Ort zur Bildung des freien Christenmenschen** konnte nunmehr dem Bedürfnis nach Geborgenheit sowie individueller Zuwendung zu Gott, zu den Menschen und zum Wissenserwerb Rechnung tragen.
- *Melanchthons* Schöpfung der **Gelehrtenschule** als Bindeglied zwischen allgemeiner Bildung und universitärer Spezialbildung hatte maßgebliche Rückwirkung auf Regularien des schulischen Lebens in allen Gliederungen des erstmalig geschlossenen staatlichen Bildungssystems. Zu ihnen gehören:
  – Streben nach der Einheit von religiöser, geistiger und sittlicher Erziehung mit humanistischem Anspruch in relativer Isolation von gesellschaftlichen Gebrechen;
  – Entwicklung von Selbstvertrauen über ein gewolltes hohes Bildungsniveau und von Stolz auf die Leistungen der Alma mater, der man dankbar die Treue hielt;
  – Bindung der schulischen Leistungsfähigkeit an einen ganztägigen pädagogischen Prozeß, der sich in einem Wechsel von Lektion, Repetition und selbständigem interessengebundenem Lernen ausgestaltete;
  – Die Abschwächung des überkommenen autoritären Erziehungsstils durch effektive Systeme der Selbsterziehung und Selbstbedienung zur Begründung eines zeitgemäßen Disziplinverständnisses.

- Von protestantischen Alumnatsschulen gingen Impulse für alle Gliederungen des entstehenden Schulsystems aus. Anregende pädagogische Standpunkte für jede Schulgemeinschaft waren unter anderem:
  - **Einheit,** verstanden als gleiche Entwicklungsmöglichkeit für jeden Schüler durch die Wahrnehmung gegenseitiger Verpflichtungen und Verantwortung;
  - **Freiheit** in der Entscheidung über das Selbstforderungsniveau;
  - **Selbständigkeit** bei der Aneignung von Wissen und Können.[89]
- Die seitens *Melanchthon* und einer Heerschar von verbündeten Reformatoren beförderte **Lebensqualität** an Schulen bedingte normatives sowie originales Problembewußtsein.
- Auf dem Wege von der mittelalterlichen Rechtsauffassung zur selbstbestimmten, lokalen Schulgesetzgebung in einer von der Vergangenheit und vom Zeitgeist gemarterten Realität war Normierung das erste Erfordernis. Dabei stand an:
  - Bereitschaft für die Beschränkung alles beherrschender, gegenwirkender Erziehungspraktiken zu wecken; **Strafen** als gesundheitsschädigende Folter einzuschränken, partiell durch Ehrverlust zu ersetzen und in ein neues Verhältnis zur Vergebung zu bringen;
  - Lokale **Schulgesetze** auf das neue ethische Selbstverständnis zu gründen und Verhaltensnormen für Schüler und Lehrer über behütende und unterstützende Erziehungspraktiken in den Dienst bewußtseinsverändernder Bildung zu stellen.
- Die Organisation der neuen schulischen Lebensweise mußte von der selbstbestimmten Aufteilung des **Aktivitätspotentials** für das Lernen und die Erholung ausgehen. Dabei erhielt Lebensfreude erstmals pädagogische Relevanz. Augenfällig sind dabei:
  - Der Bezug sich ausweitender Semesterprüfungen auf interessengebundenes Lernen;
  - die pädagogische Einbindung von Festen, Feiern, Spielen, Wandern …;
  - die Übernahme der pädagogischen Betreuung jüngerer Schüler durch ältere nach selbstbestimmten, zu Traditionen ausgeweiteten Organisationsformen;
  - die nach jedem Semester veränderten Schülerkontakte in den Lektionen, den Repetitionen, in Speise-, Schlaf- und Wohnräumen zur Wahrung der Einheit des Coetus – soweit das von der Schulgröße her möglich war.
- Mit der Institutionalisierung schulischer Lebensweise war bei einem sich ständig vergrößernden Teil der Heranwachsenden körperliche Arbeit durch Lernen verdrängt worden. Das daraus erwachsende **Problembewußtsein** mußte die Einheit der Entwicklung von Körper und Geist über rationale Begründung von Tätigkeiten, neue Beziehungen zur Bedürfnisbefriedigung und neue Tätigkeitsmuster bestimmen.
- Die idealtypische Konstruktion des **Lehrerbildes** bei *Melanchthon* ist zwischen Gottgefälligkeit und Weltleidenschaft angesiedelt. Die herkömmliche, durch das Amt gesetzte Autorität des Lehrers sollte sich zugunsten der Vorbildwirkung und christlicher Anteilnahme an der Entwicklung jedes Schülers erneuern. Wegen des Zugeständnisses der einmalig-unverwechselbaren Individualität war die **Erwartungshaltung** bezüglich des Lehrerethos sehr hoch. Der Lehrer sollte sein Amt gottgefällig, wissend, eigenverantwortlich, entscheidungs- und experimentierfreudig, selbstlos, durchsetzungsfähig und treu wahrnehmen.
- Die **Professionalisierung** des Lehrerberufs ging mit einer Differenzierung nach Schultypen und entsprechender Eignungsprüfungen einher. Die Anfänge der Berufsausbildung – auch für Elementarschullehrer – sind ab 1526 in speziellen Collegien für Pfarrherrn und Lehrer nachweisbar. Auf der Grundlage von *Melanchthons* „Unterricht der Visitatorn …" vereinheitlichten sich die Anforderungen allmählich:
  - **Elementarschullehrer** mußten in einer Prüfung hinreichende Kenntnisse für den Unterricht in Religion, in den elementaren Kulturtechniken sowie in den Anfangsgründen des Lateinischen nachweisen. Nach bestandener Prüfung wurden die Bewerber als Lehrer ‚confirmiert'.
  - **Trivialschullehrer** hatten bei der Bewerbung ein Zeugnis über den zeitweiligen oder abgeschlossenen Besuch einer Hochschule vorzulegen. Nach und nach wurde das Baccalaureat für die Unterklassen und der Magistergrad für die Oberklassen verbindlich. Der Superintendent, zuweilen auch Stadträte oder von ihnen benannte Kommissionen, prüften den Kandidaten und entschieden über dessen Einstellung.

- **Lehrer an Gelehrtenschulen** wurden von den Universitäten vermittelt, wenn sie sich durch hervorragende Examina oder erfolgreiche Arbeit in der akademischen Lehre ausgezeichnet hatten. Unterstanden die Einrichtungen nicht der Aufsicht von Universitäten, wurden in der Regel Pfarrherrn mit Universitätsabschluß oder erfahrene Lehrer der Oberklassen von Trivialschulen angestellt.
- Die **Wertschätzung** des Lehrers – nunmehr „Stütze des Staates", Beförderer des „Lichts des Lebens" oder „hochheiliges und nützliches Vorbild" – stieg infolge dieser Entwicklung. Seine wirtschaftliche Situation stabilisierte sich; an einigen Gelehrtenschulen wurde der Lehrauftrag sogar lukrativ. **Fortbildungsformen** wie Konferenzen, Synoden, Disputationen, Disziplinarverhandlungen ... förderten das Berufsbewußtsein.
- *Luther* hatte mit seinem Appell an die Ratsherrn (1524) den Weg für eine Allgemeinbildung des Volkes gebahnt. *Melanchthon* ordnete die Allgemeinbildung in einem Schulsystem, das den Bedürfnissen der Schüler jener Zeit nahekam.
- *Melanchthons* Bild vom Schüler und Studenten war einerseits auf die Herausbildung der Subjektposition durch Wahrnehmung von Rechten und Pflichten gerichtet, andererseits auf die Ausmerzung der Faszination fahrender Schüler. Als allgemein geforderte Normen für das Schüler- und Studentendasein bildeten sich heraus:
  - Diszipliniertes Verhalten, regelmäßiger Unterrichtsbesuch, lange Verweildauer an der Einrichtung, Erschwerung des Schulwechsels;
  - Aufnahmeprüfung für neuankommende und Privilegierung einheimischer Schüler;
  - Verpflichtung der Reichen und der Obrigkeit zur Unterstützung von Schülern und Studenten in vielfältigen Formen;
  - Gewährung von Schülerselbsthilfe durch das Kurrenden-, das Hauserzieher- oder Dienstleistungswesen ...
- Im Gelehrtenschulwesen wurde, durch Stiftung gestützt, dem Begabtenpotential niederer Schichten zunehmend der Weg zur Universität geöffnet.
- Die wachsende Pädagogisierung des studentischen Lebens und die Neubewertung überkommener Traditionen beeinflußten die Lebensweise an den Universitäten. Das ins Leben gerufene Stipendienwesen veränderte die soziale Schichtung der Studierenden und hatte positiven Einfluß auf das Leistungsstreben.

---

1 Schleiermacher, F.: Über den Beruf des Staates zur Erziehung (1814). In: Sämtliche Werke. III. Abt.: Zur Philosophie. Bd. 3. Berlin 1855.
2 Vgl. Augsburger Schulordnung (1558).
3 Vgl. Arnhardt, G.: Schulpforte über Jahrhunderte – ein pädagogischer Prozeß zwischen Progressivität und Stagnation. (Thesen) In: Jenaer Erziehungsforschung 6(1979)4. S. 91–112.
4 Vgl. ebenda.
5 Vgl. Arnhardt, G.: Die Kreuzschule zu Dresden im Wandel der Zeit. In: Kreuzkirche-Kreuzschule-Kreuzchor. Gütersloh/München 1991. S. 53–87.
6 Vgl. beispielsweise Schulordnungen von Magdeburg (1553), Kronstadt (1543), Straßburg (1565), Gandersheim (1571), Altdorf (1575).
7 CR. III. S. 562.
8 Vgl. beispielsweise die Schulordnung von Walkenried (1570).
9 Vgl. Arnhardt, G. (1988). A. a. O. S. 24 ff.
10 Vgl. ebenda. S. 36 f.
11 Vgl. Arnhardt, G.: Der Zittauer Rektor Christian Weise – Anmerkungen zur Bestimmung der historischen Größe des Pädagogen ... In: Jahrbuch für Internationale Germanistik. Reihe A. Band 37. Bern 1994. S. 173–183.
12 Vgl. Ordnungen von Magdeburg (1553), Württemberg (1559), Breslau (1570) ...
13 Vgl. Arnhardt, G. (1988). A. a. O.
14 CR. III. S. 518.
15 Vgl. beispielsweise die Ordnungen für Kronstadt (1543), für Württemberg (1559), für Pommern (1563), für Brandenburg (1564), für das Heidelberger Pädagogium (1565).
16 Vgl. das 20. Kapitel der Nordhäuser Schulordnung (1583).
17 Vgl. Brieger Schulordnung (1581).
18 Württembergische Kirchenordnung (1559) oder Lübecker Schulordnung (1531).
19 Goldberger (1546), Straßburger (1565), Breslauer (1570) Schulgesetze.
20 Vgl. ebenda.
21 Vgl. CR. IV. S. 99.
22 Vgl. Arnhardt, G. (1988). A. a. O.
23 Vgl. Baden-Durlacher Ordnung (1536), Sächsische Generalartikel (1557), Ordnung für deut-

sche Schulen in Württemberg (1559), Ordnung des Heidelberger Pädagogium (1565), Lippe'sche Ordnung (1571) ...
24 Vgl. Brandenburger Visitations- und Konsistorialordnung (1573) oder Nordhäuser Schulordnung (1583).
25 Goldberger (1553) oder Burgsteiner Schulgesetze (1596).
26 CR. XI. S. 413.
27 Hier ist ein wichtiger Anknüpfungspunkt für das Lebenswerk des J. A. Comenius zu finden, vgl. Jan Amos Comenius ... Hrsg. v. G. Arnhardt/G.-B. Reinert. Donauwörth 1996.
28 CR. III. S. 294.
29 CR. XI. S. 299.
30 CR. XI. S. 12 ff.
31 Vgl. Meißner Visitationsabschied (1540) oder Heidelberger Synode (1563).
32 Hamburger Kirchenordnung (1539).
33 Braunschweig-Wolfenbüttler (1543), Hildesheimer (1544), Pommersche (1563), Niedersächsische (1585) ... Kirchenordnung.
34 Sächsische Generalartikel (1557), Analogon ist die Hessische Ordnung von 1537.
35 Württemberger Kirchenordnung (1559).
36 Vgl. Brandenburger Visitations- und Konsistorialordnung (1573).
37 Vgl. Meißner Visitationsbescheid (1540), Sächsische Generalartikel (1557), Braunschweig-Lüneburger Kirchenordnung (1564) ...
38 Vgl. Braunschweig-Wolfenbüttler (1543), Lübecker (1531), Pommersche (1535), Niedersächsische (1585) ... Kirchenordnung.
39 Hessische (1526), Braunschweiger (1528), Braunschweig-Wolfenbüttler (1535) ... Kirchenordnung.
40 Vgl. Möllner (1530), Wittenberger (1533), Lippe'sche (1538), Niedersächsische (1585) ... Kirchenordnung.
41 Vgl. die Mindener (1530), Lübecker (1531) oder Württemberger (1559) ... Kirchenordnung.
42 Vgl. Mecklenburger (1552), Pfälzische (1564), Lippe'sche (1571) ... Kirchenordnung.
43 Straßburger Kirchenordnung (1598).
44 Vgl. Schulordnungen von Hessen (1537), Pommern (1563).
45 Vgl. Straßburger (1534), Magdeburger (1553), Pfälzische (1564), Altdorfer (1575), Stralsunder (1591) oder Braunschweiger (1596) Schulordnung.
46 Vgl. Schulordnungen von Braunschweig (1528 und 1596), Brandenburg (1573), Nordhausen (1583) ...
47 Vgl. Schulordnungen von Braunschweig (1528 und 1596), Hamburg (1529) ...
48 Sächsische Generalartikel (1557), Ordnungen von Württemberg (1559), Lippe (1571), Kursachsen (1580) ...
49 Vgl. Schulordnungen von Braunschweig (1528), Hamburg (1529), Schleswig-Holstein (1542) ...
50 Vgl. Arnhardt, G. (1988). A. a. O. S. 23 ff.
51 Ebenda. S. 21 f.
52 Vgl. Ehmer, H.: Der Humanismus an den evangelischen Klosterschulen in Württemberg. In: Humanismus im Bildungswesen des 15. und 16. Jahrhunderts. Mitteilung XII der Kommission für Humanismusforschung. Acta humaniora. Weinheim 1984. S. 122.
53 Vgl. auch Brenz' Gutachten für Brandenburg (1529), seine Kirchenordnungen für Braunschweig (1528), Hamburg (1529), Lübeck (1531), Pommern (1535), Hildesheim (1544) ...
54 Vgl. CR. S. I. 616.
55 Vgl. CR. S. I. 697.
56 Vgl. Koch, L.: Phil. Melanchthons schola privata. Ein historischer Beitrag zum Ehrengedächtnis des Praeceptor Germaniae. Gotha 1859.
57 In: CR. X und CR. XIX.
58 Ausführlich beschrieben bei Koch, L. (1859). A. a. O.
59 Erasmus von Rotterdam: Briefe. Hrsg. v. W. Köhler. Neuausgabe von A. Flitner. Bremen 1956. S. 20 f.
60 Ulrich von Hutten: Schriften. Hrsg. v. E. Böcking. Bd. 1. Leipzig 1859. S. 221 f.
61 Vgl. Arnhardt, G. (1988). A. a. O. S. 34 ff.
62 Zit. nach Pätzold, W.: Geschichte des Volksschulwesens im Königreich Sachsen. Leipzig/Frankfurt a. M. 1908. S. 32.
63 Zit. nach ebenda. S. 34 f.
64 Vgl. die Schulordnungen von Goldberg (1546), Stralsund (1561), Frankfurt (1579) ...
65 Goldberger (1546), Magdeburger (1553) oder Brieger (1581) ... Ordnung.
66 Vgl. Schulordnungen von Nordhausen (1583) oder Herrmannstadt (1598).
67 Vgl. Schulordnungen von Altdorf (1575), Brieg (1581), Neckarschule zu Heidelberg (1582), Nordhausen (1583) ...
68 Vgl. Schulordnungen von Leisnig (1525), Hamburg (1529), Stralsund (1591) ...
69 Zit. nach Mertz, G.: Das Schulwesen der deutschen Reformation. Heidelberg 1902. S. 432.
70 Ebenda. S. 433.
71 Vgl. Schulordnungen für Pommern (1535), Sächsische Generalartikel (1557), Brandenburg (1573) ...
72 Zit. nach Mertz, G. (1902). A. a. O. S. 334 f.
73 Vgl. Schulordnungen von Nordhausen (1583) oder Neckarschule zu Heidelberg (1587).
74 Vgl. Ordnung von Stalsund (1591) oder Herrmannstadt (1598).
75 Vgl. Schulordnungen von Magdeburg (1553), Güstrow (1572), Frankfurt (1579), Brieg (1581) ...
76 Mertz, G. (1902). A. a. O. S. 438.
77 Vgl. Schulordnungen aus Schleswig-Holstein (1542), Württemberg (1559), Neckarschule zu Heidelberg (1582) oder Nordhausen (1583).
78 Vgl. Schulordnungen aus Stralsund (1525), Northeim (1539), Osnabrück (1543) oder Braunschweig-Wolfenbüttel (1543).

79 Schulordnungen aus Hamburg (1529), Wittgenstein (1555), Brandenburg (1573) ...
80 "Handlungen mit dem Großen Ausschuß am Tage Marcelli, den 16. Januar zu Dresden 1543". Im Sächsischen Staatsarchiv zu Dresden. Nr. 9 353. Fol. 5 b ff.
81 Ebenda.
82 Vgl. Arnhardt, G. (1988). A. a. O. S. 26 ff.
83 Mertz, G. (1902). A. a. O. S. 443.
84 Zit. nach ebenda. S. 445.
85 Vgl. CR. XI. S. 212 und XII. S. 679.
86 Zit. nach Hartfelder, K. (1889). A. a. O. S. 512.
87 Ebenda.
88 Vgl. Schmidt, C.: Phil. Melanchthon. Leben und ausgewählte Schriften. Elberfeld 1861. S. 464 und 478.
89 Vgl. Arnhardt, G. (1979). A. a. O. S. 104 f.

Bild 274: Schulgründung zu Nürnberg durch Melanchthon 1526, Wandgemälde v. August Groh 1920/21, Melanchthonhaus Bretten

6.2 Lehren, Lernen, Studieren

Die Vereinigung von Denkansätzen des Renaissancehumanismus und der Reformation zur praktischen Schulphilosophie melanchthonscher Prägung zog auch eine Neuordnung und Erweiterung der Bildungsinhalte sowie der Lehr- und Lernmethoden nach sich. Denn der Aufbruch zum reformierten religiösen Leben mußte durch Bildung und Wissenschaft gestützt werden, wenn sich dieses in der Konfrontation mit den über Jahrhunderte etablierten Mächten behaupten wollte.

Die wichtigsten Impulse für die Erneuerung der Unterrichtsgegenstände gingen für die Elementar- und Trivialschule von der Schrift „Unterricht der Visitatorn ..." (1528), für die Gelehrtenschule von den Lehrplänen für Eisleben (1525) und Nürnberg (1526) und für die Universitäten von der Wittenberger Antrittsrede „De corrigendis adolescentiae studiis" (1518) aus. Als Ordnungsprinzip wird die zeitgemäße Einrichtung der septem artes liberales sichtbar. Hinwendung zu den **Quellen** und zum didaktischen Credo **multum, non multa** wurde als wichtiges Kriterium für die Erneuerungsbereitschaft angenommen. Die große Leistung des Praeceptor Germaniae ist augenfällig, wenn man bedenkt, daß seine Architektur der Allgemeinbildung von der muttersprachlich-religiösen Elementarbildung über theologisch-philosophische, philologisch-historische Anreicherung bis zur mathematisch-naturwissenschaftlichen Hochschulvorbereitung reicht. Die allgemeinbildenden Curricula umfaßten eine Spannweite von zeitgerechter Lebensbefähigung bis zur hinreichenden Grundlage für akademische Spezialstudien.

Sprachen:

In der Tradition des Humanismus blieben die Sprachen für *Melanchthon* das Herzstück der Bildung. Aber seine Motive dafür gingen über das Ziel hinaus, unentbehrliche Hilfsmittel der Wissenschaft und ethische Erziehungsmittel zu sein; sie dienten auch der lebenspraktischen Bedürfnisbefriedigung.[1] Schließlich waren das Evangelium und die Schriften der griechischen und römischen Klassiker neben aktuellen Erfahrungen die alleinigen Bildungsquellen des 16. Jahrhunderts. Wie bereits erörtert, wurde den Reformatoren die Beherrschung der deutschen Sprache zum **Vorhof für ein christliches Leben**. Latein, Griechisch und Hebräisch sah man als **Vorhof für Bildung und Gelehrsamkeit** an.[2] Der Bibelübersetzer sowie sein Helfer und Korrektor warnten vor begrenzender Bildung durch Übersetzungen, weil dann das Band zu den Vätern und europäischen Brüdern zerschnitten werde. Der Wert von Übersetzungen wird von *Melanchthon* zwar nicht geleugnet[3]; aber wahre Bildung müsse direkt aus der Quelle schöpfen: „Wir haben es selbst gesehen, was es für ein Jammer ist, wenn jemand gezwungen ist, sich auf diese [Übersetzungen – d. Verf.] zu verlassen."[4] Sie sind für ihn „Schattenrisse", die den „natürlichen Sinn verdunkeln und den originalen Gedankenfluß umleiten."[5] Die selbstvorgelegten Übersetzungen seien also Eingangspforten zum Vorhof und Ergebnis des Sprachstudiums zugleich; sie dürften die Hinwendung zu den Quellen keinesfalls ersetzen.

Das Erlernen von Sprachen folgte dem damaligen Aneignungsverständnis über Satz-, Wort-, Formen- und Lautlehre. Grammatik war also der allgemein umschriebene Standort von Sprachen in jedem Curriculum, ergänzt durch Dialektik und Rhetorik.

Latein: Auch aus rein pragmatischen Gründen konnten sich die Reformatoren der Tatsache nicht entziehen, daß Latein internationale Gelehrtensprache und Umgangssprache der Gebildeten war.[6] In seiner Rede „De utilitate studiorum eloquentiae" stellte *Melanchthon* fest, zu seiner Zeit habe „keine Kunst bei den meisten Nationen mehr Achtung als die Fertigkeit, lateinisch zu sprechen".[7] Einen Grund für die Vernachlässigung der griechischen Sprache suchte er wiederholt in unzureichender Kenntnis des Lateinischen als Voraussetzung für weiterführendes Sprachverständnis.[8] Folgerichtig heißt es im „Unterricht der Visitatorn ...": „Erstlich sollen die Schullehrer Fleiß ankehren, daß sie die Kinder allein Lateinisch lehren, nicht Deutsch oder Griechisch oder Hebräisch, wie etliche bisher getan." Es sollte jedoch das reine Latein der klassischen Autoren und nicht das entfremdende mittelalterliche sein, „da Deutschland die verdorbenste Sprechweise gebrauchte, und die Unwissenheit so groß war, daß unsere Zeitgenossen nicht einmal zu ahnen vermochten, was richtiges Sprechen heißt, ja sogar Geschmacklosigkeit Bewunderung fand."[9]

Klassisches Latein war *Melanchthon* Kommunikationsmittel im Umgang, im Lernprozeß und Unterricht aller Disziplinen. Dieser dominante Lehrgegenstand sollte den Aneignungsstufen Praecepta (Regeln der Grammatik, Dialektik und Rhetorik), Exercitatio (Sprachübungen) bis zur Imitatio folgen.[10]

Das Streben nach sicherer Sprachbeherrschung folgte dem Ziel, Nutzen und bewegende Urteile über sachkundige Eloquenz zu befördern.[11] Die Schlüsselstellung der Grammatik dabei beschrieb *Melanchthon* wie folgt: „Da man die Reinheit der göttlichen Lehre ohne Wissenschaft nicht bewahren kann, viele Streitigkeiten über die wichtigsten Fragen nach dem Wortlaut zu entscheiden sind, und man zur Auslegung die genaue Kenntnis des sprachlichen Ausdrucks braucht, was wird ein Lehrer ohne grammatische Kenntnisse in der Kirche anders sein, als ein bloßer Schatten oder ein unverschämter Rabulist?"[12]

Es nimmt daher nicht wunder, daß *Mertz*[13] mehr als 30 lateinische Grammatiken für den Unterricht dieser Zeit aufzählt, von denen die des *Donat, Neander, Rivius, Trotzendorf, Wolf* ... neben der des *Melanchthon* die meistgebrauchten waren. Nach abgeschlossener Etymologie, Syntax und Orthographie sollte die Prosodie, verstanden als Verslehre nach Lehrbüchern von *Melanchthon, Fabricius, Hessus* ... oder *Baptista Mantuanus* folgen. In der Tradition der Renaissancehumanisten empfahl er, zuerst die Poeten und danach die Schriftsteller zu lesen.[14]

Melanchthon hatte sich von dem überkommenen, sehr weitläufigen „Doctrinale" des *Alexander de Villa dei* gelöst und der Dialektik und Rhetorik eine relativ eigenständige Methodik gegenüber der Grammatik zugewiesen. Die Exercitio als zweite Stufe auf dem Wege zur Eloquenz sollte Lektüre und schriftliche Übungen zugrunde legen.[15] Über Buchstabieren, Syllabieren und Lesen, das Einprägen von Wörtern, Phrasen und Sentenzen könne der Schüler zur sauberen Sprachbeherrschung vordringen. Inhaltliches Ordnen, Auswendiglernen, Erklären und Abfragen waren die elementaren Methoden des Grammatikunterrichts. Vorausgehende schriftliche Übungen in Form von Abschriften, Diktaten, Übersetzungen, Gedächtnisnachschriften, Erörterungen, Briefen ... galt es in Heften (Diarien, Emphemeriden, Annotationsbüchlein) nachzuweisen und zur Prüfung regelmäßig vorzulegen.[16] Phrasologien wurden auswendig gelernt.[17]

Auf Schreibübungen sollte anfangs besonderer Wert gelegt werden. Schöne Schrift wurde oft von einem Kalligraphen gelehrt. In vielen Ordnungen war diesbezügliches methodisches Vorgehen festgeschrieben: tägliches Buchstaben nachschreiben, Abschreiben, schriftliche Übung im Deklinieren, Sammeln von Sentenzen ...[18] Es konnten Stilarbeiten in Form von Briefen, Erzählungen, Beschreibungen, Fabeln ... in den mittleren Klassen folgen. Den Oberklassen blieben dann Reden und poetische Arbeiten als Nachweis für die Beredsamkeit vorbehalten.[19] Voraussetzung dafür bildete die Lektüre klassischer Autoren, deren Nachahmung als Blüte der Eloquenz galt.[20] Jesuitisches Gedankengut vorwegnehmend, schrieb *Melanchthon* an *Beckmann* 1518: „Es ist nicht gleichgültig, durch welche

160

Literaturstudien die Jugend gebildet wird, da der Unterricht auf das Leben den größten Einfluß hat; nur das ist gute Wissenschaft, welche mit einem guten Gemüte verbunden ist. Der Jugend soll also das Beste geboten werden."[21] Gleichzeitig betonte er jedoch, daß ein zweiter Untergang der heidnischen Klassiker nicht durch Schönen, Zurechtschneiden, Ausschluß ... beschworen werden dürfe[22], weil Wissen nur auf der Grundlage vorbildlicher Sprache zu vermitteln sei. Die Auswahl solle dementsprechend nach Lehrreichtum – besonders für den Kenntniserwerb und praktischen Nutzen – und sittlichem Einfluß bestimmt werden.[23] Die von *Melanchthon* bevorzugten Autoren waren *Cicero, Caesar, Terenz* und *Livius*; eingeschränkt auch *Plautus, Sallust, Quintilian* und *Plinius*.

Der Anfang solle mit „Beispielen" gemacht werden[24], um aber sehr schnell zu Ganzschriften zu kommen; denn der ständige Wechsel von Autoren sei schädlich.[25] Für den Anfangsunterricht empfahl *Melanchthon* auch die „Disticha" *Catonis*, die Spruchsammlung „Mimi" *Publiani*, die „Fabeln" *Aesops* in der „De utilitate fabularum" des *Camerarius*.[26] Als Vorübung zur Lektüre sollten Schüler danach über das Lesen von Dialogen an die lateinische Umgangssprache gewöhnt werden. Im „Unterricht der Visitatorn ..." (1528) heißt es: „Man soll aus den Colloquiis *Erasmi* wählen, die den Kindern nützlich und züchtig sind." *Melanchthon* empfahl, die große Lektüre mit *Terenz* und *Plautus* zu beginnen.[27] Gutes Latein, feine Sitten und „vortreffliches Handeln" gab er als Motive seiner Auswahl an.[28] *Vergil*, der Fürst unter den römischen Dichtern, müsse folgen.[29] Danach, so bestimmte der „Unterricht der Visitatorn ..." solle *Ovid*, seltener *Horaz*[30] gelesen werden. Nach den Dichtern müßten Geschichtsschreiber wie *Livius, Caesar* oder *Sallust* folgen.[31] Als unbestrittenes Vorbild für die Eloquenz müsse *Cicero* angenommen werden, wie auch der „verständliche" *Quintilian*, weil sie Reinheit der Sprache mit der Logik der Gedankenführung aufs Vorzüglichste vereinten.[32] Wie das in den Schulen geschehen konnte, beschrieb die Württemberger Ordnung (1559): „Und dieweil die Praecepta für sich selber bloß sind und keinen Nutzen schaffen, wo sie nicht Exemplis illustriert werden, und aber die Knaben den usum auch sehen mögen, soll auf ein jeden Statum oder Genus Causae eine Oratio *Ciceronis* oder *Livii* ... gelesen werden. Dann der Präceptor fleißig das Argumentum, die partes orationis, den Statum, die Argumenta confirmationis, darnach in singulis partibus orationis, wie sie orniert und traktiert werden, anzeigen. Und soll der Präceptor erstlich auf die Inventionen, nochmals Dispositionem, und letztlich Elocutionem acht haben, und also die Praecepta auf gehörte Weise demonstrieren." Die *Cicero*-Lektüre begann in der Regel mit Briefen „Ad familiares", daneben „De senectute" oder „De amicitia"; verbindlich war gemeinhin die philosophische Schrift „De officiis"; gelesen wurden zuweilen die Reden „Pro *Archia*" und „Pro *Marcello*". Den Abschluß bildete in der Regel die Lektüre von „De oratore".

Griechisch: Schon in der Antrittsrede hatte *Melanchthon* beklagt, daß zugunsten von *Thomas, Scotus* ... in der scholastisch betriebenen Theologie das Griechische aufgegeben worden sei: „Wie süß ist es, ja, welch ein Glück ist es zu nennen, mit dem Sohne Gottes, mit den Evangelisten und Aposteln, selbst mit dem Heiligen *Paulus* ohne einen Interpreten zu sprechen, ihre Reden verstehen und wiedergeben zu können."[33] Ohne die Kenntnis des Griechischen gebe es keine Gelehrsamkeit, weil jeder Mensch, der nach Erkenntnis strebe, immer wieder an die Quelle seines Daseins zurückkehren müsse.[34] *Camerarius* und *Brenz* können in den Fußstapfen *Melanchthons* als Mitbegründer des Unterrichtsfaches Griechisch an den evangelischen Schulen gelten; *Hersus, Neander, Trotzendorf, Wolf* ... waren die eifrigsten Förderer. Im Sinne der Eislebener (1525) und Nürnberger (1526) Ordnung war Griechisch den Gelehrtenschulen angeraten. Für die Elementar- und Trivialschulen lehnte *Melanchthon* es aus Belastungs- und Nützlichkeitserwägungen ab, soweit keine direkte Hochschulvorbereitung betrieben wurde. Die Mehrzahl der Einrichtungen begrenzte den Griechischunterricht auf die oberen Klassen. Die Methode folgte dem Lateinunterricht. Nach dem Vorbild des melanchthonschen entstand eine Vielzahl von Grammatiklehrbüchern. *Mertz*[35] zählt allein 20 auf, unter denen die von *Clenardus, Hiob Magdeburg* (1518–1595), *Jakob Micyllus, Metzler, Dresser* oder *Sturm* weit verbreitet waren. Sie folgten fast ausnahmslos der Auffassung, daß der Lese- und Schreibunterricht mit der „Lehre zu den Diphthongen, Accenten, Deklinationen und Konjugationen" verbunden werden müsse. Mündliche und schriftliche Übungen sollten dem Lateinischen analog gestaltet werden; Übersetzungen ins Griechische finden wir nur an exklusiven Gelehrtenschulen.

Die Schulordnungen legten die griechische Lektüre meist verbindlich fest. Man begann mit dem Lesen von Chrestomathien nach dem Beispiel, das in *Melanchthons* „Institutio puerilis literarum Graecarum" (1525) zu finden war. Analoge Lesebücher von *Camerarius* oder *Sturm*, die aus der Sammlung von Erörterungen, Beschreibungen, Sinnsprüchen …, Ausschnitten aus dem griechischen Katechismus und dem griechischen Neuen Testament … bestanden, müssen im Anfangsunterricht weit verbreitet gewesen sein. Eine bevorzugte Rangfolge der Klassiker für die Lehre ist nicht erkennbar. *Melanchthon* selbst legte Wert auf *Aesops* „Fabeln", besonders aber auf die „Dialoge" des *Lucian* für den Anfangsunterricht.[36] Die oberen Klassen verwies er auf *Homer*, dessen Schriften ein Höchstmaß an „Gelehrsamkeit, Eleganz und Anmut"[37] ausstrahlten. Darüber hinaus seien Schriften von *Hesiod, Euripides, Xenophon, Thukydides* (um 460–um 400), *Isokrates* und *Demosthenes* förderliche Lektüre auf dem Wege zu sachkundiger Beredsamkeit.[38]

Hebräisch war fast durchgängig der Oberklasse vorbehalten. Das Vermächtnis von *Reuchlin* oder *Cellarius* aufgreifend, versuchte *Melanchthon*, *Luthers* Forderung an den Adel nach der hebräischen Rüstung von Theologen in die Lehre einzuführen. In zwei Reden[39] trat er nachdrücklich für das Hebräische als Unterrichts- und Studienfach ein, um Aussagen der Propheten und Apostel in ihrer Ursprünglichkeit erfassen zu können.[40] Zeitweise lehrte er dieses Fach selbst an der Leucorena. In *Bugenhagen, Butzer, Wolfgang Capito* (1481–1541), *Neander* … hatte er Verbündete, die mehr als zehn Lehrbücher verfaßten oder anregten. Angst vor Überbürdung der Schüler, anfänglicher Mangel an Lektüre und kundigen Lehrern beschränkte den Hebräischunterricht, soweit er überhaupt erteilt wurde, auf das Elementare.

Deutsch war die Umgangssprache an vielen Elementarschulen; hier wurde Lesen und Schreiben in der Landessprache geübt, die mit *Luthers* Bibelübersetzung ihre ersten Konturen erhalten hatte. Lehrbücher wie Bibel, Katechismus und Gesangbuch, abgefaßt in einer Synthese aus sächsischer Kanzlei- und lebendiger Volkssprache, normierten

Bild 275: Melanchthon, Luther, Justus Jonas und Johannes Oekolampadius (v. links) beim Verdeutschen der Bibel

hier nach und nach den Unterricht. Die Bedeutung der Muttersprache wuchs auch, je mehr sie als Stütze für den Lateinunterricht – beispielsweise für Übersetzungen – in Anspruch genommen wurde.

Deutsche Predigten, deutsche Gottesdienste und das deutsche Evangelium brachen vielerorts die vorherrschende Verachtung des Deutschen, die aus dem Mittelalter überkommen und in der humanistischen Bewegung nicht minder ausgeprägt war. Als Sprache der Erbauung und Belehrung, anfangs noch zugunsten der Humaniora an den Rand gedrängt, sollte sie alsbald bedeutenden Einfluß auf die Herausbildung des Nationalgefühls in protestantischen Schulen erhalten.

Melanchthon selbst tolerierte diese unaufhaltsame Entwicklung, ohne daß von ihm besondere Anregungen kamen. Im Schatten der Humaniora entfalteten sich zaghaft erste Triebe zugunsten eines Curriculums, das der Muttersprache höheren Rang einräumen wollte. Einer, der diese Entwicklung hegte, war *Hieronymus Wolf* (1516–1580). Er forderte die einheitliche Sprech- und Schriftweise[41], machte Vorschläge zur Orthographie und begründete seinen Anspruch damit, daß beispielsweise *Ciceros* Schriften in deutschen Übersetzungen unterschiedlicher Schriftweisen die mögliche stilbildende Wirkung verfehle. *Valentin Ickelsamer* (um 1500–n.1537) schrieb 1527 unter dem Titel „Von der rechten Weise lesen zu lernen; auch deutsche Grammatika, daraus einer von ihm selbst mag lesen lernen" das erste Lehrbuch, dessen Gegenstand Lesen und Schreiben in deutscher Sprache war.[42] Danach erschienen in kurzen Abständen ein „Deutscher Sprachschatz" von *Georg Henisch* (1549–1618), eine „Schrift über den Ursprung der deutschen Sprache" von *Johann Lauterbach* (1531–1593), eine „Deutsche Grammatik" von *Johannes Clajus* (1530–1592) ... Es sollte jedoch noch zwei Jahrhunderte dauern, bis Deutsch als gleichberechtigtes Unterrichtsfach neben die alten Sprachen in den Gelehrtenschulen treten konnte. Eine volle Akzeptanz mit Breitenwirkung ist dann in den neuhumanistischen Gymnasien Humboldtscher Prägung erreicht worden.

Die Kampfansage der Reformatoren an die scholastische Pädagogik hatte den *Aristoteles*-Verehrer *Philipp Melanchthon* in Bedrängnis gebracht. Deformierende mittelalterliche Vereinnahmung des großen Griechen, die problembeladenen Wirkungen dessen Metaphysik und dessen Ethik, die im Widerspruch zur Gnadenlehre der Reformation standen, hatten zu *Luthers* Philosophieabstinenz beigetragen. *Melanchthon* folgte diesem Trend zur Verabsolutierung der Paulinischen Theologie.[43] Mit der Überwindung der zeitweiligen Bildungsfeindlichkeit der reformatorischen Bewegung fand er jedoch zu einer differenzierteren Haltung in bezug auf die Zentralgestalt der antiken Philosophie. Besonders die aristotelische Physik, Metaphysik und Ethik waren Gegenstände seiner kritischen Reinigung von scholastischer Überformung. Die Wende wurde offenbar, als er aristotelische Sprachgewalt und die dialektische Methode zu unverzichtbaren Bestandteilen der reformatorischen Bildungsphilosophie erklärte.[44] Die adäquate Einbindung in das Trivium lag auf der Hand.

Mit *Luthers* Billigung gelangte *Melanchthon* in seiner ersten Ausgabe der „Dialektik" zu der Feststellung, daß „vernachlässigte, verschüttete und geschwätzig-spitzfindige Dialektik"[45] den Verfall der Wissenschaft beschleunigt habe. Erst wenn diese der Wissenschaft wieder Licht verleihe und als nützliches Bindeglied im allgemeinen Wissenschaftsverständnis Probleme zu lösen vermöge, sei die Barbarei überwunden.[46] Nach den Ideen *Agricolas* wollte *Melanchthon* der **Dialektik** schließlich als Lehrgegenstand und Lehrmethode einen Platz in der Schule sichern.[47]

Sowohl in der Eislebener Ordnung (1525) als auch in der Schrift „Unterricht der Visitatorn ..." war Dialektik bereits als Unterrichtsfach für die Oberklasse empfohlen worden. Die Mehrzahl der Schulordnungen im 16. Jahrhundert folgte dem und legte Dialektik für die höheren Klassen der Trivial- und Gelehrtenschulen sowie für die Hochschulen als verbindlichen Lehrgegenstand fest. Dabei wollte *Melanchthon* seine Lehrbücher weiterhin durch die des älteren Humanismus ergänzt wissen. Besonders nachdrücklich empfahl er *Erasmus*' „De duplici copia verborum ac rerum", *Agricolas* „De inventione dialectica libritres"[48] und die „Dialektik" des *Johannes Cäsarius*.[49] Schulordnungen belegen darüber hinaus den Gebrauch einer Vielzahl von Lehrbüchern, die aus der Feder protestantischer Reformer stammten. Zu ihnen gehörten *Rivius, Cyriacus Spangenberg* (1528–1604) oder *Zacharias Ursinus* (1534–1583). *Luther* machte zeitig auf den engen Zusammenhang von Dialektik und **Rhetorik** aufmerksam: „Das Corpus, der Leib ist die Dialektika; Allegoria aber ist die Rhetorika. Nun taugt die Rhetorika, so ein Ding fein nach der Länge mit Worten weitläufig schmückt und ausstreicht, nichts ohne Dialektika, so eine Sache kurz rund faßt. Wenn man rhetorisiert und viel Worte machet ohne Fundament, da nichts hinter ist, so ist's nur ein geschmückt Ding, und geschnitzter und gemalter Götze."[50] *Melanchthon* folgte dieser Auffassung und fügte der zweiten Auflage seiner „Dialektik" eine „Rhetorik" hinzu. Dialektik sollte, nach Lehrbüchern unterrichtet, sehr bald das auf Richtigkeit und Genauigkeit angelegte substantielle Fundament der Rhetorik darstellen.

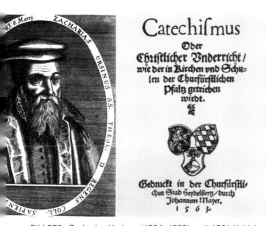

Bild 276: Zacharias Ursinus (1534–1583), seit 1561 Heidelberger Theologieprofessor, Schüler Melanchthons, nach Entlassung (1576) Dogmatiker an der Reformierten Hochschule Neustadt/Pfalz, Hauptwerk ist der Heidelberger Katechismus, Titelfaksimile v. 1563 (Erstausgabe)

Rhetorik selbst führte zum Ziel melanchthonschen Bildungsstrebens, durch sachkundige Beredsamkeit Selbständigkeit zu suchen, Menschen zu motivieren und zu bewegen. Auch in der Rhetorik wurden ältere Lehrbücher nicht verschmäht; so *Erasmus*' „De conscribendis epistolis" in der Eislebener (1525) und der Augsburger (1558) oder *Petrus Mosellanus*' „De primis apud rhetorem exercitationibus praeceptiones" in der Eislebener und *Libellus*' „De figurit et tropis" in der Brandenburger (1564) Ordnung. Die Mehrzahl der Kirchen- und Schulordnungen empfahl daneben *Melanchthons* Rhetorik.[51] Aber auch in diesem Fach erweiterte sich das Lehrbuchangebot sehr schnell. Autoren waren unter anderen *Lukas Lossius* (1508–1582), *Neander*, *Rivius* und *Sturm*. *Quintilian* und *Cicero* blieben ihm die wichtigsten Vorbilder.[52]

Im „Unterricht der Visitatorn ..." (1528) und der Nürnberger Ordnung (1526) hatte *Ph. Melanchthon* für die Oberklasse je eine Stunde Dialektik und Rhetorik täglich vorgesehen, vorausgesetzt, das Grammatikpensum gestattete die entsprechend notwendige Kürzung. Die Methode blieb einfach, aber wirkungsvoll: Regeln wurden gelernt und angewendet.

Der realistische Blick für das Machbare in der anbrechenden massenhaften Beschulung ließ das Ziel „weiser und beredter Frömmigkeit" im Stil lateinischer Rhetoren auf die Einheit von Wissen und Sprechen schrumpfen. *Ph. Melanchthons* pädagogischer Standort von Beredsamkeit war auf Lebensbefähigung für künftige Prediger, Wissenschaftler und Staatsbedienstete gerichtet.[53] „Ich meine damit nicht jene Beredsamkeit, welche ein seltenes Geschenk Gottes an die hervorragendsten Menschen ist, wie etwa *Nestor, Odysseus, Solon* und *Perikles* gewesen sind, in welchen neben großer Weisheit eine angeborene Kraft der Natur lebte, welche einen Strom der Rede mit reicher Fülle und großem Glanze ausschütten, dem Herzen der Zuhörer feurige Empfindung einflößen und den Sinn der Bürger nach ihrem Gutdünken lenken können ... Aber ich meine auch nicht jene Beredsamkeit, die uns näher liegt, die viel von der Gelehrsamkeit und Kunst entleiht, wie die des *Demosthenes* und *Cicero* gewesen."[54] Verstandenes sollte ohne „Phrasen und Redeschwall" natürlich dargelegt werden, damit Weisheit eine angemessene Form habe. Rednerischer Schmuck könne beleben, pointieren und verdeutlichen. Effekthascherei war *Melanchthon* fremd[55]; gegen den Dünkel der Rhetoren hatte er den natürlichen und lehrhaften Charakter einer Rhetorik gesetzt, die für Lehrer im geistlichen und weltlichen Amt erforderlich geworden war.[56]

Den für uns unvorstellbar hoch angesetzten pädagogischen Rang der Rhetorik, gipfelnd in seiner „Encomium eloquentiae", „Die Einsicht folge der Eloquenz, wie dem Körper sein Schatten", versuchte *Friedrich Paulsen* einsichtig wie folgt zu erklären: „Als drittes Moment kommt in Betracht, daß im 16. Jahrhundert die Rede in erheblich weiterem Umfang als heute das Mittel aller geistigen Wirkung war. Gegenwärtig ist das gedruckte Wort das große Mittel der Gedankenmitteilung. Damals begann man eben erst zu lesen; das gesprochene Wort beherrschte noch die öffentliche Verhandlung wie den Unterricht. Die Predigt, die öffentliche Rede, das Religionsgespräch, die mündliche Verhandlung im Rat und auf dem Reichstag, das waren die Formen der Wirkung, neben denen dann freilich in eben dieser Zeit die Druckerpresse an Einfluß zu gewinnen begann. Auch der Lernende blieb noch wesentlich auf den mündlichen Vortrag angewiesen; für die meisten Studierenden war, außer einigen Textbüchern, die Vorlesung die Quelle aller Belehrung. Endlich noch: Auf den Universitäten im 16. Jahrhundert war die theologische Fakultät mit ihrer Vorschule, der philosophischen, weitaus die wichtigste der Bedeutung und der Zahl nach; neben ihr kommt nur noch die juristische in Betracht, die im Aufsteigen ist. Die Zahl der Mediziner war schlechthin geringfügig, und Naturforscher, Chemiker, Techniker gab es überhaupt nicht. Für Geistliche und Schulmänner, daneben auch für Juristen, konnte nun in der Tat Eloquenz als das Hauptstück der Berufsbildung angesehen werden. Vor allem gilt dies von dem protestantischen Geistlichen, dem ‚Prediger'. Was das Amt von ihm als beinahe tägliche Leistung forderte, das war eben die Rede. Eloquenz ist also eine spezifische Tüchtigkeit."[57]

Das reformatorische Programm, die Freiheit des Christenmenschen über die „Hebung des verborgenen Schatzes der Heiligen Schrift"[58] anzustreben, schloß erstmals regulären **Religionsunterricht** ein. In der Eislebener (1525) und in der Nürnberger (1526) Ordnung wurde dafür der Grundstein gelegt: das humanistisch geprägte Curriculum war mit theologischem Lehranspruch vereint; Erziehung zur Frömmigkeit sollte als Unterrichtsfach einen eigenständigen Platz zugesprochen bekommen. In seiner Rede über die Philosophie (1536) hatte *Melanchthon* die Bindung von Wissenschaft und Theologie dahingehend begründet, daß Pietas Ziel und Regulativ des gesamten Lehr- und Lernprozesses werden solle. Religionsunterricht nahm folglich die zentrale Stellung in der protestantischen Schule ein. Selbst Geometrie[58], Geographie[59], Astronomie[60] waren gehalten, den Erkenntnisprozeß theologisch zu motivieren. So blieb Eloquenz einerseits als Ziel der neuen Schule zuförderst der Theologie verpflichtet[61]; *Ph. Melanchthon* wurde andererseits nicht müde, sein reformatorisch-pädagogisches Grundanliegen aus der gegenteiligen Blickrichtung auszugestalten, die er bereits 1526 in der Vorrede zu *Hesiod* unmißverständlich formuliert hatte: „Es könnte einer fragen, was diese ganze Lehrweise der Frömmigkeit nützt? Die Antwort habe ich in Bereitschaft: Zur Umwandlung des Sinnes und zur Einpflanzung der Religion nichts; denn dies bewirkt der Heilige Geist durch das göttliche Wort. Aber für die Kenntnis des Wortes der Heiligen Schrift ist Griechisch nötig. Damit wir ferner über das Wort richtiger urteilen und die Glaubenssätze der Religion erläutern und erklären können, wie es die Öffentlichkeit oft verlangt, muß der Geist vielfach geschult und mit allen Künsten gebildet werden ... Dies ist die Ursache, warum meines Erachtens die Künste dem Studium der Theologie nützlich sind."[62]

Die wachsende Bedeutung theologischer Unterweisungen fand sehr differenzierten Niederschlag in der Schulorganisation. Als Tendenz ist sichtbar, daß an Elementarschulen täglich, in den Unterklassen der Trivialschulen zweimal wöchentlich und sonntags Religionsunterricht erteilt worden ist.[63] In den Gelehrtenschulen und Oberklassen der Trivialschulen wurde Religion an Sonntagen[64] oder auch samstags[65] gelehrt. Gottesdienste waren Bestandteil und Bezugspunkt religiöser Unterweisungen. Von daher bestimmten Gesang, Gebet, Betrachtungen zu Evangelien und Episteln das methodische Grundgerüst. Nach *Luthers* Forderung „An den Christlichen Adel..." (1520) stand im Zentrum des katechisierenden Unterrichts die Bibel. In den Mädchenschulen und in den deutschen Schulen waren Psalm- oder Spruchsammlungen und das Neue Testament als Lesestoffe sehr gefragt.[66] Die Schüler der Oberklassen wandten sich Erklärungen von Briefen – vorwiegend des *Paulus* und *Johannes* – Sprüchen *Salomos*, Psalmen und einzelnen Kapiteln des Alten und Neuen Testaments zu.[67] Der systematische Religionsunterricht an Alumnatsschulen wurde durch das kursorische Lesen aus der Bibel zu den Mahlzeiten bereichert.[68] Enorme Pensen zum Auswendiglernen stützten darüber hinaus die Schriftkenntnis.

Didaktisches Vorgehen orientierte sich wie in keinem anderen Unterrichtsfach einheitlich an den Lehrbüchern Katechismus und Bibel. *G. Mertz* nennt über 80 Autoren[69] für evangelische Katechismen im 16. Jahrhundert. Deutsche und lateinische Katechismen wurden in vollem Wortlaut eingeprägt, meist auch die Erklärungen der Verfasser. Welche Gedächtnisleistung von den Schülern erwartet wurde, zeigt beispielsweise die Erklärung für das Vierte Gebot im Katechismus von *Johannes Brenz*: „Das Vierte Gebot betrifft die fürnemsten Leute. Es gefällt Gott wohl, wenn wir die Eltern ehren und ihnen gehorchen. Darum gefallen ihm auch alle unsere Werke wohl, die uns Vater und Mutter heißen, und wenn es gleich wäre nur Stuben kehren oder Wasser holen, das ist ein großer und freudenreicher Trost, daß wir gewiß sein, daß solche schlechte Werke Gott gefallen, allein darum, daß wir Vater und Mutter gehorchen; dagegen gefallen ihm die Werke nicht, die man ohne seinen Befehl tut, wenn sie gleich ein großes Ansehen haben, denn der Befehl Gottes macht unsere Werke gut und sonst nichts. Wir sollen aber auch den Eltern Gutes tun, aber nicht gedenken, daß wir einen großen Dank verdient haben, sondern demütigen uns und bitten, sie wollen's für gut nehmen, wir wollten gern Besseres tun, wenn wir könnten. Und warum? Sie sind Gottes Werkzeuge, sie sollen mit uns reden, uns lehren, gleichwie ein Schulmeister, wenn er aus der Schule geht, so befiehlt er einem andern, dieweil auf die Knaben zu sehen, dem soll man denn auch gehorsam sein, als dem Schulmeister selbst, und welches Kindlein das nicht tut, das straft der Schulmeister etc."

Die Erklärung in *Luthers* Katechismus zu diesem Gebot lautet: „So lernen wir zum ersten, was die Ehre gegen die Eltern heiße, in diesem Gebot gefordert: nämlich daß man sie vor allen Dingen herrlich und wert halte, als den höchsten Schatz auf Erden. Darnach auch mit

Bild 277: Knabenschule (17. Jhdt.), Kupferstich v. Abraham de Bosse

Worten sich züchtig gegen sie stelle, nicht übel anfahre, poche oder poltere; sondern lasse sie recht haben und schweige, ob sie gleich zu viel tun. Zum dritten auch mit Werken, das ist, mit Leib und Gut solche Ehre beweise, daß man ihnen diene, helfe und sie versorge, wenn sie alt, krank, gebrechlich oder arm sind, und solches alles nicht allein gern, sondern mit Demut und Ehrerbietung, als vor Gott getan. Denn wer da weiß, wie er sie im Herzen halten soll, wird sie nicht lassen Not noch Hunger leiden, sondern über und neben sich setzen und mitteilen, was er hat und vermag."

Die Arbeit an Bibeltexten bei älteren Schülern folgte dem didaktischen Grundkonzept des Katechismusunterrichts fast ausnahmslos. *Luthers* Begeisterung galt dem deutschen Kirchengesang.[70] *Melanchthon* sah den **Gesang** als „Geschenk Gottes" und „Mittel christlicher Herzensbildung".[71] In der Mehrzahl von Schulordnungen kam täglich um die Mittagszeit Gesang auf den Stundenplan, so wie man es im „Unterricht der Visitatorn ..." (1528) erwartete. Gelehrt wurde das Choralsingen in deutscher und lateinischer Sprache sowie Ton- und Notenlehre.[72]

Bei der Anlage des akademischen Religionsunterrichts an Gelehrtenschulen und Hochschulen folgte *Melanchthon* seinem Lehrer *Luther*. In der Konfrontation zur Scholastik hatte jener seine **Vorlesungen** durchweg auf die Heilige Schrift gegründet und aus den biblischen Büchern Ethik und Dogmatik abgeleitet. Die vielbesuchten theologischen Vorlesungen, die Reden und Streitschriften *Melanchthons* fügten sich nahtlos in das Konzept bibelkonzentrierter Theologiestudien.[73] Grammatik, Dialektik und Rhetorik waren ihm Zeichen des „göttlichen Wortes" sowie „Fundgrube" für die Dogmatik und für die Glaubens- und Kulturgeschichte. Nach seiner originalen Schuldogmatik[74] erneuerte sich die Glaubenslehre an den Hoch- und Gelehrtenschulen. Der Geist der „Loci communes", des „Examen theologicum" und der „Catechismvs pverilis, id est, institvtio pverorum in sacris"

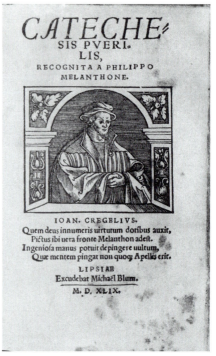

Bild 278: Melanchthons „Catechesis pverilis ...", Leipzig 1549

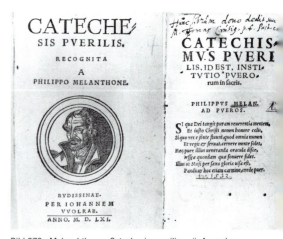

Bild 279: Melanchthons „Catechesis pverilis ...", Ausgabe v. 1561, Predigerseminar Wittenberg

Bild 280: Melanchthons „Examen theologicum ... Ex prælectionibus Christophori Pezelii ... Neostadii, M.D.L.XXXVII" (Neustadt 1587)

beherrschte ab der zweiten Hälfte des 16. Jahrhunderts den dogmatischen Unterricht.[75] Wie viele Reformatoren war *Melanchthon* ein begeisterter Anhänger **historischer Studien**: „Und haben treffliche Historici fleißig gemeldet, wie uns die Historien in vielen Sachen erinnern, zu der Tugend vermahnen, von Untugend abschrecken, Schaden zu verhüten, wie *Thucydides* spricht, daß Historien ein ewiger Schatz sind, daraus allezeit Exempel, zu dem Leben dienlich, zu nehmen."[76] „Zum andern ist ein trefflicher Nutzen, daß man streitige Lehren zu richten viel Anleitung daraus haben kann; so man die erste reine Kirche recht und vernünftig ansiehet, nicht wie etliche, als ein Ochs, allein die Tore ansehen, das ist etliche äußerliche Gebärde, sondern so man Zeugnis der reinen Lehre und die hohen Streitigkeiten mit den falschen Geistern merket. Dabei findet auch ein Christ mancherlei Exempel, die ihn zu Glauben und Gottesfurcht vermahnen, wie denn in Wahrheit die Historien ein schrecklich Bild sind göttlichen Zornes und Gerichtes wider alle Laster."[77] „Ihrer kann kein Teil des Lebens, weder das öffentliche noch das private, entbehren. Sie ist nötig zur Leitung der städtischen wie der häuslichen Angelegenheiten. Und ich weiß nicht, ob es ein geringer Schaden wäre, wenn die Welt die Sonne, die ihre Seele ist, entbehre als die Geschichte, die Wissenschaft vom bürgerlichen Leben. Unsere Vorfahren haben zugestimmt, daß die Musen aus der Erinnerung geboren sind. Das heißt, wenn ich mich nicht täusche, daß aus der Geschichte jede Art von Wissenschaft sich ableitet."[78] Angesichts dieser Hochschätzung des Nutzens historischer Erkenntnisse für die sittliche, ästhetische und staatsbürgerliche Erziehung ist es nur folgerichtig, wenn der Praeceptor Germaniae geschichtliche Unterweisungen förderte, historische Werke herausgab und Autoren von Geschichtslehrbüchern wie *v. Amsdorf, Eber, Fabricius, Neander, Peucer, Rivius, Selnecker, Simler, Wolf* ... anregte und ermutigte.

Bei diesem Engagement scheint es verwunderlich, daß selbst der „Unterricht der Visitatorn ..." (1528) nicht bis zum eigenständigen **Geschichtsunterricht** vordrang. Ordnungen verweisen auf historische Themen für schriftliche Arbeiten, Disputationen, Übersetzungen ...[79] Nur wenige machen eigenständigen Geschichtsunterricht zur Pflicht.[80] Als Ursachen für dieses Erscheinungsbild sind einerseits der grundsätzlich historisch angelegte Erkenntnisprozeß des Triviums und andererseits die verbreitete Geringschätzung der biblischen Geschichte – mit Ausnahme von *Luther* – als Impulsgeber für Politik-, Kultur-, Wirtschafts- und Personengeschichte zu nennen. Hinzu kam die vieldimensionale Ausweitung des Historischen; beispielsweise auf **Geographie** bei *Neander*. Weitsichtig verwies *Melanchthon* die Geographie in die Nähe der Astronomie[81], erreichte damit jedoch keine Langzeitwirkung für die Gestaltung des Fächerkanons. Es sollte bis zum Ende des 18. Jahrhunderts dauern, bevor historisch-geographische Belehrungen allmählich einen eigenständigen Platz im Curriculum erhielten. Die Trennung in eigenständige Disziplinen erfolgte erst nach der neuhumanistischen Reform des deutschen Bildungswesens in der ersten Hälfte des 19. Jahrhunderts.

Seit dem Wirken des Pädagogen *Karl Georg v. Raumer* (1783–1865)[82] verstummen die Vorwürfe an *Melanchthon* nicht, er habe das evangelische Schulwesen in Distanz zu den **Realien** gehalten. Unter seinem Einfluß sei der Erkenntnisstand aus der Antike eingefroren worden. Eine genauere Analyse des melanchthonschen Schrifttums läßt Zweifel an der Seriosität dieser Feststellung aufkommen. Die Anfänge von Naturkunde in der Antike waren *Melanchthon* in der Tat wichtige Quellen und Vorbilder für Naturgeschichte und Naturbeschreibung. Aber dabei wollte er es nicht belassen. In seiner Physik heißt es dazu: „Obwohl die allgemeine Form der Künste erreicht ist, ist es doch von Nutzen, die Anfänge durch Beispiele zu veranschaulichen, damit der Nutzen deutlich wird."[83] Diese Methode, vorliegende Naturerkenntnisse durch Erfahrung anzureichern, sei Voraussetzung für den Nutzen solchen Studiums. Die Physik des *Aristoteles* gleiche in weiten Teilen nur einem „Schatten und nicht der Sache selbst".[84] Naturkunde erfülle ihre aktuellen Aufgaben nur, wenn sie über Beobachtung empirisch angereichert werde.[85] In der erwähnten Vorrede zu seiner „Physik" schrieb er an gleicher Stelle, daß es töricht sei, allein aus der Lektüre des *Plinius* systematische Botanik ohne die natürliche Anschauung zu betreiben. Die Trennung von Wort und Sache widerstrebe dem Bildungszweck evangelischer Weisheit und Frömmigkeit, degradiere Eloquenz zur Konstruktion leerer Worthülsen.

Schon diese wenigen Andeutungen verweisen auf die Fortschritte gegenüber scholastischer und klassisch-humanistischer Naturbetrachtung. *v. Raumer* war mit manchen seiner Anhänger offenbar der sich ständig wiederholenden Verführung erlegen, aus dem Weltbild und Erkenntnisstand seiner Generation Wünschenswertes zum Maßstab des 16. Jahrhunderts zu machen. Es ist *Melanchthons* Werk, Weltflucht als Maß der Frömmigkeit gemindert und statt dessen die „Natur als Offenbarung Gottes" in die Schulen gebracht zu haben. Naturgeschichte und Naturbeschreibung seien für das Verständnis der Bibel unverzichtbar; für die Gelehrten und das einfache Volk zur Lebensrüstung dringend erforderlich.[86] Es könne beispielsweise tötlich sein, wenn Hausmütter nicht aus dem Buche der Natur und des menschlichen Körpers zu lesen vermögen.[87] Der „Unterricht der Visitatorn …" sah Naturgeschichte als integralen Bestandteil der septem artes liberales. Er bahnte sich aus dem melanchthonschen Verständnis von Wahrheitssuche als aktuelle naturwissenschaftliche Erkenntnis seinen Weg in die Schulen. So finden wir beispielsweise in der Augsburger Ordnung (1558) Naturgeschichte nach *Plinius*; in der Brandenburger (1564) Physikunterricht, in Straßburg (1565) das Betrachten und Sammeln von Pflanzen und Steinen vorgeschrieben; in Lauingen (1565) standen *Aristoteles'* „Physices et meteorici libri" im Lehrplan.

Das Hauptaugenmerk *Melanchthons* bei der Förderung der Realia galt deren Grundlagenfächern **Arithmetik** und **Geometrie**, die als selbständige Unterrichtsgegenstände seit Anbeginn mit prägend für das evangelische Schulsystem waren. Solches Begehren wurde sichtbar seit seiner Antrittsrede in Wittenberg. Es ist nachweisbar in der Forderung nach zwei Mathematikprofessuren in Wittenberg[88]; in den Vorreden zu den Lehrbüchern für Arithmetik des *Georg Joachim Rheticus* (1514–1576)[89], für Geometrie ist es ersichtlich anhand der Arbeiten des Mathematicus *Vogel*.[90] Von daher kann man auch aus dem heutigen Erkenntnisstand der Feststellung *S. Günthers* zuzustimmen: „*Luthers* getreuer Gehilfe, der Praeceptor Germaniae, war es hauptsächlich, der den mathematischen und naturwissenschaftlichen Studien an Hochschulen und Gymnasien mit aller Kraft Eingang zu verschaffen suchte, und ihm ist es zu danken, daß Anno 1525 bei der Begründung des Aegidiengymnasiums zu Nürnberg der Bamberger Mathematiker *Schöner* als Professor der Mathematik berufen wurde. Jenes Werk endlich ist *Albrecht Dürers* wohlbekannte Underweysung der Messung mit dem Zirkel und Richtscheyd … Kurz, wenn vom zweiten Viertel des 16. Jahrhunderts ab das mathematische Studium an niederen und höheren Schulen Deutschlands einen erfreulichen Aufschwung nahm, so ist nicht als eine der geringsten Triebfedern dieser Bewegung die Tätigkeit des Mannes anzusehen, der seines Ehrennamens Praeceptor Germaniae auch in dieser Hinsicht sich vollauf würdig machte."[91] Folgerichtig weisen die Ordnungen von Eisleben (1525), Nürnberg (1526), Hamburg (1529), Wittenberg (1533) den Beginn zeitgemäßer mathematischer Belehrungen an protestantischen Schulen aus. In der von *Mertz* interpretierten Ordnung für Pommern (1563) waren beispielsweise die Anfänge bereits in einem geschlossenen Programm aufgehoben: „Es ist auch nötig, daß diese Knaben gelehrt werden Elementa Arithmetices et Sphaerae, denn die Species in Arithmetica und Regulam Detri können die Knaben leichtlich lernen, wenn es ihnen apte et breviter proponiert wird. In Sphaera aber und Mathematicis sollen die Schulmeister nichts curiose aut ambitiose anfangen ohne den Rat des Superintendenten und Pfarrers."

Elementare Arithmetik wollte *Melanchthon* als die vier Grundrechenarten[92] nach *Adam Riese* (1492–1559) und die höhere vorzüglich nach *Michael Stiefels* (1486–1567) „Arithmetica integra"[93] gelehrt wissen. Auch Lehrbücher von *Georg Joachim Rheticus, Johann Regiomontanus* oder *Georgio Purbachio* wurden von ihm empfohlen, beziehungsweise herausgegeben.

Geometrie war aus *Melanchthons* Sicht zunächst als Hilfswissenschaft für die Astronomie angelegt.[94] Bis zur Mitte des Jahrhunderts folgten die Schulordnungen dem in Eisleben begründeten Trend. Spätestens seit der Lauinger Schulordnung (1565), die *Ptolemäus, Archimedes* und *Theon* als Lehrprogramm vorschrieb, setzte sich mit den Lehrbüchern von *Christian Beyer* (ca. 1482–1535), *Andreas Osiander* (1498–1552), *Caspar Peucer* (1525–1602) oder *Johannes Schöner* (1477–1547) ein eigenständiger, die Astronomie als Anwendungsgebiet betrachtender Geometrieunterricht durch.

Das von *Melanchthon* angelegte Quatrivium in protestantischen Schulen hatte am Ende des 16. Jahrhunderts nicht nur den aktuellen Wissensbestand pädagogisiert, sondern auch eine solide Ausgangsbasis für die Öffnung des Curriculums in bezug auf wissenschaftliche Naturbetrachtung geschaffen.

Aus der Darstellung des Lehrens und Lernens in sich konstituierenden Unterrichtsfächern wurde sichtbar, daß das dreigliedrige System der Beschulung spezifische Anforderungen an die stufenweise Allgemeinbildung stellte, die in einem relativ geschlossenen Gang zur Spezialbildung an den Hochschulen führte. Es sollte nur wenige Jahrzehnte dauern, bis melanchthonsche Anfänge in ausgereifte Programme elementarer, mittlerer und höherer Allgemeinbildung mündeten.

Nicht zu übersehen ist das Verdienst der Reformatoren, die fast ausschließlich privat betriebenen deutschsprachigen **Elementarschulen** nach und nach in den Aufsichtsbereich der Obrigkeit der Städte und der ländlichen Gemeinden gebracht zu haben. Neben der Annäherung der Schulorganisation in den Regionen und der Professionalisierung des Lehrerberufs kam es dadurch auch zu Ordnungen, die dominant subjektive Bindungen des Lehrens und Lernens lösten. Ein verpflichtender Grundbestand an Bildungsgut setzte sich durch. Als Beispiel mit weitreichendem Einfluß kann die Kursächsische Schulordnung von 1580 gelten. Die Torgauer Verhandlungen des Landtags hatten in mehrmonatigen kontroversen Diskussionen mit dem aus Süddeutschland herbeigerufenen Berater *Jakob Andreae* zu diesem historisch bedeutenden Dokument geführt. Es war von

Bild 281: Adam Riese (1492–1559), Titelblatt der „Rechnung nach der lenge …", Leipzig 1550 (Berwalt)

Bild 282: Andreas Osiander (1498–1552), Kupferstich (1565) v. Balthasar Jenichen

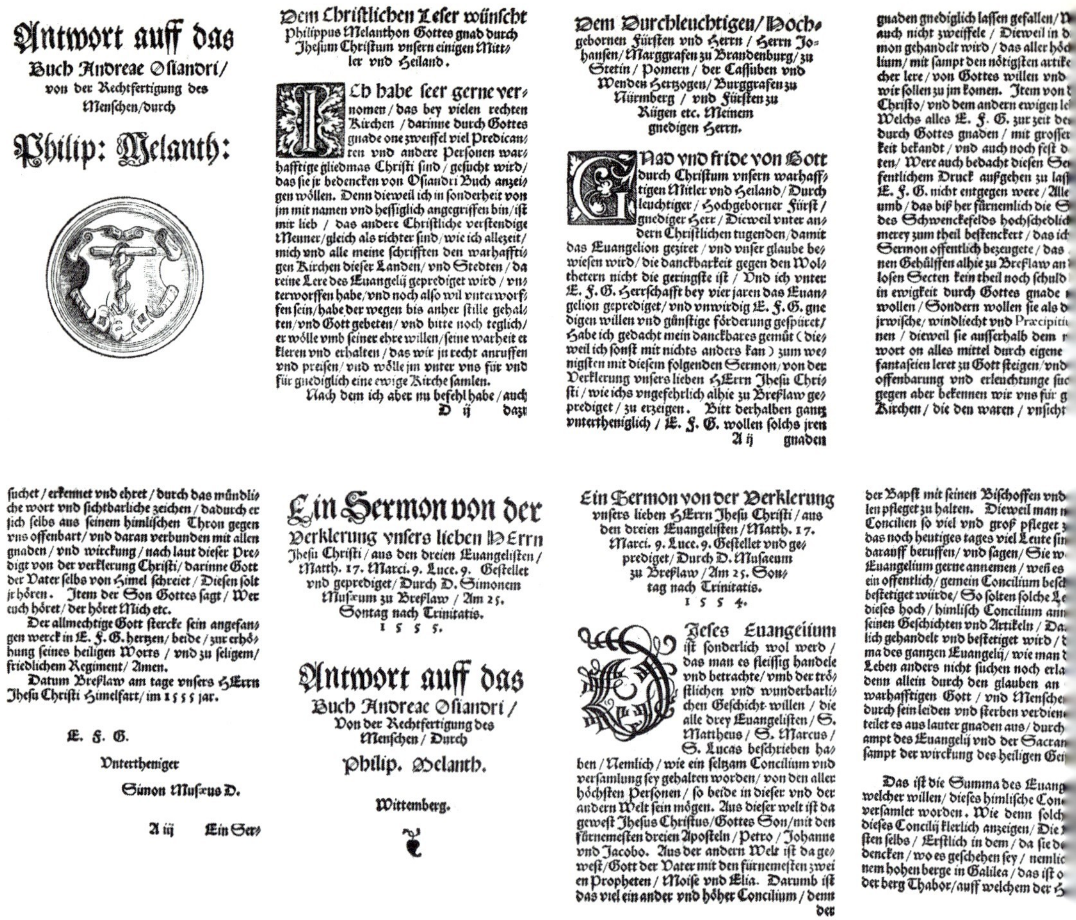

Bild 283: Melanchthons „Antwort auff das Buch Andreae Osiandri von der Rechtfertigung des Menschen" mit Wappen Melanchthons, Wittenberg 1555, und „Ein Sermon von der Verklerung vnsers lieben HErrn …", Wittenberg 1554

melanchthonschem Geist getragen, hatte aber zugleich zwischenzeitlich gesammelte Erfahrungen für den Elementarbereich aufgenommen; insbesondere mit der Württemberger Ordnung. Der Abschnitt „Von der Lehre" steht deshalb für den Ertrag curricularen Denkens bei *Melanchthon*:

„So der Schulmeister die Schulkinder mit Nutz lehren will, so soll er die in drei Häuflein teilen.
Das eine, darinnen diejenigen gesetzet, so erst anfahen, Buchstaben zu lernen. Das andere die, so anfahen zu syllabieren.
Das dritte, welche anfahen zu lesen und schreiben.
Desgleichen unter jedem Häuflein sondere Rotten machen, also dass diejenigen, so einander in jedem Häuflein am gleichsten, zusammengesetzet, damit werden die Kinder zum Fleiss angereizet, und dem Schulmeister die Arbeit geringert.
Die Schulmeister sollen auch die Kinder nicht übereilen oder mit ihnen fortfahren, sie haben denn zuvor dasjenige, so ihnen der Ordnung nach für gegeben, wohl und eigentlich gelernet.
Auch mit Fleiss darauf sehen, dass sie anfangs die Buchstaben recht lernen kennen; derohalben die Ordnung des Alphabets zuweilen brechen, und mit Übersehung derer andern, unterschiedlich etlicher Buchstaben halben, wie die heissen, das Kind fragen; und daran sein, dass sie in allewege die Buchstaben recht nennen, die Syllaben deutlich, und im Lesen die Wörter syllabatim unterschiedlich und verständlich aussprechen, auch die letzten Syllaben im Munde nicht verschlagen.
So das Kind ziemlich wohl lesen kann, alsdenn dasselbe im Schreiben unterrichten, und die Vorschriften in ein besonder Büchlein, so das Kind dazu haben soll, ihnen verzeichnen, und sich befleissen, gute deutsche Buchstaben zu machen. Und darob halten, dass die Kinder zu ihren Schriften auch sondere Büchlein haben, und dieselben ihnen mit Fleiss examinieren, was für Mangel an der Form der Buchstaben, Zusammensetzung und Anhängung derselben, und dergleichen befunden, ihnen mit Bescheidenheit untersagen, und

freundlich dessen berichten, und wie es sich darinnen bessern soll, anzeigen, und in solchem unterweilen die Hand führen.

Und dieweil die Kinder für allen Dingen zu der Furcht Gottes gezogen werden sollen, so sollen die Schulmeister keinem Kinde gestatten, ärgerliche, schändliche, sektiererische Bücher oder sonst unnütze Fabelschriften in ihrem Lernen zu gebrauchen, sondern daran sein, wo sie gedruckte Bücher brauchen würden, damit sie in christlichen Büchlein, als: D. *Luthers* Katechismus, Psalmen-Büchlein, Sprüchlein Salomonis, Jesus Sirach, Neu Testament und dergleichen lernen.

Besonders aber soll der Katechismus Dr. *Luthers*, wie derselbe seinen Tomus einverleibet, auf dass also eine gleiche Form gehalten, denen Kindern eingebildet, und sie dahin gewehnet werden, damit sie denselbigen auswendig lernen, und recht verstehen und begreifen mögen; zu solchem sollen die Schulmeister in der Woche etliche gewisse Tage und Stunden in der Schule fürnehmen, und den Katechismum also mit ihnen üben und exerciren, auch einfältig dieselben unterrichten, und ihnen verständlich erklären; auch die Kinder in den Schulen, so paar und paar, nachdem dieselbigen einander in der Lehre des Katechismi gleich, gegeneinander aufstellen, die Fragen und Antworten des Katechismi unter ihnen ergehen und sie laut sprechen lassen, damit sie gewehnet werden, denselben in der Kirche zur Zeit des Katechismi auch öffentlich vor der Gemeinde aufzusagen.

Desgleichen die Kinder an gewissen Tagen und Stunden in der Woche zu Kirchengesängen gewehnen, desselben unterrichten und mit ihnen üben."[95]

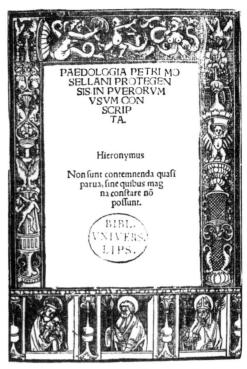

Bild 284: Titelblatt der „Paedologia" von Petrus Mosellanus, Erstdruck 1517, Universitätsbibliothek Leipzig

Schneller voran ging es mit der Reformierung und Gründung protestantischer **Trivialschulen**. Die Ursachen liegen auf der Hand. Einerseits war eine große Anzahl der bestehenden Einrichtungen öffentlich und reformwillig. Entstehende konnten unmittelbar einbezogen werden. Andererseits standen dem Universitätslehrer *Melanchthon* mittlere und höhere Allgemeinbildung zwangsläufig näher. So war sein Rat bei der Einrichtung und Reorganisation von Bildungsstätten gefragt. Seine Lehrbücher halfen, den Lehr- und Lernprozeß zu organisieren. Nicht zuletzt nahm er über unzählige Empfehlungen Einfluß auf die Besetzung von Stellen für Lehrer und Rektoren. So kamen bedeutende Humanisten an Lateinschulen, die dann weit über den Lebensradius des Wittenberger Professors hinaus wirkten. *Melanchthons* erstes Engagement galt der Gründung der Trivialschule in Eisleben mit angestrebter Hochschulvorbereitung in der dritten Klasse. Auf Wunsch des Grafen *Albrecht VIII. v. Mansfeld* (Regz. 1486–1560) waren *Luther*, *Melanchthon* und *Agricola* 1525 nach Eisleben gereist, um mit ihnen die Einrichtung der Lateinschule zu beraten. *Agricola* siedelte nach Eisleben über und entwarf mit *Hermann Tulichius* (1486–1540) die Schulordnung nach *Melanchthons* Anregungen. Das in ihr festgelegte Curriculum war einfach, überschaubar, aber probat. Für die Schüler der ersten Klasse, die Anfänger, waren die „Vulgata libelli" (übliche Lehrbücher des Elementarbereichs), die „Paedologia" des *Mosellanus*, „Fabeln" des *Aesop*, „Mimen" des *Laberius* und die von *Erasmus* 1515 herausgegebenen „Mimi" *Publiani* mit den „Praecepta" *Catonis* empfohlen worden. Lektüre von *Terenz* und *Vergil* und der Hauptteil der Grammatik sollten Bildungsinhalt der zweiten Klasse sein. Wer die dritte Klasse besuchen wollte, mußte sich der Dialektik, Rhetorik sowie den Anfängen in der griechischen und hebräischen Sprache zuwenden.

1524 ließ der Rat von Nürnberg *Melanchthon* wissen, daß er ihm gern die „Obere Schule" anvertrauen möchte. Weitsichtige Räte wie der befreundete Ratsschreiber *Lazarus Spengler* (1479–1534) oder *Melanchthons* ehemaliger Student *Hieronymus Baumgartner* (1487–1551) hatten Nürnberg für den Plan zur Errichtung einer Trivialschule, die zugleich direkte Hochschulvorbereitung be-

treiben sollte, begeistert. *Melanchthon* blieb jedoch seiner Leucorena aus Dankbarkeit treu. Briefe an den Nürnberger Rat und an *Camerarius* lassen erkennen, mit welcher Umsicht er die Besetzung der gut dotierten Stellen vorantrieb. *Joachim Camerarius, Eobanus Hessus, Michael Roting* (1477–1547) und *Georg Joachim Schöner*, von *Melanchthon* in der Eröffnungsrede nicht als Schulmeister oder Praeceptores, sondern Professoren genannt, waren die Auserlesenen, denen er die Schule am 23. Mai mit einer festlichen Rede in den Gebäuden des Ägidienklosters übergab. Der Lektionsplan erweiterte Eislebener Ansätze besonders in der oberen Klasse nach dem Vorbild der Artistenfakultät. Visitationen bestärkten die Reformatoren in der Einsicht, daß die Trivialschule als Regeleinrichtung, deren Bildungsanspruch vom Elementaren bis zur Hochschulvorbereitung reichte, den neuen Ansprüchen nicht mehr genügen konnte. Die anfängliche Erfolglosigkeit der exklusiv angelegten Nürnberger Einrichtung bestärkte *Melanchthon* und seine Anhänger darin, daß das chaotische Durcheinander der Studienvorbereitung an den Lateinschulen mit sehr unterschiedlicher Leistungsfähigkeit aufgehoben werden müsse. Hinzu kam, daß für die erneuerten Universitäten die wesensfremde Allgemeinbildung, vermittelt an hoffnungslos überfüllten Artistenfakultäten, immer bedrückender wurde. Partielle Versuche zur Lösung des Problems mündeten unter anderem in die Gründung der sächsischen Fürstenschulen als **Gelehrtenschulen**, deren spezifische Aufgabe es war, hinreichend vorgebildete Schüler auf akademische Spezialstudien vorzubereiten. *Rivius* bestimmte nach *Melanchthons* Vorschlägen für Eisleben und Nürnberg in Meißen und Pforte den Bildungsinhalt. Pro Tag waren sechs Unterrichtsstunden angesetzt. In der Anfangsphase wurden die zwei Klassen in lateinischer Grammatik fünf Stunden und in Arithmetik und Musik ebenfalls fünf Stunden pro Woche gemeinsam unterrichtet. Für die obere Klasse kamen 15 Stunden lateinische Lektüre (*Ciceros* „Episteln", „De officiis" und *Aesops* „Fabeln" in der Übersetzung von *Camerarius*) sowie fünf Stunden Griechisch hinzu. Die untere Klasse erweiterte den gemeinsamen Unterricht um zehn Stunden lateinische Grammatik und zehn Stunden passende Lektüre.
1546 erhielten beide Schulen durch *Fabricius* und *Camerarius* ein Curriculum, das über lange Zeit Bestand haben sollte. Nach *Melanchthons* Intentionen, durch dessen Visitation vertieft, entstanden hier Lektionspläne, die den Vergleich mit der Artistenfakultät nicht zu scheuen brauchten und von daher Modellwert für die Konstituierung der deutschen Gelehrtenschule erhielten. Einblicke gewährt der überlieferte Portenser Lektionsplan aus dem Jahre 1578[96], der nach *Melanchthons* Visitation (1543) Gestalt angenommen hatte:

„Hora (Stunde)	Klasse	Bildungsgut	Lehrer
		Dies Solis	
6	1, 2	Examen theol. Phil. Mel.	T
	3	Extractus Examinis	CR
8	1, 2, 3	Concio	P
12	1, 2, 3	Arithmetica	P
13	1, 2, 3	Epistola dominicales hiem.	P
15	1, 2, 3	Epistola dom aest.	P
		Lunae et Martis	
6	1	Officia Ciceronis	P
	2	De Amicitia Cic.	CR
	3	Gramm. min. Phil. Mel.	R
8	1	Dialectica Phil. Mel.	R
	2	Comp. dial.	T
	3	Fabulae Camerarii	T
12	1, 2, 3	Musica	C
13	1, 2	Epist. Cic. mag.	T
	3	Epist. Cic. min.	CR
15	1, 2	Aeneis	R
	3	Terentius Mercurii	CR
6	1, 2, 3	Emendantur Scripta	R, CR, T
8	1, 2, 3	dito	
12	1, 2, 3	Musica	C
13	1	Syntax Posselii	CR
	2, 3	Emendantur Scripta	P, T
15	1, 2	Odae Horatii	R
	3	Arithmetica	T
		Dies Jovis	
6	1	Hesiodus	CR
	2, 3	Recitatio Gramm. Gramm. Phil. Mel. Minoris	R
8	1	Isokrates ad Demonicum	T
	2, 3	Prosodia Phil. Mel.	R
		Dies Veneris	

6	1	Recitatio Maioris	R
	2	Gramm. Minoris	R
	3	Phil. Mel. Syntaxeos	R
8	1	Hesiodus	CR
	2, 3	Exerc. Gramm. Graecae	T
12	1, 2, 3	Arithmetica	C
13	1	Gramm. Phil. Mel. Graec.	T
	2	Ovid de ponto	P
	3	Synt. latina	CR
15	1	Gramm. Repet	R
	2	Odarum Horatii	R
	3	Bucolica Vergilii	C
		Dies Saturni	
6	1, 2	Examen theol. Phil. Mel.	T
	3	Cathechismus Lutheri	P
8	1	Rhetorica Phil. Mel.	R
	2	Gramm. Graec. Clenardi	T
	3	Praecepta morum Camerarii	C
12	1, 2, 3	Arithmetica	T
13	1, 2, 3	Evang. Dom. Hiem.	CR
15	1, 2, 3	Evang. Dom. Aest.	CR"

(Abkürzungen: R = Rektor, CR = Conrektor, T = Tertius, P = Pastor, C = Cantor)

Bild 285: Erste Seiten v. Melanchthons „De dialectica liber primus", Wittenberg 1540

Bild 286: Titelblatt v. Melanchthons „… Dialectica libri duo … cum explicationvm et collationvm notis … Ad studiosum logicae …"

Besonders bemerkenswert war seit Anbeginn der hohe pädagogische Standort interessengebundenen Lernens, das in schriftlichen Arbeiten abgerechnet werden mußte. Für ihre Korrektur standen fünf Wochenstunden zur Verfügung.

Über die Schulordnung von 1580 wurde die melanchthonsche Anlage des pädagogischen Prozesses der Fürstenschulen für den Gelehrtenunterricht in Sachsen festgeschrieben. Die Modellwirkung reichte schließlich in alle protestantischen Lande.[97]

Das Württemberger Kloster-Schulmodell zur Ausgestaltung der neuen dreigliedrigen Schulstruktur im Bereich der Allgemeinbildung half gleichsam, das Fundament des Gelehrtenunterrichts auszuweiten. Die erste „Klosterordnung" (1556) legte in *Luthers* Geist die neue Zweckbestimmung der Klöster fest: „Da darjnn das Studium der hailigen Göttlichen schrifft geübt, der recht gottesdienst geleret und gelernt würde, damit die Kloster-Personen nicht allein zu Irem aigen besondern haill, Sondern auch zu dem Dienst und Aemtern der gemeinen Christlichen Kürchen ufferzogen werden möchten."[98] Der Bildungsinhalt war auch hier anfänglich nur sehr grob umrissen: Bibelerklärung, *Melanchthons* „Loci theologici", Latein, Anfangsgründe des Griechischen und Hebräischen, Dialektik und Rhetorik. Nach der Württemberger Ordnung von 1559 wurde in niedere und obere Klosterschulen unterteilt. Das theologisch dominierte Bildungsprogramm der oberen Klosterschulen stand dem mehr humanistisch begründeten Fürstenschulmodell in der Motivation der Lehr- und Lernprozesse nahe. Nach der dritten Fassung der Klosterordnung aus dem Jahre 1582 ist die Näherung der Curricula an die Gelehrtenschulen besonders offensichtlich: Breiter Grammatikunterricht, lateinische Lektüre von *Cicero, Vergil* und *Ovid;* Dialektik nach „Erotemata dialecticæ et rhetoricæ *Philippi Melanchthonis*" (1567), Rhetorik nach „Quaestionum in *Philippi Melanchthonis* elementorum rhetorices libros duos epidome" (1560/70). Als griechische Lektüre waren das Neue Testament und die Kyroupädie angesagt; Musik nach dem Lehrbuch von *Nicolaus Listenius*.[99]

Parallelen zu den Fürstenschulen finden wir besonders in bezug auf interessengebundene schriftliche Arbeiten und ihre Korrektur. Sachsen und Württemberg folgend, griffen die

Bild 287: Melanchthons „Elementorum rhetorices libri dvo", Wittenberg 1539

protestantischen Territorialstaaten nach und nach zu diesem Gelehrtenschultyp, um Hochschulvorbereitung in einem geschlossenen Schulsystem auf den Weg zu bringen.

Unermüdlich hatte *Melanchthon* für seine neue, dem humanistischen und reformatorischen Gedankengut verpflichtete Universität gestritten. Er mußte jedoch miterleben, wie seit der Mitte des 16. Jahrhunderts erste Früchte der akademischen Leistungsfähigkeit und Lehrfreiheit abwertend als „Philippismus" verschrien wurden. Das Streben, hohe Schulen den Landesfürsten allseitig dienstbar zu machen, hatte zu wachsenden Streitereien, Beschimpfungen und Verhetzungen geführt. Sich bald als Staatsdiener verstehende Professoren bewirkten im Verein mit aufsichtführenden Konsistorien eine Erstarrung der evangelischen Glaubensbekenntnisse sowie in deren Folge die institutionelle und intellektuelle Einengung des Studienbetriebs und der Lehrinhalte. Diese „Indienststellung" vieler Hochschulen führte zur überwachten Lehre, die in ihrer Starrheit Anleihen bei der einst bekämpften Scholastik aufnahm. Mit der Konkordienformel (1577) und dem Konkordienbuch kam dann auch für zwei Drittel der deutschen Protestanten – von 86 Reichsständen – die Anweisung zur Durchsetzung einheitlicher Glaubensnormen und verbindlicher

Lehrmeinungen. Eine unausbleibliche Folge war die weitere Zersplitterung der protestantischen Bewegung. So löste sich beispielsweise der Calvinismus vom Luthertum und machte die Universität Heidelberg zum Symbol freier Lehre bis zu dem Zeitpunkt, an dem der „Heidelberger Katechismus" (1563) ebenfalls eine verbindliche Lehrmeinung fixierte. Sie war gerichtet gegen die lutherische Orthodoxie.

Nach dem Tridentinum (1545–1563) zeichnete sich in den katholisch gebliebenen oder rekatholisierten Gebieten eine analoge Entwicklung ab. Die hohen Schulen wurden auf das Glaubens- und Treuebekenntnis (Professio fidei) der humanistisch erneuerten katholischen Kirche eingeschworen, sowie in vielen Bereichen dem Regiment und dem Lehranspruch des Jesuitenordens unterstellt. Infolgedessen entstanden vorwiegend in süddeutschen und habsburgischen Landen leistungsstarke Gelehrten- und Hochschulen mit hohem sozialem Engagement. Viele dieser Gegengründungen stellten protestantische Gelehrtenschulen und Universitäten in den Schatten.

So waren *Melanchthons* Schulideen und das reformierte Schulsystem für Freund und Feind allgegenwärtiges Bezugssystem. Die latente Auseinandersetzung um den Standort von Bildung in der gesellschaftlichen Entwicklung vollzog sich um solide gefügte Konstruktionen. *Melanchthons* Anregungspotential aus dem ewigen Spannungsfeld widerstreitender Kräfte scheint auch heute noch nicht ausgeschöpft zu sein.

Aus der **Bindung** von **Wissenschaft und Protestantismus** entwarf *Melanchthon* die grundlegenden Umrisse des Lehrens und Lernens in einem differenzierten, lückenlos aufgebauten Schulsystem:

- Seine Vorstellungen wurzelten in der **Wissenschaftstradition**, die in der Antike ihre Quellbereiche suchte. Sie war auf die Ausmerzung spätscholastischer **Begriffsakrobatik** und zweckreduzierter *Aristoteles*-**Vereinnahmung** gerichtet. Verödete Unterweisungen im Griechischen, im Mathematischen und im Naturkundlichen sollten mit neuem Leben erfüllt werden.
- Seiner Bewunderung für *Luthers* Kampf zur Revolutionierung des christlichen Lebens folgte ein bislang **beispielloser intellektueller Anspruch**, der vor allem über Lehren, Lernen und Studieren bewältigt werden sollte. Dabei intellektualisierte und weitete *Melanchthon* das Ideal Schule seit 1523 in einen realen Ort des in der Zeit Notwendigen und Möglichen für den Wissenserwerb.
- Seine **intellektualisierte Verkündigung** hatte zur Folge, daß sich das Evangelium zu einer umfassenden Lehre, der Glauben in eine rationale Zustimmung zur Lehre und die Theologie in ein geordnetes System von Begriffen und Denkstrukturen verengten. Daraus ergab sich: ein nur langsam wachsendes Schulsystem wurde partiell überbürdet. *Melanchthon* war angreifbar geworden. Zeitweilige Verweigerung reformatorischer Parteiungen und orthodoxe Programme behinderten einen schnelleren Ausbau der Bildungsziele, Bildungsinhalte und Bildungsmethoden.
- *Luthers* Wagnis, wahre Frömmigkeit standhaft zu verteidigen und intensiv darum zu ringen, wurde mit *Melanchthon* zur reichen, reifen und überzeugenden Macht des Geistes. In schulischer Gestalt machte diese als **Ziele** des Lehrens, Lernens und Studierens **Pietas und Eloquentia**, reformatorisch-biblische Frömmigkeit und sachkundige Erziehung geltend.
- Das protestantische **Menschenbild** rechtfertigte die Mitwirkung des Individuums bei der Herausbildung des Selbstkonzepts über eigenverantwortliche Bildung und Erziehung mit zunehmendem Alter.
- Sach- und Handlungskompetenz sollte durch die zeitgemäße Ausweitung der septem artes liberales zu einer tragfähigen **Allgemeinbildung** aus muttersprachlich-religiösen, philologisch-historischen, philosophisch-kulturellen und mathematisch-naturkundlichen Bausteinen angestrebt werden. Ihr folgte eine wissenschaftspropädeutische **Enzyklopädie**, die es gestattete, Lehren und Studieren auf einen **geschlossenen Chor der Wissenschaften** einzustellen, erforderliche akademische Spezialbildung zu ermöglichen.

- Die von *Melanchthon* empfohlenen **Methoden** des Lehrens und Lernens aktualisierten das humanistische Erbe in bezug auf das Ordnen des Lehr- und Lernvorganges, das Berücksichtigen von Fassungskraft und Anschaulichkeitsbedürfnis. Der Wechsel von Unterricht, selbständig-interessengebundenem Lernen, Spiel und Erholung oder der Wettstreit um Erkenntnisfortschritte bestimmten den Schulalltag. Selbsttätigkeit, Selbstverantwortung und Selbsterziehung waren zu zentralen Bezugspunkten methodischer Überlegungen geworden.
- Die utilitaristisch gefärbte Begründung der protestantischen Schule zeigte sich sowohl in der Erweiterung der Lehrgegenstände um Geschichte, Geographie, Physik oder Psychologie und deren didaktischer Zuordnung als auch in der dialektisch begründeten Unterrichtskunst sowie der Rhetorik mit dem Anspruch sachkundiger Wissensdarstellung.
- **Utilitaristische Erwägungen** beeinflußten auch die Verschmelzung von Unterrichtsorganisation und neuen christlichen Lebensprinzipien.
- Die Gewährung elementarer und mittlerer Bildung wurde als **Verpflichtung** von der **Obrigkeit** angenommen, dementsprechend ausgebaut und allgemein zugänglich gemacht.
- Eine originale Schöpfung *Melanchthons* ist die dreiklassige **Gelehrtenschule**, die mit einer gehobenen Allgemeinbildung auf Hochschulstudien vorbereiten sollte. Ihrer Ausgestaltung galt *Melanchthons* besonderes Augenmerk. Schulordnungen, Lehrbücher, Beratungen oder Visitationen zeugen von seinem unablässigen Engagement für diesen neuen Schultyp. Heranwachsende sollten hier durch **„christlich-nützliche"** Lehre für die Kirche und das weltliche Regiment gerüstet werden.
- Zu *Melanchthons* **Gelehrtenschulmodell** führte Bildung in allen Stufen; auf dieses bauten die Spezialstudien auf:
  - Indem *Luthers* neue Theologie den Humanismus als **Erkenntnisinstrumentarium** für die Heilige Schrift aufnahm, gingen Bildung und Religion ein sich gegenseitig befruchtendes Bündnis ein. Daraus leitete *Melanchthon* erstmals die Notwendigkeit regulären **Religionsunterrichts** ab, der alsbald einen zentralen und eigenständigen Platz im Curriculum erhalten sollte. Das Fach war ursprünglich an Bibel, Katechismus und Gesangbuch orientiert; es weitete sich um Dogmatik, Glaubens- und Kulturgeschichte und regte Deklamationen, Disputationen, Theaterspiel, schriftliche Arbeiten und Übersetzungen an.
  - Die dominanten Bildungsquellen des 16. Jahrhunderts waren die Heilige Schrift und die griechische und römische Antike. Folglich blieben alte Sprachen **Wissensträger** und **Bildungsmittel** – also Bindeglieder zum Evangelium und zur klassischen Antike.
  Latein, Griechisch und Hebräisch sollten in drei Stufen angeeignet werden:
  Praecepta (Regeln der Grammatik, Dialektik und Rhetorik); **Exercitio** (Übungen im Buchstabieren, Syllabieren, Lesen, Einprägen von Wörtern, Phrasen und Sentenzen bis zum kommunikativen Gebrauch); **Imitatio** (Sprechen und Schreiben nach den Vorbildern: *Cicero, Caesar, Terenz, Livius, Plautus, Vergil, Ovid, Horaz* und *Quintilian; Aesop, Homer, Euripides, Xenophon, Thukydides, Isokrates* und *Demosthenes*).
  Die **Stoffanordnung** sollte in der Folge Etymologie, Syntax, Orthographie und Prosodie (zuerst Poeten, danach Schriftsteller) verbleiben.
  Die **Methoden** des Sprachunterrichts konzentrierten sich auf Ordnen, Auswendiglernen, Erklären, Abfragen, beziehungsweise Abschreiben, Übersetzen, das Schreiben von Aufsätzen, Briefen, Diktaten und das Anfertigen von Gedächtnisnachschriften. Ganzschriften sollten ständigem Autorenwechsel vorgezogen werden.
  - *Melanchthons* Hinwendung zur **deutschen Sprache** war geboten durch die Vertretung *Luthers* in Wittenberg (vom Mai 1521 bis März 1522), durch die Mitarbeit an der Bibelübersetzung, beziehungsweise die Herausgabe von Lehrbüchern. Die Mischung aus sächsischer Kanzlei- und Volkssprache fand über Gottesdienste, Bibel, Katechismus und Gesangbücher sowie in Form von Übersetzungen vorbildlicher Autoren Eingang in alle Schultypen. Als **Sprache der Erbauung** und als Träger des aufkommenden Nationalgefühls wurde ihr Wirkungsfeld umfassender.
  - **Dialektik** galt als substantielles Fundament der **Rhetorik**, die sachkundige Eloquenz in den Dienst der Selbstbestätigung stellen sollte.

Der Dünkel römischer Rhetoren war abgelegt. Nach den Vorbildern von *Cicero* und *Quintilian* wollte *Melanchthon* Schüler zu nutzbringender Weisheit geführt wissen.
- **Mathematik**, gelehrt als Arithmetik und Geometrie, war das Herzstück des Quatriviums. Mathematikunterricht diente als wissenschaftliche Grundlage für die Anbahnung zeitgerechter Naturbetrachtung.
- **Naturwissenschaftliche Bildung** der neuen Schule folgte dem Vorbild des *Plinius*. Naturgeschichte und Naturkunde verstanden sich einerseits als Reflexion der Offenbarung Gottes; sie waren also für die Bibelerklärung unerläßlich. Andererseits waren sie als aktuelles Wissen für die Lebensbewältigung zunehmend gefragt. Über ihre Ausweitung erhöhte sich die pädagogische Brisanz von Anschauung und Erfahrung.

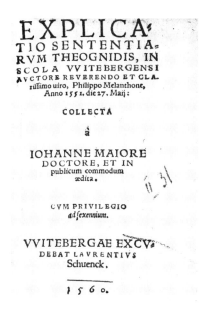

Bild 288: Ph. Melanchthons „Explicatio sententiarvm theognidis, in scola vvitebergensi avctore reverendo et clarissimo uiro …", [27. März 1551] Wittenberg 1560

Bild 289: Ph. Melanchthons „… Sermon vber der Leich, des Ehrwirdigen Herrn Doctor Martin Luthers zu Wittenberg … Anno 1546", Wartburg-Stiftung

1 Vgl. CR. I. S. 518.
2 Den Begriff Vorhof baute Comenius zu einem wichtigen architektonischen Detail seines Gebäudes der Allweisheit aus. Vgl. Arnhardt/Reinert (1996). A. a. O.
3 Vgl. CR. XI. S. 231 ff.
4 Ebenda. S. 859.
5 CR. XII. S. 387 / XI. S. 710 u. 870.
6 Vgl. CR. VIII. S. 385.
7 CR. XI. S. 368.
8 Vgl. CR. I. S. 25 / XI. 22–25 / XI. S. 235.
9 CR. XI. S. 440.
10 Vgl. CR. XX. S. 701 ff.
11 Vgl. CR. XX. S. 245 / III. S. 532.
12 CR. III. S. 1119.
13 Vgl. Mertz, G. (1902). A. a. O. S. 270.
14 Vgl. CR. XI. S. 12 / V. S. 567 f.
15 Vgl. CR. XX. S. 390.
16 Vgl. Schulordnungen von Eisleben (1525), Wittenberg (1533), Eßlingen (1548), Württemberg (1559) …
17 Solche gaben unter anderem Erasmus, Fabricius, Rivius, Neander, Schorus oder Winkler heraus.
18 Vgl. Ordnungen von Braunschweig (1535), Magdeburg (1553), Brandenburg (1573) …
19 Vgl. CR. III. S. 756–760 / Unterricht der Visitatorn …
20 Vgl. CR. XIII. S. 492.
21 CR. I. S. 55.
22 Vgl. CR. I. S. 702.
23 Vgl. CR. V. S. 567 / IX. S. 605 / XI. S. 56 ff. / XII. S. 25.
24 Vgl. Melanchthons „Enchiridon elementarum puerilium" (1524). Diese Schrift „Kleines Handbüchlein für Kinder" war eine weitverbreitete Chrestomathie für die Unterklassen der Trivial- und Gelehrtenschulen.
25 Vgl. CR. XI. S. 61.
26 Vgl. CR. VI. S. 561 ff. / XI. S. 116 ff.
27 Vgl. CR. X. S. 497.
28 Vgl. CR. XIX. S. 692.
29 Vgl. ebenda. S. 313.
30 Nach der Ausgabe von Fabricius.
31 Vgl. CR. XI. S. 862.
32 Vgl. CR. II. S. 543 / XVII. S. 13.
33 CR. XI. S. 859.

34 Vgl. CR. XI. S. 15–25 u. S. 80.
35 Vgl. Mertz, G. (1902). A. a. O. S. 309.
36 Vgl. CR. I. S. 130 / II. S. 636.
37 CR. XI. S. 401.
38 Vgl. CR. X. S. 482 /XI. S. 113 / X. S. 656 / X. S. 82/ X. S. 83 u. S. 89 / I. S. 699 u. S. 837 / X. S. 89.
39 „Oratio de studiis linguae ebraicae" (1546) und „Oratio de studio linguae ebraicae" (1549).
40 Vgl. CR. XI. S. 709.
41 Vgl. seine Schrift „Deliberato de instauratione Augustanae scholae" (1557).
42 Nachzulesen in: Vier seltene Schriften des sechzehntes Jahrhunderts. Hrsg. H. Fechner. Berlin 1882.
43 Vgl. CR. XI. S. 34–41.
44 Vgl. CR. XI. S. 282 / XIII. S. 656.
45 CR. I. S. 64 / IV. S. 715.
46 Vgl. CR. VI. S. 655 ff.
47 Vgl. CR. VI. S. 439.
48 Vgl. CR. III. S. 676.
49 Vgl. CR. I. S. 1080 / VI. S. 657.
50 Luther, M.: Tischreden. Zit. nach Mertz, G. (1902). A. a. O. S. 259.
51 Vgl. Ordnungen von Württemberg (1559), Pommern (1563) ...
52 Vgl. Ordnungen von Nürnberg (1526), Ulm (1535), Magdeburg (1553), Lauingen (1565) ...
53 Vgl. CR. XI. S. 50 / XII. S. 214.
54 CR. XII. S. 216.
55 Vgl. CR. IX. S. 689 / XI. S. 53 u. 55 / XIII. S. 417 f.
56 Vgl. CR. II. S. 543 f. / XI. S. 55.
57 Paulsen, F. (1885). A. a. O. Bd. I. S. 347 f.
58 Vgl. CR. III. S. 108.
59 Vgl. CR. IX. S. 481 / X. S. 640 / XI. S. 296.
60 Vgl. CR. XI. S. 294.
61 Vgl. CR. VIII. S. 379 / XI. S. 864 / XII. S. 220.
62 Vorrede zu Hesiod (1538). In: CR. XI. S. 397 ff.
63 Vgl. Ordnungen von Herzberg (1533), Baden-Durlach (1536), Magdeburg (1553), Augsburg (1558), Württemberg (1559), Stralsund (1561), Breslau (1570) ...
64 Vgl. Eislebener (1525), Wittgensteiner (1555), Straßburger (1565) Ordnung oder die Ordnungen der sächsischen Fürstenschulen (1546 u. 1580).
65 Vgl. Ordnungen von Hamburg (1529), Travemünde (1531), Schleswig-Holstein (1542) oder Eßlingen (1548).
66 Vgl. Braunschweiger (1528) oder Württemberger Ordnung (1559).
67 Vgl. Ordnungen von Eisleben (1525) oder von Hessen (1526).
68 z. B. in Straßburg, Gandersheim, Meißen, Schulpforte ...
69 Mertz, G. (1902). A. a. O. S. 247 f.: „Agricola, Althammer, Aquila, Bader, Bischof, Bonnus, Bullinger, Butzer, Buob, Brenz, Camerarius, Capito, Chyträus, Clajus, Crusius, Curio, Eitzen, Gräter, Hefenträger, Honterus, Huberinus, Hyperius, Jonas, Judae, Jungnitz, Karg, Lachmann, Lasco, Lossius, Luther, Magdeburg, Menius, Mörlin, Musculus, Neander, Oecolampad, Olevian, Pareus, Pezel, Pistorius, Pithopous, Rhegius, Rivius, Rürer, Sam, Sarcerius, Sleidanus, Sötefleisch, Spangenberg, Tetelbach, Thymus, Tremellius, Trotzendorf, Truber, Ursinus, Wagner, Zell und Zwick."
70 Vgl. M. Luthers Vorrede zum geistlichen Gesangbüchlein (1524).
71 Vgl. CR. III. S. 394 u. 544 / VIII. S. 529 / X. S. 96 / XI. S. 11.
72 Vgl. Ordnungen von Eisleben (1525), Herzberg (1538), Braunschweig (1535), Hadeln (1544), Württemberg (1559), Pommern (1563), Altdorf (1575) ...
73 Vgl. CR. I. S. 113 u. 413 ff. / II. S. 455 / XI. S. 544 ff.
74 CR. VII. S. 576 / XX. S. 441 f. / XXV. S. 208.
75 Vgl. Vorlesungsübersicht und die Schulordnungen von Brandenburg (1564), Breslau (1570), Gandersheim (1571), Altdorf (1575), Brieg (1581) ...
76 CR. III. S. 1114.
77 CR. III. S. 880.
78 CR. XI. S. 23.
79 Vgl. Ordnungen von Mecklenburg (1552), Altdorf (1575), Frankfurt (1579) ...
80 Vgl. Ordnungen von Baden-Durlach (1536), Breslau (1570) ...
81 Vgl. CR. V. S. 819 / IX. S. 481 / XI. S. 296.
82 Vgl. Raumer, K. G. v. : Geschichte der Pädagogik ... Bd. I. Stuttgart 1846 S. 323 ff. (2. Auflage).
83 CR. VII. S. 475.
84 Vgl. CR. I. S. 75 u. 301.
85 Vgl. CR. XI. S. 496 f. / XII. S. 474.
86 Vgl. CR. X. S. 906 / XI. S. 114 u. 557 ff.
87 Vgl. CR XI. S. 557 ff.
88 Vgl. CR. I. S. 398.
89 Vgl. CR. XI. S. 289 ff.
90 Vgl. CR. III. S. 111.
91 Günther, S.: Geschichte des mathematischen Unterrichts im deutschen Mittelalter bis zum Jahre 1525. Berlin 1887. S. 2 u. 275 (Bd. III in der Reihe: Mon. Germ. Päd.).
92 Vgl. CR. XI. S. 290.
93 Vgl. Cr. V. S. 6 f.
94 Vgl. Vorrede zu „Liber Joannis de Sacro Busto sphaera". In CR. II. S. 530.
95 Zit. nach Pätzold, W. (1908). A. a. O. S. 28 f.
96 Arnhardt, G. (1988). A. a. O. S. 28 f.
97 Vgl. ebenda. S. 34 ff.
98 Zit. nach Sattler, C. F.: Geschichte des Herzogtums Württemberg ... Bd. 4. Ulm 1772. Beilage Nr. 35.
99 Ehmer, H.: Der Humanismus an den evangelischen Klosterschulen in Württemberg. In: Humanismus im Bildungswesen des 15. und 16. Jahrhunderts. Mitteilung XII der Kommission für Humanismusforschung. Acta humaniora. Hrsg. v. W. Reinhard. A. a. O. S. 129 ff.

7. Ertrag

Auch die Architektur des Ideengebäudes ‚Schule' war in der Renaissance unter einen zauberhaften Schleier geraten. Schule durfte der Ort unausschöpflicher Bedeutsamkeit für das Erhabene, das Geweihte sein, das dem Leben Ziel, Sinn und Glanz zu geben vermochte. Was ist aus ihr geworden? Ein statisch unübersehbarer, utilitaristisch ausgeklügelter, durch seine Sterilität demütigender Glaspalast – wahrgenommen „... wie das schöne Gesicht einer geistlosen Frau"[1]. Eine solche Schule zwingt heute zur Akzeptanz des Mächtigen und unterdrückt das Schwache durch die ungebändigte Flut des Lichtes. Abgeschnitten von der Tradition der Väter, gewöhnten sich Lehrende und Lernende an das Gehorsamkeitsgebot aus dem zwingenden Zeitgeist. Nur wenige begehren auf. Als Aussätzige werden sie in schattigen Winkeln, derer es nur wenige gibt, isoliert. In der Schule *Melanchthons* war „strenges Denken, vorsichtiges Urteilen, konsequentes Schließen"[2] gefragt. Wachsende Vernunft ließ harte Sitten „mit der Zeit angenehmer und milder werden, und daß auch die strengste Lebensweise zur Gewohnheit und damit zur Lust werden kann".[3] Schule blieb *Melanchthon* der Ort idealisierenden Denkens, der Stille, der Weite; ein erhabenes, erregendes Bauwerk zum Schutze für jeden vor jedem Wetter.

Der Architekt protestantischer Schulen muß ein toleranter Mensch mit großer Friedensliebe gewesen sein, den die Sicht für das Reale kompromißfähig gemacht hat. Als gewissenhafter Denker suchte er durch Prüfen und Versöhnen der Gegensätze Denktraditionen zu wahren. Streben nach Wahrheit, Sinn für Freiheit und Loyalität ließen ihn zum theoretischen Gewissen *Luthers* emporsteigen, sein philologischer und pädagogischer Berater werden. Klug und mäßigend, zuweilen auch schweigend, wirkte er als diplomatischer Vermittler in zeitweiliger Schulfeindlichkeit. Der Meister der Kleinarbeit im Sichten und Ordnen stieg zum großen Schulorganisator des 16. Jahrhunderts auf. Uneigennützig und kämpferisch stand der Gelehrte seit seinen „Loci communes" (1521) für die Einheit von Glauben und Freiheit. Die Wiederentdeckung des Christentums als Freiheitsreligion verlieh ihm die Kraft, Beschulung vor konfessioneller Beschränkung zu bewahren, trotz vielfältiger Anfeindungen auch aus den eigenen Reihen. Mit der ausschließlichen Verpflichtung des Menschseins auf Gottes Wort hatte *Melanchthon* lange vor der Aufklärung Gewissensfreiheit in die Schulen gebracht.

Der Paeceptor Germaniae war kein unerreichtes einsames Genie. Der Entwurf des protestantischen Schulsystems für Deutschland stammt von einem suchend-sichtenden, lernend-urteilenden, sich ständig selbst in Frage stellenden einfachen Menschen.

Wer es heute mit freier Entfaltung von Schülern und Lehrern ernst meint, beschwört existentielle Risiken herauf. Das selbstverordnete Diktat des Konsums hat mit seinen Zwängen und Abhängigkeiten bis in die Schule hinein gewirkt und ein Gefahrenpotential freigesetzt, das diese bröckelnde Lebensgemeinschaft kaum noch kompensieren kann. Freiheit zerfällt durch Untätigkeit und Verweigerung. *Melanchthons* Schule steht als historische Verpflichtung für die Gegenwart: Selbstverwirklichungsanspruch schließt subjektiv überspannte Verfügungsgewalt über andere aus; der Moral nach freiem Ermessen folgt die Borniertheit eines zweifelhaften Aktionismus zur Steigerung solch' individuellen Lebens, das sich die Gemeinschaft dienstgefällig macht.

Schule scheint für diese Instrumentierung im Laufe der Geschichte immer anfälliger geworden zu sein. Vermeintliche pädagogische Veredlung hat sie nicht nur geschwächt, auch melanchthonsche Zweckhaftigkeit ist weithin verschüttet. Wenn die Ignoranz geschichtlicher Erfahrung den Geist pädagogischen Denkens und Handelns lahmzulegen droht, schwindet die Widerstandskraft des Gesunden in der Schule: „Wir brauchen Geschichte, denn die Vergangenheit strömt in hundert Wellen in uns fort; wir selber sind ja nichts als das, was wir in jedem Augenblick von diesem Fortströmen empfinden."[4]

Melanchthons Versuch, ein widerspruchsfreies Bündnis zwischen Humanismus und *Luther*tum herzustellen, zeugt geradezu modellhaft von der historischen Verpflichtung des Zeitgeistes. Ihm wurde die klassische Antike als differenzierte Mannigfaltigkeit Rüstzeug und geistiges Reservoir für Bildung und Erziehung. Nach *Reuchlins* Vorbild betrachtete der für jede Erkenntnis offene Gelehrte *Platons* Werk als Quelle der Religionsphilosophie. So konnte er die mittelalterliche Umklammerung des *Aristoteles* lösen, also Möglichkeiten und Grenzen seines Schulsystems an der Vervollkommnungsfähigkeit des Menschen bestimmen. Aus seinem religiösen Universalismus, angeregt von *Cusanus, Pico, Reuchlin* oder *Erasmus*, wuchs ein Schulprogramm, das Erbsündhaftigkeit, Erziehbarkeit und Mitbestimmung zu einer tragfähigen pädagogischen Konstruktion fügte, in der Wille, Haltung und Pflicht des Menschen Platz gefunden hatten. Der Anschluß an antike Bildung war ihm Voraussetzung für eine christliche Lebensführung, die auf Versöhnung zwischen humanistischer Bildungs- und reformatorischer Gnadenreligion setzte. Dem Humanismus wies er in diesem Prozeß die Stelle eines propädeutischen, idealen Bildungsmittels zu, das jegliches Einengen von Schule auf den Ort beruflicher Spezialbildung ausschloß.

Melanchthon hatte den anfänglich feurigberedten Phantastereien der Reformbewegung, die auch Schulen zu verschütten drohten, positive Gewalten der Renaissance entgegengesetzt. Seine Schule wollte sich der sittlichen Reinheit und Wahrhaftigkeit, der Autorität der Wissenschaft, der Freude am Dasein und der Verinnerlichung des religiösen Lebens verschreiben. Aus dem Gleichgewicht von Humanismus und Religion gelang es ihm zeitlebens, Kräfte des Geistes und Herzens für die Schule zu aktivieren. In ihr säte er die Naturphilosophie des *Ptolemäus*, um den Heranwachsenden als natürliches Wesen auf das Recht und die Pflicht zur Selbstbestimmung zu verweisen, damit die befreiende Wirkung, die von der Bibel, von der Wissenschaft und von *Homer* oder *Cicero* ausgingen, nicht wieder ins Tyrannische umschlügen.

Melanchthons Freude an einer Schule der Selbstgestaltung und Selbstbehauptung war nicht ungeteilt. Auch ihn beherrschte zuweilen eine „tiefe Müdigkeit: er kann seinen Ursprung nicht vergessen …; seine Nachkommen, er weiß es voraus, werden an der Vergangenheit leiden wie er".[5] Mißklänge zwischen humanistischen und religiösen Weltsichten hatten den ganzheitlichen pädagogischen Prozeß immer wieder bedroht.

Verzicht auf die letzte Wahrheit, ausgeklügelte kommunikationstheoretische Manipulationsmodelle, rigorose Machtanmaßung Sachunkundiger … behindern auch heute die Vergegenständlichung geschichtlicher Schöpfungen im Schulwesen. Von den großen Anfängen einer freien Schule, die der Gemeinschaft und dem einzelnen Entscheidungsmöglichkeiten einräumte und Verantwortung auferlegte, ist nur noch wenig spürbar. Leiblichkeit, Geschlechtlichkeit, Agressivitäts- und Perversionspotentiale in der Menschennatur beherrschen zunehmend eine trivialisierende ‚Machbarkeitspädagogik'. Gewährte und angenommene Hilfe versandet in spektakulärer Methodenjagd verzweifelnder Lehrer. Profanes überdeckt pädagogisches Berufsethos. Für *Melanchthons* Erziehungsstil scheint in einer informationstheoretisch beeinflußten und nach Rentabilitätsprinzipien organisierten Schule nur noch wenig Raum zu sein. Er mahnte: „Die Gelehrsamkeit gewöhnt an Genauigkeit. Überhaupt gehen wissenschaftliche Bestrebungen auf die Sittlichkeit über, so daß gerade jene Sorgfalt, die bei der Forschung angewandt wird, Bescheidenheit erzeugt. Welch große Gefahr anmaßende Keckheit, verbunden mit Nachlässigkeit, verursacht, das zeigen die Beispiele aller Zeiten und aller Staaten und der Kirche selbst."[6]

Nur wenn die moderne Schule ganzheitliches und begreifendes Denken in der doppelten Gewißheit lehrt, zweckmäßig eingerichtet und der Wahrheit verpflichtet zu sein, wird Bildung nicht als Fertigkeitserwerb mit willkürlicher Verfügbarkeit verkommen. Vernünftige Erkenntnis, Wissen für die humanistische Sichtweise der Welt und unablässig erstrebte Selbsterkenntnis bestimmten über Jahrhunderte die Würde des Menschen. Eine auf technische und methodische Perfektion ausgelegte Schule ohne die Dominanz des sittlich-erzieherischen Werts von Bildungsstreben wird sich selbst auslöschen. Damit wäre das lebenserhaltende Band zwischen Altem und Neuem zerstört, historisch begründete Paradigmen wären für den ständigen Neubeginn gelöscht. Schon die Vernachlässigung der Schule führte und führt zu hoffnungsloser Radikalität und beschämender Unwissenheit. Menschlichkeit wird durch Kommunikationsmechanismen ersetzt, die nur wenige soweit beherrschen, wie es zur Aufrechterhaltung von Macht und Mehrung von persönlichem Reichtum nützlich erscheint. In der Folge hat sich Erziehung als nivellierende Fremdbestimmung breitgemacht. Gewöhnung und sich Fügen sind Krücken, die als Hoffnungsträger für das Überleben unangemessen strapaziert werden.

Der anstellungs- und überlebenswillige Lehrer der Gegenwart ist angehalten zu übergeben und zu fordern, was vom „Arbeitgeber" gewünscht wird. Er muß sich in vielen Situationen auf eine Mittlerrolle reduzieren und sich somit selbst in die Vorherrschaft eines notwendigen Übels ohne Reichweite zwingen. Wissensdurstige Schüler werden mit verordnetem Stoff so bedrängt, daß sie sich aufbäumen müssen, um nicht zu ertrinken. Schmerzliche Irrungen und Opposition gegen alles und sich selbst sind die unvermeidlichen Folgen. Ein Schüler ohne Lust am Erkennen, ohne die Möglichkeit, sich durch selbstbestimmte Leistung zu bestätigen, gehorsam gegen sein Aufbegehren ankämpfend, wird nicht selten zum Zyniker, der „gleichsam nackt draußen im Windeswehen umhergeht und sich bis zur Gefühllosigkeit abhärtet".[7]

Melanchthons Bild vom Erzieher als würdiger, selbsterzogener Denker, an dem sich die Jugend aufrichten will, ist daher als Leitbild für die Erneuerung unserer Schulen gegenwärtig. Er wollte, daß Schüler über die Bibel am Glauben teilhaben, daß Lehrer als Vorbild auf die Lebensposition ihrer Schüler wirken. Hilfe zur Selbsthilfe sollten sie über die freudvolle Begegnung mit der Kultur, der Wissenschaft und dem Leben erhalten. Aufgabe des Lehrers sei es, sich selbst überflüssig zu machen. Erst wenn er über sein Verhalten lehre, was nicht lehrbar ist, lerne der Schüler laufen – aufrecht, selbstbewußt und gemeinschaftsverbunden. Folgerichtig war Schule für *Ph. Melanchthon* ein Ort selbstbestimmten Lernens, ein Ort der Treue ohne blinden Gehorsam, ein Ort der Verinnerlichung auch dessen, was gut, aber nicht lehrbar ist.[8]

Für diese Schule der Selbstfindung des Heranwachsenden vollbrachte der Praeceptor Germaniae eine gewaltige organisatorische und schriftstellerische Leistung. Über Visitationen, Kirchen- und Schulordnungen, Empfehlungsschreiben und Gutachten, Beratung und Programme schuf er den Schul- und Universitätstyp, der bis in das 19. Jahrhundert Maßstäbe setzte und für die Gegenwart und Zukunft lebendig bleiben muß. Das schließt seine kritische Sicht auf die Gefahren der territorialstaatlichen Unterstellung, für die bis heute keine bessere Alternative gefunden worden ist, ein. Vereinnahmung, Fanatismus oder Privilegierung sind schlecht vernähte Wunden am leistungsfähigen Schulorganismus, die bedrängte Obrigkeiten immer wieder öffnen, um in widernatürlicher Weise Kraftströme in ihrem Interesse zu lenken. *Melanchthon* litt unter dieser Unvollkommenheit seines Lebenswerkes; er wußte um die Reichweite solcher Defizite. Seine Kräfte langten nicht, um diese aufzulösen. Er quälte sich an ihnen und sehnte schließlich den Tod herbei: „Du wirst zum Lichte kommen, du wirst Gott sehen, du wirst den Sohn Gottes anschauen, du wirst jene wunderbaren Geheimnisse lernen, welche du im Leben nicht hast verstehen können, warum wir so geschaffen sind, welcher Art die Verbindung der zwei Naturen in Christo ist. Der negativen Gründe sind bloß zwei: Du wirst frei werden von den Sünden, du wirst befreit werden von den Sorgen und von der Wut der Theologen."[9]

Vielgeschäftigkeit und unablässige Kämpfe mit Widersachern mehrten die Zweifel des Alternden am eigenen Lebenswerk. Schmerzhaft hatten ihn der Zerfall der Wissenschaft und Schule sowie die Trennung der Theologie von der Wissenschaft berührt. Klagen über den Sittenverfall und das Verklingen der humanistischen Blütezeit mündeten oft in Selbstbekenntnisse des Versagens einer sensiblen Gelehrtennatur.[10] Das Hauptmotiv dafür war ihm die Glaubwürdigkeit des Lehrers: „Ich selbst bin mir der strengste Richter."[11] Er gab sich und sein Werk sowie die Bindung zu *Luther* niemals auf, brachen auch die Gewalten mit kaum zu verkraftender Härte über ihn herein: „Wenngleich wir sehen mußten, welch ein Zusammensturz auch gewisser guter Dinge die bürgerliche Spaltung nach sich gezogen hat, so bereue ich meinen Entschluß doch nicht. Es besteht die Zwietracht fort, nicht durch unsere Schuld, sondern durch den Frevel jener, welche die hellwerdende Wahrheit nicht ertragen können."[12] Generationen nach ihm und große Schulmänner haben dieses Bekenntnis als Verpflichtung aufgenommen und sich an *Melanchthon* gerieben. *Wilhelm v. Humboldt* (1767–1835) war wohl einer der erfolgreichsten von ihnen, der Bildung und Menschsein in einer Kulturanthropologie aufgehen ließ, sowie beschränkende staatliche Dirigismen für die Individualentwicklung aufgehoben wissen wollte, um der „höchsten proportionierlichsten Bildung" unbegrenzte Möglichkeiten zu eröffnen.[13] Über *Melanchthon* hinaus war ihm die Sprache dabei Weltsicht, Sozialkompe-

Bild 290: Wilhelm Frhr. v. Humboldt (1767–1835), Kupferstich (1827) v. Eduard Eichens nach Franz Krüger

tenz, Bildungsvoraussetzung, Bildungsergebnis und gestaltendes Element des Menschseins.[14]
Mit der Beschreibung der Leistungen *Ph. Melanchthons* für das deutsche Schulwesen soll die internationale Reichweite dieses Mannes nicht ignoriert werden. Es sind Realitäten, auf die sich unter anderem das heute angestrebte Europa stützen kann. Er war über ein kleinstaatlich-zerstückeltes Schulwesen erhaben. Christlich-europäischen Geist setzte er gegen Nationalismus und territorialstaatliche Ideologisierung der Schule. Gleichermaßen brauchen wir heute ein geeintes Europa, das die nationalstaatlichen Traditionen einer über Jahrhunderte gewachsenen Schule wahrt, damit menschliches Wesen nicht heimatlos verkommt.[15]

1 Nietzsche, F. (1990). A. a. O. Bd. I. S. 173.
2 Ebenda. S. 217.
3 Ebenda. S. 87.
4 Ebenda. S. 466.
5 Ebenda. S. 203.
6 CR. XI. S. 15 f.
7 Nietzsche, F. (1990). A. a. O. Bd. I. S. 224.
8 Vgl. Goebel, K.: Luther in der Schule. Bochum 1985.
9 CR. IX. S. 1098.
10 Vgl. Hartfelder, K. (1889). A. a. O. S. 544 f.
11 CR. VI. S. 109.
12 CR. IV. S. 717.
13 Vgl. Arnhardt, G.: Zum Verhältnis von Mensch und Erziehung bei W. v. Humboldt. In: Wiss. Zeitschrift der PH Dresden. Päd. Reihe 23 (1989). S. 17–23.
14 Vgl. Wulf, Chr.: Die Vervollkommnung des Individuellen. Anthropologie und Bildungstheorie Wilhelm von Humboldts. In: Anthropologisches Denken in der Pädagogik 1750–1850. Hrsg. v. Chr. Wulf. Weinheim 1996. S. 179 f. (Bd. 2 der Reihe Pädagogische Anthropologie).
15 Arnhardt, G.: Das Motivationsgefüge in Fichtes Projekt zur Nationalerziehung. In: Fichte und die Französische Revolution. Berlin 1988. S. 62–65.

8. Anhang: Auszüge aus Quellentexten

Die Zugriffe auf die originalen Quellen sind nach ihrem Repräsentationswert ausgewählt und auf wesentliche Aussagen gekürzt. Unterschiedliche sprachliche Idiome (Niederdeutsch, Oberdeutsch, Frühneuhochdeutsch ...) sind dem Neuhochdeutschen weitgehend angenähert; fremdsprachige Texte analog übersetzt. Die originale Sprache ist nur dort beibehalten, wo sie auch nicht speziell Vorgebildeten verständlich ist.

8.1 Martin Luther:
Ein Sermon vom ehelichen Stand (überarbeitete Predigt vom 16. Januar 1519)

Vorrede

Es ist ein Sermon vom ehelichen Stand erschienen unter meinem Namen, was mir viel lieber nicht geschehen wäre. Denn wiewohl ich mir bewußt bin, daß ich von der Materie gepredigt habe, so ist es doch nicht in entsprechender Weise niedergeschrieben worden. Darum werde ich verursacht, denselben zu ändern und, soviel mir möglich, zu verbessern. Ich bitte einen jeglichen frommen Menschen, er möchte den ersten erschienenen Sermon untergehen lassen und zunichte machen. Auch wenn jemand meine Predigt erhalten will, mäßige ich seine Eile und er lasse mich auch bei der Ausbreitung meiner Worte mithelfen. Es ist ein großer Unterschied, etwas mit lebendiger Stimme oder mit toter Schrift an den Tag zu bringen.

Ein Sermon von dem ehelichen Stand, verändert und korrigiert durch D. Martinus Luther, Augustiner zu Wittenberg.

Zum ersten: Da Gott Adam geschaffen hatte und alle Tiere vor ihn brachte, unter denen Adam keines fand, das ihm eben und gleich gesellig wäre zum ehelichen Stand, da sprach Gott: Es ist nicht gut, daß Adam allein ist. Ich will ihm eine Gehilfin machen, die ihm zur Hand sein soll, und sandte einen tiefen Schlaf in Adam und nahm eine Rippe von ihm und schloß das Fleisch wieder zu. Und bauet aus derselben Rippe, die er von Adam genommen hatte, ein Weib und brachte sie zu Adam. Da sprach Adam: Das ist ein Knochen von meinen Gebeinen und Fleisch von meinem Fleisch. Sie soll heißen eine Männin, da sie von ihrem Mann genommen ist. Darum wird ein Mann Vater und Mutter verlassen und seinem Weibe anhangen, und sollen zwei in einem Fleisch sein.

Das alles sind Gottes Worte, in welchen beschrieben ist, wo Mann und Weib herkommen, wie sie zusammengegeben sind und wozu ein Weib geschaffen und was für Liebe sein soll im ehelichen Leben.

Zum zweiten: Wenn Gott selbst nicht gibt Weib oder Mann, dann geht es zu, wie es kann. Denn das ist hier angezeigt, daß Adam keinen ehelichen Gemahl fand, aber sobald Gott Eva geschaffen hatte und zu ihm brachte, da empfand er eine rechte eheliche Liebe zu ihr und erkennet, daß sie ein ehelich Gemahl wäre. Also sollte man lehren die, da sich in den ehelichen Stand geben wollen, daß sie mit rechtem Ernst bitten um ein ehelich Gemahl. Denn auch der weise Mann sagt, daß Güter und Haus mögen die Eltern ihren Kindern beschaffen, aber ein Weib wird allein von Gott gegeben, nachdem ein jeglicher würdig ist, wie Eva allein von Gott Adam gegeben ist. Und wiewohl die leichtfertige Jugend aus überschwellender Lust des Fleisches in diesen Sachen geschwind verfährt, so ist es doch ein groß Ding vor Gott. Denn nicht umsonst setzt der allmächtige Gott allein dem Menschen vor allen Tieren mit solchem Ratschlag und Bedenken seinen ehelichen Stand ein. Zu den anderen Tieren spricht er schlechthin: Wachset und mehret euch! Und es steht nicht geschrieben, daß er das Weib zu dem Manne bringt. Darum ist da auch keine Ehe.

Aber Adam, dem macht er ein einziges, besonderes Weib aus ihm selbst, bringt sie ihm, gibt sie ihm, und Adam willigt ein und nimmt sie an, und das ist dann die Ehe.

Zum dritten ist ein Weib geschaffen, dem Mann zu einer geselligen Gehilfin in allen Dingen, besonders, Kinder zu bringen. Und das ist noch geblieben, allein daß es mit böser Lust nach dem Sündenfall vermischt ist. Jetzt ist die Begierde des Mannes zum Weib und umgekehrt nicht lauter, denn nicht allein Gesellschaft und Kinder, dazu sie allein eingesetzt ist, sondern auch die böse Lust wird sehr stark gesucht.

Zum vierten erklärt er die Liebe, daß Mannes und Weibes Liebe ist oder soll sein die allergrößte und lauterste Liebe von allen Lieben. Denn er spricht: Vater und Mutter wird der Mann lassen und hängen an seinem Weibe, und wiederum das Weib auch, wie wir denn täglich vor Augen sehen. Nun gibt es dreierlei Liebe: falsche, natürliche, eheliche. Falsche Liebe, die sucht das Ihre, wie man Geld, Gut, Ehre und Weiber außer der Ehe liebt wider Gottes Gebot. Natürliche Liebe ist zwischen Vater und Kind, Bruder und Schwester, Freund und Verwandten und dergleichen. Aber über alles geht die eheliche Liebe, das ist eine Brautliebe, die brennt wie das Feuer und sucht nicht mehr denn das eheliche Gemahl. Die spricht: Ich will nicht das Deine, ich will weder Gold noch Silber, weder dies noch das, ich will dich selbst haben, ich will's ganz oder nicht haben.

Alle anderen Lieben suchen etwas anderes, als den sie lieben; diese allein will den Geliebten selbst zu eigen haben. Und wenn Adam nicht gefallen wäre, so wäre es das lieblichste Ding gewesen, Braut und Bräutigam. Aber nun ist die Liebe auch nicht rein und ohne Sünde, denn obwohl ein ehelich Gemahl das andere haben will, so sucht doch auch ein jegliches seine Lust an dem anderen, und das fälscht die Liebe. Derhalben ist der eheliche Stand nun nicht mehr rein und ohne Sünde, und die fleischliche Anfechtung so groß und wütend geworden, daß der eheliche Stand von da ab einem Spital der Siechen gleicht, auf daß sie nicht in schwere Sünde fallen. Denn bevor Adam fiel, war es leicht, Jungfrauschaft und Keuschheit zu halten, das jetzt wenig möglich und ohne besondere Gnade Gottes unmöglich ist. Darum haben auch weder Christus noch die Apostel Keuschheit gebieten wollen und dieselbige doch geraten und einem jeglichen anheimgestellt, sich selbst zu prüfen: mag er sich nicht enthalten, damit er ehelich werde; mag er aber von Gottes Gnaden sich enthalten, so ist die Keuschheit besser.

Also haben die Kirchenlehrer drei Güter und Nützlichkeiten gefunden im ehelichen Stand, durch welche der sündhaften Lust, die mit unterläuft, Widerstand geboten und sie nicht verdammenswert wurde.

Zum ersten, daß er ein Sakrament ist. Ein Sakrament aber heißt ein heilig Zeichen, das da etwas anderes, Geistliches, Heiliges, Himmlisches und Ewiges bedeutet wie das Wasser bei der Taufe. Wenn das der Priester über das Kind gießt, bedeutet das die heilige, göttliche und ewige Gnade, die daneben in Seele und Leib desselben Kindes gegossen wird und die Erbsünde auswäscht, damit dann Gottes Reich drinnen sei, welche Dinge unermeßlich größer sind als das Wasser, das dieselben bedeutet. Also ist auch der eheliche Stand ein Sakrament, ein äußerliches, heiliges Zeichen des allergrößten, heiligsten, würdigsten, edelsten Dinges, das wohl nie gewesen oder werden mag, das ist: die Vereinigung göttlicher und menschlicher Natur in Christo. Denn der heilige Apostel Paulus sagt: Wie der Mann und das Weib, vereinigt im ehelichen Stand, sind zwei in einem Fleisch, also ist Gott und die Menschheit ein Christus auch, und die Christenheit ein Leib. Das ist fürwahr (spricht er) ein großes Sakrament, das heißt: der eheliche Stand bedeutet fürwahr große Dinge. Ist das nicht ein groß Ding, daß Gott Mensch ist, daß Gott sich dem Menschen zu eigen gibt und will gleich sein, gleich wie der Mann sich dem Weibe gibt und sein ist? So aber Gott unser ist, so sind auch alle Dinge unser.

Sieh, um der Ehre willen, daß Vermischung des Mannes und Weibes ein so groß Ding bedeuten, so muß der eheliche Stand solche Bedeutung und den Nutzen haben, daß die böse fleischliche Lust, ohne die niemand ist, in ehelicher Pflicht nicht verdammenswert ist, die sonst außerhalb der Ehe allezeit tödlich ist, wenn sie ausgeübt wird. Also deckt die heilige Menschheit Gottes die Schande der bösen, fleischlichen Lust. Darum sollte ein ehelicher Mensch eines solchen Sakraments achthaben, daß man die heiligen Dinge ehrt und sich mäßig in ehelichen Pflichten hielte, auf daß nicht der fleischlichen Lust, wie die Tiere tun, unvernünftig Folge geleistet werde.

Zum anderen, daß es ein Verbündnis ist der Treue. Das ist der Grund und das ganze Wesen der Ehe, daß sich ganz eines dem andern gibt und verspricht, Treue zu halten und keinen andern einzulassen. Dieweil dann eins sich also an das andere bindet und gefangen gibt, daß es dem Fleisch alle anderen Wege versperrt und sich an einem Bettgenossen genügen läßt, so bedenkt Gott, daß das Fleisch also gedämpft wird, daß es nicht kreuzweis durch die Stadt wütet, und läßt gnädig zu, daß derselben Lust in solcher Treue etwas nachgegeben wird, auch mehr als zur Frucht not ist, doch daß man sich mit Ernst mäßige und nicht ein Mist oder Saupfuhl daraus mache. Hier sollte ich sagen, welcherlei Worte man brauchen sollte, wenn sich zweie verloben. So hat man das Ding so tief, weit und spitzfindig gemacht, daß ich viel zu gering bin, selbst das zu verstehen und befürchte, daß viele Eheleute beieinander sind, die wir für unehelich halten. Denn weil der eheliche Stand seine Grundlage in der beiderseitigen Einwilligung hat, und Gott in seinen Gerichten wunderbar ist, will ich's ihm anbefohlen sein lassen.

Die üblichen Worte sind diese: Ich bin dein, du bist mein; und obwohl einige meinen, es sei nicht genug, wenn man spricht: Ich will oder würde dich nehmen oder andere Worte brauchen, so wollte ich doch lieber nach der Gesinnung urteilen, die sie zur Zeit gehabt hatten.

Item: Wenn eines dem andern heimlich verlobt war und danach einen anderen nimmt, öffentlich oder heimlich, weiß ich noch nicht, ob alles recht sei, was man davon schreibt und berichtet. Das ist mein Rat, daß die Eltern ihre Kinder gewöhnen, daß sie sich nicht schämen, von ihnen ein eheliches Gemahl zu begehren und sich anmerken lassen, daß sie sie beraten wollen, auf daß sie desto besser in Hoffnung sich enthalten und beharren mögen, und wiederum die Kinder sich nicht ohne Wissen der Eltern verloben. Denn schämst du dich nicht, einen Rock oder Haus von deinen Eltern zu begehren, was wartest du dann und bittest nicht um das, das viel größer ist, ein ehelich Gemahl? Also tat Samson: Der kam in eine Stadt und sah eine Jungfrau. Die gefiel ihm. Da ging er zunächst wieder heim und sagte zu seinem Vater und seiner Mutter: Ich habe eine Jungfrau gesehen, die hab ich lieb. Lieber, gib mir dieselbe zum ehelichen Gemahl.

Zum dritten: daß es Frucht bringt, denn das ist das Ziel und vornehme Amt der Ehe. Das ist aber nicht genug, daß die Frucht geboren wird, und also ist das nicht gemeint, wenn man sagt, die Ehe entschuldigt die Sünde, denn solche Frucht trägt sie auch den Heiden, sondern daß man die Frucht erziehe zu Gottes Dienst, Lob und Ehre und nichts anderes darinnen suche, was leider selten geschieht. Man sucht nur Erben oder Lust an den Kindern; Gottes Dienst bleibe, wo er kann. Auch findet man solche, die zur Ehe greifen und Vater oder Mutter werden, ehe sie selbst beten konnten oder wissen, was Gottes Gebote sind.

Aber das sollen die Eheleute wissen, daß sie Gott, der Christenheit aller Welt, sich selbst und ihren Kindern kein besseres Werk und Nutzen schaffen mögen, als daß sie ihre Kinder wohl aufziehen. Es ist nichts mit Wallfahrten nach Rom, nach Jerusalem, zu Sankt Jakob. Es ist nichts, Kirchen bauen, Messen stiften oder was an Werken genannt werden möge gegen dieses einzigartige Werk, daß sie in der Ehe ihre Kinder erziehen, denn das ist ihre direkteste Straße zum Himmel. Sie mögen auch den Himmel nicht mehr und besser erlangen als mit diesem Werk. Es ist auch ihr eigenes Werk, und wo sie sich desselbigen nicht befleißigen, so ist es gleich ein verkehrtes Ding, als ob Feuer nicht brennt und Wasser nicht netzt. Ebenso wiederum ist die Hölle nicht leichter verdient, denn an seinen eigenen Kindern. Sie mögen auch kein schädliches Werk tun, als daß sie das Kind vernachlässigen, lassen sie fluchen, schwören, schandbare Worte und Liedchen lernen und nach ihrem Willen leben. Dazu reizen sie etliche selbst mit überflüssigem Schmuck und Forderung an die Welt, damit sie nur der Welt wohlgefallen, hochsteigen und reich werden, alle Zeit mehr sorgen, wie sie dem Leib statt der Seele genug Aufmerksamkeit schenken.

Denn soll man der Christenheit wieder helfen, so muß man fürwahr bei den Kindern anfangen, wie es vor Zeiten geschah.

Dieses dritte Stück dünkt mich das größte und nützlichste zu sein, das ohne Zweifel nicht allein eheliche Pflicht, sondern auch alle anderen Sünden mit Macht bewirken kann. Aber die falsche Naturliebe verblendet die Eltern, daß sie das Fleisch ihrer Kinder mehr achten als die Seelen. Darum spricht der weise Mann: Wer die Rute spart, der haßt sein eigenes Kind, wer aber sein Kind liebhat, der schlägt es vielmal. Ebenso Salomo: Schlägst du dein Kind mit Ruten, so wirst du seine Seele von der Hölle erlösen. Derselben ist es einem jeglichen ehelichen Menschen vonnöten, daß er die Seele seines Kindes mehr, tiefer, fleißiger ansehe als das Fleisch, das von ihm gekommen ist, und daß er sein Kind nicht anders achte als einen köstlichen ewigen Schatz, der ihm von Gott anvertraut sei zu bewahren, daß ihn der Teufel, die Welt und das Fleisch nicht stehlen und umbringen. Denn er wird von ihm gefordert werden am Tod und Jüngsten Tag mit gar scharfer Rechnung.

Denn wo meinst du, daß das schreckliche Heulen und Klagen derer herkommen wird, die da prüfen werden: O, selig sind die Leiber, die nicht Kinder geboren und die Brüste, die sie nicht gesäugt haben? O, wahrlich, ein edler, großer, seliger Stand, der eheliche Stand, so er recht gehalten wird! O, wahrlich, ein elender, erschreckender, gefährlicher Stand, der Ehestand, so er nicht recht gehalten wird! Und wer diese Dinge bedächte, dem würde der Kitzel des Fleisches wohl vergehen und vielleicht eher nach dem jungfräulichen Stand als nach dem Ehestand greifen. Die Jugend achtet es geringe, folgt nur den Begierden, aber Gott wird es gar groß achten und folgen dem Rechten.

Endlich: Willst du alle deine Sünden wohl büßen und den höchsten Ablaß hier und dort erlangen, selig sterben und dein Geschlecht auch zeitlich weit und ferne strecken, so schau nur mit allem Ernst auf dieses dritte Stück, die Kinder wohl zu erziehen. Kannst du es nicht, bitte und suche andere Leute, die es können und bedauere kein Geld, Kosten, Mühe und Arbeit, denn das sind die Kirchen, Altäre, das Testament, Vigilien und Seelenmessen, die du zurückläßt, die dir auch im Sterben und, wo du hinkommst, leuchten werden.

Quelle: Hutten – Müntzer – Luther. Werke in zwei Bänden. Ausgew. u. eingel. v. S. Streller. Berlin/Weimar 1970. Zweiter Band: Luther S. 7–14 (Bibliothek deutscher Klassiker)

8.2 Martin Luther:

Enchiridion, der kleine Katechismus für die einfachen Pfarrherrn und Prediger (1529)

Vorrede

D. Martin Luther allen treuen, frommen Pfarrherrn und Predigern Gnade, Barmherzigkeit und Friede in Jesu Christo, unserem Herrn.

Um diesen Katechismus oder christliche Lehre in eine solche kleine, schlichte, einfältige Form zu bringen, hat mich die elende, klägliche Not gezwungen oder gedrängt, die ich neulich erfahren habe, da auch ich Visitator war. Hilf, lieber Gott!, wie manchen Jammer habe ich gesehen, daß der gemeine Mann doch so gar nichts von der christlichen Lehre, besonders auf den Dörfern, weiß und leider viele Pfarrherrn beinahe ungeschickt und untüchtig zu lehren sind. Und doch sollen alle Christen heißen, getauft sein und die heiligen Sakramente genießen, und sie kennen weder das Vaterunser noch das Glaubensbekenntnis oder die zehn Gebote. Sie leben dahin wie das liebe Vieh und unvernünftige Säue. Jetzt, wo das Evangelium gekommen ist, haben sie trotzdem fein gelernt, alle Freiheit so meisterhaft zu gebrauchen.

O, ihr Bischöfe! Was wollte ich denn Christus immer wieder antworten, daß ihr das Volk so schändlich hingehen laßt und euer Amt keinen Augenblick lang beweist? Daß euch alles Unglück fliehe! Verbietet einerlei Gestalt und pocht auf euere Menschengesetze. Trotzdem fragt aber nicht danach, ob sie das Vaterunser, das Glaubensbekenntnis, die Zehn Gebote oder einiges von Gottes Wort beherrschen. Ach und Wehe über euren Hals in Ewigkeit! Darum bitte ich um Gottes willen euch alle, meine lieben Herren und Brüder, die ihr Herrn und Prediger seid, wollet euch eures Amtes von Herzen annehmen und des Volks erbarmen, das euch anvertraut wurde und sollt helfen, den Katechismus unter die Leute, besonders unter das junge Volk, zu bringen. Die es nicht besser vermögen, sollen diese Tafeln und Formen annehmen und dem Volk Wort für Wort darlegen. Nämlich so:

Aufs erste, daß der Prediger sich vor allen Dingen hüte und mancherlei und andersartige Texte und Formen der Zehn Gebote, des Glaubensbekenntnisses, des Vaterunsers, das Sakrament etc., sondern eine Form nehme, bei der er bleibe und dieselbe immerfort ein Jahr wie das andere betreibe. Denn das junge und einfältige Volk muß man mit bestimmten Texten und Formen lehren, sonst werden sie ganz leicht in die Irre geführt, wenn man so und übers Jahr so lehrt, als wolle man es besser machen. Dabei gehen aber alle Mühe und Arbeit verloren. Das haben die lieben Kirchenväter auch wohl erkannt, die das Vaterunser, das Glaubensbekenntnis, die Zehn Gebote alle auf eine Weise gebraucht haben. Darum sollen wir bei dem jungen einfältigen Volk auch derartige Stücke lehren, daß wir nicht eine Silbe verrücken oder ein Jahr anders als das andere darbieten und vorsprechen.

Darum wähle dir, welche Form du willst und bleibe dabei. Wenn du aber bei den Gelehrten und Verständigen predigst, so kannst du deine Kunst beweisen und diese Stücke so bunt und zierlich verworren machen und so meisterlich drehen, wie du kannst. Aber bei dem jungen Volk verharre bei einer bestimmten, ewigen Form und Art und lehre sie zu allererst folgende Stücke, nämlich: die Zehn Gebote, das Glaubensbekenntnis, das Vaterunser etc. getreu dem Text Wort für Wort, damit sie es auch so nachsprechen können und auswendig lernen. Die es aber nicht lernen wollen, denen soll man auch sagen, wie sie Christus verleugnen und keine Christen sind. Sie sollen auch nicht zum Sakrament zugelassen werden, kein Kind aus der Taufe heben und auch kein Stück der christlichen Freiheit gebrauchen, sondern einfach zum Papst, seinen Amtsträgern, dazu dem Teufel selbst, heimgesandt werden. Dazu sollen ihnen die Eltern und Hausherren Speise und Trank verweigern und ihnen mitteilen, daß der Fürst rohe Menschen aus dem Lande jagen werde.

Obwohl man niemanden zum Glauben zwingen kann und soll, so soll man doch die Menge dahin halten und antreiben, daß sie weiß, was Recht und Unrecht ist bei denen, bei welchen sie wohnen, sich nähren und leben wollen. Denn wer in einer Stadt lebt, der soll das Stadtrecht kennen und halten, das er genießen will. Gott gebe, er glaube oder er sei im Herzen für sich ein Narr oder Bube.

Zum anderen: Wenn sie den Text gut können, dann lehre sie danach, den Verstand anwenden, damit sie wissen, was es heißen soll; nimm abermals die Weise dieser Tafeln vor und sonst eine einheitliche Art, welche du willst, und bleibe dabei und verändere sie in keiner Silbe, wie bis jetzt vom Text gesagt worden ist. Nimm dir Zeit dazu. Es ist nicht nötig, daß du alle Stücke auf einmal durchnimmst, sondern eins nach dem anderen. Wenn sie zuerst das Erste Gebot gut verstehen, dann nimm danach das Zweite durch und so weiter, sonst werden sie überschüttet, daß sie keines gut behalten.

Zum dritten: Wenn du sie dann einen solchen kurzen Katechismus gelehrt hast, dann nimm dir den Großen Katechismus vor und lasse sie auch weitgehend und reicher verstehen. Dort streiche jedes Gebot, jede Bitte, jedes Stück mit seinen verschiedenartigen Werken, Nutzen, Frommen, Gefahren und Schaden heraus, wie du das in so vielen Büchern reichlich findest, die davon handeln. Besonders behandle die Gebote und Stücke am meisten, an denen es bei deinem Volk am meisten fehlt, wie das Siebente Gebot vom Stehlen, das mußt du bei Handwerkern, Händlern, ja auch bei Bauern und beim Gesinde nachdrücklich durchnehmen. Ebenso das Vierte Gebot mußt du bei den Kindern und beim niederen Menschen betreiben, damit sie still, treu, gehorsam, friedfertig seien, und mußt stets viel Beispiele aus der Schrift, daß Gott solche Leute gestraft bzw. gesegnet hat, anführen. Besonders bewege auch selbst die Obrigkeit und die Eltern, daß sie recht regieren und die Kinder zur Schule schicken, indem du kundtust, wie sie solches zu tun schuldig sind, und wo sie es nicht tun, welche verfluchte Sünde sie begehen.

Sie werden zu ärgsten Feinden Gottes und der Menschen. Unterstreiche, was für einen geistlichen Schaden sie anrichten, wo sie nicht Kinder zu Pfarrherrn, Predigern, Schreibern usw. erziehen helfen und daß sie Gott deshalb schrecklich bestrafen wird. Denn es tut hier not zu predigen, daß die Eltern und die Obrigkeit jetzt in dieser Sache sündigen, daß es nicht zu sagen ist. Der Teufel hat damit Grausames im Sinn ... Wie sollten sie nicht faul sein, wenn du schläfst und schweigst? Darum achte darauf, Pfarrherr und Prediger!

Unser Amt ist nun eine andere Angelegenheit geworden als es unter dem Papst war. Es wurde nun ernst und heilbringend. Darum erfordert es jetzt viel mehr Mühe und Arbeit, Gefahr und Anfechtung, dazu wenig Lohn und Dank in der Welt ...

Quelle: Keferstein, H.: Dr. Martin Luthers Pädagogische Schriften und Äußerungen ... Langensalza 1888. S. 246–249

8.3 Aus Martin Luther:

Eine Predigt Martin Luthers, daß man Kinder zur Schule halten solle (1530)

Allen meinen lieben Herrn und Freunden, Pfarrherrn und Predigern, die Christum mit Treuen meinen. Martin Luther Gnade und Friede in Christo Jesu, unserem Herrn.

Meine allerliebsten Herrn und Freunde, ihr seht vor Augen, wie der leidige Satan jetzt uns zu allen Seiten mit Gewalt und List mannigfaltig angreift und alle Plage anwendet, auf daß er das Heilige Evangelium und Gottes Reich störe; wo er es nicht zerstören kann, doch auf allen Wegen hindere und wehre, daß es ja nicht voranschreite oder die Überhand erlange. Unter welchen seinen Tücken dies (wenn es nicht gar das größte) ist, daß er den gemeinen Mann so betäubt und betrügt, daß er seine Kinder nicht zur Schule anhält noch zur Lehre erziehen will. So gibt er ihnen diese schändlichen Gedanken ein, weil nicht Hoffnung ist, die bisherige Möncherei, Nonnerei, Pfafferei werde wie bisher sein, so bedürfe man keiner Gelehrten und keines vielen Studierens mehr, sondern müsse trachten, wie man Nahrung und Reichtum erwerbe.

Das mag nun doch ja ein rechtes Meisterstück der teuflischen Kunst sein, weil er sieht, daß er's zu unseren Zeiten nicht machen noch schaffen kann, wie gern er es auch wollte. So denkt er dennoch bei unseren Nachkommen seinen Willen zu behalten, den er jetzt so vor unseren Augen zurüstet, daß sie nichts lernen noch wissen sollen, und also, wenn wir tot sind, ein nacktes, bloßes, wehrloses Volk vor sich habe, mit dem er machen möge, wie er will. Denn wo die Schrift und die Wissenschaft untergehen, was will da in deutschen Landen bleiben als ein wüster, wilder Haufen Tataren und Türken, ja vielleicht ein Saustall und eine Rotte von eitel wilden Tieren? Solches läßt er sie aber jetzt nicht sehen und blendet sie meisterhaft, auf daß, wenn es dahin käme und sie solches durch Erfahrung sehen müßten, er sich trotz aller Klagen und Heulen in die Faust lachen möchte, wenn sie nun nicht mehr könnten, obwohl sie der Sache gern raten und helfen würden und sagen müßten: Es ist so lange geharrt worden. Dann wollten sie gern hundert Gulden geben für einen halben Gelehrten, da sie jetzt nicht zehn für zwei ganze geben würden. Es geschehe ihnen auch beinahe recht, weil sie jetzt nicht fromme, ehrliche, züchtige Schulmeister und Lehrer, die von Gott dargeboten sind, nähren und erhalten wollen, damit sie ihre Kinder zu Gottesfurcht, Zucht, Kunst, Lehre und Ehre erziehen mit großer Arbeit, Fleiß und Mühe, dazu mit geringer Kost und wenig Geld. So sollen sie dafür Lokaten, Bacchanten, grobe Esel und Tölpel kriegen, wie sie vorher gehabt haben, die ihre Kinder mit großer Kost und Entgelt dennoch nichts anderes lehren, als große Esel zu sein. Dafür machen sie ihre Weiber, Töchter und Mägde zuschanden und sind Herrn über ihr Haus und ihre Güter, wie bisher geschehen ist. Solches soll der Lohn sein für ihre große schändliche Undankbarkeit, in die sie der Teufel so listig geführt hat ...

Sermon oder Predigt, daß man Kinder zur Schule halten solle

Liebe Freunde! Weil ich sehe, daß sich der gemeine Mann dagegen stellt, Schulen zu erhalten und seine Kinder ganz und gar von der Lehre abzieht sowie auf die Nahrung und Bauchsorge bedacht ist und nicht bedenken will oder kann, welch ein unchristliches Ding er damit vornehme sowie großen mörderischen Schaden sie in des Teufels Dienst in aller Welt tut, habe ich mir vorgenommen, euch zu vermahnen, ob es vielleicht noch einige Leute gebe, die glaubten, es sei ein Gott im Himmel und für die Ungläubigen die Hölle bereit (denn es stellt sich schier alle Welt, als wäre weder Gott im Himmel noch der Teufel in der Hölle) und sich an diese Vermahnung hielten. Ich will also erzählen, welcher Nutzen und Schaden in diesem Stück sei.

Erstens wollen wir den geistlichen oder ewigen Nutzen und Schaden vornehmen, danach den zeitlichen oder weltlichen. Ich hoffe ja, daß die Gläubigen und was sich Christen nennen, wohl wissen, daß der geistliche Stand von Gott eingesetzt und gestiftet sei nicht mit Gold noch Silber, sondern mit dem teuren Blut und bitteren Tod <seines einzigen Sohnes, unseren Herrn Jesu Christus. Denn aus seinen Wunden fließen wahrlich ...> die Sakramente. Er hat es wahrlich teuer bezahlt, daß man in der ganzen Welt ein solches Amt hat, zu predigen, zu taufen, zu lösen, zu binden, Sakramente zu reichen, zu trösten, zu warnen, mit Gottes Wort zu mahnen und was mehr zum Seelsorgeamt gehört ... Ich meine aber nicht den jetzigen geistlichen Stand in Klöstern und Stiften mit seinem ehelosen Wesen ...

Er hat auch nichts Geistliches an sich, außer daß sie nicht ehelich sind, dessen sie nicht bedürfen. Sie haben wohl etwas anderes dafür. Sonst ist es ein ganz äußerliches, zeitliches, vergängliches Gepräge. Denn sie achten auf Wort und Predigtamt nicht. Wo aber das Wort nicht waltet, da muß eine schlechte Geistlichkeit sein. Besonders den Stand meine ich, der das Predigtamt und den Dienst des Wortes und der Sakramente hat, welches den Geist und alle Seligkeit gibt, die man mit keinem Gesang und Gepränge erlangen kann, als da sind das Pfarramt, Lehrer, Prediger, Leser, Priester (die man Kaplan nennt), Küster, Schulmeister und was noch zu solchen Ämtern und Personen mehr gehört. Diesen Stand rühmt und lobt die Schrift wahrlich hoch. Sankt Paulus nennt sie Gottes Haushalter und Knechte, Bischöfe, Doctores, Propheten, dazu auch Gottes Boten, die die Welt in Gott versöhnen (2. Kor. 6) ...

Denn es müssen ja das Evangelium und die

Christenheit bis an den Jüngsten Tag bleiben, wie Christus in Matthäi am letzten spricht: Siehe, ich bin bei euch bis an der Welt Ende. Durch wen soll er aber erhalten werden? Ochsen und Pferde, Hunde und Säue werden es nicht tun, Holz und Steine auch nicht. Es werden Menschen tun müssen, denn es ist ein solches Amt nicht Ochsen oder Pferden befohlen, sondern uns Menschen. Woher soll man aber Menschen dazu nehmen außer von denen, die Kinder haben? Wenn du dein Kind dazu nicht erziehen willst, jener auch nicht und so fort, dann werden kein Vater und keine Mutter es unserem Gott hier geben. Wo wollen denn das geistliche Amt und der geistliche Stand bleiben? Die Alten, die jetzt drinnen sind, werden nicht ewig leben, sondern sterben täglich dahin, und es sind keine anderen da an ihrer Statt. Was wird Gott zuletzt dazu sagen? Meinst du, er werde daran einen Gefallen haben, daß wir sein göttlich gestiftetes Amt zu seinem Lob und Ehren und zu unserem Heil, so teuer erworben, derart schändlich verachten und mit solchem Undank fallen und untergehen lassen?

Er hat die Kinder und Nahrung nicht darum gegeben, daß du an ihnen nicht allein deine Lust haben oder sie zu der Pracht der Welt erziehen sollst. Es ist dir ernstlich geboten, du sollst sie zum Dienst Gottes erziehen oder sollst mit dem Kind und allem entwurzelt werden, daß alles verdammt sei, was du an sie wendest, wie das Erste Gebot sagt: Ich suche heim der Väter Missetat an den Kindern bis ins dritte und vierte Glied bei denen, die mich hassen.

Wo willst du sie aber zu Gottes Dienst erziehen, wenn das Predigtamt und der geistliche Stand darniederliegt und gefallen ist? Und deine Schuld ist es, der du wohl hättest dazu tun können und erhalten helfen, wenn du dein Kind hättest lernen lassen. Denn wo du es tun kannst, und dein Kind dazu tüchtig ist oder Lust hat, und du tust es nicht, sondern hinderst es, hörst du wohl? So bist du schuldig an dem Schaden, daß der geistliche Stand verfällt und weder Gott noch Gottes Wort in der Welt bleiben. Denn so viel an dir liegt, läßt du ihn fallen. Weil du ein Kind nicht dazu geben willst, so tätest du eben auch mit allen, wenn du die Welt voller Kinder hättest, so daß deinetwegen Gottes Dienst einfach zugrunde geht.

Es hilft dir nicht, daß du sagen wolltest, mein Nachbar hält seinen Sohn zur Schule. Ich darfs nicht etc. Denn dein Nachbar kann auch so sagen, und so fortan alle Nachbarn. Wo kriegt Gott unterdessen Leute zu seinem geistlichen Amt? Du hast die Person und kannst sie geben, aber du willst's nicht tun, dein Nachbar auch nicht. Also geht es denn bergab, was an euch gelegen ist ...

Wenn du gewiß wärst, daß dein Sohn eines dieser Werke an einem einzigen Menschen tun sollte, nämlich daß er nur einen Blinden sehend machen, einen Toten auferwecken, eine Seele dem Teufel nehme oder einen Menschen aus der Hölle erretten sollte oder was es wäre, solltest du nicht billig mit allen Freuden dein Gut daran wagen, daß er solchem Amt und Werk erzogen werde und müßtest vor großer Freude springen, daß du mit Geld für Gott so ein großes Ding gestiftet hättest? Denn was sind alle Stifte und Klöster, wie sie jetzt in Brach sind, mit ihren eigenen Werken gegen einen solchen Pfarrherrn, Prediger oder Schulmeister? Obwohl sie vor Zeiten und am Anfang von frommen Königen und Herren allzumal zu diesem teuren Werk gestiftet worden sind, damit man solche Prediger und Pfarrherrn darinnen erziehen sollte, nun aber durch den Teufel in den Jammer geraten sind, daß es Mördergruben und eitel Vorburgen der Hölle zum Verderben und Schaden der Christenheit geworden sind ...

Die Sophisten schalten uns, daß wir Lutherischen nicht gute Werke lehren. Ja, es sind feine Gesellen; sie verstehen sich nicht übel auf gute Werke. Was sind aller Stifte und Klöster Werke gegen diese herrlichen Wunder? Es ist ein Dohlen- und Rabengekrächze und noch nicht so gut als das Geschrei der Dohlen, denn dieselben krächzen mit Liebe und Lust. Sie aber heulen ihr Gekrächze mit Unlust wie die Uhus und Nachteulen. Hat man früher groß die erste Messe und die neuen Priester erwähnt, und sind Vater und Mutter samt allen Freunden fröhlich gewesen, daß sie einen Sohn zum müßigen, faulen, unnützen Meßpfaffen oder Freßpfaffen erzogen haben, der Gott mit seinen lästerlichen Meßopfern und seinem verlorenen Gebet geschändet und die Welt mit unzüchtigem Leben geärgert und geschunden hat.

Wieviel höher solltest du dich hier freuen, wenn du einen Sohn zu diesem neuen Amt erzogen hast, da du gewiß bist, daß er Gott so herrlich dient, den Menschen so reichlich hilft und den Teufel so ritterlich schlägt. Da hast du ja dein Kind Gott recht und fein geopfert, daß dich die Engel selbst für ein schönes Wunder ansehen müssen …

Hiermit will ich nicht darauf gedrungen haben, daß ein jeglicher ein Kind zu solchem Amt erziehen müsse, denn es müssen nicht alle Knaben Pfarrer, Prediger, Schulmeister werden, und es ist gut zu wissen, daß die Kinder von Herrn und großen Leuten dazu nicht zu gebrauchen sein werden, denn die Welt muß auch Erben und Leute haben, man zerrisse sonst die weltliche Obrigkeit. Ich rede von den gewöhnlichen Leuten, die doch sonst vorher ihre Kinder um der Pfründen und Lehen halber hatten lernen lassen. Jetzt halten sie sie allein der Nahrung willen davon ab, obwohl sie keiner Erben bedürfen und dennoch von der Schule abgehalten werden. So könnten sie, wenn sie nur geschickt und tüchtig zu diesem Amte wären, Gott ohne jede Not und Hindernis dienen. Solche tüchtigen Knaben sollte man zur Lehre halten, besonders der armen Leute Kinder, denn dazu sind alle Stifte und Klöster, Pfründen und Zinsen eingerichtet. Obwohl daneben dennoch auch die anderen Knaben, wenn sie wohl auch nicht so geschickt wären, auch lernen, zum wenigsten Latein verstehen, schreiben und lesen, denn man bedarf nicht allein hochgelehrter Doctores und Magister in der Schrift, man muß auch gewöhnliche Pfarrherrn haben, die das Evangelium und den Katechismus im jungen und groben Volk treiben, taufen und Sakramente reichen etc. Es kommt nicht mit Gewalt darauf an, ob sie zum Streit gegen Ketzer taugen. Zu einem guten Gebäude muß man nicht nur Werkstücke, sondern auch Füllsteine haben. So muß man auch Küster und andere Personen haben, die beim Predigtamt und Wort Gottes dienen.

Wenn schon ein solcher Knabe, der Latein gelernt hat, danach ein Handwerk erlernt und Bürger wird, so hat man denselbigen eben im Vorrat, ob man sie etwa als Pfarrer oder sonst zum Wort brauchen müßte. Solche Lehre schadet ihnen auch nichts zum Nahrungserwerb. Er kann sein Haus desto besser regieren und ist überdies zugerichtet und bereitet zum Predigtamt oder Pfarramt, wo man seiner bedarf. Und besonders zu unseren Zeiten ist es ja leicht, solche Personen zu erziehen, die das Evangelium und den Katechismus lernen mögen, weil jetzt nicht allein die Heilige Schrift, sondern auch allerlei Wissenschaft offenbar geworden ist mit so vielem Lesen und Predigen von Büchern, daß man, gottlob, in drei Jahren mehr lernen kann als vorher in zwanzig und daß auch Weiber und Kinder aus den deutschen Büchern jetzt – ich sage die Wahrheit – mehr von Gott und Christus können, als vordem alle Hohen Schulen, Stifte, Klöster, das ganze Papsttum und alle Welt gekonnt haben. Aber Lateinisch müssen die einfachen Pfarrherrn und Prediger können. Sie sollen es so wenig entbehren wie die Gelehrten das Griechische und Hebräische …

Ja, sprichst du. Wie, wenn es übel geredet ist, so daß mein Sohn ein Ketzer oder sonst ein Bube wird? Denn die Gelehrten heißt man die Verkehrten etc. Wohlan, das mußt du sagen. Dein Fleiß und deine Arbeit sind darum nicht verloren, Gott wird deinen treuen Dienst dennoch ansehen und ihn so anrechnen, als wäre alles wohl gelungen …

Auch daß du nicht zu sehr sorgest, wo dein Sohn ernährt werde, wenn er sich in die Lehre begibt und zu solchem göttlichen Amt und Dienst. Matthäi: Ein Arbeiter ist seines Lohnes wert. Esset und trinket, was sie haben …

So rechne auch selbst, wie viele Pfarrherrn- und Predigerstühle, Schulen, Küstereien vorhanden sind, die noch jetzt ungenügend versorgt sind und täglich ledig werden. Was sind das anderes als Küchen und Keller von Gott bestellt für deinen Sohn, damit er schon seine Nahrung zubereitet hat, bevor er sie braucht, und nicht dazu erwerben muß? Da ich ein junger Student war, hörte ich sagen, daß im Fürstentum zu Sachsen, wenn es mir recht in Erinnerung ist, ungefähr achtzehnhundert Pfarren wären. Wenn das wahr ist, und auf eine jegliche Pfarre gehören zum wenigsten zwei Personen, nämlich ein Pfarrer und ein Küster, ausgenommen davon, was es in Städten für Prediger, Kapläne, Helfer, Schulmeister und Collaboranten gibt, daß allein in ein solches Fürstentum viertausend gelehrte Personen gehören, von denen täglich in zehn Jahren wohl das dritte Teil versterben. Nun wollte ich wetten, ob es jetzt in der Hälfte der deutschen Lande viertausend Schüler wären. Nun, ich setze an, daß kaum achthundert Pfarren im Fürstentum bestehen. Wie viele es da wohl im ganzen deutschen Land gibt? Ich möchte gern sehen, woher man nach drei Jahren Pfarrer, Küster und Schulmeister nehmen will? Werden wir hier nichts unternehmen und besonders die Fürsten nicht bemüht sein, daß Knabenschulen und hohe Schulen recht eingerichtet werden, so wird es einen solchen Mangel an Personen geben, daß man drei, vier Städte einem Pfarrer und zehn Dörfer wird einem Kaplan anvertrauen müssen. Er kann sie danach als Amt haben.

Da liegen die Hohen Schulen Erfurt, Leipzig und andere mehr wüst sowie auch hin und wieder die Knabenschulen, daß es ein Jammer anzusehen ist. Fast allein das kleine Wittenberg muß jetzt das Beste tun. Einen solchen Mangel werden nach meiner Meinung auch die Stifte und Klöster fühlen, wenn sie ein gutes Jahr haben ...

Obwohl es wahr ist, daß etliche Jahre viele Pfarrer großen Hunger gelitten haben und noch leiden, muß man die Schuld dem Paroxysmus in der Welt geben, da die Leute so böse, undankbar und geizig sind und dazu das Evangelium verfolgen, womit uns Gott versucht, ob wir rechtschaffen sind ... Aber laß' wachsen, was da wächst. Die Welt ist Welt. Wie jene zu Lügnern geworden sind und untergegangen sind, so sollen diese auch zu Lügnern werden und vergehen, daß dennoch Christus und sein Wort bleiben ...

Darum sagt auch Salomo, Proverb. 8., daß Weisheit regieren müsse und nicht die Gewalt. Er spricht von demselbigen also: Mein ist beides, Rat und Hilfe. Mein ist beides, Verstand und Vermögen. Durch mich müssen Könige Könige sein und Räte Recht sitzen. Und Ecclesiastes 10: Weisheit ist besser denn Harnisch oder Waffen. Und abermal: Weisheit ist besser als Kraft. Das alles beweist alle Erfahrung in allen Historien, daß niemals Gewalt ohne Vernunft oder Weisheit etwas ausgerichtet hätte. Also gar, daß auch die Mörder und Tyrannen, wo sie nicht klug verfahren und etliche Rechte, Rat und Gesetze unter sich und für sich nehmen (wenn sie gleich böse sind), wonach sie die Faust und ihre Gewalt richten und brauchen. So können sie nicht bleiben, sondern werden untereinander uneins und vergehen von sich selbst. Kurzum, daß nicht Faustrecht, sondern Kopfrecht, nicht Gewalt, sondern Weisheit oder Vernunft regieren muß unter den Bösen als unter den Guten.

Weil unser Regiment in deutschen Landen sich demnach nach dem Römischen kaiserlichen Recht richten muß und soll, welches auch unserem Regiment von Gott Weisheit und Recht gegeben erhält, so folgt, daß solches Regiment nicht Bestand bleiben kann, sondern zugrunde gehen muß, wo man ein solches Recht nicht bewahrt. Nun, wer will's erhalten? Faust und Harnisch tun's nicht. Es müssen die Köpfe und Bücher tun. Es muß gelernt und gewußt sein, was Recht und Wahrheit unseres weltlichen Reiches ist. Es ist wohl fein, wo unser Kaiser, Fürst, Herr selbst von Natur so weise und klug ist, daß er das Recht auswendig treffen kann, wie Herzog Friedrich von Sachsen und Herr Fabian von Feylitz (wie ich erfahren habe) konnten (die lebendigen will ich nicht nennen).

Aber solche Vögel sind wohl selten und das Exempel schwierig. Auch um der anderen willen, die solches von Natur nicht vermögen, ist es besser, beim stetigen Regieren das gewöhnliche Buchrecht einzuhalten. So hat es mehr Ansehen und Würde und bedarf keines Wunders noch besonderer Anstalten.

So sind nun die Juristen und Gelehrten in diesem weltlichen Reich die Personen, die solch Recht und dadurch das weltliche Reich erhalten. Gleich wie ein frommer Theologe und rechtschaffener Prediger in Christi Reich Gottes Engel, ein Heiland, Prophet, Priester, Hausknecht und Lehrer heißt (wie droben gesagt), also möchte man einen frommen Juristen und einen treuen Gelehrten im weltlichen Reich des Kaisers wohl Prophet, Priester, Engel und Heiland heißen. Wiederum wie ein Ketzer oder falscher Prediger im Reich Christi ein Teufel, Dieb, Mörder, Lästerer ist, also ein untreuer Jurist im Hause des Kaisers oder im Reich ein Dieb und Schalk, ein Verräter, Bösewicht und des ganzen Reiches Teufel.

Wenn ich aber von den Juristen spreche, meine ich nicht allein die Doktoren, sondern das ganze Handwerk, wie Kanzler, Schreiber, Richter, Fürsprecher, Notar und wie man die Räte zu Hofe nennt. Denn sie üben auch das Amt der Rechte oder das Amt der Juristen aus. Und wie das Wort Räte nicht weit vom Wort Verräter ist, so ist dasselbe auch nicht weit von der Tat. Sie raten ihren Herren bisweilen zu solchen Treuen, daß sie kein Verräter so wohl verraten könnte.

Nun siehst du, welchen Nutzen ein frommer Rechtskundiger oder Jurist vollbringen kann. Ja, wer will's oder kann's alles erzählen? Denn was Gottes Werk und Ordnung ist, das schaffet immerdar so viele und große Früchte, daß sie nicht zu zählen noch zu begreifen sind ... Wie groß das alles sei, könnte man mit keinen Büchern nimmermehr ausschreiben. Denn wer will aussprechen, was der liebe Friede für ein unaussprechlich Gut ist? Wie viel er in einem Jahr allein gibt und erspart?

Solche großen Werke kann nun dein Sohn alle tun und solch eine nützliche Person werden, wenn du ihn dazu hältst und lernen läßt. Und du kannst desselbigen alles teilhaft werden und dein Geld also köstlich anlegen. Sollte es dir nicht sanft tun und eine große Ehre sein, wenn du deinen Sohn als einen Engel im Reich und einen Apostel des Kaisers siehst, also einen Eckstein und eine Grundfeste des zeitlichen Friedens auf Erden? ... Du müßtest ja ein grober undankbarer Klotz und zu Recht von den Menschen unter die Tiere zu jagen sein, wenn du siehst, dein Sohn könnte ein Mann werden, der dem Kaiser sein Reich, Schwert, und Krone erhalten helfe, dem Fürsten sein Land regieren und Städten und Landen raten helfen könne ... Sage mir, was tun alle Stifte und Klöster dergleichen? Ich wollte eines treuen, frommen Juristen und Schreibers Werk nehmen für die Heiligkeit aller Pfaffen, Mönche und Nonnen, wo sie am besten sind.

Und wenn dich solche große, gute Werke nicht bewegen, sollte dich doch wohl allein Gottes Ehre und Wohlgefallen bewegen, da du weißt, daß du Gott damit so herrlich dankst und einen großen Dienst tust, wie gesagt ist ...

Ich will hier davon schweigen, was es für eine feine Lust ist, daß ein Mann gelehrt ist, ob er auch gleich kein Amt nimmermehr innehatte, so daß er daheim bei sich selbst allerlei lesen, mit gelehrten Leuten reden und umgehen, in fremden Ländern reisen und handeln kann. Denn was dies für eine Lust ist, bewegt vielleicht wenig Leute. Aber weil du denn ja den Mammon und Nahrung allein suchest, so siehe doch hier, wie viele und große Güter Gott für die Schulen und Gelehrten gestiftet hat, daß du Lehren und Wissenschaft nicht der Armut wegen verachten darfst. Da siehe, Kaiser und Könige müssen Kanzler und Schreiber, Räte, Juristen, Gelehrte und Schreiber haben, also auch alle Grafen, Herren, Städte, Schlösser müssen Syndikos, Stadtschreiber und sonst Gelehrte haben. Es gibt doch keinen Edelmann, der nicht einen Schreiber haben muß. Und daß ich auch allgemein Gelehrte sage, wo sind noch die Bergwerke, Kaufleute, Hantierer? Zähle doch, wie viele Könige, Fürsten, Grafen, Herren, Städte und Flecken etc. es gibt. Woher will man über drei Jahre doch gelehrte Leute nehmen, so bereits hin und wieder Mangel an ihnen anhebt? Ich halte dafür wahrlich: Könige müssen Juristen, Fürsten müssen Kanzler, Grafen und Herren müssen Schreiber, Bürgermeister müssen Küster werden.

Tut man hier zur Zeit nichts anderes, so müssen wir Tataren und Türken werden, oder es wird wiederum ein ungelehrter Lokat oder Bacchant Doctor und Rat bei Hofe werden. Darum halte ich dafür, daß es nie eine bessere Zeit zum Studieren gab als jetzt, nicht allein deshalb, da die Kunst jetzt so reichlich und wohlfeil vorhanden ist, sondern auch, daß groß Gut und Ehre folgen müssen. Und die, die zu dieser Zeit studieren, werden teuere Leute sein, da sich um einen Gelehrten zwei Fürsten und drei Städte reißen werden. Denn siehst du über dich oder um dich, so findest du, daß unzählige Ämter auf die Gelehrten warten, ehe noch zehn Jahre abgelaufen sind und es noch weniger werden, die dazu herangezogen werden ... Über solches ehrliches Gut haben sie auch die Ehre. Denn Kanzler, Stadtschreiber, Juristen und das Volk in seinen Ämtern muß mit obenan sitzen, helfen, raten und regieren, wie droben gesagt ist, und sie sind in der Tat die Herren auf Erden, ob es gleich nach Person, Geburt und Stand halber nicht sind. Denn Daniel spricht, er habe des Königs Werk tun müssen.

Es ist auch wahr. Ein Kanzler muß kaiserliche, königliche, fürstliche Werke oder Geschäfte ausrichten. Ein Stadtschreiber muß des Rates und der Stadt Werk tun, und das alles mit Gott und mit Ehren, wozu es Gottes Segen, Glück und Heil gibt. Und was ist ein Kaiser, König, Fürst selbst, wenn sie nicht Krieg führen, sondern mit dem Recht regieren, als eitel Schreiber und Juristen, sofern man nach ihrem Werk davon redet? Denn sie gehen ja mit dem Recht um, welches ein juristisches und schreiberisches Werk ist. Und wer regiert Land und Leute, wenn Friede und nicht Krieg ist? Tun's die Reisigen oder Feldhauptleute? Ich meine ja, es tun die Schreibfedern. Was macht nun indessen der Geizwanst mit seinem Mammon, der zu solchen Ehren nicht kommt und sich dabei mit seinem rostfressigen Gelde beschmutzt?

Also rühmt Kaiser Justinianus selbst: Kaiserliche Majestät (spricht er) muß nicht allein mit Harnisch oder Waffen geziert, sondern auch mit Rechten geharnischt und gerüstet sein. Da siehe, wie abenteuerlich dieser Kaiser sein Wort verkehrt, daß er die Rechte seinen Harnisch und Waffen nennt und diese Waffen seinen Schmuck und seine Zierde. Er will seine Schreiber auch zu Kürassieren und Kriegern machen, und das ist wahrlich fein geredet. Denn die Rechte sind auch wahrlich der rechte Harnisch und die rechten Waffen, die Land und Leute, ja das weltliche Regiment erhalten und schirmen ...

Nicht daß ich hier mit den Kriegern, Reisigen und, was zum Streite gehört, wollte brechen, sie verachten oder verwerfen. Sie helfen auch (wo sie gehorsam sind) Friede und alles schützen mit der Faust. Ein jegliches hat von Gott seine Ehre sowie seine Ordnung und sein Werk. Ich muß aber mein Handwerk auch einmal preisen gleichwie auch St. Paulus sein Amt immerdar preist, daß etliche meinen, er tue zu viel und sei hoffärtig. Wer die Faust und die Kriegsleute loben und ehren will, der findet genug, womit sie zu loben sind. So habe ich es in anderen Büchlein (hoffe ich) redlich und weidlich getan. Denn es gefallen mir die Juristen und Schreiberlinge auch nicht, die sich also loben, daß sie andere Stände verachten, denn es steht geschrieben: Was Gott macht, das ist hübsch und fein. Und abermals Psalm 104: Gott gefallen seine Werke wohl. Und sonderlich sollen Prediger den Leuten und Schulmeister den Knaben und Eltern den Kindern solche Gedanken von Jugend auf einbilden, daß sie wohl lernen, welche Stände und Ämter Gottes heißen oder von Gott verordnet sind. Wenn sie es denn nun wissen, daß sie ja keinen verachten, verspotten, noch übel davon reden, sondern allesamt ehren und herrlich davon halten. Das gefällt Gott wohl und dient zu Friede und Einigkeit. Denn Gott ist ein großer Herr und hat mancherlei Hausgesinde.

Wiederum finden sich auch etliche Geizhälse, die sich dünken lassen, der Name Schreiber sei kaum wert, daß er ihn nennen oder hören wollen. Wohlan, da kehre dich nicht daran. Denke also, die guten Gesellen müssen auch etwa eine Kurzweil und Lust haben, so laß doch diese Lust sein, du bleibst dennoch ein Schreiber für Gott und die Welt. Wenn sie lange scharren, so siehst du dennoch, daß sie die Feder aufs Allerhöchste dagegen ehren. Sie setzen sie oben auf den Hut und Helm, als wollten sie mit der Tat bekennen, daß die Feder das Oberste in der Welt sei, ohne welches sie auch nicht zum Streit gerüstet noch im Frieden einhergehen können, viel weniger so richtig scharren. Denn sie brauchen auch den Frieden, den des Kaisers Prediger und Lehrer (die Juristen) lehren und erhalten. Darum, so siehst du, daß sie unser Handwerkszeug, nämlich die liebe Feder, zu oberst setzen (und zu Recht), da sie ihr Handwerkszeug, das Schwert, um die Lenden gürten. Da hängt´s auch fein und wohl zu ihrem Werk. Auf dem Kopf stände es nicht wohl, da muß die Feder schweben. Haben sie gesündigt an dir, wohlan, so büßen sie hiermit, und du sollst ihnen vergeben.

Doch weil ich soeben darauf komme, daß die Schreiberei so feindselig ist bei vielen Hansen, denn sie wissen oder achten nicht, daß es ein göttliches Amt und Werk ist, sehen auch nicht, wie notwendig und nützlich es der Welt sei. Und wenn sie es (da Gott vor sei) sehen würden, so dauert es in allen Sachen so lange. So sollst du also tun. Laß' sie fahren und sieh dich um nach frommen, feinen Edelleuten wie Graf Georg von Wertheim, seliger Herr Hans von Schwarzenberg, Herr Georg von Frundsberg und dergleichen seligen (ich will der Lebendigen schweigen). An denselbigen labe und tröste dich und denke: Gott ehrte um eines Mannes Lot willen die Stadt Zoar und um eines Namens willen das ganze Land Syria und um einen Joseph willen das ganze Königreich Ägypten. Warum wolltest nicht auch du den ganzen Adel ehren um vieler redlicher Edelleute willen ... Man findet viele böse Weiber, viele falsche Knechte, viel schädliche Amtleute und Räte. Aber nichtsdestoweniger sind Frauenstand, Knecht- und Magdstand und alle Ämter gleichermaßen Gottes Stiftung, Werk und Ordnung. Die Sonne bleibt gut, obwohl die ganze Welt dieselbe mißbraucht, einer zum Rauben, einer zum Morden, einer um dies, der andere um jenes Übel auszurüsten ...

Es meinen wohl etliche, das Schreiberamt sei ein leichtes, geringes Amt. Aber in Harnisch reiten, Hitze, Frost, Staub, Durst und andere Ungemach leiden, das sei eine Arbeit. Ja, das ist das alte, gemeine tägliche Liedlein, daß keiner sieht, wo den anderen der Schuh drückt. Jedermann fühlt allein sein Ungemach, und gafft auf des anderen gut Gemach. Es ist wahr. Mir wäre es schwer, im Harnisch zu reiten. Aber ich wollte auch wiederum gern den Reiter sehen, der mit einem ganzen Tag stillsitzen und in ein Buch sehen wollte, wenn er schon nichts sorgen, dichten, denken und lesen sollte. Frage einen Kanzleischreiber, Prediger und Redner, was Schreiben und

Reden für Arbeit sei. Frage einen Schulmeister, was lehren und Knaben erziehen für Arbeit sei. Frage einen Schulmeister, was lehren und Knaben erziehen für Arbeit sei. Leicht ist die Schreibfeder, das ist wahr; es ist auch kein Werkzeug unter allen Handwerken besser zu erzeugen als das der Schreiberei, denn sie bedarf allein der Gänse Fittig, der man allenthalben genug findet. Aber es muß gleichwohl das beste Stück (als der Kopf) und das edelste Glied (als die Zunge) und das höchste Werk (als die Rede), so am Menschenleibe sind, herhalten und am meisten arbeiten, da sonst bei anderen entweder die Faust, der Fuß, der Rücken oder dergleichen Glieder allein arbeiten. Sie können daneben fröhlich singen und frei scherzen, was ein Schreiber wohl lassen muß. Drei Finger tun's (sagt man von den Schreibern). Aber das ganze Leben und die ganze Seele arbeiten daran.

Ich habe von dem löblichen Kaiser Maximilian sagen hören, wenn die großen Hansen drum murrten, daß er die Schreiber so viel zu Botschaften und sonst brauchte, daß er gesagt haben soll: Wie soll ich tun? Sie wollen sich nicht brauchen lassen, also muß ich Schreiber dazu nehmen? Und weiter: Ritter kann ich machen, aber Doktoren kann ich nicht machen. So habe ich auch von einem feinen Edelmann gehört, daß er sagt: Ich will meinen Sohn studieren lassen. Es ist keine große Kunst zwei Beine über ein Roß hängen und Reiter werden. Das wäre mir bald gelernt und ist fein und wohlgerecht. Das will ich aber mal nicht zur Verachtung des reisigen Standes noch eines anderen Standes, sondern wider die losen Scharrhansen gesagt haben, die alle Lehre und Kunst verachten und nichts rühmen können, wenn sie nicht den Harnisch tragen und zwei Beine über ein Roß hängen, wiewohl sie solches selten tun müssen und dafür das ganze Jahr Gemach, Lust, Freude, Ehre und Gutes genug haben. Es ist wohl wahr: Wissenschaft ist leicht zu tragen (sagt man) und Harnisch schwer zu tragen. Aber wiederum ist Harnisch führen bald gelernt. Aber Wissenschaft ist nicht bald gelernt und nicht leicht zu üben und zu brauchen.

Und daß ich dieses Gewäschs einmal ein Ende mache, so sollen wir wissen, daß Gott ein wunderlicher Herr ist. Sein Handwerk ist, aus Bettlern Herren zu machen, gleichwie er aus Nichts alle Dinge macht. Solch Handwerk wird ihm niemand legen noch hindern ... Siehe dich um in aller Könige und Fürsten Höfen und Städten und in Pfarren ... Da wirst du finden Juristen, Doctores, Räte, Schreiber, Prediger, die gemeiniglich arm gewesen und ja gewißlich allzumal Schüler gewesen sind und sich durch die Feder so emporgeschwungen und aufgestiegen, daß sie Herrn sind ... und wie Fürsten Land und Leute regieren helfen. Gott will's nicht haben, daß geborene Könige, Fürsten, Herrn und Adel sollen allein regieren und Herrn sein. Er will auch seine Bettler dabei haben. Sie dächten sonst, die edle Geburt macht allein Herrn und Regenten und nicht Gott allein.

Man spricht es, und es ist die Wahrheit. Der Papst ist auch ein Schüler gewesen. Darum verachte mir nicht die Gesellen, die vor der Tür Panem propter Deum sagen und den Brotreigen singen ... Ich bin auch ein solcher Currende-Schüler gewesen und habe das Brot vor den Häusern genommen, sonderlich zu Eisenach in meiner lieben Stadt, obwohl mich hernach mein lieber Vater mit aller Lieb und Treu in der Hohen Schule zu Erfurt hielt und durch seinen sauren Schweiß und Arbeit dazu verholfen hat, wo ich hingekommen bin ...

Darum lasse deinen Sohn getrost studieren, und sollte er auch eine Weile nach Brot gehen, so gibst du unserem Herrgott ein feines Hölzlein, da er dir einen Herrn daraus schnitzen kann. Es wird doch dabei bleiben, daß dein und mein Sohn, das heißt gemeiner Leute Kinder, werden die Welt regieren müssen, beides, im geistlichen und weltlichen Stande, denn die reichen Geizwänste können es und wollen es nicht tun. Sie sind des Mammons Karthäusermönche, dessen sie Tag und Nacht warten müssen. So vermögen es die geborenen Fürsten und Herrn allein nicht. Und besonders vermögen sie vom geistlichen Amt gar nichts zu verstehen. Also müssen wohl beide Regimenter auf Erden bleiben bei den armen, mittelmäßigen und einfachen Leuten und bei ihren Kindern.

Und kehre dich nicht daran, daß jetzt der gemeine Geizwanst die Wissenschaft so hoch verachtet und spricht: Ha, wenn mein Sohn deutsch schreiben, lesen und rechnen kann, so kann er genug. Ich will ihn zum Kaufmann tun. Sie sollen in kürze so zahm werden, daß sie einen Gelehrten gern aus der Erden zehn Ellen tief mit den Fingern graben. Denn der Kaufmann soll mir nicht lange Kaufmann sein, wo Predigt und Recht fallen, das weiß ich fürwahr. Wir Theologen und Juristen müssen bleiben oder sollen allesamt untergehen, da wird mir sonst nichts fehlen. Wo die Theologen wenden, da wendet Gottes Wort, und es bleiben lauter Heiden, ja eitel Teufel. Wo die Juristen fehlen, da wendet sich das Recht samt dem Frieden und bleiben eitel Raub, Mord, Frevel und Gewalt, ja rein wilde Tiere. Was aber der Kaufmann werben und gewinnen wird, wo Friede aufhört, das wird ihm dann sein Geschäftsbuch zeigen, und wie nützlich ihm dann all sein Gut sein wird, wo die Predigt fehlt, das soll ihm wohl sein Gewissen zeigen.

Es ist im besonderen verdrießlich, daß solche ungeschliffenen, unchristlichen Worte die reden, die ganz evangelisch sein wollen. Sie wissen jedermann zu meistern und mit der Schrift zu überschreien. Sie gönnen dieweil weder Gott selbst noch ihren eigenen Kindern so viel Ehre und Gut, daß sie dieselbigen zur Schule zögen, da sie zu solchen herrlichen, göttlichen Ständen, Gott und der Welt zu dienen, kommen möchten, die sie doch gewiß vor Augen sehen, gestiftet, bereitet und wohl versorgt mit Gut und Ehren. Sie wenden sie vielmehr davon ab, und stoßen sie in den Dienst des Mammons ...

Hier sollte ich auch erzählen, wie viele Gelehrte man haben muß in der Arznei und anderen freien Künsten. Von denen beiden Stücken wäre wohl ein großes Buch zu schreiben und ein halbes Jahr davon zu predigen. Wo sollten Prediger, Juristen und Ärzte herkommen, wo nicht die Grammatik und andere Redekünste vorhanden wären? Aus diesem Brunnen müssen sie alle herfließen. Aber es will mir jetzt zu lang und zu viel werden. Das sage ich in kürze von einem fleißigen, frommen Schulmeister oder Magister oder wer es ist, der getreulich Knaben erzieht und lehrt, daß man den nicht genug lohnen und mit keinem Gelde bezahlen kann, wie auch der Heide Aristoteles sagt.

Noch sind sie bei uns so schändlich verachtet, als sei es gar nichts, und wir wollen dennoch Christen sein. Und ich, wenn ich vom Predigtamt und anderen Sachen ablassen könnte oder müßte, so wollte ich kein Amt lieber haben als Schulmeister oder Knabenlehrer sein. Denn ich weiß, daß das Werk nächst dem Predigtamt das allernützlichste, größte und beste ist, denn es ist schwer, alte Hunde zahm und alte Schälke fromm zu machen, woran doch das Predigtamt viel umsonst arbeiten muß. Aber die jungen Bäumlein kann man besser biegen und ziehen, obgleich auch etliche darüber zerbrechen. Lieber, laß' es der höchsten Tugenden eine auf Erden sein, fremden Leuten ihre Kinder treulich zu erziehen, welches gar wenige und schier niemand an seinen eigenen tut. Daß aber die Ärzte Herren sind, das sieht man wohl vor Augen. Und daß man ihrer nicht entbehren kann, lehrt wohl die Erfahrung. Daß es aber für die Welt ein nützlicher, tröstlicher, heilsamer Stand, dazu ein angenehmer Gottesdienst sei, von Gott geschaffen und gestiftet, bezeugt nicht allein das Werk an sich selbst, sondern auch die Schrift Eccles. 38, da schier ein ganzes Kapitel von den Ärzten rühmt und spricht: Du sollst den Arzt ehren, denn man seiner nicht entraten kann, und Gott hat ihn gestiftet, denn alle Arznei ist von Gott. Die Kunst des Arztes bringt ihn zu Ehren und er wird für einen großen Herrn gehalten werden. Gott hat die Arznei aus der Erde geschaffen, und es ist kein vernünftiger Mensch, der sie verachtet ... Wohlan, es ist mir jetzt zu viel. Die Prediger können alle diese Stücke wohl reichlicher herausstreichen und den Leuten vorstellen, welchen Schaden und Nutzen sie hier der ganzen Welt und unseren Nachkommen schaffen können, besser als ich es schreiben kann ...

Wenn es so in deutschen Landen gehen soll, so ist's mir leid, daß ich als ein Deutscher geboren bin oder je deutsch geredet oder geschrieben habe. Wenn ich es auf mein Gewissen nehmen könnte, wollte ich wieder dazu helfen und raten, daß der Papst mit allen seinen Greueln wieder über uns kommen müßte und ärger bedrückte, schändete und verdürbe, als es zuvor geschehen ist. Vordem, da man dem Teufel diente und Christi Blut schändete, da standen alle Beutel offen und gab es kein Maß für das Geben an Kirchen, Schulen und für alle Greuel. Da konnte man Kinder in Klöster, Stifte, Schulen treiben, stoßen und zwingen mit unsäglichen Kosten, daß alles verloren war. Nun man aber rechte Schulen und rechte Kirchen stiften, ja nicht nur stiften, sondern auch als Bauwerk erhalten soll, da sind alle Beutel mit eisernen Ketten zugeschlossen; da kann niemand dazugeben ... Ich bitte Gott um ein gnädiges Stündlein, daß er mich von hinnen und nicht den Jammer sehen lasse, der über Deutschland gehen muß. Denn ich halte dafür, so würden sie nichts ausrichten.

So fühle ich auch, wenn ich für mein liebes Deutschland beten will, daß mir das Gebet zurückprallt und nicht hinaufdringen will, wie es sonst tut, wenn ich für andere Sachen bitte. Denn es kann werden, daß Gott Lot erlösen und Sodom versenken wird. Gott gebe, daß ich lügen müsse und in diesem Stücke ein falscher Prophet sei. Solches würde geschehen, wenn wir uns besserten und unseres Herren Wort sowie sein teures Blut und Sterben anders ehrten, als bisher geschehen ist und dem jungen Volk (wie gesagt ist) zu den göttlichen Ämtern hülfen und erzögen.

Ich halte aber dafür, daß auch die Obrigkeit hier schuldig sei, die Untertanen zu zwingen, ihre Kinder zur Schule zu halten, sonderlich die, von denen droben gesagt wird. Denn sie ist wahrlich schuldig, obengesagte Ämter und Stände zu erhalten, daß Prediger, Juristen, Pfarrer, Schreiber, Ärzte, Schulmeister und dergleichen bleiben, denn man kann ihrer nicht entbehren. Kann sie die Untertanen, so dazu tüchtig sind, dazu zwingen, daß sie müssen Speer und Büchsen tragen, auf die Mauern laufen und andres tun, wenn man Krieg führen will, wie viel mehr kann und soll sie hier die Untertanen zwingen, ihre Kinder zur Schule zu halten, weil hier wohl ein ärgerer Krieg stattfindet. Das ist mit dem leidigen Teufel, der damit umgeht, daß er Städte und Fürstentümer so heimlich aussaugen und von tüchtigen Personen leer machen will, bis er den Kern gar ausgebohrt, allein eine Hülse von eitlen Leuten stehen gelassen hat, mit denen er spielen und gaukeln kann, wie er will. Das heißt freilich eine Stadt oder ein Land auszuhungern und ohne Streit in sich selbst zu verderben, ehe man es sich versieht. Tut doch der Türke wohl ein anderes und nimmt das dritte Kind in seinem ganzen Reich und erzieht es, wozu er will. Wie viel mehr sollten doch unsere Herren etliche Knaben zur Schule halten, so doch den Eltern das Kind nicht genommen, sondern zu ihrem Besten und zum allgemeinen Nutzen erzogen würde zu dem Amt, das ihm genug gegeben wird.

Darum wache hier, wer wachen kann, die Obrigkeit, wo sie einen tüchtigen Knaben sieht, daß sie den zur Schule halten lasse. Ist der Vater zu arm, so helfe man mit Kirchengütern dazu. Hier sollten die Reichen ihr Testament dazu geben, wie denn die getan haben, die etliche Stipendien gestiftet haben. Das hieße, dein Geld recht der Kirche vermachen. Hier löst du nicht die Seelen der Verstorbenen aus dem Fegefeuer, sondern hilfst durch Erhaltung der göttlichen Ämter beiden, den Lebendigen und den Zukünftigen, die noch nicht geboren sind, daß sie nicht hinein ins Fegefeuer kommen, ja daß sie aus der Hölle erlöst werden und gen Himmel fahren, und den Lebendigen, daß sie Friede und Gemach haben. Das möchte ein löbliches christliches Testament sein!

Da hätte Gott Lust zu und Gefallen daran und würde dich wiederum segnen und ehren, daß du auch Lust und Freude an ihm haben würdest. Wohlan, ihr lieben Deutschen! Ich hab' euch auch genug gesagt. Ihr habt euere Propheten gehört. Gott gebe uns, daß wir seinem Wort folgen zu Lob und Dank unserem lieben Herrn für sein teures Blut für uns so mildiglich dargebracht. Und behüte uns vor dem greulichen Laster der Undankbarkeit und vor dem Vergessen seiner Wohltat. Amen.

Quelle: Israel, A./Müller, J. (Hrsg.): Sammlung selten gewordener pädagogischer Schriften des 16. und 17. Jahrhunderts. Zschopau 1880. Bd. V. S. 1–37

8.4 Aus den Beschlüssen der Bürger von Meiningen (1525)

… Ebenso sollen fortab die Lehen beseitigt werden. Von denselben soll ein Pfarrer, Kaplan, Schulmeister, der den Reichen und Armen zugleich und umsonst sein Kind unterweisen soll, sowie ein Küster unterhalten werden. Wo etwas übrig ist, soll es in die allgemeine Kasse gelegt werden …

Aus den Artikeln und Beschwerden der Stadt Münnerstadt (1525)

… Also sollen das Pfaffen- und Mönchstum, wie es mit ihm bisher gehalten geworden ist, nicht mehr frei und in solchem Maße geduldet werden, sondern es sind zwei ausgezeichnete, redliche, gelehrte Männer nach der Lehre des Paulus zu Predigern und Verkündern des Wortes Gottes zu wählen. Die beiden sollen ihr Amt getreulich und fleißig versehen. Damit dies mit Fleiß und ohne Säumen geschehe, sollen ihnen zwei Leviten beigeordnet werden. Die beiden werden eine allgemeine Schule halten und versehen, worin alle Kinder der Bürger der Stadt umsonst, ohne ein Lehr- oder Schulgeld gelehrt und in christlichen, evangelischen Schriften unterwiesen werden sollen, damit danach ein jedes Kind zu Handwerkern und dergleichen Verrichtungen desto geschickter werde. Aus ihnen sollten auch die, welche in der Heiligen Schrift erfahren sind, Prediger und Verkünder des Wortes Gottes zu bekommen sein.

Wenn solche Prediger und Lehrer im Lauf der Zeit in den Ehestand treten möchten, sollen sie ihre Weiber, wenn sie ehrlichen und christlichen Wandel pflegen, darauf richten, daß sie die Mägdlein, die dafür geschickt sind, auch lehren und in der Schrift unterrichten, damit beide, das männliche und weibliche Geschlecht, die Gott gleich geschaffen hat, des Gesetzes und des Glaubens umso [sic] kundiger werden möchten ...

Quelle: Akten zur Geschichte des deutschen Bauernkrieges aus Ostschwaben. Hrsg. v. F. L. Baumann. Freiburg i. Br. 1877. S. 206 f.

8.5 Aus: Wie man die Jugend in guten Sitten und christlicher Zucht aufziehen und üben solle – etliche kurze Unterweisung durch Huldrych Zwingli beschrieben (1526)

... Als ich mir vor Zeiten ein Büchlein zu machen vorgenommen hatte, wie man die Jugend unterweisen und anleiten sollte, und dieses mein Vorhaben von vielen anfallenden Unruhen (wie die Sachen jetzt stehen) verhindert worden ist, so ist mir jetzt bei der Überlegung ... dieses mein ehemaliges Vorhaben wieder eingefallen. Obwohl ich etliche sehe, die fast besorgt sind, wie sie das fertiggestellte Werk einem, der seiner würdig ist, zueignen wollen, so ist mir am gleichen Ort das Gegenteil begegnet ... Ich habe mir selbst so viel Zeit abgestohlen, in Eile etliche Unterweisungen und Mahnungen zusammenzutragen, doch wenig und wohl erwogen, auf daß die Fülle nicht Unlust bringe. Denn man weckt dann gemeinhin größere Begierde zum Trinken, wo man wenig eingeschenkt hat. Solche Reden sollst du nicht nach ihrer Zierde, sondern nach dem Inhalt und dem Herzen, aus dem sie herkommen, achten und schätzen. Denn wer nicht gottlos ist, kann auch das Gottgefällige verheißen, aber Gekünsteltes zu versprechen, muß sich auch der Allergelehrteste schämen. Diese meine Unterweisungen sind von dreifacher Art:

Der erste Teil berichtet, wie das zarte und weiche Gemüt eines Jünglings in den Dingen, die Gott betreffen, geistig beeinflußt und berichtet werden soll.

Der zweite Teil belehrt den Jüngling in den Dingen, die ihn selbst betreffen.

Der dritte unterweist ihn, wie er sich gegen andere verhalten sollte. Mein Vorhaben ist es aber nicht, daß ich solche Unterweisungen hierher setzen sollte, die man den Kindern von der Wiege an erteilt, auch nicht, wie man die Anfänger zuerst belehrt, sondern von dem Alter an, wo die Jünglinge jetzt anfangen, verständig zu sein, klug zu sein und Verstand zu haben, wie man sagt, ohne Hilfe schwimmen zu können ...

Der erste Teil der Lehre

Obwohl es gar nicht im menschlichen Vermögen steht, des Menschen Herz zu Glauben an einen einigen Gott zu ziehen (Joh. 4, 44), obwohl einer den hochberühmten und wohl berühmten Perikles im Reden überträfe, sondern allein der himmlische Vater, der uns zu sich zieht, solches vermag. Jedoch ist der Glaube (nach dem Wort des Paulus) aus dem, was man aus dem Wort Gottes in der Predigt gehört hat (Röm. 10, 17). Das ist aber nicht so zu verstehen, daß die Predigt des mündlichen Wortes aus sich selbst allein so viel vermöge, es sei denn, daß der Geist aus uns redet und erzieht. Deshalb muß man der Jugend den Glauben mit reinen, lauteren und dem Mund Gottes gebräuchlichen Worten eingießen, damit auch den bitten, der allein gläubig macht, daß er mit seinem Geist den erleuchte, den wir mit dem Wort unterweisen und lehren ...

Daraus wird der Jüngling erlernen, daß die Vorsehung Gottes alle Dinge versorgt, alle Dinge ordnet, alle Dinge erhält. Denn von den zwei Sperlingen, die um einen Heller gekauft werden, fällt ohne den Ratschlag der göttlichen Vorsehung nicht einer zur Erde (wie auch die Haare unseres Hauptes gezählt sind). Durch solche Achtung und Sorge, die den schnöden Dingen gelten, werden sie nicht schnöder oder geringer (Matth. 10, 29 f.)...

Eine solche Unschuld, eine solche Frömmigkeit aber können wir (die allenthalben mit unreinen Anfechtungen umgeben sind) nicht erlangen. Hier liegen wir nun zwischen Tür und Angel; hier sind wir in Not, wenn Gott von uns eine solche Unschuld, so große Reinheit und Frömmigkeit fordert, wir jedoch (die vergiftet und aller Laster voll sind) ihm nichts als Laster leisten mögen (wir wollen oder nicht).

Hier werden wir gezwungen, uns Gott zu ergeben und uns an seiner Gnade zu lassen. Hier geht das Licht des Evangeliums auf ... So folgt ja, daß die nicht sündigen, die durch das Evangelium wiedergeboren sind. Ist so gemeint: Die Sünden werden ihnen zum Tod und zur Verdammnis nicht angerechnet, deshalb, daß sie Christus mit dem werten Schatz seines Todes bezahlt und abgewaschen hat (Gal. 3, 13). Solches Vertrauen in Christus macht nicht faul, macht nicht träge oder fahrlässig, sondern dringt, treibt uns und rüstet uns aus, Gutes zu tun und recht zu leben. Welcher nun das Geheimnis des Evangeliums recht erlernt hat und recht versteht, der befleißigt und untersteht sich, recht und wahrhaftig zu leben. Deshalb man das Evangelium ... rein und mit großem Fleiß erlernen soll. Auch soll man beizeiten lehren, mit welchen Diensten wir Gott allermeist erwerben können, und zwar mit denen, die auch er uns ohne Unterlaß gebraucht, als da ist Gerechtigkeit, Frömmigkeit, Wahrheit, Treue, Barmherzigkeit ... Deshalb soll ein Jüngling darauf sehen und sich dessen befleißigen, daß er zeitig dahin trachtet, wie er ein frommer Mann wäre ...

Der zweite Teil der Lehre

... Sein Gemüt aber kann er nicht besser ordnen, als wenn er sich Tag und Nacht im Wort Gottes übt (Psalm 1,2). Das mag aber dann ziemlich und geschickt geschehen, wenn er die Sprachen Hebräisch und Griechisch ordentlich kann. Denn ohne die eine kann das Alte Testament, ohne das andere das Neue nur ja kümmerlich rein und lauter verstanden werden.

Dieweil wir aber, die unterrichten und uns in den ersten Anfängen wohl auskennen, und jetzt die lateinische Sprache bei allen überhandgenommen hat, meine ich, es ist nicht bekömmlich, dieselbe ganz zu unterlassen. Wenn sie auch zum Verstehen der Heiligen Schrift weniger tut als die griechische und hebräische, so ist sie doch zu anderen Lebensgebräuchen nicht weniger nützlich. Es kommt auch oft vor, daß wir im Dienst Christi auch bei den Lateinern handeln müssen. Sprachen aber als Gewinn oder Genuß mißbrauchen, soll von einem christlichen Mann fern sein, denn die Sprachen sind die Gaben des Heiligen Geistes (1. Kor. 12,10).

Die zweite nach der lateinischen, der wir uns widmen sollen, ist das Griechische und das, wie oben gesagt, um des Neuen Testaments willen. Ich sage das mit Verlaub, wie ich es verstehe, daß die Lehre Christi von Anfang an von den Lateinern nicht so fleißig, nicht so rein behandelt worden sei als von den Griechen. Deshalb soll man den Jüngling zu den Brunnen weisen.

Doch soll man in der lateinischen und griechischen Sprache dieses wohl merken, daß man das Herz wohl in Unschuld und Glauben bewahre. Denn es ist viel daran, was nicht ohne Schaden erlernt würde, wie Mutwillen, Herrschsucht, Kriegslüsternheit, geschwinde, unnütze und eitle Weisheit (Col. 2,8) und dergleichen ...

Die hebräische Sprache setze ich deshalb an letzte Stelle, da die lateinische Sprache jetzt allenthalben Brauch ist, der die griechische gar geschickt nachfolgt, denn sonst hätte ich der hebräischen billigerweise den Vorrang gegeben, und das aus dem Grunde, daß der, welcher die Arten und Eigenschaften dieser Sprachen nicht weiß, an vielen Orten – auch bei den Griechen – viel Mühe aufwenden muß, will er den rechten, natürlichen Verstand der Schrift herfürbringen. Doch habe ich jetzt nicht vor, hinreichend von den Sprachen zu reden.

Mit solchen Sachen soll der gerüstet sein, der zu dieser himmlischen Weisheit (der keine gleicht, geschweige dann gleichgewogen wird) eintreten will ... Wenn er aber dahin gekommen ist, wird er das Vorbild, recht zu leben, finden, nämlich Christus, der der vollkommene und erwählte Erzieher zu allen Tugenden ist. So er denselben aus seinen Worten und Werken ganz erkennt, wird er ihn dermaßen annehmen, daß er in allen seinen Werken, Ratschlägen und Handlungen einen Teil seiner Tugenden (soviel bei der menschlichen Beschränktheit möglich ist) sich zu beweisen unterstehen wird.

Er wird von ihm reden und schweigen lernen, jegliches zu seiner Zeit (Pred. 3,7). Er wird sich schämen, früh in der Jugend von jenen Dingen zu reden, die erwachsenen Leuten angemessen sind, wenn er sehen wird, daß Christus erst im dreißigsten Lebensjahr mit seiner Rede hervorgetreten ist, obwohl er sich auch im zwölften vor den Schriftgelehrten vernehmen ließ (Luk. 2,41–52). Dadurch werden wir unterwiesen, nicht bald hervorzutreten, sondern auch von Jugend auf von großen Dingen, die Gott gemäß sind, ablassen wollen.

Wie die höchste Zierde der Weiber Stillschweigen ist, also steht einem Jüngling nichts besser an, als sich einer bestimmten Zeit des Schweigens zu befleißigen, solange nicht allein Verstand, sondern auch die Zunge, jedes gesondert und gemeinsam, unterwiesen werden und wohl zusammenstimmen. Es ist nicht meine Meinung, daß sie fünf Jahre schweigen müssen, die Pythagoras seinen Schülern gebot, sondern ich verwehre ihnen, begehrlich und vorlaut zu werden. Es sei denn, sie haben etwas Nützliches und Notwendiges zu sprechen, verbiete ich den Jünglingen gar zu reden.

Wenn der Jüngling das Sprechen von seinem Lehrmeister lernt und wenn der im Sprechen etwas lästern will, soll der Jüngling solche ungestalte und unziemliche Rede seinem Lehrmeister nicht ablernen. Diese Lehre ist auch nicht gering zu achten, denn auch die Alten schreiben, daß etliche ihrer Lehrmeister, die sie hörten, nicht allein der Zunge, sondern auch des Leibes ungestalte Gebärde angenommen hätten.

Sprachmängel kann man leicht erkennen. In der Aussprache und im Klang der Rede ... wird gescholten, wenn sie viel zu schnell oder zu langsam erfolgt, wenn der Ton zu niedrig und schwach oder zu hoch und stark ist, wenn die Sprache in jeglicher Sache, wie sie auch geartet sei, gleich und der sprachlichen Aussage nicht gemäß ist ...

Und diese Sachen soll er dergestalt maßvoll halten, daß sie der Wahrheit dienen, nicht anderen schmeicheln. Denn wie sollen solche hurerische Sitten von einem Christenherzen gelitten werden? ... Das Gemüt aber muß vor allen Dingen rechtschaffen und ungestört sein. Wo das ist, mag es das Ungestüm der äußeren Glieder leicht mäßigen, so daß wir das Antlitz und die Stirne nicht in Falten legen, den Mund verziehen oder das Haupt schütteln und die Hände hin und herwerfen, sondern daß wir alles schlicht und einfältig mit Maß und Zucht mildern. Damit sei jetzt genug vom Reden und Schweigen gesagt.

Ein Übermaß an Wein soll der Jüngling wie Gift fliehen, denn mehr als daß er dem jungen Leib, der von sich aus zu jäher Art geneigt ist, wütend macht, bringt er auch dem Alter jähe Zeit und verdirbt es von Anfang. Daraus folgt dann, daß wir nichts anderes als Krankheit antreffen, sobald wir alt werden und Ruhe zu finden hoffen. Denn es ist unmöglich, daß der, der sich mit Wein vollzuschütten gewöhnt hat, nicht in eine langwierige Krankheit verfalle, wie da sind die Epilepsie, Paralyse, Wassersucht, Aussatz und dergleichen. Willst du darum lange alt sein, so werde beizeiten alt. Die andere Nahrung soll schlicht und einfach sein. Denn was will der Jüngling, dessen Magen von Natur hitzig und für die Verdauung fertig ist, mit Rebhühnern, Krammetsvögeln, Haselhühnern, Kapauen, Rehen und dergleichen Leckerbissen? Er spare dies vielmehr bis ins Alter. ... Den Hunger soll man mit Essen überwinden, nicht gar vertreiben. Denn man schreibt, daß Galen hundertzwanzig Jahre gelebt habe, weil er nie satt vom Tisch aufgestanden wäre. Hier ist es aber nicht meine Meinung, daß du dich zu Tode hungerst, sondern daß du dem unersättlichen Fressen ... nicht dienen sollst, da ich wohl weiß, daß hier auf beiden Seiten gesündigt werden kann, so daß man mit der Fresserei den Wölfen gleich wird oder sich durch Hungern selbst unnütz macht.

Mich dünkt, es gebe nichts Törichteres, als mit kostbaren Kleidern Ehre und Ruhm zu suchen, denn auf diese Weise könnten auch die Maulesel des Papstes hoch geachtet werden. Bei ihrer Stärke können sie mehr Gold, Silber und Edelsteine tragen als der stärkste Mann. Wer wollte sich solcher köstlicher und prächtiger Kleidung nicht schämen, wenn er den Gottessohn und die Jungfrau an der Krippe weinen hört und wenn sie keine Windeln hat als die, die sie, zur Geburt noch nicht vorbereitet, bei sich trug (Luk. 2,7)? ...

Was ist es vonnöten, die Geldgier und die üppige Ehre einem christlichen Jüngling zu verbieten, so doch dieses Laster auch bei den Heiden gescholten wird? Der wird kein Christ sein, der dem Geiz dienen wird, der nicht einen, zwei oder drei, sondern kostbare Reiche und gewaltige Städte vernichtet hat. Wo der Geiz je in ein Regiment gekommen ist, ist es nicht mehr möglich, recht zu handeln. Geiz ist ein schädliches Gift, aber es hat in uns leider überhandgenommen ...

Die Kunst des Ausmessens, Rechnens und der Zahl (unter die man auch die Musik zählt) meine ich, sind für den Jüngling nicht zu verachten. Doch soll man ihnen nicht zu lange obliegen. Denn obgleich sie, wenn man sie kann, großen Nutzen und, wenn man sie nicht kann, großes Hindernis bringen, so trägt man doch auch keine Furcht davon, wenn einer (um nur nicht müßig zu gehen) dabei alt wird.

Fechten lernen schelte ich nicht ganz. Doch wenn ich nicht sehen würde, daß etliche Reiche, die Arbeit und Übung fliehen, durch die dem öffentlichen Leben aber großer Nutzen zuwächst, so würde ich anders urteilen. Es gehört aber zu einem christlichen Mann, daß er sich (soweit es sich nicht des gemeinen Nutzens und des Friedens halber ziemt) der Waffen entziehe. Denn Gott, der den David (der im Waffengebrauch nicht unterwiesen war und gegen Goliath mit der Schleuder vorging) sieghaft machte und die unbewaffneten Israeliten vor dem sie überfallenden Feind beschirmte, wird auch uns (ohne Zweifel) helfen und beschirmen oder (wenn es ihm anders gutdünkt) unsere Hände waffnen, denn er lehrt und richtet unsere Hände zum Streit. Will sich aber ein Jüngling im Fechten üben, soll seine Absicht allein dahin gehen, daß er das Vaterland und die, so Gott gebietet, beschirmen wolle.

Also wollte ich, daß alle Menschen (doch vornehmlich die, die das Wort Gottes zu verkünden verordnet werden) nicht anderer Meinung sind, daß sie keine, wie sie damals in der Stadt Masilia zu tun pflegten, in ihrer Stadt als Bürger aufnahmen, die kein Handwerk könnten, womit sie sich ernährten. Wo das geschehe, würde der Müßiggang, eine Wurzel und ein Samen allen Mutwillens, vertrieben und unsere Körper viel gesünder, langlebiger und stärker werden.

Der dritte Teil der Lehren

… Hier muß man aber gar fleißig darauf sehen, daß ein solches, das allein zur Ehre Gottes, für das Vaterland und den allgemeinen Nutzen vorgenommen wurde, vom Teufel nicht verfälscht werde, um dem eigenen Wohlgefallen zu dienen, damit wir nicht deswegen geachtet sein wollen, das wir um anderer willen auf uns genommen haben. Da gibt es viele, die zuerst wohl und richtig anfangen und den rechten Weg dazu beschreiten; bald werden sie aber von der üppigen Ehre (die das Gift und Verderben aller guten Ratschläge ist) ganz verkehrt und von allem Guten abgeführt. Eines Christen Gemüt wird sich im Glück und Unglück anderer nicht anders verhalten, als ob es ihm selbst geschehen wäre. Fällt einem anderen Glück zu, erachtet er es, als sei es ihm selbst geschehen, ebenso auch bei Unfall und Unglück. Denn er wird etwas Öffentliches nicht anders achten als sein Haus und Hausgesinde, ja als einen Leib, in dem alle Glieder miteinander dermaßen Freude und Leid haben und einander helfen, als ob das, was ihnen geschieht, ihnen allen zugestoßen sei (Cor. 12,25).

Also wird er sich mit den Fröhlichen freuen und mit den Weinenden weinen (Röm. 12,15). Denn aller Menschen Geschick wird er als sein eigenes schätzen. Denn wie Seneca spricht: Was einem begegnet, kann auch jedem begegnen.

Doch soll ein christlicher Jüngling Freude und Traurigkeit nicht dergestalt brauchen, wie man gemeinhin gewöhnt ist, wenn man sich im Glück überhebt und im Unglück verzweifelt und ungeduldig wird, sondern so, daß wir stets ohne die eine oder die andere Anfechtung nicht sein können, so sollen wir doch (so wir verständig sind) dieselben dermaßen mäßig und bescheiden tragen, daß wir keiner nimmermehr von dem, das wohl besteht, abweichen. Also werden wir uns, wenn es den anderen wohl ergeht, freuen, als wäre es uns begegnet; anders werden wir auch nicht traurig werden, das heißt, wir werden alle Dinge mit Gleichmut tragen.

Ich bin nicht der Meinung, daß man dem Jüngling eine geziemliche Freude verbiete, als da ist, daß sein Volk, Weib und Mann, wie es allgemeine Gewohnheit ist, zusammenkomme wie bei der Hochzeit von Verwandten, bei jährlichen Spielen, Kurzweil und Festen … Denn es gefällt mir besser, wenn man diese Dinge schon haben will oder muß, daß man es öffentlich als in Winkeln oder in verdächtigen Häusern hat. Denn einige sind so gesittet, daß sie viel mehr die Menschenmenge erschreckt, wenn es jemand sieht, der darüber Zeugnis ablegen könnte, als sie von sich selbst der Mitwisserei halber erschrecken. Er müßte denn ein ganz verzweifelter Schalk sein, von dem nichts Gutes zu erhoffen ist, der sich nicht schämte, vor der Gemeinde öffentlich etwas Unehrenhaftes zu handeln …

Nach Gott soll man die Eltern in hohen Ehren und wert halten, was auch bei den Heiden und Ungläubigen Brauch ist. Denen soll man allentwegen nachgeben. Wenn sie auch eine Zeitlang sich nicht nach der Meinung Christi … verhalten würden, soll man ihnen nicht ungestüm widerstreben, sondern ihnen mit viel Sanftmut vorstellen, was man reden und tun soll. Wenn sie solches nicht annehmen wollen, soll man sie eher verlassen als schmachvoll beleidigen …

Können wir die Schmach und Unbill, die uns zustoßen, nicht verdrängen und vergessen, da sie uns zu bitter vorkommen, soll man die Sache vor den Richter oder vor die Obrigkeit bringen. Denn Scheltworte mit Scheltworten vergelten und den schmähen, der dich geschmäht hat, ist nicht anders, als dem gleich zu werden, den du schiltst (Röm. 2,1).

Spiele mit deinesgleichen zu gegebener Zeit entschuldigen wir, doch nur kunstvolle Kurzweil, die zur Übung des Leibes dient. Kunstreich sind die Spiele, die auf der Grundlage der Zahl (von der die Arithmetik lehrt) geschehen oder die mit der Stellung zusammenhängen, wie das Schachspiel, bei dem man entfliehen, sich in den Hinterhalt legen, wachen und Halt gebieten, auch Hinterhalt; denn vor anderen Spielen lehrt dieses auch, nichts Frevelhaftes zu treiben. Doch soll hierin Maß gehalten werden. Denn es hat welche gegeben, die ernste und nützliche Geschäfte zurückgesetzt haben, und diesen allein oblagen ...

Die Kurzweil und Spiele, die den Körper üben, sind: Springen, Steinstoßen, Fechten, Ringen, die alle fast bei allen Völkern Gewohnheit sind, doch fast bei unseren Vorfahren, den Eidgenossen, beinahe Brauch und Gewohnheit und bei mancherlei Geschehnissen fast nützlich waren. Doch soll man das Ringen mäßig betreiben, denn es wird schnell ernst. Schwimmen sehe ich für weniger nützlich an, obwohl es zu Zeiten lustig ist, die Glieder im Wasser zu strecken und ein Fisch zu werden...

Aller Umgang und alles Sprechen soll dermaßen sein, daß sie denen, bei denen wir wohnen, nützlich und förderlich sind. So wir je einen schelten müssen oder strafen, so soll es so vernünftig, so geschickt, so fröhlich und sinnvoll geschehen, daß wir das Laster vertreiben, den Menschen aber gewinnen und uns geneigter machen.

So fest und einig soll man sich der Wahrheit befleißigen, daß wir stets nicht allein unsere, sondern auch anderer Menschen Rede dergestalt erwägen, daß darin kein Betrug, keine Lüge vermischt sei.

Es soll ein redliches Gemüt sich selbst keineswegs mehr mißfallen, wenn es ihnen zustößt, daß im Druck etwa vor Mutwillen eine Lüge entwischt ist ... Einem christlichen Mann ist geboten, mit seinem Nächsten die Wahrheit zu sprechen. Deshalb soll er der Wahrheit streng anhangen. Ein Mann, der ein gespaltenes Gemüt hat, der ist auf allen seinen Wegen unstet. Wer unsteter Rede ist, dem kann man nicht trauen. Die Sprache ist eine Anzeige des Herzens (Jes. Sir. 27,6). Ist nun die Rede eitel und lügnerisch, so ist es ein gewisses Zeichen, daß es inwendig viel übler steht ...

Der Wahrheit aber soll man sich nicht allein beim Sprechen, sondern bei jedem Handeln befleißigen, damit wir nicht in angenommener Art, nicht falsch handeln noch tun. Wie das Herz (der Brunnen aller Werke) ist, also sollen es auch Angesicht, Augen und alles Äußerliche sein ...

Quelle: Corpus Reformatorum. Volumen XCII. Bearb. v. M. Heinsius. Leipzig 1934. S. 430–447

8.6 Aus Jean Calvin:
Die Ordnung der Akademie zu Genf (1559)

... Untereinander sollen sie gegenseitig christliche Eintracht nähren. In der Lehre dürfen sie einen anderen in keiner Weise angreifen. Kommt es zu einigen Widersprüchen, so sollen sie sich an den Rektor der Akademie wenden und ihre Klage vortragen, damit er an die Synode der Geistlichkeit berichtet, die die Streitigkeiten kraft ihrer Autorität beilegt.

Der Vorsteher des Gymnasiums

Er wird, wie wir bereits ausführten, ausgewählt und bestätigt. Er soll ein gottesfürchtiger Mensch mit geziemlichem Verstand sein, in seiner Art nicht grob und von rohen Sitten, damit er allen Schülern durch seine ganze Lebensführung ein gutes Beispiel ist und die Mühen seines Amtes gelassen erträgt.

Es ist seines Amtes, daß er außer dem Üblichen, nämlich eine Klasse zu unterrichten und zu leiten, auch ein Auge darauf hat, wie es mit dem Fleiß seiner Kollegen steht; er die Lässigen zu mahnen, alle an ihre Pflichten zu erinnern, in der Aula den Vorsitz bei öffentlichen Bestrafungen zu führen, dafür Sorge zu tragen, daß die Schuluhr die richtige Stunde anzeigt und die einzelnen Unterrichtsräume saubergehalten werden. Ohne seinen Rat und seine Zustimmung ist es den anderen Klassenleitern verboten, etwas Neues einzuführen. Über alle Vorkommnisse hat er dem Rektor zu berichten.

Über die Schüler des Gymnasiums

Der Vorsteher und die Klassenleiter teilen alle Schüler in Gruppen ein, nicht nach Altersklassen, sondern nach ihrer Herkunft aus den Stadtteilen. Von jeder Gruppe ist ein Verzeichnis anzulegen. Dieses erhalten die Klassenleiter. In ihm ist jeder Schüler nach seiner Pfarrgemeinde eingeschrieben. In den einzelnen Pfarrgemeinden besitzt jeder Schüler seinen Platz, der ihm durch die Autorität der Herren zugewiesen wird. Es ist nicht gestattet, ihn anders zu besetzen.

In der Kirche finden sich alle Schüler zur rechten Zeit ein, nämlich am Mittwoch zur Morgenpredigt, an Sonntagen zu zwei Predigten, vormittags und nachmittags, und zum Katechismusunterricht. Sie sollen fromm auf ihren Plätzen sitzen und die Predigten achtungsvoll hören ...

Montags, dienstags, donnerstags und freitags treffen sich die Schüler in ihrem Hörsaal, um sechs Uhr morgens im Sommer und um sieben Uhr im Winter.

Jede Klasse werde in Zehnergruppen eingeteilt. Jede Zehnschaft hat ihre Ordnung nach dem Lernfortschritt ohne Rücksicht auf Herkunft und Alter. Die Ersten jeder Zehnergruppe nehmen den ersten Platz ein und führen die Aufsicht. Versammeln sie sich, dann soll in den Unterrichtsräumen mit einem Gebet begonnen werden, das für sie aus dem Katechismus besonders gestaltet wurde, und das jeder auf seine Art zu sprechen hat. Danach wird nach der Liste ein jeder aufgerufen. Fehlt einer oder kommt er zu spät, so überprüft der Klassenleiter den Grund und entschuldigt oder bestraft ihn angemessen. Dann haben die Schüler eine und eine halbe Stunde auf den Lehrer zu hören. Darauf erfolgt eine Erholungspause von einer halben Stunde. Ihr gehen Gebete voraus. Dann wird bis neun unterrichtet: im Winter also von sieben bis neun, ohne daß ein Frühstück die Unterrichtsstunden unterbricht ... Sobald der Unterricht am Vormittag beendet ist, wird in jeder Klasse das Gebet des Herrn sowie eine kurze Danksagung gesprochen. Nachdem sie an ihre Pflicht gemahnt werden, werden sie durch die beiden Aufseher in die Häuser geleitet, und zwar in den vier untersten Klassen jeweils zwei Schüler gemeinsam.

Nach dem Essen kehren sie im Winter und Sommer ins Kolleg zurück. Da üben sie sich im Gesang der Psalmen bis zu Mittag. Danach wird eine Stunde lang unterrichtet. Bis vier Uhr wird die Stunde für das Schreiben oder für andere Lehrgegenstände verwendet. Darauf ertönt ein Glockenzeichen, und alle versammeln sich in der gemeinsamen Aula. Dort wird in Anwesenheit des Schulmeisters und der Klassenleiter mit gemessenem Ernst dargelegt, was beispielhaft war und was als Vergehen gemahnt zu werden verdient. Dann werden das Vaterunser, das Glaubensbekenntnis und die Zehn Gebote dreimal am Tage nacheinander in französischer Sprache gebetet. Ist dies geschehen, so entläßt sie der Schulmeister und segnet sie.

An Mittwochen hören sie, wie gesagt wurde, morgens von elf bis eins eine Predigt. Nach dem Essen wird maßvoll disputiert. Sie sind in Zehntschaften entsprechend ihren Klassen eingeteilt. Dann können sie bis drei Uhr spielen, ohne daß Zügellosigkeit geduldet wird. Von drei bis vier Uhr finden zweimal im Monat für die Schüler der ersten Klasse Deklamationen in einer Versammlung der ganzen Schule statt. An den anderen beiden Mittwochen geben die Aufseher einem jeden Knaben irgendwelche Themen auf, damit sie sich im guten Stil üben. Diese Aufgaben werden am folgenden Tag zurückgegeben und korrigiert. Die übrigen Schüler der unteren Klassen arbeiten etwas nach dem Gutdünken der Lehrer. Dann werden sie, wie schon erwähnt wurde, entlassen.

An den Sonnabenden sollen die Lektionen der ganzen Woche wiederholt werden. Nach dem Mittagessen von elf bis zwölf Uhr wird disputiert, wovon schon die Rede war. Dann wird bis um drei Uhr Freizeit gewährt. Von drei bis vier werden die Knaben mit Ausnahme der ersten und zweiten Klassen (von denen wir gesondert sprechen werden), das vortragen, was sie am Vortage aus dem Katechismus gelernt haben, wobei sie gemäß ihrer Fassungskraft freundlich behandelt werden. Darauf werden sie, wie schon gesagt, entlassen.

Der Sonntag sei ganz dazu verwendet, Reden über heilige Dinge zu vernehmen, zu bedenken und zu wiederholen. In der Woche, die dem Abendmahl vorangeht, soll ein Diener am Wort Gottes eine kurze Predigt über das heilige Mahl in der Aula abhalten und zur Eintracht und Frömmigkeit ermahnen.

Die Gesetze für die siebente Klasse im einzelnen

In ihr lehrt man die Kinder die ersten Elemente der Schrift, danach die Zusammensetzung der Silben aus dem lateinisch-französischen ABC, darauf französisch lesen. Dann sollen sie auch das Lateinische aus dem lateinisch-französischen Katechismus zu lesen gelehrt werden. Sobald es ihr Alter gestattet, lernen sie auch schreiben.

Die Gesetze für die sechste Klasse

In den ersten sechs Monaten werden in dieser Klasse die ersten Grundlagen der Deklination und Konjugation vorgetragen. Diese soll so einfach vor sich gehen, wie es möglich ist. In den anderen sechs Monaten folgt ein einfacher und gründlicher Unterricht in allen Bestandteilen der Sprache, so daß sie das Lateinische mit dem Französischen vergleichen. Angeschlossen sein sollen für Kinder geeignete Sprachübungen. Die Kinder werden im Schreiben vervollkommnet und daran gewöhnt, lateinisch zu sprechen.

Die Gesetze der fünften Klasse

Man lehrt vertiefend die Bestandteile der Sprache, auch die einfachen Elemente der Syntax. Durchgenommen werden außerdem die Bucolica von Virgil. Die Schüler beginnen sich mehr im Schreiben und im schriftlichen Ausdruck zu üben.

Die Gesetze für die vierte Klasse

In dieser Klasse werden die Unterweisungen in der Syntax der lateinischen Sprache vervollkommnet. Hinzugefügt werden die kürzeren, einfacher abgefaßten Briefe Ciceros ... Man unterrichtet auch die Quantitäten der Silben, die in mehreren Regeln zusammengefaßt werden. Schließlich sollen Lesen, Deklinieren und Konjugieren in der griechischen Sprache zugleich mit den Elegien und Tristien des Ovid gelehrt werden.

Die Gesetze der dritten Klasse

Hier werde die griechische Grammatik genauer gelehrt, so daß die Knaben die Regeln beider Sprachen eifrig beachten und den Stil beider üben. Von den Autoren sollen sie hier vornehmlich die Briefe Ciceros, sein Buch „Über die Freundschaft", das Buch „Vom Greisenalter", griechisch und lateinisch lesen, die Aeneide, Caesars Kommentare, die paraenetischen Schriften des Isokrates, soweit die Umstände gestatten.

Die Gesetze der zweiten Klasse

Hier lehre man Geschichte lateinisch aus Livius, griechisch aus Xenophon, Polybios oder Herodot.

Von den Dichtern soll man Homer jeden zweiten Tag unterrichten. Die Elemente der Dialektik, das heißt die Einteilungen der Vordersätze und die Figuren der Beweisführung werden (aber nicht umfassend) dargelegt. Gelehrt werden sollen (wie gründlich es immer geschehen mag) die Propositionen und Argumentationen aus den Schriftstellern, die erläutert worden sind, und das zumal aus den „Paradoxa" des Cicero sowie aus seinen kürzeren Reden, wobei die Rhetorik nicht berücksichtigt wird. An den Sonnabenden von drei bis vier wird das Evangelium des Lukas in griechischer Sprache gelesen.

Die Gesetze der ersten Klasse

Erst in dieser Klasse geht man zu den Anfangsgründen der Dialektik über, zu den Erkenntnissen über die Prädikamente, über die Kategorien und die Topik sowie über die Elenchen, jedoch aus einem wissenschaftlichen Kompendium.

Hinzukommen sollen die Grundlagen der Rhetorik, und zwar hauptsächlich jene, die sich auf schmuckreiche Beredsamkeit beziehen.

Die Anwendung der einzelnen Vorschriften soll in den kunstvollen Reden Ciceros, ebenso in den Olyntiaces und den Philippika des Domesthenes, aus Homer und Virgil, gezeigt werden. Das geschehe so, daß die ihres Schmucks entkleideten bloßen Aussagen aufgefunden, danach deren Schmuck erklärt und mit den Vorschriften verglichen wird. Der Stil ist fleißig zu üben. Deklamationen werden zweimal monatlich, so wie wir ausführen, am Mittwoch durchgeführt. An den Sonnabenden von drei bis vier Uhr soll man etwas aus den Briefen der Apostel darlegen ...

Quelle: Hofmann, F. (1983) A. a. O. S. 146–151

8.7 Aus Johannes Sturm:
Akademische Briefe (1569)

("Academiae Epistolae Urbanae Johannis Sturmii Rectoris. Liber I." V. I. S. 709 ff.)

1. An den Senat.

Die Wissenschaften sind uns von den Alten überliefert worden. Sie werden jedoch bei uns nicht so gepflegt wie vor alters. Im Folgenden will er reden von ihrem Zustand in der Stadt, zumal er den Auftrag hat, sich über die Einrichtung der Akademie zu äußern. Er will in den vorliegenden Briefen nur ausführlicher schildern, was er in seiner Schrift de lit. lud. rect. ap. dargelegt hat. Dafür nimmt er sich Athen zum Vorbild.

2. An die Scholarchen Heinrich Mulhemius, Karl Miegius und Friedrich Goteshemius.

Es ist ehrenvoll, Magistrat der Freien Künste und Philosophie genannt zu werden. Er spricht sich dann über den Wert der einzelnen Fächer aus, welche an der Akademie sollen gelehrt werden.

3. An Karl Miegius, Konsul und Scholarch.

Die Lehrer müssen ein reiches Wissen haben. Es genügt nicht, wenn sie die alten Autoren studiert und in der Religion Kenntnisse haben; denn heute wird in den einzelnen Fächern, z. B. in der Mathematik, vieles verlangt, was den Alten unbekannt war. An den Akademien soll alles Wissenswerte gelehrt werden. Die einzelnen Fächer müssen unter die einzelnen Lehrer verteilt werden, damit in einigen Jahren alles behandelt werden kann ...

6. An den Mathematiker Konrad Dasypodius.

In den zwei obersten Klassen soll er die Mathematik nach den oben genannten 2 Büchern lehren, so daß er in zwei Jahren die Prinzipien durchnimmt. Damit soll er die Lektüre des ersten Buches des Euklid verbinden, aus welchem er die Beweise zu nehmen hat. So wird der Gefahr vorgebeugt, über der Mathematik das reine Latein zu vernachlässigen und die Eloquenz, die Frucht und das Ziel vieler Jahre, zu schädigen.

Bei den Vorlesungen ist durchzunehmen: Sphaera Procli und die Ergänzung dazu in Sphaera Sacrobustani, das Nötigste aus den griechischen Autoren: Ptolemäus, Achilles Statius, Proclus, Cleomedes, Hipparchus, Bithynius, Euklid's Phaenomena und Theodosius' Sphaerica. Nützlich ist auch Theon.

Wöchentlich soll er in der ersten und zweiten Klasse und bei der öffentlichen Vorlesung je 2 Stunden, also im Ganzen 6 Stunden, darauf verwenden.

Privatim soll er außerdem Prognostice, welche Laertus „Proretice" nennt, lesen, um die besten Ingenia für dieses Studium zu begeistern ...

Den Examinatoren.

Die Prüfungskommissäre haben sich genau darüber zu vergewissern, was die einzelnen Lehrer durchnehmen. Ferner sollen sie sich vor der Prüfung über die Begabung der Examinanden erkundigen.

Wer Baccalaureus werden will, wird in dem Stoff der Grammatik, Rhetorik, Dialektik und Mathematik, welcher für die oberste Klasse des Gymnasiums vorgeschrieben ist, geprüft.

8. An den Dialektiker Johannes Reinhardus.

Nachdem die Schüler nach Absolvierung des Gymnasiums noch zwei Jahre öffentliche Vorlesungen, besonders über das 3. Buch der Mathematik, gehört haben, können sie Magister werden. Da aber die Kenntnisse in der Logik, welche sie sich in den zwei obersten Klassen des Gymnasiums erworben haben, hierzu nicht genügen, so muß bei den öffentlichen Vorlesungen die Rhetorik und Dialektik ausführlicher nach Plato und Melanchthon behandelt werden.

9. Dem Rhetor Valentin Erythräus.

An unserer Akademie soll die Rhetorik nicht vernachlässigt werden, wie es vielfach an anderen Akademien geschieht. Dieselbe soll nach Hermogenes und Cicero vorgetragen werden. Sturm gibt die Art an, wie er die Redner durchnimmt, und empfiehlt dieselbe dem Erythräus zur Nachahmung.

10. An den Physiker Johannes Bruno.

Die Physik ist im allgemeinen nach Aristoteles zu lehren, welcher der beste Methodiker ist. Da er aber an manchen Stellen zu kurz und dunkel ist, hat ihn der Lehrer hierin zu verbessern.

Zuerst soll er ihn wörtlich erklären, dann die Themata durch Disputationen klar machen, die Gegenbeweise ohne Weitschweifigkeit widerlegen und die Beweise aus Aristoteles selbst veranschaulichen ...

12. An Jonas Bitnerus.

Neben der Grammatik in beiden Sprachen müssen auch Redner, Historiker und Dichter gelesen werden, damit an ihnen der Unterschied der 3 Redeweisen klar gemacht wird. In diesen Unterricht teilen sich in den 3 obersten Klassen Bitnerus und Junius. Reines Latein muß betont werden. Als abschreckende Beispiele in dieser Hinsicht sind diejenigen anzusehen, welche Thomas Aquinas dem Aristoteles, Scotus dem Lactantius oder Hieronymus, Bartolus und Baltus dem Scaevola oder Justinian vorziehen; denn auf diese Weise geht die Eloquenz zugrunde.

Bitnerus soll auch Komödien und Tragödien, welche die Eloquenz fördern, aufführen lassen. Da bei diesen Aufführungen auch musiziert wird, soll er auch die drei Bücher Musicae von David Nepheleta durchnehmen.

13. An den außerordentlichen Konvent.

Es werden Vorschriften über Disputationen und Deklamationen, welche nicht vernachlässigt werden dürfen, wie es gegenwärtig häufig geschieht, gegeben. In dieser Schule muß auf schriftliche Arbeiten, Meditation und Aufführungen die gehörige Zeit verwendet werden.

Quelle: Mertz, G.: Das Schulwesen der deutschen Reformation im 16. Jahrhundert. Heidelberg 1902. S. 568–572

8.8 Aus: Braunschweiger Kirchenordnung (1528)

(Der Erbarn Stadt Brunswig christlike ordeninge, to denste dem hilgen Evangelio, christliker lewe, tucht, frede unde eynicheit. Ock dar under vele christlik lere vor de Borgere. Dorch Joannem Bugenhagen Pomern bescreven. 1528. R. I. S. 106 ff. V. I. S. 8 ff. Mon. Germ. Paed. I. S. 25 ff. Vogt, Bugenhagen. S. 281 ff. Verfasser ist Johannes Bugenhagen.

Bild 291: Titelblatt der Braunschweiger Kirchenordnung (1528) v. Johannes Bugenhagen, erste evang. Schulordnung mit Vorbildcharakter für andere Particularstaaten nach Melanchthons Schulplan – mit der Verpflichtung der Schulmeister, gegen eine Gabe, den Religionsunterricht abzuhalten

Ihr nachgebildet sind die Kirchenordnungen für Hamburg, Lübeck, Schleswig-Holstein. Auch für die Kirchenordnungen für Minden, Göttingen, Soest, Bremen und Osnabrück dient sie als Vorbild. Sie hatte mit wenig Abänderungen bis zum Jahre 1596 Geltung.)

Bei Aufrichtung der Kirchenordnung muß man nötig drei Stücke ansehen. 1. Gute Schulen aufzurichten für die Kinder. 2. Prediger anzustellen. 3. Einen Gemeindekasten einzurichten.

I. Von den Schulen.

Es ist Christenpflicht, die Kinder zur Taufe zu bringen. Wenn sie erwachsen sind, ist aber niemand da, der sie lehret, bei Christus zu bleiben. Deshalb unterliegen die erwachsenen Kinder, welche ohnedies von Natur alle sündhaft sind, der Versuchung zum Bösen, und die Taufe verliert ihren Wert. Böse Eltern ziehen sich durch die Versäumnis der richtigen Erziehung böse Kinder heran ...

Lateinische Jungenschulen.

Zwei Lateinschulen mit einem gelehrten Magister und Gesellen genügen für die Stadt.

205

Die eine soll zu St. Martin errichtet werden. An ihr ist ein gelehrter Magister anzustellen; denn ein solcher kann auch die kleinen Kinder in drei Jahren besser erziehen, als ein schlechter in zwanzig Jahren. Derselbe kann auch zu Zeiten eine lateinische Lektion aus der Heiligen Schrift für die Gelehrten lesen, wenn er es gern thut. Der Magister muß ein guter, verständiger Christ sein. Ihm sollen ein gelehrter Gehilfe, ein Kantor und ein Geselle für die jüngsten Kinder unterstellt sein.

An der anderen Schule, welche zu St. Katharinen errichtet wird, soll ein gelehrter Rektor, ein Kantor und ein Geselle wirken.

Mit weniger Personen kann die Schule nicht eingerichtet werden. Die Schulmeister haben mit ihren Gesellen in den Kirchen ihres Bezirks den Dienst zu versehen, wenn ihre Kinder in denselben lesen und singen sollen.

Von der Besoldung der lateinischen Schulen.

Um redliche und gelehrte Schulmeister zu halten, müssen sie auch genügend besoldet werden und in Krankheitsfällen ihre Besoldung weiter beziehen. Die Aussicht auf ihr dauerndes Bleiben geht nicht in Erfüllung, wenn man gelehrte Schulgesellen, welche sich in Notlage befinden, mit einem geringen Gehalt anstellt.

Schwärmer sollen nicht angestellt werden.

Der Rat und die Gemeindeverordneten können untaugliche, schandbare Gesellen entlassen.

Der Magister zu St. Martin erhält an Gehalt im ersten Jahre 40 fl., in den folgenden Jahren 50 fl., sein Helfer und der Kantor je 30 fl., der vierte Geselle 20 fl. Der Rektor zu St. Katharinen bezieht jährlich 30 fl., der Kantor und der dritte Geselle je 20 fl. Das Gehalt wird vierteljährlich ausbezahlt.

Die Kinder der Reichen und Patrizier zahlen jährlich 8 Mariengroschen Schulgeld, so daß das Schulgeld in 10 Jahren so viel ausmacht, als der Jahreslohn einer Dienstmagd. Die anderen Schüler zahlen jährlich 12 Matthier. Das Schulgeld wird halbjährlich von einem Schulgesellen eingezogen und in der Weise unter die Lehrer verteilt, daß der Schulmeister die eine Hälfte und die Gesellen die andere Hälfte zu gleichen Teilen erhalten. Arme Kinder sind vom Schulgeld befreit. Säumige Zahler sollen gütlich gemahnt werden.

Die Gebühren für Leichenbegängnisse, bei welchen ein Geselle mit den Kindern singt, werden unter den Schulmeister und seine Gesellen verteilt. Für besonderen Fleiß und Arbeit erhalten die Lehrer von manchen Bürgern Kost und Geschenke, welche aber beim Gehalt nicht in Anrechnung gebracht werden dürfen, da sie einmal unzuverlässig sind und dann von den Gesellen durch Privatarbeit schwer verdient werden müssen.

Von der Wohnung der Schulpersonen.

Beide Schulmeister und die verheirateten Gesellen haben ausreichende Wohnungen, während die unverheirateten Gesellen sich mit einer Kammer begnügen müssen.

Von der Arbeit in den Schulen.

Norm ist der Schulplan Melanchthon's in dem Unterricht der Visitatoren. Die zwei untersten Abteilungen bestehen an beiden Schulen, die dritte, in welche nur vorgerücktere, vom Superintendenten geprüfte Schüler aufgenommen werden, nur an der Schule zu St. Martin. Will der Rektor an der andern Schule den Unterricht der dritten Klasse seinen Schülern ebenfalls erteilen, so steht es ihm bei Einwilligung der Eltern frei.

Damit die dritte Klasse bei Eröffnung der Schule schon Schüler hat, können ältere Schüler und Gesellen, welche bereits studiert haben, in sie eintreten. Als Entgelt sollen die Vermöglichen dem Magister etwas in die Küche schenken. Das Ziel des Unterrichts soll sein: Latein lesen und schreiben, die Autoren verstehen, Latein sprechen und Verse und Episteln machen.

Es schadet auch nichts, von Zeit zu Zeit die Schüler, wenn sie lateinische Sentenzen exponieren, zu prüfen, wie sie deutsch sprechen. Vor Küchenlatein sind die Schüler zu bewahren. Ein weiteres Ziel ist Dialektik und Rhetorik.

Zur rechten Zeit mag man sie auch an dem griechischen Vater Unser, dem Neuen Testament oder etwas anderem griechisch lesen lehren und mit der Zeit nach der Grammatik griechisch deklinieren lassen, aber beides mit Maß und erst, wenn sie im Latein wohl geübt sind.

Ebenso kann man die Schüler die hebräischen Buchstaben lehren. In keinem Fall soll man sie aber übermäßig mit solchen Nebenfächern beschweren.

Nach Anordnung des Unterrichts der Visitatoren wird auch etliche Zeit auf den Unterricht in Gottes Wort verwendet.

Von den Kantoren in den Schulen.

Neben der Schularbeit, die sie wie die anderen Gesellen zu verrichten haben, lehren die beiden Kantoren die Kinder lateinisch und deutsch singen nach der Vorschrift des Unterrichts der Visitatoren. Ferner sollen sie die Kinder in figurativis und künstlich unterrichten, daß sie voces et claves lernen.

Jeder Kantor soll auch einen Chor einrichten, damit man zu gewissen Zeiten in der Kirche singen kann. In der Kirche dürfen nur die guten Schüler singen, während in der Schule alle im Gesang geübt werden.

Von dem Urteil des Schulmeisters über die Jungen.

Sobald die Schüler das 12. Jahr erreicht haben, gibt der Schulmeister den Eltern sein Urteil über die Befähigung der Schüler ab. Untaugliche Schüler verlassen die Schule, die Tauglichen studieren noch zusammen bis zum 16. Jahre. Dann wird nochmals eine Auswahl getroffen, worauf die Ungeschickteren ein Handwerk lernen und die Geschickteren weiter studieren. Die Armen unter diesen werden gegen die Verpflichtung, in den Dienst der Stadt zu treten, aus öffentlichen Mitteln unterstützt, wenn dies kein reicher Bürger thut.

Daß die Schulen beständig mögen sein.

Der Superintendent oder oberster Prediger mit seinen Helfern sollen mit 5 Personen aus den 5 Stadtteilen und den Schatzkastenherrn halbjährlich die Schulen visitieren. Da durch die Winkelschulen der Besuch der öffentlichen Schulen geschädigt wird, so sind die ersteren verboten.

Von den deutschen Jungenschulen.

Zwei vom Rat angestellte deutsche Schulmeister haben gegen ein jährliches Geschenk aus dem Schatzkasten den Religionsunterricht zu erteilen. Im übrigen sind sie für ihren Unterricht auf das Schulgeld angewiesen, das höher sein soll als in den Lateinschulen, weil einmal die Schulmeister keinen anderen Sold haben, und dann die Lernzeit nicht so lange dauert.

Von den Jungfrauenschulen.

Es sollen vier Schulen an verschiedenen Orten der Stadt errichtet werden, damit die Jungfrauen sie bequem erreichen können. Als Schulmeisterinnen stellt der Rat fromme, in einem guten Ruf stehende Frauen an, und entschädigt sie durch Geschenke aus dem gemeinen Kasten. Den eigentlichen Sold sollen ihnen die Eltern in reichlichem Maß zuteil werden lassen, da der Unterricht nicht lange währt.

Die Mädchen lernen Lesen und etliche Erklärungen aus den 10 Geboten, dem Glauben, Vater Unser und Abendmahle, und etliche Sprüche aus dem Neuen Testament. Dazu kommt der Unterricht im Singen. Die Unterrichtszeit beträgt täglich 1–2 Stunden. Die übrige Zeit sollen die Mädchen den Eltern zu Hause helfen.

Auf diese Weise werden tüchtige Hausfrauen erzogen.

Arme zahlen kein Schulgeld.

Vom Singen und Lesen der Schulkinder in den Kirchen.

Täglich sollen, wie vor Alters, die Schulkinder abends und morgens in den Kirchen singen und lesen. Gesungen werden auch Antiphonien, esponsorien etc. Gelesen wird nach der Predigt und zwar etwas aus der Heiligen Schrift und dem Katechismus.

Es folgt die Reihenfolge und Einteilung des Gesanges und der Lesestücke.

II. Prediger.

Lateinisches Singen und Lesen der Schüler in den Kirchen wird beibehalten, nicht wegen der Erbauung der Gemeinde, sondern wegen der Uebung der Schüler.

Hier werden auch Bestimmungen über den Kirchgang der Schüler getroffen.

III. Gemeindekasten.

Aus dem Schatzkasten jeder einzelnen Kirche werden die bei ihr angestellten Prediger, Küster und Organisten besoldet. Aus dem gemeinsamen Schatzkasten aller Kirchen zusammen erhalten die Schulmeister und ihre Gesellen an den Lateinschulen ihr Gehalt und die deutschen Schulmeister und Schulmeisterinnen ihre jährlichen Geschenke.

Quelle: Mertz, G. A. a. O. S. 465–468

8.9 Aus: Lehrplan für die Schule der Stadt Eisleben (1525)

(Johannes Agricola et Hermannus Tulichius, Professores Scholae Islebianae. Außer den in dieser Ueberschrift genannten Verfassern ist wahrscheinlich Melanchthon an der Abfassung beteiligt. Hartfelder, Melanchthoniana Paedagogica. Leipzig 1892. S. 1 ff. Hoffmann, Der älteste, bis jetzt bekannte Lehrplan für eine deutsche Schule (die Schule der Stadt Eisleben) im Jahre 1525. Hamburg 1865.)

Das Vorwort schildert die Entstehung der Schule. Die Grafen von Mansfeld haben beschlossen, eine Schule zur Unterweisung ihrer Landesangehörigen in der Religion, anderen Tugenden und Künsten, welche zur Erhaltung von Kirche und Staat nötig sind, zu errichten. Anlaß dazu gaben die Wirren in Staat und Kirche, welche die Folgen der Unwissenheit eines Volkes deutlich gezeigt haben. In der Schule sollen vor allem die Lehrer für die heiligen und profanen Wissenschaften erzogen werden. Durch die Errichtung der Schule haben die Fürsten ihre Pflicht, für die Sitten des Volkes zu sorgen, erfüllt und sich Verdienste erworben. Für die Schule ist folgender Lehrplan abgefaßt. Die Schule ist in Klassen eingeteilt, damit die Schüler in ihr vom Leichteren zum Schwereren aufsteigen.

Erste Klasse.

In ihr befinden sich die Anfänger, welche aus den bekannten, zu diesem Zweck abgefaßten Büchern einige Gebete und Sentenzen lernen. Darauf folgen Mosellan's Paedologia, die Fabeln Aesop's, die Disticha Cato's und die Spruchsammlung des Laberius. Den vom Lehrer erklärten Stoff lernen die Schüler auswendig und wenden die Wörter daraus zum Lateinsprechen an.

Zweite Klasse.

In ihr werden die Grammatikregeln gelernt. Ohne Regeln kann die Grammatik nicht geübt werden. An Virgil und Terenz, welche die Lektüre bilden, ist die Anwendung der Regeln und der Gebrauch der Wörter zu zeigen. Terenz und die Bucolica Virgil's sind auswendig zu lernen. Es können auch Bucolica neuerer Autoren gelesen und auswendig gelernt werden. Als schriftliche Arbeiten fertigen die Schüler Erzählungen, Briefe und Verse an, wozu die Lehrer die Argumente geben.

Bild 292: Johannes Agricola (1492-1566), Prediger in Eisleben

Dritte Klasse.

Die Schüler treiben Dialektik und Rhetorik nach Erasmus (de duplici copia verborum ac rerum). Als Lektüre dienen von den Geschichtsschreibern die besten Bücher des Livius und Sallustius, von den Dichtern Vergilius, Horatius und Ovid's Metamorphosen und de Ponto et Tristium, von den Rednern leichtere Reden Cicero's, z. B. pro Archia, pro Marcello und Aehnliche, ferner de officiis, de amicitia und de senectute. Die Stilübungen in Poesie und Prosa werden fortgesetzt. Wöchentlich an zwei Tagen werden dieselben durchgenommen und daneben Plautus, die Briefe Cicero's, die Epistolographie des Erasmus (de ratione conscribendi epistolas) und die Anleitung zum Redemachen des Mosellan (de primis apud Rhetorem exercitationibus praeceptiones P. Mosellani in privatum discipulorum suorum usum comparatae) erklärt.

Die Fortgeschritteneren beginnen mit den Elementen des Griechischen, der griechischen Grammatik des Oecolampad, der Lektüre einiger Dialoge Lucian's, Hesiod's und Homer's. Einige können auch Hebräisch lernen. Jedoch dürfen die Schüler mit den beiden zuletzt genannten Sprachen nicht beschwert werden und auch nicht zu ihrem Studium schreiten, bevor sie Fortschritte im Latein gemacht haben.

Es wäre auch zu wünschen, daß neben den Sprachen die Mathematik und der ganze orbis artium gelehrt werden. Man muß sich jedoch dabei dem Alter der Schüler anpassen. Auf jeden Fall kommen zuerst die Sprachen. Täglich aber muß schon jetzt eine Stunde auf Musik verwandt werden.

Die Studien werden nur in Verbindung mit Frömmigkeit glücklich sein nach Matth. 6, 33. Darum muß am Sonntag Unterricht in der Religion erteilt werden, wobei der Lehrer für die ganze Schule etwas aus den Evangelien, oder einem Brief des Paulus, oder den Sprüchen Salomo's auf die einfachste Weise erklärt. Damit die Schüler Religion lernen, soll nicht viel vorgelesen werden. Die Schüler müssen vielmehr das Vater Unser, das Glaubensbekenntnis, den Dekalog, ausgewählte Psalmen und andere Stellen der heiligen Schrift auswendig lernen.

Den Schluß des Lehrplans bildet ein Gedicht des Eobanus Hessus.

Quelle: Ebenda. S. 458–459

8.10 Aus: Ordnung für die „Obere Schule" [Humanistenschule – d. Verf.] Nürnbergs (1526)

(Ratio scholae, Norembergae nuper institutae. An. 1526. Hartfelder, Mel. Paed. S. 6 ff. Verfasser ist wahrscheinlich Melanchthon.)

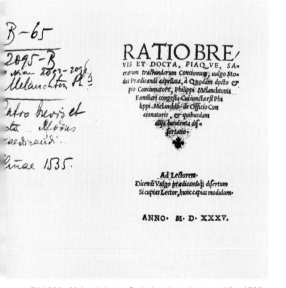

Bild 293: Melanchthons „Ratio brevis et docta ...", Ulm 1535

Gott hat befohlen, die Knaben in der Religion und allen Tugenden zu unterrichten. Dies Gebot geht nicht allein die Eltern, sondern auch den Rat an; denn sowohl zur Führung des Privatlebens, als auch zur Leitung des öffentlichen Lebens ist die Erziehung nötig. Ohne die Erziehung der Knaben, dem Seminar des Staates, kann der Staat nicht lange bestehen.

Ohne die Religion sind die anderen Wissenschaften nicht recht verständlich. In der vom Rat errichteten Schule werden nur die Elemente der Wissenschaft gelehrt. Die Medizin und Jurisprudenz müssen in höherem Alter an den Akademien und in der Fremde studiert werden. Dafür soll die Schule in der Vaterstadt vorbereiten.

Die Sorge um die Erziehung der Jugend hat Gott ebenso dem Magistrat wie den Eltern aufgetragen. Den Eltern soll die Sorge um das Privatleben der Kinder am Herzen liegen und dem Magistrat der Unterricht in den Künsten, welche den zukünftigen Leitern des Staates nützlich sind.

Der Magistrat muß für die Erhaltung der Religionslehre sorgen, die ohne Wissenschaft und Sprachen nicht recht vorgetragen werden kann. Die Wissenschaft ist außerdem zur Erhaltung des inneren Friedens in einem Gemeinwesen nötig. Deshalb erfüllt der Rat durch Errichtung von Schulen eine Pflicht sowohl Gott als dem Gemeinwesen gegenüber.

Zuerst wird in den Schulen zu gewissen Stunden die Grammatik gelernt. In anderen Stunden werden daneben die Knaben gewöhnt, lateinisch zu sprechen und über die Rede zu urteilen. Wieder in anderen Stunden werden für die Knaben passende Bücher erklärt, nämlich Cato, die Kolloquien des Erasmus, Terenz, die Bucolica Virgil's und ausgewählte Fabeln des Plautus. An diesen Autoren lernen die Knaben die Rede. Deshalb müssen einige Stellen davon auswendig gelernt werden.

Eine Stunde ist täglich für die Musik festzusetzen.

Ein Tag in der Woche ist für die Religion bestimmt. Dabei hört der Lehrer die Knaben der Reihe nach den Dekalog, das Vater Unser und das apostolische Glaubensbekenntnis ab und erzählt den Knaben etwas, welches sie nacherzählen müssen. Es werden auch einige Psalmen, welche die Summe der Religion enthalten, gelernt.

Nach Absolvierung der Grammatik in einer Schule gehen die Knaben in eine andere Schule über. Damit alles der Reihe nach gelernt wird, sind verschiedene Klassen errichtet worden. In der zweiten Klasse werden die Elemente der Dialektik und Rhetorik von den Professoren vorgetragen, dann wird des Erasmus copia gelernt und eine Rede Cicero's zur Gewinnung von Beispielen für die Regeln gelesen. Die Vorgerückteren nehmen Quintilian durch.

Zur Uebung der Knaben wird disputiert, wozu die Kontroversen aus den Historikern genommen werden.

Ein Lehrer erklärt Gedichte.
Ein anderer lehrt Mathematik.
Ein dritter unterrichtet Griechisch.

Es sind auch Cic. Officia und die Geschichten aus Livius oder anderen Autoren zu lesen, welche die Knaben im Sprechen und Schreiben nachahmen müssen.

Die Arbeit wird unfruchtbar bleiben, wenn der Stil nicht geübt wird. Deshalb fertigen die Schüler wöchentlich Stilarbeiten in Poesie und Prosa an.

Quelle: Ebenda. S. 461–462

8.11 Aus: Hannover'sche Kirchenordnung (1536)

(Verfasser ist Urbanus Rhegius. Von Luther und Melanchthon wurde sie begutachtet. Die zweite Ausgabe 1588 enthält eine Vorrede Luther's an den Stadtrat vom 3. März 1535 und einen Brief Melanchthon's an den Stadtsyndikus Sander. R. I. S. 273 ff. V. I. S. 32.)

Von Pfründen oder geistlichen Lehen.
Freie Pfründen fallen in den Gotteskasten, aus dem die Schulen unterhalten werden. Die Patrone, welche noch im Besitze von Pfründen sind, sollen sie bis auf weiteres behalten.

Vom Amt des Predigers.
Zu besonderen Zeiten soll er den Katechismus „catechizieren".

Von sonderlicher Funktion des Superintendenten.
Er hat monatlich die Schule 1 oder 2 mal zu besuchen, damit die Jugend mit Fleiß und guter Ordnung in der Lehre und christlichen Zucht erzogen wird.

Von Sacramenten und Ceremonien.
Zum Abendmahl wird niemand zugelassen, bevor er nicht examiniert und verhört worden ist.

Von Ceremonien.
Die lateinischen Gesänge werden zum Nutzen der Jugend und Kirchendiener in den Kirchen beibehalten.

Von lateinischen Schulen.
Die Schrift befiehlt, die Jugend in der Lehre und Strafe des Herrn aufzuerziehen, dieweil der Christenheit sehr viel daran gelegen ist; „denn man bleibt gewöhnlich das ganze Leben, wie man in der Jugend auferzogen ist".

Weiter wird auf den Unterricht der Visitatoren verwiesen.

Von deutschen Schulen.
Weil bisher manche Schulmeister „Beginisch altfeltisch Ding" gelehrt haben, soll keiner mehr deutsche Schulen halten dürfen, wenn er nicht vom Superintendenten tauglich erfunden wird. Wer die Jugend mit Irrtum befleckt, wird als Gotteslästerer bestraft, seien es Eltern oder Schulmeister. „Denn wir erkennen uns auch gemeine Väter sein, nicht allein der Alten sondern auch der Jungen."

Von Besoldung der Kirchendiener und Schulmeister.
Sie erhalten je nach ihren Leistungen vierteljährlich Sold durch die Diakone.

Von Abstellung der Prädikanten und Schulmeister.
Helfen bei falscher Lehre und schlechtem Lebenswandel Vermahnungen nichts, so werden die Schulmeister nach vierteljährlicher Kündigung entlassen.

Quelle: Ebenda. S. 482–483

8.12 Aus: Lippe'sche Kirchenordnung (1538)

(Ghestalthe Artickel Reformation der kirchen In der Graveschup Lyppe etc. dorch de Vorordneten der Landtschup avergegeven Anno 1538. Sie wurde revidiert von Justus Jonas, Luther, Melanchthon und Bugenhagen. R. II. S. 489 ff.)

Des Evangelii rechte Art und Gebrauch.
Das Evangelium will gelesen, studiert, gepredigt, gehört und geglaubt werden.

Was man beim Kirchengebrauch anmerken soll.

Gegen die Wiedertäufer wird geltend gemacht, daß die Paten bei der Taufe sich verpflichten, die Kinder die Hauptstücke des Katechismus zu lehren, wenn die Eltern es nicht können oder versäumen. Nach Ephes. 6 ist es der Eltern hauptsächlichste Pflicht, die Kinder Christum recht kennen zu lehren und sie in Gottesfurcht zu erziehen.

Vom Küsteramt.

„Der Küster Amt ist nicht allein, daß sie die Glocken läuten und die Kirchen schließen, sondern vielmehr der Gemeinde Gottes dienstlich zu sein, daß sie die Lobgesänge, die zum Gottesdienst nötig sind, die 10 Gebote, den Glauben, Jesum Christum und anderes sollen treulich lehren."

Von den Küstern auf den Dörfern.

Wo keine Schulen auf den Dörfern sind, sollen die Küster Sonntags nachmittags die Jugend im kleinen Katechismus Luther's unterrichten.

Von allen Küstern und Benefiziaten.

Die Schulmeister sollen kein Wirtshausleben führen und kein Aergernis geben. Andernfalls werden sie abgesetzt.

Von Sonntagsgottesdiensten, den Katechismus belangend.

Die Pfarrer auf den Dörfern haben jeden Sonntag nach der Predigt die Kinder und Erwachsenen den Katechismus zu lehren. Die Kinderlehre sollen sie besonders hochhalten.

Von dem Katechismus.

An Sonn- und Feiertagen soll man die Hauptstücke des Katechismus lehren. Die Jugend in den Städten wird wöchentlich einmal im Katechismus unterrichtet und geprüft. Niemand von der Jugend wird zum Sakrament zugelassen, der nicht im Katechismus geprüft ist.

Von Mönchen.

Die Mönche dürfen keine Schulen mehr halten. In den Städten sollen Schulen errichtet und aus den Klostergütern unterhalten werden.

Von zweierlei Schulen.

An Lehre und Zucht der Kinder hat Gott besonderes Wohlgefallen, weil man dadurch Leute für das kirchliche und weltliche Amt erzieht. Deuteron. 46, 31. Ephes. 6. Darum gab es zu der Propheten Zeiten Schulen in den Synagogen und zu der Apostel Zeiten Schulen in den Kirchen.

Es sollen deshalb in allen Städten Lateinschulen errichtet werden, in welchen allerlei Künste und der Katechismus gelehrt werden.

Es wird auf den Unterricht der Visitatoren verwiesen.

In Städten und Dörfern muß man auch deutsche Schulmeister halten, damit die Mädchen Schreiben, Lesen, Katechismus und gute Zucht lernen.

Der Obrigkeit rechtes Amt und Gebrauch.

In der Grafschaft ist die Obrigkeit verpflichtet, gute Schulen zu unterhalten.

Quelle: Ebenda. S. 484–485

8.13 Aus: Herzberger Schulordnung (1538)

(Sie ist von Melanchthon verfaßt und von Luther gut geheißen. Hartfelder, Mel. Paed. S. 10 ff.)

Im Hinblick auf das geringe Einkommen des gemeinen Kastens sollen jetzt nur 2 Schulpersonen angestellt werden. Von den drei Klassen soll der Schulmeister die zwei obersten, und der Kantor die unterste, in welcher die Kinder lesen lernen, versehen. Hauptsächlich wird in der Schule die Grammatik getrieben.

Bild 294: Brief Melanchthons an den Herzberger Bürgermeister (Wittenberg, den 14. Aug. 1558), Evangelisches Predigerseminar Wittenberg

Vormittags:

Um 6 Uhr soll die erste Klasse 1–2 Syntaxregeln auswendig hersagen.

Darnach soll der Lehrer Virgil, Terenz und Cicero nach seinem Gutdünken abwechselnd exponieren.

Von 7–9 Uhr unterrichtet der Kantor die unterste Klasse, hört die Schüler ab, schreibt ihnen vor und sieht ihre Schriften durch.

Um 8 Uhr unterrichtet der Schulmeister die zweite Klasse. Die Schüler lernen Donat und 1–2 Etymologierregeln auswendig. Sodann exponieren sie Cato, so viel ihnen tags zuvor aufgegeben wurde, und deklinieren und konjugieren einige Wörter und Verba daraus.

Nachmittags:

Von 12–1 Uhr unterrichtet der Kantor alle Klassen im Singen.

Um 1 Uhr läßt der Schulmeister die erste Klasse die Verse exponieren, die er vormittags exponiert hat, frägt die Syntax ab in der Weise, daß die Schüler 1–2 Verse konstruieren und die Regeln anzeigen. Darauf folgt Deklination und Konjugation. Muß in der ersten Klasse noch die Etymologie gelernt werden, so werden im Anfang der Stunde 1–2 Regeln hergesagt.

Um ½ 2 Uhr hört der Kantor die unterste Klasse ab und sieht die Schriften durch.

Um 2 oder ½ 3 Uhr exponiert der Schulmeister in der zweiten Klasse Cato und die Fabeln Aesop's, worüber die Schüler am nächsten Tag abgehört werden.

Die Schüler der zwei obersten Klassen müssen lateinisch reden. Ebenso sollen die Lehrer mit ihnen soviel als möglich lateinisch sprechen.

Hat die erste Klasse soviel Schüler, daß man Dialektik treiben kann, so findet der Unterricht in derselben morgens um 6 Uhr statt. Der Autor wird dann nachmittags um 2 Uhr exponiert. In dem Fall muß der Kantor in der zweiten Klasse Cato und die Fabeln Aesop's exponieren.

Mittwochs morgens lassen der Schulmeister und Kantor die zwei obersten Klassen den kleinen deutschen Katechismus Luther's lernen. Zugleich werden alle Klassen das Vater Unser, den Glauben und die 10 Gebote, und zwar die zwei obersten Klassen lateinisch und die unterste deutsch, abgefragt.

Samstag morgens exponiert der Schulmeister den zwei obersten Klassen das Sonntagsevangelium grammatice, frägt dabei nach schweren Wörtern und Konstruktionen und läßt deklinieren. Außerdem gibt er ihnen eine Erinnerung von Glauben, guten Werken etc.

Besonders soll dies vor den Festtagen geschehen, damit die Knaben mit dem Feste die Geschichte dazu aus dem Evangelium lernen.

Der Rat kann an vorstehender Ordnung ändern. Dem Schulmeister und Kantor ist es bei Strafe der Entlassung verboten.

Einigemal im Jahr sollen Pfarrer, Prädikanten und etliche vom Rat die Schule visitieren.

Quelle: Ebenda. S. 485–486

8.14 Aus: Kurpfälzische Schulordnung (1556)

("Schulordnung. Wie dieselbige in des Durchlauchtigsten, Hochgeborenen Fürsten und Herrn, Herrn Ott Heinrichs, Pfalzgrafen bei Rhein etc. Chur- und Fürstentümern gehalten werden soll.")

Sie ist die erste allgemeine Ordnung für die Pfalz und fast wörtlich aus der Mecklenburger Kirchenordnung 1552 entlehnt. Wahrscheinlich hat Melanchthon dabei mitgearbei-

Bild 295: Heidelberg, oberes Bild: Ansicht v. Südosten auf den Neckar und auf das Schloß vor der Zerstörung, unteres Bild: Blick auf das Schloß vom Friesenweg; Meister des Kurpfälzischen Skizzenbuchs Heidelberg, um 1590/1610 (Umfeld der Frankenthaler Malerschule um 1610, nach einer Vorlage um 1590), oberes Foto: Kresin, unteres Foto: Staatsgalerie Stuttgart, Graphische Sammlung der Staatsgalerie Stuttgart

tet. V. I. S. 66 f. Hautz, Lycci Heidelb. orig. et progr. 1856. S. 59 ff.)

Artikel für die Schulmeister.
1. Sie haben die Schule genau nach der Schulordnung zu halten.
2. Sie dürfen nur mit Einwilligung des Superintendenten Aenderungen vornehmen.
3. Sie haben mit den Schülern lateinisch zu reden und dieselben zum Lateinreden anzuhalten.
4. Ihr Leben soll für die Schüler vorbildlich sein.
5. Sie sollen nicht im Zorn, sondern gebührlich mit Worten und Ruten strafen.
6. Sie haben mit den Schülern die vom Pfarrer angegebenen Gesänge in der Kirche zu singen.
7. Sie müssen sich eidlich verpflichten, dem Fürsten und seinem Land treu zu dienen.
8. In Streitfragen unterstehen sie dem Kurfürstlichen Gericht.

Die nun folgende Schulordnung stimmt mit der Mecklenburger [Kirchenordnung – d. Verf.] überein.

Zum Schluß wird bemerkt, daß auch in den deutschen Schulen die Schulordnung einzuhalten ist. Wenigstens einmal monatlich soll der Pfarrer die deutsche und lateinische Schule visitieren.

Quelle: Ebenda. S. 512–513

8.15 Aus: Pfalz-Zweibrück'sche Kirchenordnung (1557)

(Kirchenordnung, Wie es mit der Christlichen leer, Raichunge der H. Sacramenten, Ordination der Diener des Evangeliy und ordenlichen Ceremonien, Erhaltung Christlicher Schulen und Studien, auch anderer der Kirchen notwendigen Stücken etc. In Unser Wolffgangs v. G. G., Pfalzgravens bey Rhein, Hertzogens in Bayern, und Gravens zu Veldentz Fürstenthumb gehalten werden soll. Sie wurde von Melanchthon und Brenz begutachtet. R. II. S. 194 ff.)

Von dem Katechismus.

Von der Erhaltung christlicher Schulen und Studien.
Dieser Abschnitt ist aus der Mecklenburger Kirchenordnung 1552 genommen. An Stelle der Universität Rostock treten bewährte, gottselige Universitäten, an welche die Unterthanen ihre Kinder senden sollen. Aermeren Studenten werden aus Kirchengütern und milden Stiftungen Stipendien verliehen. Sie dürfen aber dieselben nicht mißbrauchen.

Quelle: Ebenda. S. 514

8.16 Aus Philipp Melanchthon:
Unterricht der Visitatorn an die Pfarrherrn im Kurfürstenthum zu Sachsen. Wittenberg. MDXXVIII

Vorrede …
Register des Unterrichts.
Von der Lere.
Von den zehen Geboten.
Von dem rechten Christlichen Gebet.
Von Trübsal.
Vom Sacrament der Tauffe.
Vom Sacrament des Leibs vnd Bluts des Herrn.
Von der rechten Christlichen Busse.
Von der rechten Christlichen Beicht.
Von der rechten Christlichen Genugthuung für die Sünde.
Von Menschlichen Kirchenordnung.
Von Ehesachen.
Vom Freien willen.
Von Christlicher Freiheit.
Vom Türcken.
Vom rechten Christlichen Bann.
Von teglicher vbung in der Kirchen.
Von verordnung des Superattendenten.
Von Schulen, vom ersten, andern vnd dritten Hauffen.

Von der Lere.
Artikel 1. Nu befinden wir an der Lere vnter andern fürnemlich diesen feil, das, wiewol etliche vom Glauben, dadurch wir gerecht werden sollen, predigen, doch nicht genugsam angezeigt wird, wie man zu dem Glauben komen sol, vnd fast alle ein stück Christlicher Lere vnterlassen, on welches auch niemand verstehen mag, was Glauben ist oder heisst. Denn Christus spricht, Luc. am letzten Cap., Das man predigen sol in seinem Namen, Busse vnd Vergebung der sünden.

Aber viel jtzund sagen allein von Vergebung der sünde, vnd sagen nichts, oder wenig, von Busse. So doch on Busse keine Vergebung der sünden ist, Es kan auch Vergebung der sünden nicht verstanden werden on

Busse. Vnd so man die vergebung der sünden prediget on Busse, folget, das die Leute wenen, sie haben schon vergebung der sünden erlanget, vnd werden dadurch sicher vnd furchtlos. Welchs denn grösser jrthum vnd sünde ist, denn alle jrthum für dieser zeit gewesen sind. Vnd fürwar zu besorgen ist, wie Christus spricht, Matth. am 12 Cap., das das letzte erger werde, denn das erste.

Darumb haben wir die Pfarherr vnterrichtet vnd vermanet, das sie, wie sie schuldig sind, das Euangelium gantz predigen, vnd nicht ein stück on das ander. Denn Gott spricht, Deuteronomii am 4. Man sol nicht zu seinem wort, oder dauon thun. Vnd die jtzigen Prediger schelten den Bapst, er habe viel zusatz zu der Schrifft gethan, Als denn leider allzu war ist. Diese aber, so die Busse nicht predigen, reissen ein gros stück von der Schrifft, Vnd sagen die weil vom fleisch essen vnd der gleichen geringen stücken, Wiewol sie auch nicht zu schweigen sind, zu rechter zeit, vmb der Tyrannen willen, zu verteidingen die Christliche freiheit. Was ist aber das anders, denn wie Christus spricht Matth. am 23. ein Fliegen seigen, vnd ein Kameel verschlingen?

Also haben wir sie vermanet, das sie vleissig vnd offt die Leute zur Busse vermanen, Rew vnd leid vber die sünde zu haben, vnd zu erschrecken für Gottes gerichte. Vnd das sie auch nicht das grössest vnd nötigst stück der Busse nachlassen, denn beide, Johannes vnd Christus, die Pharisseer vmb jre heilige heucheley herter straffen, denn gemeine Sünder. Also sollen die Prediger in dem gemeinen Man die grobe sünde straffen. Aber wo falsche heiligkeit ist, viel herter zur Busse vermanen.

Denn wiewol etliche achten, man sol nichts leren für den Glauben, sondern die Busse aus vnd nach dem Glauben folgend, leren, auff das die Widersacher nicht sagen mögen, Man widerruffe vnser vorige Lere. So ist aber doch anzusehen, weil die Busse vnd Gesetz auch zu dem gemeinen glauben gehören (denn man mus ja zuuor gleuben, das Gott sey, der da drewe, gebiete vnd schrecke ...) So sey es für den gemeinen groben Man, das man solche stücke des Glaubens las bleiben, vnter dem namen Busse, Gebot, Gesetz, Furcht ... Auff das sie deste vnterschiedlicher den Glauben Christi verstehen, welchen die apostel iustificantem findem, das ist, der da gerecht macht vnd sünde vertilget, nennen, Welchs der Glaube von dem Gebot vnd Busse nicht thut, vnd doch der gemeine Man, vber dem wort Glauben, jrre wird, vnd Frage auffbringet on nutz ...

Vom Freien willen.

Artikel 12. Es reden auch viel vom Freien willen vnbescheiden, Darumb haben wir diesen kurtzen vnterricht hie zu geschrieben.

Der Mensch hat aus eigener krafft einen Freien willen, eusserliche werk zu thun oder zu lassen, durchs Gesetz vnd straffe getrieben, Derhalben vermag er auch weltliche frömmigkeit vnd gute werk zu thun aus eigener krafft, von Gott dazu gegeben und erhalten. Denn Paulus nennets gerechtigkeit des fleisches, das ist, die das fleisch oder der mensch aus eigener krafft thut. Wircket nu der mensch aus eigenen krefften eine gerechtigkeit, so hat er ja eine wahl vnd freiheit, böses zu fliehen, vnd guts zu thun. Es fordert auch Gott solche eusserliche oder weltliche gerechtigkeit, wie geschrieben ist zun Galatern am 3. Das Gesetz ist gemacht, eusserliche vbertrettung zu weren. Vnd in der ersten zu Timoth. am 1. Dem Gerechten ist kein Gesetz gegeben, sondern den vngerechten vnd vngehorsamen, den Gottlosen vnd Sündern, Als wolt S. Paulus sprechen, Wir können das hertz aus eigener krafft nicht endern, aber eusserlich vbertrettung mögen wir verhüten. Man sol auch leren, das Gott nicht gefallen hat, an einem wüsten, Heidnischen leben, Sondern Gott fordert von jeder man solche gerechtigkeit, strafft auch hart mit allerley weltlichen plagen vnd ewiger pein, solchs wüstes wesen.

Doch wird diese freiheit verhindert durch den Teufel. Denn wenn der Mensch durch Gott nicht würde beschützt vnd regirt, so treibt jn der Teufel zu sünden, das er auch eusserliche frömmigkeit nicht helt. Solchs ist not zu wissen, das die Leute lernen, wie ein schwach elend mensch ist, der nicht hülffe bey Gott sucht. Solchs sollen wir erkennen, vnd Gott vmb hülffe bitten, das er dem Teufel were, vnd vns behüte, vnd vns rechte Göttliche gaben gebe.

Zum andern, kann der Mensch aus eigener krafft das hertz reinigen, vnd Göttliche gaben wircken, Als warhafftige Rewe vber die sünde, warhafftige vnd nicht erticht furcht Gottes, warhafftigen Glauben, hertzliche liebe, keuscheit, nicht rachgirig sein, warhafftige gedult, sehnlich bitten, nicht geitzig sein ...

So spricht S. Paulus zun Röm. am 8. Der

natürliche Mensch kann nicht Göttlichs wircken, Sihet nicht Gottes zorn, darumb fürcht er jn nicht recht, Sihet Gottes gütigkeit nicht, darumb trawet vnd gleubet er jm auch nicht recht. Darumb sollen wir stetigs bitten, das Gott seine Gaben in vns wircken wolle. Das heisst denn Christliche frömigkeit...

Von Schulen.

Artikel 18. Es sollen auch die Prediger die Leute vermanen, jre kinder zur Schule zu thun, damit man Leute auffziehe, geschickt zu leren, in der Kirchen, vnd sonst zu regiren. Denn es vermeinen etliche, es sey genug zu einem Prediger, das er Deudsch lesen künde, Solchs aber ist ein schedlicher wahn. Denn wer andere leren sol, mus eine grosse vbung vnd sonderliche schickligkeit haben, Die zu erlangen, mus man lang vnd von jugent auff lernen. Denn S. Paulus spricht in der 1. zu Timotheo am 3. Es sollen die Bischoue geschickt sein, die andern zu vnterrichten vnd zu leren. Damit zeiget er an, das sie mehr schickligkeit haben sollen, denn Leien. So lobet er auch Timotheum in der 1. Epistel am 4. Cap. Das er von jugent auff gelernet habe, auffrzogen in den worten des Glaubens, vnd der guten lere. Denn es ist nicht eine geringe kunst, die auch nicht möglich ist, das sie vngelernte Leute haben, andere klar vnd richtig leren vnd vnterrichten.

Vnd solcher geschickter Leute, darff man nicht allein zu der Kirchen, sondern auch zu dem weltlichen Regiment, das Gott auch wil haben.

Darumb sollen die Eltern, vmb Gottes willen, die Kinder zur Schule thun, und sie Gott dem HERRN zurüsten, das sie Gott, andern zu nutz brauchen künde.

Für diese zeit, ist man vmb des bauchs willen zur Schule gelauffen, vnd hat der grösser teil darumb gelernet, das er eine Prebende krigete, da er versorget, sich mit sündlichem Meshalten erneret. Warumb thun wir Gott nicht die ehre, das wir umb seines befehls willen lernen? Denn er würde on zweiuel dem bauche auch narung schaffen, Denn er spricht Matth. am 6. also, Trachtet zum ersten nach dem Reich gottes, so werden euch alle andere güter zu gegeben werden.

Gott hat die Leuiten im gesetz Mosi mit dem Zehenden versorget. Im Euangelio ist nicht geboten, den Priestern den Zehenden zu geben, Aber dennoch ist geboten, jnen narung zu geben. So saget Christus selbs, Matthei vnd Luce am 10. Das ein jeder Taglöner, seines lohns vnd seiner speise werd sey.

Darumb, ob schon die welt Gottes gebot veracht, vnd den Priestern, den sie schüldig ist, nicht gibt, wird dennoch Gott, der Priester, die recht leren, nicht vergessen vnd sie erneren, Denn er hat jnen narung zugesagt.

Wie reichlich auch viel andere künste durch Gottes willen belohnet werden, sihet man teglich. Denn also ist geschrieben Ecclesiastici am 38. Von Gott ist alle ertzney, vnd wird vom König schenkung empfahen.

Nu sind viel misbreuche in der Kinder Schulen, Damit nu die jugent recht geleret werde, haben wir diese form gestellet.

Erstlich, sollen die Schulmeister vleis ankeren, das sie die kinder allein Latinisch leren, nicht Deudsch oder Griechisch, oder Ebreisch, wie etliche bisher gethan, die armen kinder mit solcher manchfeltigkeit beschweren, die nicht allein vnfruchtbar, sondern auch schedlich ist. Man sihet auch, das solche Schulmeister nicht der kinder nutz bedencken, sondern vmb jres rhumes willen, so viel sprachen fürnemen.

Zum andern, sollen sie auch sonst die kinder nicht viel mit büchern beschweren, sondern in allwege, manchfeltigkeit fliehen.

Zum dritten, Ists not, das man die Kinder zurteile in hauffen.

Vom ersten Hauffen.

Der erste Hauffe sind, die Kinder die lesen lernen, Mit den selben sol diese ordnung gehalten werden. Sie sollen erstlich lernen lesen, der Kinder Handbüchlein, darin das Alphabet, Vater vnser, Glaube, vnd andere Gebet, innen stehen.

So sie dis können, sol man jnen den Donat vnd Cato zusamen fürgeben, Den Donat zu lesen, Den Cato zu exponiren, Also, das der Schulmeister einen vers oder zween exponire, Welche die kinder darnach zu einer anderen stunde, auffsagen, das sie dadurch einen hauffen Latinischer wort lernen, vnd einen vorrat schaffen zu reden. Darinnen sollen sie geübet werden, so lange, bis sie wol lesen können, Vnd halten es dafür, es sol nicht vnfruchtbar sein, das die schwachen Kinder, die nicht einen sonderlich schnellen verstand haben, den Cato vnd Donat, nicht einmal allein, sondern das ander mal auch lerneten.

Daneben sol man sie leren schreiben, vnd treiben, das sie teglich jre Schrifft dem Schulmeister zeigen.

Damit sie auch viel Latinischer wort lernen, sol man jnen teglichs am abend etliche wörter zu lernen, fürgeben, wie vor alter die weise in der Schule gewesen ist.

Diese Kinder sollen auch zu der Musica gehalten werden, vnd mit den andern singen, wie wir darunten, wil Gott, anzeigen wollen.

Vom andern Hauffen.

Der ander Hauffe, sind die Kinder so lesen können, vnd sollen nu die Grammatica lernen. Mit den selben, sol es also gehalten werden.

Die erste Stunde nach mittag teglich, sollen die Kinder in der Musica geübet werden, alle, klein und gros.

Darnach sol der Schulmeister dem andern hauffen auslegen, die Fabulas Esopi erstlich. Nach der Vesper, sol man jnen exponiren, Pedologiam Mosellani, Vnd wenn diese Bücher gelernet, sol man aus den Colloquiis Erasmi welen, die den Kindern nützlich vnd züchtig sind.

Dieses mag man auf den andern abend repetiren.

Abends, wenn die Kinder zu haus gehen, sol man jnen einen Sententz aus einem Poeten, oder andern fürschreiben, den sie morgens wider auffsagen, Als, Amicus certus in re incerta cernitur. Ein gewisser freund wird in vnglück erkand. Oder, Fortuna quem nimium fouet, stultum facit. Wen das Glücke zu wol helt, den macht es zu einem narren. Item, Quidius, Vulgus amicitias vtilitate probat. Der pöfel lobet die freundschafft, nur nach dem nutz.

Morgens, sollen die Kinder den Esopum wider exponiren.

Dabey sol der Preceptor etliche nomina vnd verba decliniren, nach gelegenheit der kinder, viel oder wenig, leichte oder schwere, vnd fragen auch die kinder, regel vnd vrsach solcher declination.

Wenn auch die Kinder haben regnlas constructionum gelernet, sol man auf diese stunde fordern, das sie, wie mans nennet, Construiren, Welchs sehr fruchtbar ist, vnd doch von wenigen geübet wird.

Wenn nu die Kinder Esopum auff diese weise gelernet, sol man jnen Terentium fürgeben, Welchen sie auch auswendig lernen sollen, Denn sie nu gewachssen, vnd mehr erbeit zu tragen vermügen. Doch sol der Schulmeister vleis haben, das die Kinder nicht vberladen werden.

Nach dem Terentio, sol der Schulmeister den kindern etliche fabulas Plauti, die rein sind, fürgeben, Als nemlich, Aululariam, Trinummum, Pseudolum vnd der gleichen.

Die stunde vor mittag, sol allweg für vnd für also angelegt werden, das man daran nichts anders, denn Grammaticam lere. Erstlich Etymologiam, Darnach Syntaxin, Folgend Prosodiam. Vnd stetigs, wenn dis volendet, sol mans wider forn anfahen, vnd die Grammatica den kindern wol einbilden. Denn wo solchs nicht geschicht, ist alles lernen verloren vnd vergeblich. Es sollen auch die kinder solche regulas Grammatice auswendig auffsagen, das sie gedrungen vnd getrieben werden, die Grammatica wol zu lernen.

Wo auch den Schulmeister solcher erbeit verdreusset, wie man viel findet, sol man die selbigen lassen lauffen, vnd den kindern einen andern suchen, der sich dieser erbeit anneme, die kinder zu der Grammatica zu halten. Denn kein grösser schade allen künsten mag zugefüget werden, denn wo die jugent nicht wol geübet wird in der Grammatica.

Dis sol also die gantze wochen gehalten werden, Vnd man sol den kindern nicht jeden tag ein new buch fürgeben.

Bild 296: Titelblatt v. Melanchthons „Grammatica", Wittenberg 1610

Einen tag aber, als Sonnabend oder Mittwoch, sol man anlegen, daran die Kinder Christliche vnterweisung lernen.

Denn etliche lernen gar nichts aus der heiligen Schrifft. Etliche lernen die Kinder gar nichts, denn die heilige Schrifft. Welche beide nicht zu leiden sind. Denn es ist von nöten, die Kinder zu lernen den anfang eines Christlichen vnd Gottseligen lebens. So sind doch viel vrsachen, darumb daneben jnen auch andere bücher sollen fürgelegt werden, daraus sie reden lernen. Vnd sol in dem also gehalten werden, Es sol der Schulmeister den gantzen hauffen hören, Also, das einer nach dem andern auffsage, das Vater vnser, den Glauben, vnd die Zehen gebot. Vnd so der hauffe zu gros ist, mag man eine wochen ein teil, vnd die andern auch ein teil, hören. Darnach sol der Schulmeister auff eine zeit, das Vater vnser einfeltig vnd richtig auslegen. Auff andere zeit, den Glauben. Auff andere zeit, die Zehen gebot. Vnd sol den Kindern die stücke einbilden, die not sind, recht zu leben, Als Gottesfurcht, Glauben, gute werck. Sol nicht von Hadersachen sagen. Sol auch die Kinder nicht gewenen, Münche oder andere zu schmehen, wie viel vngeschickter Schulmeister pflegen.

Daneben sol der Schulmeister den Knaben etliche leichte Psalmen fürgeben, aussen zu lernen, In welchen begriffen ist, eine Summa eines Christlichen lebens, Als, die von Gottesfurcht, von Glauben, vnd von Guten wercken leren. Als der 112. Psalm, Wol dem man, der Gott fürcht. Der 34. Ich wil den HERRN loben allezeit. Der 128. Wol dem der den HERRN fürchtet, vnd auff seinen wegen gehet. Der 125. Die auff den HERRN hoffen, werden nicht umbfallen, Sondern ewig bleiben, wie der Berg Zion. Der 127. Wo der HErr nicht das Haus bawet, so erbeiten umb sonst die daran bawen. Der 133. Sihe, wie fein vnd lieblich ists, das Brüder eintrechtig bey einander wonen. Und etliche der gleichen leichte und klare Psalmen, Welche auch sollen auffs kürtzest vnd richtigst ausgelegt werden, damit die Kinder wissen, was sie daraus lernen vnd da suchen sollen.

Auff diesen tag auch, sol man Mattheum Grammatice exponiren. Vnd wenn dieser volendet, sol man jn wider anfahen. Doch mag man, wo die Knaben gewachssen, die zwo Episteln S. Pauli zu Timotheon, oder die erste Epistel S. Johannis, oder die Sprüche Salomonis auslegen.

Sonst sollen die Schulmeister kein buch fürnemen zu lesen. Denn es ist nicht fruchtbar, die jugent mit schweren vnd hohen büchern zu beladen, Als etliche Isaiam, Paulum zun Römern, S. Johannis Euangelium, vnd andere der gleichen, vmb jres rhums willen, lesen.

Vom dritten Hauffen.

Wo nu die Kinder in der Grammatica wol geübet sind, mag man die geschicksten auswelen, vnd den dritten hauffen machen.

Die stunde nach mittag, sollen sie mit den andern in der Musica geübet werden. Darnach, sol man jnen exponiren Virgilium. Wenn der Virgilius aus ist, mag man jnen Ouidii Metamorphosin lesen. Abends, Officia Ciceronis, oder Epistolas Ciceronis familiares.

Morgens sol Virgilius repetiert werden, vnd man sol zu vbung der Grammatica, Constructiones fordern, decliniren vnd anzeigen, die sonderliche figuras Sermonis.

Die stunde vor mittag, sol man bei der Grammatica bleiben, damit sie darin sehr geübet werden. Vnd wenn sie Etymologiam vnd Syntaxes wol können, sol man jnen Metricam fürlegen, dadurch sie gewenet werden, Vers zu machen, Denn die selbige vbung ist sehr fruchtbar, anderer Schrifft zu verstehen,

Bild 297: Titelblatt von Melanchthons „Oratio De Dialectica", Leipzig 1580

Machet auch die knaben reich an worten, vnd zu vielen sachen geschickt.

Darnach, so sie in der Grammatica genugsam geübet, sol man die selben stunde zu der Dialectica vnd Rhetorica gebrauchen.

Von dem andern vnd dritten Hauffen, sollen alle wochen ein mal schrifft, als Epistolas oder Vers, gefordert werden.

Es sollen auch die knaben dazu gehalten werden, das sie Latinisch reden, Vnd die Schulmeister sollen selbs, so viel müglich, nichts denn Latinisch mit den knaben reden, dadurch sie auch zu solcher vbung, gewonet und gereitzt werden.

Quelle: Weber, K. (Hrsg.): M. Phil. Melanchthon's evangelische Kirchen- und Schulordnung vom Jahre 1528 ... Schlüchtern 1844. S. 39–112 (Auf die Anmerkungen wurde verzichtet.)

8.17 Philippp Melanchthon:
Über die Verbesserung der Studien der Jugend (1518)

Es könnte unbescheiden und unangemessen erscheinen, daß ich vor dieser hochansehnlichen Versammlung das Wort zu einem so schwierigen Gegenstand zu nehmen gedenke. Aber die Liebe zur Wissenschaft und die Pflicht meines Amtes spornen mich an, von der Neubelebung der Studien und der Neugeburt der Musen zu reden, für die euch alle zu gewinnen, mir Herzensbedürfnis ist. Ihre Sache möchte ich führen gegen die Barbaren, die sich als Gelehrte brüsten und mit barbarischen Mitteln den Fortschritt unterbinden möchten. Suchen sie doch die deutsche Jugend, die seit einiger Zeit so glücklich in den literarischen Wettstreit eingegriffen hat, von ihrem Unterfangen mit allerhand Schmähungen zurückzuhalten: solch Studium sei schwer, aber unnütz; Griechisch treiben nur einige Prahler, die sonst nichts Besseres zu tun wissen; vollends Hebräisch sei von zweifelhaftem Wert; die wahre Wissenschaft gehe darüber zugrunde, und die Philosophie werde zur Wüste. Man müßte ein Herkules sein, um sich mit diesen Unwissenden auseinanderzusetzen, und es könnte scheinen, als hätte ich mir eine wenig lohnende Arbeit aufgeladen. Aber ich brenne darauf, den Jünglingen den rechten Weg zum Studium zu weisen, und von dieser hochansehnlichen Versammlung darf ich erwarten, daß auch sie gewillt ist, den Betrieb der Wissenschaften von dem Rost zu befreien, der sich daran gesetzt hat, und ihm zu seinem ursprünglichen Glanz zu verhelfen. So möchte ich denn in Kürze darüber berichten, worum es sich bei der Neubelebung der Studien handelt, die unseren noch ungebildeten Vorfahren einst über Frankreich von den Schotten zugetragen wurden, und ihr mögt selber urteilen, ob die Beschäftigung damit Nutzen oder Schaden bringt. Darin soll meine Rede gipfeln, daß ich euch Lust mache zum Griechischen und Lateinischen als den schönen Wissenschaften. Weiß ich doch, daß so viele durch die Neuheit der Sache, wenn nicht abgeschreckt werden, so doch im Vorhof hängen bleiben. Und so bitte ich denn um geneigtes Gehör.

Es sind wohl nun mehr als acht Jahrhunderte her, da war der Weltkreis von den Goten durchwühlt, Italien hatten die Langobarden verwüstet, und mit dem römischen Reich war auch die römische Kultur dahingeschwunden; die Kriegsfurie hatte die Büchereien zerstört; und die Musen schwiegen: Mars, der rasende Tor und Pallas vertragen sich nicht miteinander, wie schon Homer uns gezeigt hat. Damals nun suchte Gregor, den man den Großen [Papst v. 590–604 – d. Verf.] nennt, den ich lieber als den Fackelträger einer nun vergangenen Gottesgelehrtheit bezeichnen möchte, übrigens ein sehr frommer Mann, an der Spitze der römischen Kirche den unseligen Verfall durch Wort und Schrift aufzuhalten. Und doch war niemand da, der der Nachwelt ein Werk von Bedeutung hinterlassen hätte. Nur bei Iren und Schotten war die Wissenschaft im Frieden aufgeblüht, und Beda der Ehrwürdige durfte sich wohl mit den Alten messen. Gallien fror, und es fror Italien. Deutschland aber war je in den Waffen erfahrener als in der Wissenschaft, auch bekannte es sich noch nicht ganz zum Christentum. Da wandte Kaiser Karl, nachdem er den Frieden gesichert hatte, auch der Hebung der Kultur seine Aufmerksamkeit zu. Selbst kenntnisreich und gebildet, rief er Alkuin aus England herüber, der nun Paris zum Mittelpunkt der Studien machte. Ein glückverheißender Anfang: noch herrschte die ursprüngliche Reinheit, und selbst eine gewisse Kenntnis der Altertümer war vorhanden. Das war das Zeitalter, das uns die Hugo und Richard von St. Viktor und manch anderen nicht zu verachtenden Schriftsteller schenkte. Die Philosophie bezog man damals noch nicht aus dem Aristoteles, sondern ihre Grundlage bildete die Mathematik, die den Gebildeten durchaus vertraut war, und von deren erfolgreicher Pflege die Bibliotheken der Benediktinerklöster samt den Arbeiten der Mönche noch heute Zeugnis ablegen.

Dann trat ein Rückgang ein, und man verfiel – war es nun Gelehrtengier oder Streitlust – auf den Aristoteles und zwar einen verstümmelten Aristoteles, aus dessen lateinischer Überlieferung sich alles, was man wollte, herauslesen ließ. Allmählich wurde die erste Wissenschaft vernachlässigt, das Studium des Griechischen hörte auf, und statt guter Dinge wurden schlechte gelehrt. Nun traten die Thomas, Duns, Durandus, die seraphischen und cherubischen Doktoren, und wie sie alle heißen mögen, auf. Und es geschah, daß über dem Studium dieser Neueren die Alten nicht nur zurückgesetzt wurden, sondern ganz in Lethes Strom versanken, so daß man die Frage aufwerfen darf, ob nicht diese Hinordnung von ungezählten alten Schriftstellern mehr geschadet hat als alles, was diese spitzfindigen Herren sonst auf dem Gewissen haben mögen. Jedenfalls hatten sie nun Macht über göttliches und menschliches Recht, die Jugend wurde nach ihren Beschlüssen unterrichtet, und Jus wie Medizin mußten gleichmäßig unter ihrer Wildheit leiden; denn natürlich ward der Schüler dem Meister ähnlich, wie von einem schlechten Raben nur schlechte Eier zu erwarten sind ... Und solcher Unterrichtsbetrieb hat nun etwa seit drei Jahrhunderten England, Frankreich und Deutschland beherrscht. Mit wie verderblichem Erfolg, könnt ihr schon aus dem, was ich gesagt habe, entnehmen, aber es wird noch deutlicher werden, wenn ihr auf folgendes achtet.

Zunächst: die Vernachlässigung der Alten und die kecke Art zu philosophieren und zu kommentieren, hatten nicht nur den Verfall der griechischen Studien, sondern auch der Mathematik und der Pflege der Wissenschaft vom Heiligen zur Folge. Und welches Übel hätte schlimmer wüten können, zumal bei solcher Verbreitung! War bisher die Philosophie ganz griechisch gewesen, hatte man die Wissenschaft von den heiligen Dingen bei den Lateinern wohl bei Cyprian, Hilarius, Ambrosius, Hironymus und Augustin gesucht, sonst aber sie ganz auf die Griechen gegründet, so konnte es nicht ausbleiben, daß die Vernachlässigung der griechischen Kultur mit dem Verfall der Philosophie – und welch großes Gut ist doch die Philosophie – auch den der Sorge für die heiligen Dinge nach sich zog. So wurde nicht nur die Wissenschaft, sondern auch kirchlicher Brauch und Sitte erschüttert. Wäre nur eins oder das andere geschehen, der Schaden hätte behoben werden können: wären die kirchlichen Bräuche unverdorben geblieben, so hätte sich die Wissenschaft leicht wieder erneuern lassen, wie es die unversehrte Wissenschaft gewiß vermocht hätte, die verderbten kirchlichen Sitten zu bessern und den darniederliegenden Menschengeist aufzurichten, zu kräftigen und in geregelte Bahnen zu führen. Nun aber – war es Geschick, war's unsere Schuld – wandelte sich mit der Wissenschaft die alte Frömmigkeit in Zeremonienwesen und Menschenfündlein, und es verhallte die kluge Mahnung der Väter von Nicäa, daß man die alten Sitten aufrechthalten solle.

Vielleicht meint mancher unter euch, daß ich mit solchen Worten allzu kühn die mir gesetzten Schranken überschreite. Vergeßt aber nicht, daß es sich um eure Angelegenheiten, ihr Jünglinge, handelt. Wenn viele von euch an das Studium der schönen Wissenschaften ungern herantreten, so ist es, weil sie nicht richtig belehrt worden sind. Hört darum weiter, was es mit jenem barbarischen Unterricht für eine Bewandnis hat. Ich habe ihn genugsam kennengelernt, sechs ganze Jahre habe ich über ihm verloren und kann ihn wohl mit seinen Farben malen. Ihr wißt, daß Logik oder, wie man auch sagen kann, Grammatik, Dialektik und Rhetorik, die Grundlage allen Unterrichts bilden. Aber diese von allen Musen verlassenen Meister der Unwissenheit haben die Logik unter einer Wucht von Kommentaren erdrückt, und was sie Dialektik nennen, ist nichts als ein Nest von Spitzfindigkeiten. So haben sie es verstanden, eine an sich nicht schwere und außerordentliche Sache zu einem schwierigen und unnützen Ding zu machen. Verdient aber all das wirklich den hehren Namen Philosophie? Ich halte an mich, um niemanden zu verletzen. Doch sollt ihr wenigstens von mir erfahren, wie man es besser machen kann. Habe ich mich doch oft mit Männern von gesundem Urteil beraten. So habe ich auch meinen Tübinger Lehrer und brüderlichen Freund Franz Stade auf den wahren Aristoteles verwiesen, von dem jene nichts wissen, und er wiederum dringt in mich, wir möchten doch mit vereinten Kräften den Aristoteles in gereinigter Gestalt zum Leben erwecken. Es sei für das höhere Studium kein Heil zu erhoffen, wenn nicht zuerst die Grundlagen gesäubert würden. Umgekehrt verspreche er sich alles von einem besseren Anfangsunterricht, denn wer den rechten Grund gelegt habe, der könne auch den Gipfel erklimmen. Das war mir aus dem Herzen gesprochen, und so habe ich mich mit dem Freunde an die Arbeit gemacht, und Gott mag weiter helfen. Ihr aber tretet an diese Studien mit offenem Sinn und ernstem Fleiß heran. Dann sucht euch urteilsfähige Lehrer, die euch den Stoff in richtiger Auswahl vortragen. Möchte man doch an dem Verstand derer zweifeln, die da glauben, man müßte sich durch einen Wust von Nichtigkeiten hindurcharbeiten, um zum Ziele zu gelangen. Wie bescheiden war doch Sokrates, den man für einen Weisen hielt. Der meinte, er wisse nur eins, nämlich, daß er nichts wisse. Jene dagegen wissen nur das eine nicht, daß sie nichts wissen. Wenn doch nur einmal Hermes der Beredte sie mit seinem Stabe berührte, daß sie erwachten, daß sie sich ihres Torentums bewußt würden.

Vom Unmut getrieben, bin ich abgeschweift. Ich fürchte euch zu ermüden, wenn ich noch mehr Beispiele bringe. Sicher ist, daß durch das bisherige Unterrichtswesen nur Zank und Streit gepflegt worden sind, und daß, während einst Musen und Grazien in gemeinsamen Heiligtümern verehrt wurden, jetzt überall Neid und Eifersucht herrschen. Kein Wunder, daß die Jünglinge, nachdem sie Jahre auf ein falsches Geistesspiel verschwendet haben, nur mit geschwächten Kräften an Höheres herantreten, an Theologie, Jurisprudenz und Medizin. Um so mehr seid ihr zu beglückwünschen, denen es durch die gütige Fürsorge unseres trefflichen, weisen Kurfürsten Friedrich vergönnt sein soll, an den Quellen zu schöpfen und die hohen Urbilder, den echten Aristoteles, Quintilian, Plinius und andere kennen zu lernen. Von namhaften Lehrern unterrichtet, werdet ihr bei richtiger Ordnung eures Studiums bewunderungswürdige Fortschritte machen. In Grammatik, Dialektik, und Rhetorik wird euer Geist geschult. Zur Kenntnis des Lateins tritt die des Griechischen, die nötig ist, wenn man nicht dem Schatten der Dinge nachjagen will … Und seid ihr nun so mit dem Zehrgelde versehen, so wagt euch an die Philosophie. Denn das ist allerdings meine Meinung, daß niemand sich in der Gottes- oder Rechtsgelehrtheit, in der Kirche oder vor Gericht, wird auszeichnen können, der sich nicht zuvor eine gründliche allgemeine Bildung – und nichts anderes bedeutet die Philosophie – angeeignet hat. Die Philosophie ist kein bloßer Zeitvertreib, kein Tändeln mit Nichtigkeiten. Sucht euch vom Besten das Beste heraus und nutzt es für die Kenntnis der Natur und die Bildung eurer Sitten! Und wiederum sind es die Griechen, die hier das Höchste geleistet haben. Lest des Aristoteles Ethik, lest Platos Staat und lest die Dichter! Homer ist für die Griechen die Quelle aller Bildung, wie Vergil und Horaz für die Lateiner.

Vor allen Dingen aber lernt die Geschichte kennen. Sie lehrt euch, was schön ist und was schimpflich, was Nutzen bringt und was nicht, besser als Chrysipp und Krantor es vermögen. Ohne Kenntnis der Geschichte kann weder öffentliches noch privates Leben bestehen, ohne sie ist eine gesunde Verwaltung der staatlichen wie der häuslichen Angelegenheiten undenkbar. Ja, ich weiß nicht, ob nicht unsere Erde leichter die Sonne, also ihr Lebensprinzip, entbehren könnte als unser bürgerliches Dasein die Geschichte. Die Alten sahen in der Göttin des Gedächtnisses die auch des Paulus Brief an Titus. Ihr werdet schon sehen, was es für das Verständnis der heiligen Geheimnisse bedeutet, sie nach dem Urtext auslegen Mutter der Musen. Das soll nach meiner Meinung nichts anderes bedeuten, als daß an der Geschichte alle Künste ihren Quellpunkt haben. So möchte ich denn unter der Bezeichnung Philosophie Naturwissenschaft, Sittenlehre und Geschichte befassen. Wer diese in sich aufgenommen hat, der hat sich den Weg zum Gipfel gebahnt. Der Rechtsbeflissene weiß nun, wie er seine Rede inhaltsreich gestalten kann, der Staatsmann, woher er für Billigkeit, Sitte und Recht die Maßstäbe nehmen soll. Schon Domesthenes, der große Redner, kannte den Wert der Philosophie und wußte ihn der Jugend einzuprägen. Marcus Cicero aber reichte ihr die Palme. Und endlich die Wissenschaft von den heiligen Dingen. Sehr viel kommt darauf an, wie ihr sie anfaßt. Wenn irgendein Studium, so bedarf das der Theologie innerlicher Durchdringung und sorgfältiger Bearbeitung … Da nun die Theologie teils hebräisch, teils griechisch ist – denn die Lateiner haben nur aus den Bächen der Hebräer und der Griechen getrunken -, so gilt es, die fremden Sprachen zu erlernen, auf daß wir nicht wie

„stumme Masken" mit den Theologen verhandeln. Dann wird sich uns der Worte Pracht und eigene Art erschließen, offen liegt vor uns der wahre, der wirkliche Sinn des Buchstabens. Sind wir einmal in ihn eingedrungen, so ist das Verständnis der Sache gegeben. Verflogen sind alle die Glossen, Konkordanzen und Diskordanzen, und was sonst die Schwingen des Geistes lähmt. Indem wir aber so die Blicke auf die Quellen lenken, beginnen wir auch Christus zu verstehen, sein Gebot wird uns zur Leuchte, und uns durchströmt der beglückende Nektar göttlicher Weisheit ...

So habe ich es gemeint, wenn ich sagte, die von der Wissenschaft entblößte Kirche habe gegen die wahre Frömmigkeit Menschensatzungen eingetauscht. Versteht mich recht. Mir liegt nur an der evangelischen Wahrheit, wie sie die Kirche verkündet, und wie dem Psalmisten ist auch mir des Herrn Wahrheit Schirm und Schild ... Begreift ihr nun, ihr Jünglinge, wenigstens von ungefähr, wie wichtig die Neubelebung der Studien ist und welchen Beitrag zur Kultur des menschlichen Geistes sie liefert? Gewiß ist die Aufgabe schwer, wie alles, was gut und schön ist. Aber zeigt nur den nötigen Eifer, dann werdet ihr, das hoffe ich zuversichtlich, das Gute mit weniger Aufwand erlangen als das Schlechte. Eure Lehrer werden Sorge tragen, daß ihr das Gute in richtiger Auswahl kennenlernt und daß das Fade euch fernbleibt. In erster Linie lernt Latein, aber es werden schon einige Stunden abfallen, die ihr dem Griechischen widmen sollt. Ich will meine ganze Kraft daran setzen, daß eure Arbeit nicht vergeblich sei. Von Anbeginn will ich die Schwierigkeit der Grammatik durch die Lektüre der besten Schriftsteller dämpfen: dort die Regeln, hier die Beispiele. Ihr sollt darauf achten lernen, was diese Schriftsteller uns für unseren inneren Menschen zu sagen haben. Tut ihr das, so werdet ihr den Kreislauf eurer Studien herrlich beschließen. In Händen halten wir Homer, aber auch des Paulus Brief an Titus. Ihr werdet schon sehen, was für das Verständnis der heiligen Geheimnisse bedeutet, sie nach dem Urtext auslegen zu dürfen.

So wendet euch denn zum richtigen Studium und beherzigt, was der Dichter sagt: Frisch gewagt, ist halb gewonnen. Arbeitet, nicht nur um des eigenen Nutzens oder der kommenden Geschlechter willen, sondern auch zu bleibendem Ruhm unseres trefflichen Fürsten, dem die Pflege der schönen Wissenschaften mehr als alles andere am Herzen liegt. Ich aber will nichts unversucht lassen, dem Willen des Fürsten und dem, was euch nottut, meine Dienste zu weihen. Ich habe gesprochen.

Quelle: Originaldruck bei J. Grunenberg in Wittenberg 1518. Übersetzung von G. Krüger. Aus: Deutsch – evangelische Monatsblätter für den gesamten deutschen Protestantismus. Hrsg. v. M. Schian. Leipzig 8 (1917). S. 438–445

[Beda (um 673–735) war angelsächsischer Kirchenlehrer und Geschichtsschreiber; Alkuin (um 735–804) war Lehrer und Berater Karls des Großen; Hugo von Sankt Victor (1096–1141) und Johannes Duns Scotus (1265–1308) waren scholastische Theologen; Cyprian, Hilarius, Ambrosius, Hieronymus, Augustin waren als Kirchenlehrer Vertreter der patristischen Philosophie; Nicäa war Stadt des Konzils (325); Hermes galt als wortgewandter Gott der Kaufleute und Lügner; Chrysippos (gest. zwischen 208–204) war Philosoph der Stoa; Krator (3./4. Jh. v. Chr.) war vermutlich griechischer Philosoph an der neuen Akademie.]

8.18 Eine Schrift Philipp Melanchthons an eine ehrbare Stadt [Soest – d. Verf.] über die Einrichtung der Lateinschule, nützlich zu lesen (1543)

Gottes Gnade und Friede durch seinen eingeborenen Sohn Jesus Christus, unsern Heiland, zuvor, ehrbare, weise, günstige Herren. Ich bin des öfteren von den würdigen Herrn, den treuen Predigern des Evangeliums in eurer Kirche ersucht worden, an E. w. zu schreiben und sie freundlich zur Einrichtung einer christlichen nützlichen Kinderschule zu ermahnen. Nun bin ich für meine Person allezeit geneigt gewesen, solches zu tun. Denn das ist ja eins der allerheiligsten Werke auf Erden, getreulich bei der Einrichtung einer Schule zu helfen, wie ich nachher zeigen will. Mich haben aber etliche Sachen aufgehalten, und nämlich die:

Die erste, von der ich weiß, die E. w. selbst als die Verständigsten wissen, ist, daß zur Erhaltung der Religion und vieler nützlicher Wissenschaften ganz vonnöten ist, die Kinder zur Lehre zu halten. Es soll keines Menschen Ansehen und Autorität auf Erden so groß geachtet sein, daß jemand höher und mehr dadurch zur Förderung der Schule bewegt wäre, als durch die Sache selbst, dieweil man weiß, daß Gott gebot, seine Lehre zu erhalten. Ebenso weiß man genug, daß solches nicht möglich ist, wenn man die Schulen zerfallen läßt. Darüber hinaus bin ich eine geringe Person, so daß ich besorgt wäre, mein Schreiben würde mehr mit Unwillen aufgenommen werden, als daß es viel fruchten würde.

Die zweite Ursache, die mich aufgehalten hat, ist gewesen, daß ich weiß, daß der Kirchengüter, um damit Kirchen und Schulen zu bestellen, wenige in euren Händen sind. Die Pfaffen fressen im Stift und anderswo die Präbenden auf, die euch nicht nur nicht dienen, sondern auch die reine christliche Lehre gern aus den Kirchen vertreiben wollen. Da es dann dem Rat schwer wird, sonst so viel zusammenzubringen, daß die Pfarren etlichermaßen erhalten blieben, so kann ich wohl beobachten, daß man zur Bestellung der Schule destoweniger geneigt ist, da keine übrigen Güter vorhanden sind.

Die dritte Ursache ist diese, daß leider ein Krieg an diesem Ort erregt wurde, den Gott gnädig stillen wolle. Nun hat man in Kriegszeiten auch nicht große Lust oder großen Raum, solche Ordnungen zu machen, die man zu Friedenszeiten bequem machen kann.

Die vierte Ursache, daß ich besorgt bin: es gibt Parteiungen unter euch, also daß etliche zur Unterdrückung des Evangeliums gute Ordnung verhindern etc.

Obwohl mich nun diese Ursachen scheu gemacht haben zu schreiben, so bin ich gleichwohl bewegt worden, in guter, einfacher Meinung diese Erinnerung E. w. zu schicken. Ich bitte fleißig, E. w. wollen sie von mir freundlich annehmen. Ich weiß wohl, daß ich eine geringe Person bin und nicht zu gebieten habe. Gleichwohl bin ich durch Gottes Gnade in diesem Schulamt und bin schuldig, so viel mir möglich ist, andere zu ermahnen, diese Gaben Gottes zu preisen und zu erhalten. Darum wolle E. w. meine treue Wohlmeinung freundlich verstehen.

Erstens bitte ich, E. w. wolle die hohe und große Notdurft bedenken: Viele unvernünftge Leute denken, obgleich die Religion notwendig sei, so bedürfe es keiner Wissenschaft und Studien dazu. Es wisse ein jeder aus seinem natürlichen Verstand, was er tun solle. Dies ist eine ganz törichte, ja gotteslästerliche Rede. Denn zur ewigen Seligkeit gehört Erkenntnis des Evangeliums, wovon die menschliche Vernunft von sich aus nichts weiß. Weil dann Gott die menschliche Natur nicht vergeblich geschaffen hat, sondern sie richten und etliche selig machen will, so hat er von Anfang den ersten Menschen seine Gnade und Vergebung der Sünden, davon die menschliche Vernunft nichts wüßte, geoffenbart. Und es ist diese Offenbarung durch die Patriarchen und danach durch die Propheten in ein Buch gefaßt wurden, welches Gott nach seinem Ratschluß wunderbar für und für erhalten hat. Danach hat er die Schrift der Apostel dazu getan, daß also beisammen ist die nötige Kirchenlehre von Anfang der Schöpfung bis zur Erbauung der Kirche durch die Apostel.

Dieses Buch ist der höchste Schatz, der auf Erden bleibt. Denn es lehrt, wie wir Gott erkennen und anrufen und wie wir selig werden sollen. Es gibt Zeugnis, daß diese Lehre vom Anfang als einzige, rechte Lehre von Gott gegeben wurde. Es ist eine besonders große Ehre und große Weisheit der Kirche Gottes, daß sie allein eine sichere Geschichte besitzt vom Anfang der Welt. Sie setzt sich zusammenhängend fort, so daß wir den Ursprung und die Ausbreitung unserer Religion wissen können. Unsere Religion ist nicht eine heidnische, die sich blind einschlich, so daß man nicht weiß, woher sie kommt.

Darum erhält Gott dieses Buch auch auf wunderbare Weise. Er gebietet aber daneben allen Menschen, daß man es hören und lernen soll, gebietet auch allen Regenten in seiner Kirche, daß sie diese Bücher sollen erhalten und andere lehren helfen. Darum müssen Leute sein, die es lesen können, die die Sprachen verstehen etc. und also andere zu lehren und zu unterweisen geschickt sind.

Darum sind allezeit von Anfang der Welt bei der Kirche Gottes Schulen und Studien gewesen, um diesen edlen Schatz, Gottes Verheißung und Zeugnis, nämlich dieses Buch, worin die Kirchenlehre gefaßt wurde, zu erhalten und auf die Nachkommen zu vererben.

Um dieser Ursache willen ist das schöne Regiment Israel bestellt und das Königreich Juda mit großen Wunderwerken erhalten worden, damit sie dieses Buch bewahren und auf die Nachkommen vererben sollten. Es wird auch weiterhin Gott etliche Einrichtungen zu diesem Dienst erhalten, damit bei ihnen dieses Buch bleibe und gelesen werde, damit man es nicht verliere.

Es besteht gar kein Zweifel: Wo es dahin kommt, daß in seinem Regiment dieses Buch nicht bekannt ist, da wird auch nicht gelernt, daß dasselbige Regiment von Gott bereits verworfen wurde und sein Ende vor der Tür steht

... Dies sind ernste Worte Gottes, die wir fleißig betrachten und die uns bewegen sollen, rechte Lehre zu pflanzen und zu fördern. E. w. sehen, wie viele Plagen, Kriege und mancherlei Zerrüttungen auf der Erde sind. Ohne Zweifel aber ist eine der Ursachen der Strafen, daß die Regenten, denen Gott befahl, die rechte Lehre zu fördern, solches Werk gar nicht achten und sagen, dies sei den Pfaffen befohlen. Wahr ist es. Aber Papst und Bischöfe sind jetzt weltliche Regenten. Sie achten auch nicht auf die Bibel. Darum wird ihr Priestertum ein Ende haben. Die frommen christlichen Prediger rufen, so viel ihnen möglich ist, dazu auf, daß die weltlichen Regenten Kirchen und Schulen bestellen und den Studien helfen sollen, denn ohne Hilfe der Regenten kann nichts geschehen. Den weltlichen Regenten ist gleichwohl von Gott befohlen worden, dieses Werk mit Einrichtungen und Gütern zu fördern wie uns mit der Schularbeit. Weil aber wenige diesen göttlichen Befehl achten, so kommen die Strafen.

Dagegen bedenke man doch, daß Gott so stark zu den Königen und Städten gehalten hat, bei welchen seine armen Schüler einen Schatz gehabt ... Er wird auch die Herren und Städte, die Kirchen und Schulen Gutes tun, angesichts der jetzigen Verfolgung ohne Zweifel schützen und bewahren. Ich will von heidnischen Königen nichts sagen, deren Dienst an Schulen und Studien dennoch auch der Kirche nützlich gewesen. Darum hat sie Gott mit großer Ehre geziert ... Dieweil es denn Gottes Gebot ist, daß wir alle und besonders die Regenten zur Erhaltung seines Buches dienen sollen. Zudem, daß die ewige Seligkeit ohne dieses Buch nicht erlangt werden kann, so ist ja offenkundig, daß die Regenten schuldig sind, Schulen einzurichten und zu betreiben.

Zum anderen bedenke doch ein jeder, wozu vornehmlich die weltliche Regierung dienen soll. Darauf sagt man kurz: zum Frieden; ja, daß man nicht allein ein sanftes Leben lebe, sondern daß man in solchem Frieden Gott erkennen lerne, die Jugend aufziehe zur Erkenntnis Gottes und guter Tugend ...

Dieweil denn all unser Leben und Regieren schließlich zur Erkenntnis Gottes dienen sollen, so sind darum Städte und Regierung nicht allein da, daß sie große Güter und Wollust haben, sondern daß sie Kirchen und Schulen wohl erhalten sollen. Dies soll das vornehmste Ende und Ziel löblicher Herrschaft sein. Daß aber dieses Ziel nicht geachtet wird, darum strafe Gott die Welt.

Zum dritten: Ein jeder Vater ist schuldig, nach seinem Vermögen die Kinder, zur Erkenntnis göttlicher Lehre aufzuziehen, wie Epheser 6. geschrieben steht ... Nun kann nicht ein jeder einfache Bürger allein solche Personen erhalten, die zur gründlichen Unterweisung der Jugend vonnöten sind. Darum soll in der Regierung die Obrigkeit wie ein allgemeiner Vater solche Personen bestellen und Rat finden, wie sie zu erhalten sind.

Diese Ursachen wollen wir E. w. betrachten, nämlich Gottes Gebot, die Erhaltung der rechten Erkenntnis Gottes und rechter Religion, die Erlangung ewiger Seligkeit. Deswegen ist Gott zu loben, euch und den euren durch Güter eine lateinische Schule einzurichten sowie mit Personen und Besoldung geziemend zu bestellen. Denn diese Rechnung ist sehr leicht zu machen. Wenn niemand Leute erzöge, was sollte am Ende werden, wenn man keine Religion, keine Erkenntnis Gottes hätte. Es werden auch ohne Zweifel zum letzten Gericht vor Christus und aller Welt viele hunderttausend verlorene Menschen schreien und klagen über aller Welt Obrigkeiten, die solchen Dienst versäumt haben von Anfang her in der Heidenschaft. Solche Klagen sollen wir über uns nicht kommen lassen, besonders weil uns Gott das Licht des Evangeliums wiederum gnädiglich angezündet hat und dabei den Verstand der nötigen Sprachen und nützlichen Künste gegeben ohne Zweifel um dieser Ursachen willen, daß sie zur Erhaltung und Ausbreitung rechter Lehre dienen sollen.

Der Herr Christus spricht Joh. 15.: Dadurch wird mein Vater gepriesen, wenn ihr viel Früchte bringt und meine Jünger werdet. In diesen Worten gebietet er allen Menschen, daß wir göttliche Lehre fördern sollen. Er lobet dieses Fördern als den höchsten Gottesdienst. Darum wisset, daß die rechte Bestellung einer christlichen Schule einer der höchsten Gottesdienste ist.

So sollte euch auch billig dieses anreizen, daß die Versammlung der Kinder in einer christlichen Schule ein sehr schöner Teil der wahren Kirche Gottes ist. Das ist der Haufe, davon Christus sagt: Lasset die Kinder zu mir kommen, solcher ist das Reich der Himmel. Es sollen Schulmeister und Jungen, wenn sie in der Schule zusammenkommen, nichts anderes bedenken, als wenn sie in einer Kirche vor Gott und den Engeln, die auch allda bei dem jungen Volk in der Schule sitzen und sie bewahren.

Wie wohl nun die gemeldeten Ursachen die vornehmsten sind, die insgeheim alle und einen jeden nach seinem Stand, Beruf und Vermögen zur Förderung der Schulen bewegen sollen, so ist doch weiter zu betrachten, daß Gott mehr Wissenschaft gegeben hat, die zu diesem leiblichen Leben dienen und dennoch Anleitung geben zum Verstehen göttlicher Schrift. Die weltliche Regierung muß vernünftige, ehrbare, ordentliche, klare geschriebene Rechte haben. So bedarf man im ganzen Leben allerlei Historie, Geographie, Rechnen, Messen, Kalenderkunde, Sprachen, ebenso der Arznei. Wenn auch viele Begabungen schwach sind, um allein bei den ersten Kenntnissen, die allen zugleich nötig sind, bleiben müssen, so gibt doch Gott etliche große Begabungen, die weiter vorankommen, damit sie danach andere unterweisen und die Wissenschaften erhalten sollen. Gleichwohl sind beide, die schwachen und die scharfen, zuerst Kinder und bedürfen zugleich der Anleitung. Nun ist die Obrigkeit auch schuldig, die genannten Wissenschaften zu erhalten, denn es sind Gottes Gaben zu einem gewöhnlichen, menschlichen, vernünftigen, sittlichen, ehrbaren und ordentlichen Leben nötig, denn welche Blindheit herrscht in allen Geschehnissen, so man keine Kalender, keine Geschichte hätte. Wenn noch etliche Menschen so grob sind, daß sie dieser Dinge nicht achten, so sollten doch die Regenten daran denken und für den allgemeinen Nutzen sorgen.

Denn was wäre dies für eine Stadt, da alle Bürger in großem Reichtum, Frieden und Wollust leben, und es gäbe in solcher Stadt keine Erkenntnis Gottes, keinen Menschen, der schreiben und lesen könnte, hätten keinen Kalender, wüßten gar nichts von Historien und alten Geschichten, die uns ein Spiegel unseres Lebens sein sollen und uns an alles erinnern. Welcher Vernünftige wollte in solcher Stadt wohnen. Darum haben auch die heidnischen Herrscher ihre Städte mit diesen nützlichen Wissenschaften schön geziert.

Wir aber sollen sie noch fleißiger erhalten, denn sie geben auch Anleitung zum Verständnis göttlicher Schrift. Denn ohne Verstehen der Sprache kann man das Alte und das Neue Testament nicht lesen. Dazu bedarf man auch allerlei Historien, Geographie, Rechnen der Zeit und andere Wissenschaften, so man die göttliche Lehre ordentlich und verständlich fassen will. So sind die löblichen Wissenschaften in summa eine große Zierde der Kirchen.

Dies alles bitte ich wollen E. w. mit Ernst bedenken und Gott zu Lob und den einen sowie eueren Nachkommen zum Guten eine geziemende lateinische Schule anrichten und nicht zweifeln, daß Gott solche Wohltat belohnen werde. So werden euch auch die jetzigen und die Nachkommen im ewigen Leben vor Gott danken, die durch diesen euren Dienst zur Erkenntnis Gottes kommen werden.

Nun beachte ich wohl, daß E. w. zu diesem Werk nicht ungeneigt sind. Es mangelt aber an Gütern. Dieses ist ja zu beklagen, daß man in der Welt zu allen anderen Sachen leichter Geld finden kann als zur Erhaltung göttlicher Lehre, obwohl wir doch dieses Edelgestein höher achten sollen als alle Güter, wie Christus im Evangelium spricht. Gott erhält dazu allein sein Regiment, damit sein Buch nicht verloren werde. Es sollten billig die Kanoniker bei euch selbst so tugendhaft sein, daß sie etliche Pfründen absonderten, um dieselben für eine Schule zu verwenden. Wenn sie es nicht tun wollten, so sollte die Herrschaft solches schaffen und verordnen. Aber ich weiß durchaus, daß die Schulen in Deutschland in keinen Städten weniger beachtet und bestellt sind als in denen, da es reiche Stifte gibt, wo doch diese Güter vornehmlich zur Pflanzung und Erhaltung göttlicher Lehre und anderen löblichen Künste dienen sollten.

Ich habe aber keinen Zweifel, Gott wird diesen großen Unfleiß hart bestrafen … Aber dennoch sollten gottesfürchtige Obrigkeiten bedenken, wie in dieser Sache zu raten.

Mit eurem Stift sei es nun, wie es wolle, so mögen E. w. etwa so viel zusammenbringen, daß man eine Kinderschule anrichte, wenn gleich alle Güter, so die Päpstlichen innehaben, verbrannt wären, so müßte dennoch eine christliche Versammlung darauf bedacht sein, wie sie Kirchen und Schulen für ihre Kinder und Nachkommen unterhalten wolle, wie ich auch weiß, daß in Oberdeutschland viele löbliche Städte sind, die von ihren Stiftsgütern nichts einnehmen und dennoch ihren christlichen Predigern und Schuldienern aus eigenen Gütern ihre Besoldung geben.

Dieses ist schwer, und tut den frommen Leuten die Ungleichheit weh, daß ein großer Haufen unnützer Personen da liegt und die Güter auffrißt, die zu Kirchenämtern und

Schulen gehören und keine Hilfe zur Bestellung der nötigen Ämter gibt. Ob auch diese Ungleichheit allezeit so bleiben kann, das mögen sie selbst bedenken, denn Ungleichheit ist Unrecht, das Gott zu gegebener Zeit zu Boden stößt.

Gleichwohl sollen fromme, gottesfürchtige Regenten mittlerweile die rechten Ämter nicht fallen lassen. Wenn auch in eurer Stadt einige sind, die gerne diese christlichen Sachen verhindern wollten, wie auch an vielen Orten auch solche Meutereien und Untreue sind, so hoffe ich doch durch Gottes Gnade, der größere Teil im Rat sei zu dieser löblichen Sache geneigt. Der Kaiser Julian, als er zu schwach war, die Christen mit dem Schwert öffentlich zu verfolgen, wie zuvor Diokletian und andere getan, da erdachte er diese neue Tücke: Er ließ sie zu keiner Regierung kommen und verbot den Christen die gewöhnlichen Schulen. Er hoffte also, er könnte sie zunichte machen, wenn sie keine Regierung und keine gelehrten Leute hätten. Also denken die jetzigen Juliane auch. Sie sehen, daß die großen Güter bei ihnen sind, und wo sie uns weiter nicht schaden können, so drücken sie uns doch und wehren mit Ränken, daß die Jugend in diesen Studien nicht aufgezogen werde. Damit hoffen sie, den Sturmwind auszuhalten. Diese ihre Gedanken sollen gottesfürchtige Regenten merken und dagegen desto fleißiger arbeiten ..., damit die Jugend christlich und in guter, nützlicher Lehre auferzogen werde, damit auch Leute daraus werden, die man mit der Zeit gebrauchen muß ... Darum sollen uns die Juliane nicht irre machen, sondern wider ihre heimliche Tücke und Praktiken öffentlich Ernst und Fleiß üben lassen und dasselbige treulich fördern, was zum Lobe Gottes und zur Besserung der Jugend dient. So wir viel Fleiß anwenden, wird Gott desto gnädiger Hilfe leisten und seine Gaben mehren, wie Christus spricht: Wer hat, dem wird gegeben. Wer nicht hat, der wird auch dasjenige, was er hat, verlieren. Werden wir Fleiß daran wenden, gute Lehre zu erhalten und unser geliehenes Pfund treulich anzuwenden und zu mehren, so wird Gott seinen Segen dazu geben. Werden wir aber faul sein und zur Erhaltung und Ausbreitung der großen herrlichen Gaben, die Gott jetzt besonders gegeben in so reicher Offenbarung des Evangeliums und mit der Verbesserung so vieler nützlicher Wissenschaften, so wird wahrlich die Strafe folgen, nämlich Irrtum, heidnische Blindheit, Zerstörung des Landes und ewige Verdammnis. Matth. 13 spricht Christus: Ein jeder Schriftgelehrter, der zum Himmelreich unterwiesen ist, gleicht einem Hausvater, der aus seinem Schatz alte und neue Gefäße hervorbringt. Diese Worte sollen wir nicht gering achten, sondern daraus lernen, daß des Herrn Christi Gebot ist, daß man Schulen und Studien habe, darin man die Lehre übet, welche zum Himmelreich führt. Besonders ist das denen geboten, die zur Regierung kommen sollen. Diese nennt er hier „scriba", denn im Hebräischen ist es üblich gewesen, solche Personen in der Regierung zu haben, die wir jetzt Doktoren nennen. Nun spricht Christus, dieser „scriba" oder Doktor muß auch zuvor von anderen unterwiesen sein, daß er wie ein Hausvater einen Schatz und einen Vorrat bei sich habe, das ist, daß er die Summe nötiger Lehre recht wisse, nicht allein ein Stücklein ergriffen habe, wie die blinden Paptisten ein Stücklein haben, sprechen vom Gesetz und von Werken und wissen nicht, was das Evangelium eigentlich ist und die hohe nötige Lehre vom Glauben, daß man um Christi Willen Vergebung der Sünden erlangt durch den Glauben und nicht wegen eigener Verdienste etc., und wie dies alles zu verstehen sei, was rechte Anrufung Gottes sei, und dieweil sie keinen Vorrat haben, so laufen sie herum und stehlen den Heiden ihre törichten Zeremonien ... Aber ein christlicher „scriba" und Prediger soll Vorrat haben. Das ist die Summe der reinen christlichen Lehre. Daraus soll er hervortragen neue und alte Gefäße. Das heißt, er soll die ganze Kirche vom Anfang der Welt bei sich betrachten und die alten wunderbaren Zeugnisse Gottes zum Evangelium halten und den Glauben damit stärken, wahre Gottesfurcht und herzliches Vertrauen sowie Gehorsam gegen Gott damit erbauen ...

Und wäre dieses noch weiter zu deklarieren in allen Artikeln des Glaubens, wie nützlich es ist, das Zeugnis von Anfang an zu betrachten. Wie großen Trost geben die Geschichten von David, Manasse, Nebukadnezar, Magdalena, Petrus, Zachäus und anderen dergleichen, so wir bedenken, wie gnädiglich sie Gott nach ihren öffentlichen Übertretungen, da sie sich zu Gott bekehrten, wiederum angenommen ... Solches zusammenzuhalten und zu erklären, ist nicht möglich, wenn man göttliche Schrift nicht lesen und nicht studieren will.

Und sind dieser Sprüche noch sehr viele, die das Studium gebieten ...Diesen Willen Gottes erkennt niemand außerhalb der Lehre des Evangeliums. Heiden, Juden, Mohammedaner, Papisten sind weit von dem Verständnis und Trost abgekommen, weil sie die göttliche Schrift verlassen und weggeworfen haben. Darum laßt uns Fleiß anwenden, den teuren Schatz der Bibel zu erhalten.

Und was soll ich doch lange erzählen. Es ist zu beklagen, daß die menschliche Natur so steinerne und verstockte Herzen hat, daß sie dies große Wunderwerk bedenkt, daß Gott um des Menschen willen alle anderen Kreaturen geschaffen hat und sie für und für unseretwillen erhält und darin ganz und gar nochmal unseretwillen arbeitet. Überdies hat er seinen Sohn gesandt, zum Opfer gemacht und mit Kraft Verheißung und Wort gegeben, uns dadurch ewige Seligkeit zu verleihen. Diese größten unaussprechlichen Wohltaten werden verachtet und vergessen, wenn man die Schulen verfallen läßt ...

Dazu sollen die christlichen Regenten arbeiten, daß sie sonst christliche Schulen einrichten und erhalten ... Obgleich ein wenig Geld daraufgeht, so bedeutet doch die reiche Verheißung Christ: Wer dem Geringsten unter den Meinen, um der Lehre willen, einen Trunk Wasser gibt, dem wird es belohnt werden. Wie wollen wir ewige Güter von Gott hoffen, so wir ihm nicht vertrauen, daß er uns in dieser kurzen Zeit dieses Lebens versagen werde? Es sollte der Glaube in diesen kleinen Dingen berichtet und geübt werden, damit er stärker würde und ewige Güter erwarten könnte. Gott heißt uns Frommen, Elenden und Dürftigen zuzuteilen, Priester und Schulen erhalten. Dann will er unsere Güter, Haus, Vaterland bewahren. Wenn wir nun in Hoffnung seiner Zusagen diese Hilfe gewähren, so folgt ohne Zweifel Friede, Schutz und Mehrung der Güter. Aber das heidnische Herz denkt, diese Zusagen sind Worte. Was für Schulsachen ausgegeben werde, sei verloren. So denn das Herz göttlicher Verheißung und Gebote nicht achtet, wie kann es anders gehen, als daß Strafen folgen müssen; so man nicht zur Ehre Gottes ein gar Geringes anwenden will, so kommen darnach jämmerliche Kriege und andere Plagen, die fressen die Güter ganz auf ...

Diese und dergleichen viel mehr Ursachen, die E. w. selbst auch bedenken können, wollen E. w. betrachten, und sich dieses löbliche und christliche Werk, diesen rechten Gottesdienst, vornehmen, nämlich die Einrichtung der lateinischen und christlichen Schule, wozu zweifellos Gott sein Gnade geben wird, so ihr solches zu seinem Lob und Ehren anfangen werdet. Er wird dazu dieses heilige Werk und leibliche Güter auch hier auf Erden belohnen mit Frieden und Mehrung euerer Nahrung. Es werden euch auch eure Kinder und Nachkommen hier und in Ewigkeit Lob und Dank dafür sagen.

Quelle: Israel, A. / Müller, J. (Hrsg.): Sammlung selten gewordener pädagogischer Schriften des 16. und 17. Jahrhunderts. Zschopau 1880. Bd. 9. S. 46 ff.

[E. W. ist die Abkürzung für „Ehrenwerte"; Präbenden entspricht Pfründen.]

8.19 Philipp Melanchthon:
Elemente didaktischen Denkens im Umkreis von Dialektik und Rhetorik (1542, 1547)

Was ist Dialektik?

Dialektik ist die Wissenschaft oder der Weg, richtig, geordnet und klar zu lehren, was es bedeutet, richtig zu definieren, einzuteilen, wahre Ursachen zu verbinden beziehungsweise solche von schlechtem oder falschem Zusammenhang aufzulösen und abzuweisen.

Was ist Zweck oder Aufgabe der Dialektik?

Richtung der Ordnung, gemäß und einsichtig zu lehren. Man erwartet, daß darin der Nutzen und der Wert dieser Bemühungen beruht. Denn die Menschen sind vorzüglich zur Erkenntnis Gottes, zum Verstehen und zum tugendgemäßen sittlichen Handeln sowie zur Betrachtung der Natur geschaffen. Es ist offenkundig, daß die Menschen, besonders das ganze Menschengeschlecht, über solche Dinge belehrt werden müssen.

Diese Tätigkeit oder diese Pflicht besitzt vier Bestandteile: Definieren, Teilen, wahre Gründe anführen und falsche Zusammenhänge auflösen. Nachdem die Ursachen der Falschheit dargelegt worden sind, ist es nötig, die Irrenden zu den Normen der Gewißheit zurückzuführen und die Kriterien zu nennen, von denen weiter unten die Rede sein wird, gemäß denen wir uns als Überwundene geschlagen bekennen.

Woher kommt der Name Dialektik?

Die im Lateinischen gebräuchlichen Wörter lauten „ich erörtere" oder „ich unterscheide", das bedeutet: in einem Gespräch etwas freundlich erfragen oder in geordneter Weise darlegen. Es gibt ehrenhafte und wohlklingende Bezeichnungen für diese durchaus ehrenhafte Angelegenheit. Etwas ganz anderes bedeuten streiten und hadern als disputieren. In der deutschen Sprache kann man Streit und Hader mit dem einen Begriff „zanken" bezeichnen. Aber die Disputation ist eine andere Sache als man mit diesem einen deutschen Wort auszudrücken vermag. Es kann aber auch mit der Redewendung „sich miteinander unterreden" benannt werden. Das bedeutet aber im Lateinischen „sich unterhalten" oder „abhandeln". Im Griechischen heißt es „dialegomai", d. h. mit einem anderen gezielt Meinungen austauschen. Daher kommt das Wort „dialektiké". Suchen wir nach einer deutschen Bezeichnung, so könnte sie „Unterredekunst" oder „Unterrichtskunst" heißen. Das bedeutet die Wissenschaft, einen anderen recht zu lehren, und zwar gesprächsweise, indem durch die Zusammenfassung von Argumenten etwas erkundet werden soll.

Womit beschäftigt sich die Dialektik?

Mit allen Gegenständen oder Problemen, über die Menschen zu belehren sind, so wie die Arithmetik mit allen zählbaren Sachen befaßt ist.

Es besteht zwischen Dialektik und Arithmetik eine große Verwandtschaft. Gott hat dem Verstand der Erkennenden die Einsicht von den Zahlen gegeben, damit er die Dinge unterscheidet. Denn es ist nötig, die verschiedenen Unterschiede der Dinge zu erkennen und nicht alle zu vermischen und in einem Chaos zu vermengen. Es ist notwendig zu wissen, daß Gott etwas anderes ist als die Geschöpfe, etwas anderes die Substanzen und die Akzidentien darstellen, und etwas Unterschiedenes Gott und der Teufel. Nachdem aber die Arithmetik die Dinge gezählt hat, kommt die Dialektik und fügt die Bezeichnungen für die verschiedenen Dinge und ihre Definitionen hinzu. Sie sucht deren Glieder, Teile, Ursachen, Wirkungen und was noch hinzukommt. Danach bezieht sie den Zusammenhang in ihre Überlegungen ein und trennt das Unterschiedliche. Der Ursprung stammt vom „natürlichen Licht" her; später jedoch zeigt die Wissenschaft das Ziel, denn auch begabte Menschen, die Wissenschaft mißachten, gehen oft gedankenlos vor, sobald sie definieren oder Beweise zusammenstellen, wie weiter unten bei den Täuschungen viele Beispiele zeigen werden ...

Was unterscheidet die Dialektik von der Rhetorik?

Wenn andere auch andersartige Unterschiede suchen, so ist doch folgende Unterscheidung einleuchtend und wahr. Sie sind benachbarte Wissenschaften und zwar dergestalt: Die Dialektik wird auf alle Gegenstände angewandt. Sie legt ihren Gegenstand mit den ihr eigenen Wörtern schmucklos dar, keine einzige Aussage mit verschiedenen oder ausgezeichnet mit dem Schmuck von Redefiguren.

Die Rhetorik hingegen verleiht diesen Stoffen Schmuck. Sie können durch Redefülle und -glanz erleuchtet und verschiedenartig ausgemalt werden. Denn es nehmen nicht alle Gegenstände diesen Zierrat an. So wäre ein Geometer untauglich und lächerlich, wenn er wie ein Deklamator seinen Darlegungen schmuckreiche Rede hinzufügte. In vielen Fällen, da Menschen zu belehren sind, wird mehr die Eigenart der Dialektik geschätzt als prunkvoller Schmuck. Jedoch in moralischen Dingen herrsche jene Pracht der Wörter und Figuren, durch welche der Hörer angeregt und lange bei der Erkenntnis eines Satzes zurückgehalten oder auch durch den Blitz der Worte geschreckt und bewegt wird ...

Was ist Rhetorik?

Rhetorik ist die Wissenschaft, die Wege und Ordnung lehrt, richtig und schmuckvoll zu sprechen. Ich nenne aber jene Vorschriften als zur Rhetorik gehörig, die den Knaben vermittelt werden, deren Kenntnis auch für die Beredsamkeit notwendig ist. Denn die Beredsamkeit benötigt außer dieser Wissenschaft viele andere Hilfsmittel, sowohl natürlicher als auch wissenschaftlicher Natur. Alle Gebildeten halten diese Vorschriften ein. Unter ihnen gibt es viele Anfänger, die des zum Urteilen erforderlichen Wissens bedürfen, wenn auch dafür alle die Dialektik benötigen. Alle stimmen darin überein, daß es der Zweck der Dialektik ist, judiziös zu denken. Andererseits ist sie für das Lehren gleichermaßen geeignet. Auch beim Lehren wird ein bestimmter Weg verfolgt.

227

So möchten wir die Grenzen der Rhetorik so bestimmen: Sie hat bei einer längeren Rede darüber zu befinden, wie die Abfolge der Teile beschaffen ist, welches die hauptsächlichen Glieder darstellen und welcher Schmuck zu verwenden ist.

Auch beim Lernen, dort, wo nichts nach seiner Natur vorgestellt wird, bewirkt sie, daß die Rede bestimmte Teile besitzt und bedeutsame Gegenstände nicht kurz behandelt werden, wie es die Dialektik tut, sondern daß den Wörtern Licht verliehen werde.

Pädagogisch-didaktische Kategorien

Die Beredsamkeit

Ich meine damit nicht jene Beredsamkeit, welche ein seltenes Geschenk Gottes an die hervorragendsten Menschen ist, wie etwa Nestor, Odysseus, Solon und Perikles gewesen sind, in welchen neben großer Weisheit eine angeborene Naturkraft lebendig war, die mit reicher Fülle einen Strom der Rede glanzvoll ausschüttete, dem Herzen der Zuhörer leidenschaftsvolle Empfindung einflößte und den Sinn der Bürger nach ihrem Gutdünken zu lenken vermochte.

Aber ich denke auch nicht an jene Beredsamkeit, die uns näher liegt, welche viel von Gelehrsamkeit und Kunst entleiht, wie es bei Demosthenes und Cicero der Fall gewesen ist ...

Die wahre Beredsamkeit ist die Fähigkeit, gute Dinge wissend und klar darzulegen ... Oft pflegen wir zu sagen, daß Beredsamkeit aus Sachkenntnis und Worten besteht, wobei die Dinge bereit und verfügbar sind und die Wörter sich auf deren Aussage beziehen ...

Ich habe jedoch schon oft gemahnt, die Seele so zu unterrichten, daß sie immer dessen eingedenk sei, daß sie sich beide Gaben, die Wissenschaft eines rechten Urteils über die Dinge und die Fähigkeit zu reden nachhaltig aneignet ...

Nicht Beredsamkeit, sondern Wahnwitz ist es, über Dinge zu sprechen, die man nicht begriffen und verstanden hat.

Bildung

Gediegene Bildung ist zunächst dies: über Dinge und sittliches Verhalten echt urteilen zu können; dann das, was man verstanden hat, deutlich und angemessen zu erläutern und auszusprechen. Zum Urteilen und zum Erwerb von Klugheit ist nämlich die Kenntnis der Dinge erforderlich. Besonders benötigt man einen großen Schatz vortrefflicher Ausdrücke zum Reden ...

Bildung und Beredsamkeit sind so unzertrennlich, daß sie niemand und auf keine Weise trennen kann.

Nachahmung

Wenn die Natur nicht im Gegensatz dazu steht, macht die Nachahmung auch in der Beredsamkeit zu Künstlern ... Aber Nachahmung (der antiken Autoren, d. Hrsg.) besteht nicht nur in dem, was die Worte anbelangt. Der Verstand soll darauf bedacht sein, daß er diesen Männern ähnle, was ihren Vorzug in Hinblick auf Sache und Person anbetrifft, welche Ratschläge, welche Aufgliederung gewählt wird, so daß alles, auch was dem Vergnügen zu dienen scheint, überwältigt, nämlich, wie die Einleitung gestaltet, welche Art und welche Methode der sprachlichen Darstellung gewählt, welche Kraft in Zustimmung und Widerlegung liegt, wie das Wissen durch Gefühle aller Art gefördert wird usw.

Wiederholung

Denn ein guter Teil der Jugend pflegt darin zu irren, daß er meint, es sei genug, viel gehört zu haben. Die Wiederholung ist die Mutter der Studien.

Didaktische Regeln

Kürze vermindert die Anstrengung; Kürze wird durch ihren Nutzen empfehlen ... Beispiele sind wirksamer als Regeln ...

Kluge Menschen haben sich Geschichten ausgedacht, die zunächst die Bewunderung hervorrufen oder die gleichsam die schlummernden Seelen der Kinder erwecken ...

Darum ist es beim Erlernen der Wissenschaften nicht genug, Vorschriften zu hören. Es ziemt sich auch, Beispiele anzuführen und Übung. Dennoch bleibt das Überzeugendste eine Belehrung, die zugleich kraftvoll und nützlich ist.

Bei allen Wissenschaften kommt es darauf an, eine Vorstellung vom Ganzen zu behalten.

Quellen: Hofmann, F. (1983). A. a. O. S. 133–136 (Zusammenstellung von Fragmenten aus Melanchthons Lehrbüchern: Rhetorica. 1542 – De tribus generibus causarum; Erotemata dialectices, continentia fere integram artem, ita scripta, ut juventuti utilitor proponi possint, Wittenberg 1547)

[Substanz war als philosophische Kategorie die Bezeichnung für Stoffliches, Wesentliches oder Bleibendes; Akzidentien bezeichneten die Eigenschaften der Dinge.]

8.20 Interpretation zur Brieger Schulordnung (1581)

("Illustris Scholae Bregensis Constitutiones in duas partes digestae, quarum prior doctrinae posterior disciplinae rationem Complectitur; cum indice rerum, quae in utraque parte continentur. Rectore M. Petro Sickio in publicum amissae." V. I. S. 297 ff.)
...

c. 3. Ueber die allgemeinen Pflichten der Schule.
1. Die Schüler haben um Aufnahme in die Matrikel zu bitten, wobei sie Gehorsam gegen die Schulgesetze und Lehrer geloben und versprechen müssen, ohne Mitteilung an den Rektor die Stadt nicht zu verlassen.
2. Die Schüler haben die Schullektionen fleißig zu besuchen und zu Hause zu repetieren.
3. Die Schüler, besonders die adligen, dürfen einen Privatlehrer haben.
4. Die Schüler müssen ihre religiösen Pflichten erfüllen.
5. Respektspersonen ist die schuldige Ehrfurcht zu erweisen.
6. Waffentragen und Duellieren ist verboten. Desgleichen Lügen und Streitigkeiten mit den Mitschülern
7. Im Kollegium darf keine Gewalt angewandt werden.
8. Abends um 9 Uhr haben die Schüler zu Hause zu sein. Wer später auf der Straße ffen wird, kommt ins Stadtgefängnis.
9. Dem Rektor gegenüber dürfen keine Zusammenrottungen der Schüler stattfinden. Etwaige Beschwerden sind ihm von zwei oder drei Schülern vorzutragen.
10. Baden und Eislaufen ist verboten.
11. Ebenso Unzucht in Worten und Thaten.
12. Ebenso Unmäßigkeit, Trinken und Aehnliches.
13. Ebenso der Besuch von Wirtshäusern und verrufenen Häusern.
14. Im allgemeinen ist die Teilnahme der Schüler an Hochzeiten und Gelagen verboten. Können Einladungen zu Hochzeiten nicht abgeschlagen werden, so haben sich die Schüler wenigstens anständig dabei zu benehmen.
15. Fischen und Vogelfang ist verboten.
16. Ebenso Würfeln, Kartenspielen und Aehnliches.
17. Ebenso Handel und Tauschgeschäfte.
18. Ebenso der Verkehr mit schlechten Kameraden.
19. Ebenso die Lektüre unzüchtiger Bücher.
20. Ueberall ist Frömmigkeit und Ehrbarkeit zu zeigen.

c. 4. Ueber die Frömmigkeit gegenüber Gott.
In 10 Gesetzen wird Bibellesen, Gebet, Besuch des Gottesdienstes, Teilnahme am Abendmahle und Aehnliches den Schülern zur Pflicht gemacht.

c. 5. Ueber die Pflichten der Schüler gegen die Lehrer.
In 8 Gesetzen wird den Schülern geboten, die Lehrer als Stellvertreter Gottes zu ehren, ihnen Schulgeld zu zahlen, von ihnen die Strafen geduldig anzunehmen, sich Abgangszeugnisse von ihnen ausstellen zu lassen und Aehnliches.

c. 6. Ueber Pflichten der Schüler in der Schule.
In 12 Gesetzen wird das Verhalten der Schüler in der Schule genau geordnet.

c. 7. Ueber die einzuhaltende Ordnung in Studium, Stil- und Gedächtnisübungen.
In 11 Gesetzen werden darüber Vorschriften gegeben.

c. 8. Ueber die Beachtung des Anstandes beim Verlassen der Schule.
In 4 Gesetzen wird angegeben, wie die Schüler der Reihe nach die Schule verlassen und sich ruhig nach Hause begeben sollen.

c. 9. Ueber das Benehmen auf der Straße.
Dasselbe wird in 10 Gesetzen genau vorgeschrieben.

c. 10. Ueber das Benehmen und die Dienstleistung zu Hause.
Darüber werden in 10 Gesetzen Bestimmungen getroffen.

c. 11. Ueber die Pflichten der Fremden.
In 11 Gesetzen werden die Pflichten und das Verhalten auswärtiger Schüler, die in der Schule studieren, auseinander gesetzt.

c. 12. Ueber die Pflichten der Pädagogen und Benefiziaten.
als Hauslehrer wohnen, den Hausbewohnern und ihren Schülern gegenüber In 13 Gesetzen wird das Verhalten der Schüler, welche in den einzelnen Familien geregelt.

c. 13. Ueber die Pflichten derer, die im Kollegium wohnen.
In 12 Gesetzen wird die Hausordnung aufgestellt.

c. 14. Ueber die Schuldiener.
In 9 Gesetzen wird die Aufgabe der Pedelle geordnet.

c. 15. Ueber Leichenbegängnis.
In 10 Gesetzen wird die Teilnahme der Schüler an Beerdigungen und ihr Verhalten dabei angeordnet.

c. 16. Ueber die Strafen der Uebertreter der Schulgesetze.
In 10 Gesetzen werden die verschiedenen Strafen angegeben.

c. 17. Ueber die Pflichten der Dekurionen und Korycäen.
In 10 Gesetzen werden die Pflichten der Schülerbeamten geregelt.

c. 18. Ueber die Gesetze bei Disputationen und Deklamationen.
In 10 Gesetzen werden darüber Anordnungen getroffen.

c. 19. Ueber Spiele und Erholung.
Beide werden in 21 Gesetzen genau bestimmt.

Quelle: Mertz, G. A. a. O. S. 384–386 u. S. 607–618

8.21 Aus: Brieger Schulordnung (1581)

Kapitel 20

1. Die Schüler bedürfen der Erholung.
2. Die Erholungen dürfen nicht in Leichtsinn und Müßiggang ausarten.
3. Sie sollen vielmehr nur erfrischen und das Benehmen der Schüler sicher gestalten.
4. Deshalb sind nur solche Spiele erlaubt, welche Geist und Körper kräftigen.
5. Dazu gehören Ballspiel, Ringen, Laufen, Tanzen, Reifspielen, Kegeln und Aehnliches.
6. Verboten sind Würfel- und Kartenspiel, Eislaufen und Jagd, weil sie mit Gefahren verbunden sind und die Sitten verderben.
7. Mittwochs nachmittags dürfen die Schüler bis abends an den Ufern der Oder spazieren gehen.
8. Die Zeit, welche bei den Mahlzeiten übrig bleibt, soll zu Spaziergängen und körperlichen Uebungen verwendet werden.
9. Aufregende Spiele sind vor der Mahlzeit und ruhige Spiele nach derselben zu treiben.
10. Stets ist beim Spiel auf die Gesundheit zu achten.
11. Unruhige Spiele nach der Mahlzeit hindern die Verdauung.
12. Für das Spielen ist eine genaue Zeit zu bestimmen.
13. Spielen auf Straßen und öffentlichen Plätzen ist verboten.
14. Beim Spielen soll niemand belästigt, Streiten und Lärmen vermieden werden.
15. Auch auf dem Spielplatz muß man den Andern mit gutem Beispiel vorangehen.
16. Störenfriede und Balgende werden mit der Rute gestraft.
17. Es darf nicht mit Waffen und gefährlichem Spielzeug gespielt werden.
18. Deutsche Schüler sollen unter sich lateinisch reden. Im Verkehr mit Polen ist die deutsche Umgangssprache erlaubt, damit sie von ihnen gelernt wird.
19. Deutsch kann auf dem Spielplatz ausnahmsweise gesprochen werden, wenn Latein beschwerlich fällt.
20. Um Geld darf nicht gespielt werden.
21. Die Schüler sollen stets mit gleichaltrigen Studiengenossen spielen.

Quelle: Ebenda

8.22 Philipp Melanchthon:

Unterschidt zwischen weltlicher und Christlicher Fromkeyt (1521 oder 1522)

(In deutscher Fassung ist der Traktat in drei verschiedenen Ausgaben bekannt, von denen die erste vermutlich 1521 in Hagenau, die zweite in Zwickau, die dritte ohne Ortsangabe 1522 erschien. Von einem Anonymus ist diese Schrift ins Lateinische übersetzt und erschien o. O. u. J. unter dem Titel „Quid inter mundi et Christi iustitiam intersit, per Phil.

Melan. vernacula lingua prius editum, nunc autem ab alio quodam latinitate donatum" (vorh. UB Heidelberg), vgl. Suppl. Mel. I. 1. S. XLVIII D.)

Es ist zweyerley Fromkeyt, davon geschriben steht, eyne heyst götlich, die ander Weltlich. Weltliche Fromkeit nennet Paulus zu den Colossensern στοιχεῖα κόσμου, der Welt Ordnung. Dise steht in ausserlicher zucht, erberkeyt, geberden, sitten und breuchen, und die Vernunfft mag dise begreiffen. Ja, sie ist der vernunfft yngepflantzt von Gott, wie dem baum yngepflantzt ist, das er dyse oder andere frucht trag. Also ist dem menschen yngepflantzt dyser verstand, das er helt, man sol niemant beschedigen, man sol gemeynen frid erhalten, man sol zucht erzeygen vor yederman. Also weyt streckt sich menschliche fromkeyt, als weyt menschliche vernunfft von yhr selb sehen mag.

Es kan aber menschlich vernunfft von yhr selb nichts gewiß beschliessen vor Gott. Denn ob sie schon hellt, das eyn Gott sey, und hört, das er richten werd, well auch selig machen die, so ynn eren, dannocht leßt sich die vernunfft nicht bewegen, das sie sich entsetz vor seynem gericht und leßt yhr alweg träwen, die hell sey nicht so heyß, Gott sey nicht so grewlich, die weyl sie sicht, das so grosser mutwill offt, wie sie meynt, ongestrafft bleyb. Vil weniger kan die vernunfft fassen, das Gott sünd verzeyhe, sie helt yhn nicht so freuntlich und so gut, das er sich unser so gros annem. Auch leßt sie sich nicht bedunken, das Got so nahe umb uns und bey uns sey, das er ynn aller nott seyn augen uff uns hab, sonder sie erdicht yhr ein Gott, der doben sitz und laß uns schaffen, was wir künden, wie dann die Poeten Jovem beschreyben, das da yhn Thetis sucht, was er nicht daheym, sunder was yn eyner zech in Ethiopia. Und die Cretenses haben Jovem gemalt on oren, da mit sie zuverston gaben, das er uns nicht erhort. Und solchs seind furwar weyß leut gewesen, haben die natur menschlicher vernunfft wol angesehen und haben Gott gemalt, wie die vernunfft von yhm hellt. Also sagt auch Gott im Psalmen: Der heyden Gott haben augen und sehen nicht, oren und horen nicht, So ist nun von nöten, das wir eyn Gott haben, den wir dafur haben, das er uns sehe und hore.

Dieweyl nu das die vernunfft nicht khan oder begreyfft, so hat Gott seyn son yns fleisch geworffen, das er uns des vatters willen fur hiellt Joh. 1. und unser blyntheyt und erlogne meynung von Gott sampt allen sunden, die do folgen auß solcher blyntheyt, weg neme und den heylgen geyst außgosse, damit wir ynn ware erkenntnus Gottis khemen. Dazu helffen kheyne unser werck oder verdienst.

Diß ist nu gotliche Fromkeyt in uns, die Christus in uns wirckt mit dem heylgen geyst, das ist, wenn unser hertz vom heylgen geyst bewegt wurt, das es erschrickt vor dem grossen zorn Gotis von unser sunden wegen und ergreyfft die gnad und verzeyhung der sund durch Christum unnd empfahet also trost und gewint eyn sichere, frolich hertzhafftige zuversicht zu Gott, das es sich mutiglich Gott ergibt ynn allen anstossen und versicht sich guts zu Gott und merckt, das er allenthalb eyn auffsehen uff uns hatt und wirckt umb uns in allen creaturen, ernert, handhabt, erhellt alle creatur. Solchs beschleußt das hertz von Gott gewißlich, wo der heylig geyst ist, der von Got in uns also zeugnus gibt Joh. 16. et Ro. 8. Dis gewiß beschliessen nennet Paulus zu den Colossensern am Andern πληροφορίας.

Solche erkantnus Gottis und solcher glaub ist gottliche Fromkeyt in uns, die Gott furnemlich foddert, wie er spricht Joh. 17. Dis ist das ewig leben, das man kenn den vatter und Christum. Und Abacuc sagt: „Der gerecht lebt seyns glawbens." Es wirckt auch solcher glawb in uns eyn demutig hertz, das do fult, wie wir billich unterworffen sollen seyn allen creaturn, wie Christus ist worden der nidrigst unter allen menschen Esai. 53. Denn wan das hertz sicht, was es woll fur Gott verdient hab und wie genediglich es doch begnadet und begabet sey, so kan es sich nicht enthalten, es mus sich selb vernichten und unterwerffen yederman, yederman dienen etc. Und wie der heylig geyst reyn ist, also wurt eyn keusch, reyn hertz, das do erschrickt vor unkeuschem lust und begird. Also spricht Gott, das er well eyn new Testament anrichten Hier. 31. und seyn gebott nicht ynn eyne tabeln, sonder ynn unsere hertzen schreyben, das wir yhn kennen, und sagt Esai. 45. Er well kinder machen, die Gott lere.

Hie sichstu, wie eyn Christlich hertz geschickt ist. Wo nu das ist, da ist Gott. Neben dem ist nun ausserlich Fromkeyt oder zucht, die uns vor Got nicht rechtfertig macht. Denn rechte Fromkeyt, die sol leben seyn. Darumb alleyn der geyst Christi in uns ist lebendige Fromkeyt. Ausserliche ordnung zergon mit dem fleysch und haben kheyn leben. Darumb konnens auch nicht leben oder Fromkeyt geben, Coloss. am Andern, wo auch solch ausserlich Fromkeyt alleyn ist, ist nur heucheley.

Ausserliche Fromkeyt ist gar gefaßt zum ersten ynn die gwalt, welche die schrifft das schwerdt nennet. Und wie uns Gott dem schwerdt unterworffen hatt, also foddert er auch eusserliche zucht und sitten, welche weltlich oberkeyt friden zuerhalten eynsetzt. Und ist man weltlicher oberkeyt gehorsam schuldig, sofern sie nichts wider Gott gebeut zuthon, ob sie schon sunst mit gewalt fert, denn Christus sagt: „Wer dich tringt eyn meyl zu gehn, mit dem gang zwo."

Zum andern ist eusserlich Fromkeyt kinderzucht, von Gott gebotten, die man nennet παιδαγωγίαν, welche nicht Gottlich Fromkeyt ist, sundern ein eusserlich übung, yedoch von Gott bevolhen den eltern, das sie die kinder vor groben sunden bewaren. Als wenn man kinder oder grob leut zu fasten, zu betten, zu kirchen gehn, yn solchen kleydern zu gehn gewent. Ad Gal. am vierden. Was das schwert nit foddert, leßt Got frey, doch das man der lieb auch da diene, alß wo kinder oder schwach gewissen synd, das man denen diene inn yhrer bledikeyt.

Wenn aber nun prediger khomen und geben fur, Gottlich Fromkeyt stand in fasten oder solchen sachen, odder weltlich oberkeyt foddert solchs, als werens stuck, daran die Christenheyt stond, sol man hie wider streben und bekennen, was Christlich Fromkeyt ist und unser leben drob lassen, denn wir sollen uns nicht mit gewalt weren.

Diß alles ist gefaßt inn die zehen gebot, denn das erst foddert den glawben, so Got spricht: Ich bin Got deyn herr. Dweyl er sich unsern Herrn nent, will er mitt uns zuthon haben. Item, ich bin eyn starcker eyferer, der der vetter myßtat strafft und thue barmherzigkeyt und wil, das man sich zu yhm wend, dann er straffe und helffe. Das ander gebott foddert, das man seyn namen dazu brauch und rume, das er der helffer und richter sey, wie geschriben ist Johel am Andern. Wer den Namen Gottis anrufft, dem wirt geholffen. Das Dritt, das Got allein in uns würcke. Das Fierd unterwurfft uns den Eltern und aller oberkeyt.

Das funfft foddert lieb,
Das sechßt keuscheyt.
Das achtest lieb.

Das neund und zehend foddern ein rein hertz von allen fleyschlichen begirden. Solche reynigkeyt bringt mit sich der heylig geyst.

Quelle: Stupperich, R. (Hrsg.): Melanchthons Werke in Auswahl. Bd. I. Gütersloh 1978. S. 171–175 (2. Aufl.)

9. Reformierung und Gründung bedeutender evangelischer Trivial-(T), Gelehrten-(G) und Hochschulen (U, C) zu Lebzeiten Philipp Melanchthons

1518	Zwickau (T)
1520	Guben (T)
1521	Frankfurt a. M. (T)
1522	Wittenberg (T)
1523	Naumburg (T), Zürich (T, G), Leisnig (T), Schwäbisch Hall (T)
1524	Gotha (G), Sprottau (T), Magdeburg (T), Liegnitz (G), Weimar (T), Pyritz (T), Mansfeld (T), Aschersleben (T), Bartenstein (T), Hardersleben (T), Nordhausen (T), Nördlingen (T), Lemgo (T), Oehringen (T)
1525	Jena (T), Stralsund (T), Straßburg (T), Eisleben (T), Königsberg (T), Lippstadt (T), Zerbst (T), Breslau (T), Eger (T), Konstanz (T)
1526	Nürnberg (T,T,T,G), Hirschberg (T), Weilburg (T)
1527	Kempten (T), Isny (T), Saalfeld (T), Eschwege (T), Heilbronn (T), Marburg (G), Husum (G), Uelzen (T), Worms (T), Meldorf (T)
1528	Feuchtwangen (T), Altenburg (T), Bremen (T), Braunschweig (T,T,G), Goslar (T)
1529	Hamburg (T,G), Basel (T,T,T), Schaffhausen (T), Kitzingen (T), Brieg (T), Görlitz (T), Ansbach (T), Riga (T)
1530	Lübeck (T,G), Göttingen (T), Gemmingen (T), Minden (T)
1531	Mölln (T), Travemünde (T), Goldberg (T), Rostock (T), Ulm (T), Augsburg (T), Lüneburg (T)
1532	Bautzen (T), Eisenach (T), Schwerin (T), Soest (T), Dinkelsbühl (T), Bunzlau (T)
1533	Esslingen (T), Weißenfels (T), Münster (T), Luckau (T)
1534	Hannover (T), Treptow (T), Schneeberg (T), Königsberg (G), Konstanz (G), Gardelegen (T)
1535	Greifswald (G), Eisfeld (T), Stettin (T,T), Zittau (T), Belgard (T), Württemberg (T,G), Tübingen (G)
1536	Durlach (T), Elbing (T), Stargard (T), Siegen (T)
1537	Wolgast (T), Marienberg (G), Freiberg (T), Cottbus (T), Bern (G)
1538	Blankenburg (T), Michaelstein (T), Speyer (G), Dillenburg (T), Regensburg (G), Plauen (T)
1539	Einbeck (T), Northeim (T), Kassel (T,T,T), Arnstadt (G), Chemnitz (T), Perleberg (T), Frankfurt a. O. (T), Thomasschule in Leipzig (G), Kreuzschule in Dresden (G)
1540	Sangerhausen (G), Berlin (T,G), Brandenburg (T), Spandau (T), Quedlinburg (G), Salzwedel (T), Herford (T), Wunsiedel (T), Stendal (T), Hameln (T), Wesel (T), Graudenz (T), Herborn (G), Münden (T), Meißen (T), Weilburg (G)
1541	Wehlau (G), Halle (T), Neuruppin (T), Sagan (T), Schleswig (T), Wismar (T), Hadamar (T)
1542	Zeitz (T), Göttingen (G), Hildesheim (T), Schweinfurt (T)
1543	Meißen (G), Schulpforte (G), Stettin (G), Mühlhausen (G), Emden (T), Osnabrück (T), Kronstadt (G), Oettingen (T), Prenzlau (T), Wiesbaden (T)
1544	Bergzabern (T), Basel (G), Gotha (G), Braunschweig (G), Ilfeld (G), Memmingen (G), Schleusingen (G)
1545	Rastenburg (G)
1546	Heidelberg (G), Herfurth (G)
1547	Celle (T)
1548	Jena (G), Quakenbrück (T), Hof (T), Wertheim (G)
1549	Kolberg (G)
1550	Grimma (G), Kulen (G), Wernigerode (G)
1552	Ebeleben (G), Marienburg (T), Ansbach (G), Kaiserslautern (T), Danzig (G)
1553	Bielefeld (G), Güstrow (T), Schwerin (G), Neubrandenburg (T)
1554	Ratzeburg (T), Roßleben (G), Gadebusch (T)
1555	Frankenhausen (T), Pforzheim (T), Amberg (G), Hermannstadt (G), Laubach (T), Wetzlar (T), Lissa (T)
1556	Stade (T), Neuburg (G), Oels (T), Adelberg (G), Alpirsbach (G), Anhausen (G), Bebenhausen (G), Blaubeuren (G), Denkendorf (G), St. Georgien (G), Herrenalb (G), Hirsau (G), Königsbrunn (G), Lorch (G), Maulbronn (G), Murrhardt (G)
1557	Walkenried (G), Rostock (G), Trarbach (T), Thorn (G)
1558	Bielefeld (G), Anweiler (T), Ulm (G)
1559	Stuttgart (G), Soest (G), Kiel (T), Rothenburg o. d. T. (G), Duisburg (G), Hornbach (G)

Erneuerung und Einrichtung bedeutender Hochschulen (Universitäten) und Collegien in evangelischen Ländern:

1546, 1556, 1558	Heidelberg (U, gegr. 1386)
1539, 1540, 1541	Leipzig (U, gegr. 1409)
1531, 1557	Rostock (U, gegr. 1419)
1534, 1535, 1536	Tübingen (U, gegr. 1477)
1535, 1545	Greifswald (U, gegr. 1456)
1537	Frankfurt a. d. O. (U, gegr. 1505)
1518, 1525, 1545, 1546	Wittenberg (U, gegr. 1502)

Marburg	(C, gegr. 1526)
Marburg	(U, gegr. 1527)
Tübingen	(C, gegr. 1536)
Königsberg	(U, gegr. 1544)
Heidelberg	(C, gegr. 1555)
Jena	(U, gegr. 1548/1558)
Helmstedt	(U, gegr. 1576)

T = Trivialschule, vorwiegend elementare und mittlere Schulbildung, in der das Trivium zum Kernbereich des Curriculums gehörte (Lateinschule, Ratsschule, Privatschule, Stadtschule, Stiftsschule, Bürgerschule)

G = Gelehrtenschule als höhere Schulen vorwiegend auf mittlere Schulbildung und die Studienvorbereitung (analog der Artistenfakultät) gerichtet (Landesschule, Fürstenschule, Klosterschule, Vornehme Lateinschule, Predigerschule, Lektorium, Lyceum, Akademie, Pädagogium, Alumnatsschule)

U = Universität

C = Collegium oder Stiftung für Theologiestudenten aus sozial schwachen Bevölkerungsschichten

10. Philipp Melanchthons wichtigste Verbündete beim Aufbau des protestantischen Schulwesens – Lehrer, Rektoren, Autoren und Maler

Aepin (Hoeck), Johannes (1499–1553) in Stralsund, Greifswald, Hamburg, Bergedorf und Buxtehude
Agricola (Sneider), Johannes (1492–1566) in Eisleben
Agricola, Peter (1525–1581) in Ulm, Neuburg a. d. D.
Agricola, Stephan (ca. 1490–1547) in Augsburg, Hof
Alberus, Erasmus (1500–1553) in Ursel, Neubrandenburg
Alber, Matthias (1495–1570) in Reutlingen, Stuttgart, Tübingen, Blaubeuren
Althammer, Andreas (1498–1564) in Schwäbisch Hall, Ansbach
Amsdorf, Nicolaus v. (1483–1565) in Wittenberg, Magdeburg, Goslar, Einbeck, Leipzig, Naumburg, Jena
Andreae, Jakob (1528–1590) in Göppingen, Tübingen
Anselm, Thomas (ca. 1470–1522) in Straßburg, Pforzheim, Tübingen, Hagenau
Aquila, Johann Kaspar (1488–1560) in Saalfeld
Aurifaber (Goldschmied), Johann (1517–1568) in Wittenberg, Breslau, Rostock, Königsberg
Avenarius (Habermann), Johann (1516–1590) in Jena, Wittenberg

Bader, Johannes (gest. 1543) in Landau, Zweibrücken
Baumgartner, Hieronymus (1487–1551) in Nürnberg
Bebel, Heinrich (um 1475–1518) in Tübingen
Betuleicus, (Birk), Xystus (1500–1544) in Basel, Augsburg
Beuter, Michael (1522–1587) in Greifswald, Straßburg
Beyer, Christian (ca. 1482–1535) in Wittenberg

Beyer, Hartmann (1516–1577) in Wittenberg, Frankfurt
Beyer, Karl Christoph (geb. 1527) in Oehringen, Pforzheim
Bibliander, Theodor (geb. 1504) in Zürich
Bischof, Melchior (geb. 1547) in Rudolstadt
Blarer, Ambrosius (1492–1564) in Alpirsbach, Tübingen, Konstanz, Ulm, Geislingen, Esslingen, Memmingen, Isny, Augsburg
Boetius, Sebastian (gest. 1573) in Eisenach, Mühlhausen, Halle
Bonnus, Hermann, (1504–1548) in Greifswald, Kopenhagen, Lübeck, Quackenbrück
Bora, Katharina v. (1499–1552) in Wittenberg
Börner, Caspar (1492–1547) in Leipzig
Brenz, Johannes (1499–1570) in Heidelberg, Schwäbisch Hall, Nürnberg, Stuttgart, Tübingen, Leipzig
Briesmann, Johannes (1488–1549) in Königsberg
Brodhag, Michael (gest. 1559) in Ulm
Brunfels, Otto (1488–1534) in Mainz, Straßburg
Bucer, Martin (1491–1551) in Paris, Straßburg, Ulm, Köln, Cambridge
Buchard, Franz (1504–1558) in Wittenberg, Sachsen
Bugenhagen, Johannes (1485–1558) in Treptow, Belbuck, Wittenberg, Lübeck, Braunschweig, Greifswald, Kopenhagen
Bullinger, Heinrich (1504–1575) in Kappel, Zürich
Burenius, Arnold (1485–1566) in Mecklenburg, Rostock
Busche, Hermann, von dem (gest. 1534) in Wittenberg, Heidelberg, Marburg

Calvin, Johannes (1509–1564) in Genf
Camerarius, Joachim (1500–1574) in Erfurt, Wittenberg, Nürnberg, Tübingen, Leipzig

Capito, Wolfgang (1481–1541) in Basel, Mainz, Straßburg
Castellio, Sebastian (1514–1563) in Lyon, Genf
Chemnitz, Martin (1522–1586) in Calbe a. d. S., Frankfurt a. d. O., Writzen, Wittenberg, Königsberg, Saalfeld, Braunschweig, Helmstedt, Gandersheim
Chytraeus (Kochhaff), David (1530–1600) in Rostock, Grätz, Helmstedt
Cordus, Euricus (1486–1535) in Leipzig, Kassel, Braunschweig, Marburg, Bremen
Corvinus (Räbener), Antonius (1501–1543) in Marburg, Lippe, Northeim, Göttingen, Hildesheim
Cranach, Lucas d. Ä. (1472–1553) in Wittenberg, Weimar
Cranach, Lucas d. J. (1515–1586) in Wittenberg
Crato, (Krafft), Adam (1495–1558) in Erfurt, Marburg
Crato, Johannes (gest. 1578) in Wittenberg
Cruciger, Caspar (1504–1548) in Leipzig, Magdeburg, Wittenberg
Curio, Coelius (1503–1569) in Basel

Dahlberg, Johann (1455–1503) in Worms, Heidelberg
Dasypodeus, Konrad (1531–1600) in Straßburg
Denzel, Andreas (o. J.) in Regensburg
Dietrich, Veit (1506–1549) in Nürnberg
Doblin, Joachim (o. J.) in Flensburg
Draconites (Drach), Johannes (1494–1566) in Marburg, Lübeck, Rostock
Dürer, Albrecht (1471–1528) in Nürnberg

Eber, Paul (1511–1569) in Wittenberg
Edenberger, Lucas (gest. 1548) in Wittenberg, Weimar
Engelsberger, Leonhard (o. J.) in Kitzingen
Erasmus von Rotterdam (1466/69–1536) in Deventer, Steyn, Paris, Löwen, England, Italien, Basel, Freiburg
Erb, Matthias (1495–1571) in Gengenbach, Reichenweiher
Erythräus, Valentin (1521–1576) in Straßburg, Altdorf

Faber, Basilius (1520–1576) in Nordhausen, Tennstädt, Magdeburg, Erfurt, Quedlinburg
Fabricius, Georg (1516–1571) in Chemnitz, Freiberg, Meißen
Fagius (Büchlein), Paul (1504–1549) in Straßburg, Isny, Heidelberg
Ferrinarius, Johann (gest. 1602) in Amöneburg, Wittenberg, Marburg
Flacius Illyricus (Vlacich), Matthias (1520–1575) in Wittenberg, Jena, Braunschweig, Magdeburg, Regensburg, Antwerpen, Frankfurt
Florinus, Lubert (o. J.) in Soest, Münster, Wesel
Forster, Johann (1496–1556) in Tübingen, Nürnberg, Regensburg, Wittenberg
Frecht, Martin (1494–1556) in Heidelberg, Tübingen
Fuchs, Leonhard (1501–1566) in Ingolstadt, Tübingen

Galandorp, Johann (1501–1564) in Münster, Braunschweig, Hannover, Goslar
Gallus, Nicolaus (geb. 1516) in Mansfeld, Regensburg
Garcaus, Johann (1530–1575) in Hamburg
Gigas (Henne), Johann (gest. 1581) in Joachimsthal, Meißen, Marienberg, Schulpforte, Freistadt
Gnapheus (Fullonius), Wilhelm (o. J.) in Elbing, Königsberg, Emden
Grynaeus, Simon (1493–1541) in Wien, Ofen, Heidelberg, Basel, Württemberg

Haller, Berchtold (1492–1536) in Bern, Rottweil
Hardenberg, Albert (ca. 1510–1574) in Bonn, Bremen, Emden
Hedio (Heid), Kaspar (1494–1552) in Mainz, Straßburg, Süddeutschland
Heerbrand, Jakob (1521–1600) in Tübingen
Herwagen, Johann (1497–1557/58) in Straßburg, Basel
Hessus, Helius Eobanus (1488–1540) in Erfurt, Leipzig, Nürnberg, Marburg
Heß, Johann (1490–1547) in Breslau
Heyden, Sebald (1498–1561) in Nürnberg
Holbein d. J., Hans (1497/98–1543) in Basel, London
Honferus, Johannes (1498–1549) in Krakau, Basel, Kronstadt
Hoppe, Johann (gest. 1565) in Freistadt, Königsberg, Kulm, Elbing, Danzig
Huberius, Kaspar (1500–1553) in Oehringen
Hummelberger, Michael (1487–1527) in Ravensburg
Hyperus (Gerhard), Andreas (1511–1564) in Marburg

Ickelsamer, Valentin (um 1500–n.1537) in Rothenburg o. d. T., Augsburg
Irenicus, Franciscus (1494–1553) in Heidelberg, Ettlingen, Gemmingen

Jagow, Mathias v. (1490–1544) in Brandenburg
Jentzkow, Kaspar (o. J.) in Stralsund
Jonas, Justus (1493–1555) in Erfurt, Wittenberg, Regensburg, Jena, Eichsfeld
Judae, Leo (1482–1542) in Zürich
Judex, Matthäus (1528–1559) in Magdeburg, Jena, Rostock

Karg (Parsimonius), Georg (1512–1576) in Ansbach
Karlstadt, Andreas Rudolf (1480–1541) in Wittenberg, Basel
Keßler, Johann (1502–1574) in St. Gallen
Knipstro, Johann (1497–1556) in Stralsund, Greifswald
Koch, Johannes (ca. 1490–1553) in Wittenberg (Famulus *Melanchthons*)
Kommander, Johann (gest. 1554) in Graubünden, Chur
Kommerstadt, Georg v. (1498–1559) in Sachsen
Krage, Nicolaus (o. J.) in Minden

Krapp, Katharina (1497–1557), Ehefrau *Melanchthons*, Tochter des Bürgermeisters von Wittenberg
Krell, Hans (ca. 1505–1586) in Ungarn, Leipzig, Freiberg

Lachmann, Johann (1491–1538) in Heilbron
Lambert, Franziskus (1487–1530) in Wittenberg, Straßburg, Marburg
Lasco a, Johannes (1499–1560) in Emden, Warschau
Lauterbach, Johann (1531–1593) in Oehringen, Heilbronn
Lindemann, Cyriakus (1516–1568) in Gotha, Freiberg, Schulpforte
Lingel, Christian (o. J.) in Quedlinburg
Leonicerus, Johannes (1499–1569) in Freiburg i. B., Straßburg, Marburg
Lossius (lotze), Lukas (1508–1582) in Lüneburg
Lotter, Melchior (ca. 1490–1544) in Wittenberg, Leipzig
Ludovius, Lorenz (1536–1594) in Görlitz
Luther, Martin (1483–1546) in Erfurt, Wittenberg

Maerklin (Markoleon), Alexander (gest. 1551) in Stuttgart, Esslingen
Magdeburg, Hiob (1518–1595) in Freiberg, Meißen, Lübeck, Annaberg
Major, Georg (1502–1574) in Magdeburg, Eisleben, Wittenberg
Marbach, Johann (1521–1581) in Heidelberg, Hornbach, Zweibrücken
Marsilius, Kaspar (gest. 1559) in Frankfurt a. d. O., Liegnitz, Cottbus
Mathesius, Johann (1504–1565) in Joachimsthal
Medler, Nicolaus (geb. 1502) in Wittenberg, Eger, Leipzig, Brandenburg, Braunschweig
Megander (Grosmann), Caspar (1495–1545) in Bern, Zürich
Menius, Justus (1499–1558) in Erfurt, Mühlberg, Gotha, Eisenach, Halle, Leipzig, Mühlhausen
Metzler, Johannes (gest. 1538) in Leipzig, Breslau
Meyenburg, Michael (1491–1555) in Nordhausen
Micyllus (Molzer), Jakob (1503–1558) in Frankfurt a. M., Heidelberg
Möller, Laurentius (o. J.) in Hildesheim
Monner, Basilius (gest. 1566) in Gotha, Jena
Mordeisen, Ulrich (1519–1572) in Leipzig
Mörlin, Joachim (1514–1571) in Arnstadt, Göttingen, Königsberg, Braunschweig
Mosellanus, Petrus (um 1493–1524) in Leipzig
Münster, Sebastian (1489–1553) in Heidelberg, Basel
Musäus, Simon (1529–1582) in Nürnberg, Jena, Soest
Musculus (Meußlin), Wolfgang (1497–1563) in Straßburg, Augsburg, Bern, Donauwörth, Zürich
Myconius, Friedrich (1490–1546) in Gotha
Myconius, Oswald (1488–1551) in Basel, Zürich, Einsiedeln
Mylius, Johannes (o. J.) in Walkenried

Nauclerus, Johannes (1425–1510) in Tübingen
Nävius, Kaspar (o. J.) in Regensburg
Neander, Johannes (o. J.) in Zwickau, Chemnitz, Nordhausen
Neander (Neumann), Michael (1525–1595) in Nordhausen, Ilfeld
Nesen, Wilhelm (1493–1524) in Frankfurt a. M., Wittenberg
Nigidius, Peter (1501–1583) in Eschwege, Allendorf, Göttingen, Darmstadt, Lüneburg, Kassel, Marburg

Oecolampad (Hausschein), Johannes (1482–1531) in Weinsberg, Tübingen, Augsburg, Basel, Ulm
Oemeken, Gerhard (gest. 1562) in Güstrow, Soest
Olevianus (v. d. Olewig), Caspar (1536–1587) in Heidelberg, Herborn
Osiander, Andreas (1498–1552) in Nürnberg, Königsberg
Osiander, Lucas (1534–1604) in Nürnberg
Otter, Jakob (ca. 1485–1543) in Esslingen

Pellican, Konrad (1478–1556) in Basel, Zürich
Peucer, Caspar (1525–1602) in Wittenberg, Schwiegersohn *Melanchthons*
Phrygio, Paul (gest. 1543) in Schlettstädt, Mühlhausen, Tübingen
Pirckheimer, Willibald (1470–1530) in Nürnberg
Pistorius Niddanus, Johannes (1502–1583) in Nidda
Pithopöus, Lambertus (1535–1596) in Heidelberg, Neustadt
Plateanus, Peter (gest. 1550) in Joachimsthal, Zwickau, Marburg
Platter, Thomas (1499–1582) in Zürich, Basel
Poliander (Graumann), Johann (1487–1541) in Neustadt (Oberpfalz), Leipzig, Wittenberg, Königsberg
Possel, Johannes (1528–1591) in Wismar, Burg, Rostock
Puchemus, Andreas (1526–1600) in Helmstedt, Braunschweig, Lüneburg

Reuchlin, Elisabeth (*Els Reuchlerin*, ca. 1470–1545) (Schwester *Reuchlins*)
Reuchlin, Johannes (1455–1522) in Stuttgart, Tübingen
Reuter, Barbara (1476/77–1529) (Mutter *Melanchthons*)
Reuter, Johann (ca. 1450–1508) (Großvater *Melanchthons*)
Rhegius (Rieger), Urbanus (1489–1541) in Ingolstadt, Lüneburg, Celle, Hannover
Rheticus, Georg Joachim (1514–1576) in Wittenberg, Leipzig
Rivius, Johannes (1500–1555) in Zwickau, Annaberg, Schneeberg, Marienberg, Freiberg, Leipzig, Meißen
Röseler, Matthäus (1528–1569) in Rostock
Roting, Michael (1494–1588) in Nürnberg
Rüdiger, Esro (1523–1591) in Leipzig, Zwickau, Eibenschütz
Runge, Jakob (1527–1595) in Greifswald

Sabinus, Georg (1508–1560) in Frankfurt, Königsberg
Sam, Konrad (1483–1533) in Ulm
Sarcerius, Erasmus (1501–1559) in Lübeck, Rostock, Wien, Graz, Siegen, Herborn, Hadamar, Dillenburg, Leipzig, Eisleben, Magdeburg
Schelhammer, Johann (1540–1620) in Eisenach, Nordhausen, Braunschweig
Schenk, Matthias (1517–1571) in Konstanz, Augsburg
Scheuerl, Christoph (1481–1542) in Wittenberg, Nürnberg
Schirlentz, Nicolaus (1521–1547) in Wittenberg
Schnepf, Erhard (1495–1558) in Zweibrücken, Weilburg, Marburg, Stuttgart, Tübingen, Heilbronn, Jena
Schöner, Johannes (1477–1547) in Nürnberg
Schradin, Johannes (ca. 1505–1560/61) in Reutlingen
Schurff, Hieronymus (1481–1554) in Wittenberg, Frankfurt a. d. O.
Schwartzerd, Georg (1459–1508) (Vater *Melanchthons*)
Schwartzerd, Georg (1500–1563) (Bruder *Melanchthons*)
Schwebel, Johannes (ca. 1490–1540) in Pforzheim, Zweibrücken
Silberborner, Johannes (ca. 1508–1557) in Speyer, Worms
Simler, Georg (ca. 1475–1535) in Pforzheim, Tübingen
Spalatin, Georg (1484–1545) in Erfurt, Torgau, Altenburg
Spangel, Pallas (ca. 1445–1512) in Heidelberg
Spangenberg, Cyriacus (1528–1604) in Eisleben, Mansfeld, Straßburg
Spengler, Lazarus (ca. 1479–1534) in Nürnberg
Speratus (von Spretten), Paul (1484–1551) in Wittenberg, Königsberg
Stancarus, Franciscus (1501–1574) in Klausenburg, Königsberg, Frankfurt a. d. O.
Stanhufius, Michael (gest. 1608) in Schleswig
Staphylus, Friedrich (1512–1564) in Königsberg, Neiße, Ingolstadt
Staupitz, Johann v. (1470–1524) in Erfurt, Wittenberg, Salzburg
Stiefel, Michael (1486–1567) in Jena
Stigel, Johann (1515–1562) in Wittenberg, Jena
Stöffler, Johannes (1452–1532) in Tübingen
Streitberger, Johann (1515–1602) in Naumburg, Braunschweig, Hof, Kulmbach
Strigel, Viktorin (1524–1569) in Wittenberg, Erfurt, Jena, Leipzig, Heidelberg
Sturm, Jakob (1489–1553) in Heidelberg, Straßburg
Sturm, Johannes (1507–1589) in Löwen, Paris, Straßburg, Lauingen
Sulzer, Simon (1508–1585) in Bern, Basel

Theodor (Dietrich), Heinrich (o. J.) in Sorau
Thymus, Georg (gest. 1561) in Zwickau, Goslar, Wernigerode, Wittenberg

Timann (Tidemann), Johann (gest. 1557) in Bremen
Tremellius, Emanuel (1510–1580) in Straßburg, Cambridge, Zweibrücken, Hornbach, Heidelberg, Sedan
Trotzendorf (Friedland), Valentin (1490–1556) in Görlitz, Goldberg, Liegnitz, Wittenberg
Trußler, Georg (o. J.) in Zeitz
Tulichius, Hermann (1486–1540) in Wittenberg, Eisleben, Lüneburg

Unger, Johannes (ca. 1485–1553) in Bretten, Pforzheim
Ursinus, Zacharias (1534–1583) in Breslau, Zürich, Heidelberg, Neustadt

Vadian (Watt), Joachim (geb. 1484) in Villach, Wien, St. Gallen
Vendinger, Georg (gest. 1574) in Rostock
Vermigli, Martyr Peter (1500–1562) in Lucca, Zürich, Basel, Straßburg, Oxford
Vincentius, Peter (1519–1581) in Nürnberg, Greifswald, Lübeck, Görlitz, Breslau
Vögelin, Ernst (1528–1590) in Leipzig, Heidelberg, Neustadt

Wacker, Johann (gest. 1587) in Stuttgart
Wagner, Valentin (o. J.) in Kronstadt, Hermannstadt
Wanner, Valentin (gest. 1567) in Maulbronn
Weber, Tobias (o. J.) in Wiesbaden, Idstein, Ohrdruff
Weller, Hieronymus (1499–1572) in Zwickau, Schneeberg, Freiberg
Werbigck, Thomas (o. J.) in Guben
Westphal, Joachim (1510–1574) in Hamburg, Wittenberg
Wigand, Johannes (1523–1587) in Nürnberg, Mansfeld, Magdeburg, Jena, Wismar, Königsberg
Wimpfeling, Jakob (1450–1528) in Heidelberg, Speyer, Straßburg
Winkel, Heinrich (o. J.) in Göttingen
Winkler, Andreas (1498–1575) in Breslau
Witekind, Hermann (1522–1578) in Heidelberg, Neustadt
Wolf, Hieronymus (1516–1580) in Nürnberg, Oettingen, Mühlhausen, Basel, Straßburg, Augsburg
Wolfhart, Bonifacius (ca. 1490–1543) in Friedberg, Basel, Straßburg

Zanchi, Hieronymus (1516–1590) in Straßburg, Heidelberg, Neustadt
Zannger, Johann (1517–1587) in Weinbrück, Braunschweig
Zell, Mattheus (1477–1548) in Straßburg
Ziegler, Bernhard (1496–1556) in Ansbach, Leipzig
Zwick, Johannes (1496–1542) in Konstanz
Zwingli, Huldrych (1484–1531) in Basel, Einsiedeln, Zürich

11. Spezifische Begriffe

Abitur	Hochschulreife, auch Matura bezeichnet
Activitas	Gesamtheit der Studierenden in einer Studentenverbindung
Adjunkt	Anwärter auf eine freiwerdende Stelle
Akademie	Gelehrtengesellschaft (Societät), staatliches Forschungszentrum, Universität, Standesschule oder Hochschule
Akademische Freiheit/en	Selbstverwaltung, Gerichtsbarkeit, Verleihung akademischer Grade, Lehr- und Studienfreiheit
Akademische Grade	Qualifikationsstufen mit Titeln (Baccalaureus, Magister, Licentiat, Doktor)
Akademische Zeugnisgrade	summa cum laude (mit höchstem Lob, mit Auszeichnung), magna cum laude (mit großem Lob, sehr gut), cum laude (gut), rite (genügend), non sufficiens (nicht bestanden)
Aktus	Schulfest
Alma mater	Universität als „nahrungsspendende" Mutter
Alter Herr	unterstützendes und beeinflussendes Mitglied von Studentenverbindungen
Alumnat	Internat, Erziehungsanstalt, Schülerwohnhaus
Alumnus	Internatsschüler
Approbation	staatliche Genehmigung für die Berufsausübung oder Druckgenehmigung
Artes dicendi	Lehrgegenstände des Triviums
Artes liberales/ septem artes liberales	freie Künste/sieben freie Künste, bestehend aus Trivium, drei Sprachkünste (Grammatik, Rhetorik, Dialektik) und Quatrivium, vier mathematische Künste (Arithmetik, Geometrie, Astronomie, Musik)
Aspirantur	zur Promotion führende Spezialausbildung
Assistent	wissenschaftlicher Mitarbeiter, Hilfskraft
Auditorium	Hörsaal, Lehrsaal, Unterrichtsraum oder versammelte Zuhörerschaft
Augsburger Bekenntnis (Confessio Augustana)	von Melanchthon ausgearbeitetes evangelisch-lutherisches Bekenntnis, 1530 dem Kaiser auf dem Reichstag zu Augsburg vorgelegt
Baccalaureat	Abschluß der Artistenfakultät, später Abitur
Bean (Beanus)	noch nicht immatrikulierter Student, der sich einer gebührenpflichtigen Deposition unterziehen mußte
Beneficium	Zuwendung mit Nutzungsrecht
Bursche	aus Burse (Student)
Burschenschaft	Gesamtheit der Studentenschaft seit Mitte des 18. Jhds.
Carene	Ausschluß von der Mahlzeit
Coenakel	Speisesaal
Coetus	Schülerschaft
Collegium	Versammlung (musicum, privatissimum, publicum) oder Stiftung mit Hochschulcharakter für Theologiestudenten
Comitat	Begleiter, Begleitung scheidender Studenten
Concilium abeundi	Verweisung von der Einrichtung
Consistorium	Beratungszimmer des Senats, Behörde
Convivium	Gastmahl, Gelage
Corpus academicum	Lehrkörper
Curriculum	Lehrprogramm
Dekan (Spectabilis)	Vorsteher einer Fakultät, Spektabilität
Deposition	Zeremonie vor der Immatrikulation
Dies	Ausschlaftag
Dies academicus	besondere Veranstaltung wie z. B. die Immatrikulationsfeier
Diplom	heute erster akademischer Grad
Disputation	Streitgespräch, beispielsweise auch zur Verteidigung einer Dissertation
Dissertation	Bezeichnung für eine gelehrte Abhandlung, z. B. eine Doktorarbeit
Doktorand	Doktorkandidat
Ecce	Totengedächtnisfeier
Elaborierwoche	schriftliches Semesterexamen
Elementarschule	niedere Schule mit den curricularen Kernbereichen evangelische Christenlehre und elementare Kulturtechniken (Pfarrschule, Küsterschule, deutsche Schreib-, Lese- und Rechenschule, Sonntagsschule ...)
Eloquentia	Beredsamkeit, Rhetorik

Emeritierung	Versetzung eines Hochschullehrers in den Ruhestand		Wende vom 18. zum 19. Jhd. Neuhumanismus)
Examen rigorosum	mündliche Prüfung im Promotionsverfahren	*Immatrikulation*	Einschreibung
		Inauguration	feierliche Einführung in ein Amt oder eine Würde
Exercitium	schriftliche Übung unter Aufsicht	*Inskription*	Matrikeleintragung
Exlex	Absolvent mit bestandenen Examen	*Inspektor*	aufsichtsführender Selektaner / Primaner
Exmatrikulation	Streichung aus der Matrikel	*Ius ubique docendi*	das Recht auf die Lehre mittelalterlicher Generalstudien
Extemporalia	Übersetzung nach Diktat (ex tempore dicere, scribere)	*Kameralistik*	Finanz-, Wirtschafts- und Verwaltungslehre
Extraneer	Schüler einer Internatsschule, der privat wohnte	*Kanzler (cancellarius)*	Aufsichtsbeamter
Extraordinarius	Außerordentlicher Professor	*Karzer*	Gefängnis, Arrestlokal
Facultas docendi	Hochschullehrerbefähigung	*Katheder*	Lehrstuhl
Fakultät	wissenschaftliche Fachrichtung einer Universität	*Klausur*	Gewahrsam, schriftliche Prüfung
fakultativ	wahlfrei	*Kolleg*	höhere Bildungsanstalt, Lehrkörper, Vorlesung
Famulus	Gehilfe von Lehrern, Tutoren und Professoren	*Komment*	studentische Lebensformen
Finkenschaft	„Freie Studentenschaft", ohne Verbindungszugehörigkeit	*Kommers*	studentische Feiern, Festgelage
		Kommersbuch	studentisches Liederbuch
Fuchs	neu ankommende Studenten	*Kommilitone*	Studienkollege
Gaudeamus igitur	Studentenlied, Siegesfanfare der Studentenschaften	*Konvent*	Gesamtheit des Lehrkörpers
		Konvikt (convictorium)	Speise- oder Wohnraum
Gelehrtenschule	höhere Schule, die zur Hochschulvorbereitung diente und die Artistenfakultät nach und nach ersetzte (Fürsten- und Landesschule, Klosterschule, Lyceum, vornehme Lateinschule, Predigerschule, Lektorium, Pädagogium, Alumnatsschule)	*Konzil (concilium)*	Sitzungen des Senats
		Kooperation	Studentenvereinigungen
		Korps / Corps	exklusive „schlagende" Studentenverbindung
		Krankelei	Krankenstube, Krankenhaus
		Kurator	staatlicher Aufsichtsbeamter
Gloria	lateinischer Gesang vor dem Mittagessen	*Kustos*	Hüter wissenschaftlicher Sammlungen
Gratias actiones	Danksagung in der Valediktion	*Lateinisches Viertel*	Teil einer Stadt, in dem Magister und Scholaren wohnten sowie Latein die Umgangssprache war
Gymnasium	in Deutschland vor W. v. Humboldt Gelehrtenschule, führt zum Abitur		
		Latinum	Lateinprüfung an höheren Schulen und Universitäten
Habilitation	Lehrbefähigung an einer Hochschule über eine wissenschaftliche Schrift und Prüfung	*Laudatio*	feierliche Lobrede
		Lehrstuhl	erhöhter Platz des Lehrenden, Stelle eines ordentlichen Professors
Hebdomadar	aufsichtsführender Lehrer, der mit den Schülern jeweils eine Woche im Alumnat lebte		
		Magnifizenz	Titel des Rektors von Universitäten
Hierarchie	Gliederung, Rangordnung		
Hortus medicus	Kräutergarten, Klostergarten, Medizinergarten, botanischer Garten	*Matrikel*	Aufnahmeverzeichnis
		Mensa	billiger oder freier Mittagstisch
		Mensur	Zweikampf mit scharfen Waffen
Humanismus	Wiederbelebung der klassischen Bildung aus der griechisch-römischen Antike im Zeitalter der Renaissance (Renaissancehumanismus und in der Bindung mit deutscher klassischer Philosophie, Literatur, Musik ... an der	*Mentor*	Erzieher, Berater
		Mittelgesell	Sekundaner
		Numerus clausus	begrenzende Studienzulassung

Nutritor	schützender Landesfürst
Obergesell	Primaner
Ordinarius	Professor mit Ordinariat (Lehrstuhlinhaber)
Ornat	Amtstracht
Pädagogium	spezielle Vorbereitungsstätte für Universitätsstudien (1536 durch Melanchthon erstmals in Wittenberg eingerichtet)
Pandektenhengst	Jurastudent
Paukant	Fechter bei einer Mensur
Pedell	Gerichtsdiener, Gehilfe, Hausmeister
Pennalismus	studentische Mißfallensbekundung gegen unbeliebte Professoren
Pennäle	Studenten im ersten Semester (zuweilen auch Hörige genannt)
Philister	Bürger der Universitätsstädte
Physikum	Abschlußprüfung für vorklinische Fächer
Polyhistor	Gelehrtenideal im ausgehenden 17. Jhd.
Praeceptor	Erzieher
Primus inter pares	Erster unter Gleichen
Primus omnium	erster Schülerinspektor
Promotion	Beförderung zu akademischer Würde
Prorektor	Stellvertreter des Rektors
Protokoll	Androhung des Schulverweisens
Quästor	Schatzmeister der Universität
Relegation	Verweisung von der Einrichtung
Schalaune	Barett zum Umhang /Amtstracht der Lehrer
Scholar	Student, studiosus
Scholastik	mittelalterliche Philosophie, umstrittene Schulgelehrsamkeit
Schoristen	Studenten im zweiten und dritten Semester
Semester	zeitliche Grundeinteilung des Studienablaufs
Stammbücher	Erinnerungsbücher der Studenten
Stipendium	Studentenbeihilfe als regelmäßige Zuwendung
Synode	Beratung der Lehrer
Testat	Zeugnis, später Bescheinigung für den Besuch von Lehrveranstaltungen
Theatrum anatomicum	Hörsaal der Anatomie
Trivialschule	elementare und mittlere Bildungsinstitution mit dem Trivium als curricularen Kernbereich (Lateinschule, Ratsschule, Stadtschule, Stiftsschule, Bürgerschule ...)
Tutor	Vertrauenslehrer
Universität	Hohe Schule mit universalem Lehranspruch
Universitätsdörfer (Schuldörfer)	säkularisierter Klosterbesitz zur wirtschaftlichen Fundierung von Gelehrtenschulen und Universitäten
Universitätsgericht	Gremium von Professoren unter Vorsitz des Prorektors
Universitätsinsignien	symbolische Repräsentanz der Hohen Schule
Untergesell	Tertianer
Vagant	fahrender Schüler
Valediction	Abschlußarbeit vor dem Verlassen der Gelehrtenschule
Venia legendi	Lehrerlaubnis für eine Universität oder Hochschule
Visitation	Besichtigung, Überprüfung und Beaufsichtigung der Einrichtung oder Anwesenheitskontrolle
Vita	Lebenslauf, der Valediction vorangestellt
Wichs	„studentisches Galakleid"

12. Bildnachweis

Akademie der Wissenschaften
Vilnius (Wilna) in Litauen
Bilder:
184
200
201
205
283
285
293

Alt, R.: Bilderatlas zur Schul- und
Erziehungsgeschichte. Bd. 1. Berlin
1966
Bilder:
4, S. 179
43, S. 176
79, S. 284
123, S. 177
220, S. 114 f.
225, S. 314
241, S. 318
250, S. 283
255, S. 110
261, S. 200
291, S. 313

Archiv Forschungsgemeinschaft
„Sächsische Erziehungs- und
Schulgeschichte"
Bilder:
65
165
213
214
264

Archiv Reinert
Bilder:
66
267 (2) Postkarte Verlag Ww. J.
Longerich-Luz, Hirsau

Archiv Stegmaier
Bilder:
36
190

Arnhardt, G./Reinert, G.-B.: Jan
Amos Comenius. Über sich und die
Erneuerung von Wissenschaft, Erziehung und christlicher Lebensordnung. Bd. I. Donauwörth 1996
(Reihe: Geschichte und Reflexion,
hrsg. v. J. Petersen u. G.-B. Reinert)
Bilder:
57, S. 70
60, S. 76
64, S. 85
74, S. 149
212, S. 91
215, S. 89
217, S. 91
238, S. 188
249, S. 74

Arnhardt, G./Reinert, G.-B.: Jan
Amos Comenius. Über sich und die
Erneuerung von Wissenschaft, Erziehung und christlicher Lebensordnung. Bd. II. Donauwörth 1996
(Reihe: Geschichte und Reflexion,
hrsg. v. J. Petersen u. G.-B. Reinert)
Bilder:
61, S. 367
277, S. 369

Badisches Landesmuseum Karlsruhe: Die Renaissance im deutschen Südwesten zwischen Reformation und Dreißigjährigem Krieg.
Bd. 1. Karlsruhe 1986
Bilder:
3, S. 397
73, S. 139
126, S. 64
247, S. 408

Bartel, H. u.a.: Thesen über Martin
Luther. Zum 500. Geburtstag. Heiligenstadt 1981
Bilder:
115, S. 63
207, S. 55

Blumenthal, R.: Luther-Gedenken
1996. Informationen und Veranstaltungen aus Kirchen und
Gemeinden von Wittenberg bis
Eisenach, hrsg. i. A. der Ev. Kirche
der Kirchenprovinz Sachsen u. d.
Ev.-Luth. Kirche in Thüringen.
Magdeburg 1995
Bild:
40, S. 46

Burkhardt, H. u.a.: Baden-Württemberg. Eine Heimat- und Landeskunde. Stuttgart 1990
Bilder:
100, S. 168
219, S. 207

Joseph von Eichendorff in Selbstzeugnissen und Bilddokumenten
dargestellt v. P. Stöcklein. Reinbek
1963 (Rowohlts Monographien,
hrsg. v. K. Kusenberg)
Bild:
104, S. 82

Erasmus von Rotterdam: Ausgewählte pädagogische Schriften, besorgt v. A. J. Gail. Paderborn 1996
(Reihe: Quellen zur Geschichte der
Pädagogik, hrsg. v. Th. Rutt)
Bilder:
157, S. 3 f.
227, S. 1 (Titelbild)

Ficker, J./Winckelmann, O. (Hrsg.):
Handschriftenproben des XVI.
Jahrhunderts. Straßburg 1902
Bilder:
150, S. 85
151, S. 85

Goethe-Museum Düsseldorf
Bild:
181

Grabois, A.: Illustrierte Enzyklopädie des Mittelalters. Königstein
1981
Bild:
28, S. 217

Gudemann, W.-E. u.a.: Bertelsmann Lexikon Geschichte, hrsg.
v. Lexikon-Institut Bertelsmann.
Gütersloh 1991
Bilder:
11, S. 647
195, S. 283
259, S. 727

Hanke, W.: Die Thomaner. Berlin
1985
Bilder:
26, S. 25
113, S. 52
284, S. 21

Harms, R.: Paracelsus. Der Lebensroman eines großen Arztes. Gütersloh 1962
Bild:
272 (2), zwischen S. 144/145

Hübner, H. (Hrsg.): Geschichte der
Martin-Luther-Universität Halle-
Wittenberg 1502–1977. Wissenschaftliche Beiträge der MLU Halle-
Wittenberg 1977/3 (T 13)
Bilder:
45, zwischen S. 16/17
133, zwischen S. 16/17
253, zwischen S. 48/49

Hutten – Müntzer – Luther. Werke
in zwei Bänden. Erster Band: Hutten – Müntzer, ausgewählt u. eingeleitet v. S. Streller. Berlin/Weimar
1978 (3. Aufl.) (Bibliothek deutscher Klassiker, hrsg. von den Nationalen Forschungs- und Gedenkstätten der klassischen deutschen
Literatur in Weimar)
Bild:
23, S. 181

Köhne, C. E.: Sie trugen die Krone.
Limburg 1978 (Aus dem Deutschen
Adelsarchiv, hrsg. v. Th. v. Fritsch)
Bilder:
12, S. 225
169, S. 235

Koenig, R.: Deutsche Literaturgeschichte. Bielefeld/Leipzig 1881
Bilder:
2, S. 202
7, S. 203
229, S. 207

241

Komenský-Museum: Poutník na cestách. Prag 1992
Bild:
27

Krauß, J./Schuchardt, G.: Aller Knecht und Christi Untertan. Der Mensch Luther und sein Umfeld, hrsg. v. d. Wartburg-Stiftung Eisenach. Gotha 1996
Bilder:
17, S. 25
21, S. 290
34, S. 208
44, S. 165
53, S. 204
56, S. 321
62, S. 12
63, S. 4
67, S. 282
116, S. 248
153, S. 53
154, S. 344
155, S. 267
170, S. 48
232, S. 224
244, S. 279
248, S. 280
256, S. 71
271, S. 201
289, S. 140

Landesbildstelle Baden
Bilder:
32
46
50
78
92
97
98
103
119
120
127
136
149
152
160
177
182
189
224
245
252
270
279
294

Landgraf, W.: Martin Luther. Reformator und Rebell. Berlin 1982 (2. Aufl.)
Bilder:
13, S. 134
16, S. 25
48, S. 213
54, S. 146
59, S. 205
81, S. 315
226, S. 222

Laube, A./Steinmetz, M./Vogler, G.: Illustrierte Geschichte der deutschen frühbürgerlichen Revolution. Berlin 1974
Bilder:
19, S. 49
22, S. 327
31, S. 49
33, S. 354
49, S. 176
68, S. 59
80, S. 135
171, S. 203
230, S. 181
240, S. 47
265, S. 100
282, S. 372

Löhn, J. (Hrsg.): Baden-Württemberg. Bilder von der wirtschaftlichen und kulturellen Gegenwart an Beispielen charakteristischer Unternehmen und Institutionen, hrsg. v. d. Steinbeis-Stiftung für Wirtschaftsförderung. Stuttgart 1992
Bilder:
138, S. 125
254, S. 125
266, S. 125

Ignatius von Loyola in Selbstzeugnissen und Bilddokumenten dargestellt v. A. Guillermou. Reinbek 1962 (Rowohlts Monographien, hrsg. v. K. Kusenberg)
Bild:
166, S. 53 u. 108

Martin-Luther-Komitee: Martin Luther und unsere Zeit. Berlin 1980
Bilder:
41, S. 88
109, S. 98 f.

Philipp Melanchthon. Eine Gestalt der Reformationszeit. Lichtbildreihe zur Landeskunde Baden-Württemberg, hrsg. v. d. Landesbildstelle Baden, Karlsruhe, und dem Melanchthonhaus Bretten. Karlsruhe 1995 (Originale der Landesbildstelle Baden)
Bilder:
5, S. 10
15, S. 72
69, S. 84
90, S. 56
91, S. 58
93, S. 60
95, S. 57
96, S. 127
107, S. 66
108, S. 64
111, S. 121
130, S. 55
132, S. 70
134, S. 67
145, S. 113

158, S. 99
159, S. 82
162, S. 100
163, S. 122
178, S. 95
183, S. 97
188, S. 85
198, S. 108
206, S. 106
210, S. 80
233, S. 78
235, S. 79
237, S. 54
269, S. 59
274, S 75

Philipp Melanchthons Forschungsbeiträge zur vierhundertsten Wiederkehr seines Todestages dargeboten in Wittenberg 1960, hrsg. v. W. Elliger. Berlin 1961
Bilder:
71, Tafel 8
112, Tafel 12
135, Tafel 10
141, Tafel 11
179, Tafel 16
191, Tafel 6
192, Tafel 13
194, Tafel 15
223, Tafel 12
242, Tafel 14

Melanchthonhaus Bretten
Bilder:
U 1 u. 1
S. 4
20
30
47
51
72
76
77
82
85
94
102
106
110
114
121
128
129
139
140
144
147
161
164
167
172
176
186
187
222
246
292

Meyenburg-Museum Nordhausen
Bild:
84

Moeller, Bernd (Hrsg.): Der Konstanzer Reformer Ambrosius Blarer 1492–1564. Gedenkschrift zu seinem 400. Todestag. Konstanz/ Stuttgart 1964
Bilder:
14, zwischen S. 48/49
131, S. 81

Nordhäuser Allgemeine
Bild:
180

Nickel, H. L./Pregla, R./Raabe, P./Seidel, H.: Martin Luther und Halle. Kabinettausstellung der Marienbibliothek und der Franckeschen Stiftungen zu Halle im Luthergedenkjahr 1996. Halle 1996
Bilder:
37, S. 42
87, S. 24

Paulus, E. (Bearb.): Die Cisterzienser-Abtei Bebenhausen, hrsg. v. Württembergischen Alterthums-Verein. Stuttgart 1886
Bilder:
25, S. 33
105, S. 27
218, S. IX

Pfaff, K.: Heidelberg und Umgebung. Frankfurt 1978 (3. umgearb. Aufl., besorgt v. R. Sillib)
Bilder:
124, S. 190
234, S. 210
258, S. 164
268, S. 219

Rachum, I.: Illustrierte Enzyklopädie der Renaissance. Königstein 1980
Bilder:
35, S. 524
272 (1), S. 393

Rand, M./Bense, G. (Mitarb.): Gelehrte Kontakte der Universität Halle zu Est-, Liv- und Kurland zur Aufklärungszeit, hrsg. v. d. Universitätsbibliothek Tartu. Tartu 1994
Bild:
239, S. 72 f.

Reicke, E.: Magister und Scholaren. Illustrierte Geschichte des Unterrichtswesens. Düsseldorf/Köln 1976 (2. Nachdruckaufl., fotomech. Nachdruck der Ausg. Leipzig 1901)
Bilder:
99, S. 75
142, S. 46
143, S. 31
208, S. 100
260, S. 67
281, S. 99

Reinert, G.-B./Arnhardt, G./Cornelius, P.: Johann Heinrich Pestalozzi. Anthropologisches Denken und Handeln. Donauwörth 1996 (Reihe: Geschichte und Reflexion, hrsg. v. J. Petersen u. G.-B. Reinert)
Bilder:
6, S. 9
55, S. 43
251, S. 8
290, S. 25

Revsner [Reusner], N.: Icones sive imagines virorum literis illustrium ... [Sammlung von Bildnissen hochgelehrter Männer in Deutschland] Privilegio Cæsareo. Argentorati 1587 [Straßburg] (Reprintausg., Melanchthonhaus Bretten)
Bilder:
29, o.S.
70, o.S.
86, o.S.
125, o.S.
148, o.S.
175, o.S.
221, o.S.
273, o.S.

Rhein-Neckar-Zeitung
Bild:
295 (Feuilleton: oben Ausg. v. 09.11.96, unten: Ausg. v. 05.12.96)

Ring, K.: Rheinische Geschichte. Bild- und Dokumentarband, hrsg. v. F. Petri u. G. Droege. Düsseldorf 1978
Bilder:
122, S. 150
168, S. 155
173, S. 153
174, S. 153
276, S. 157

Sächsische Landesbibliothek Dresden
Bilder:
211
216
263

Schmidt, Ch.: La vie et les travaux de Jean Sturm, premier recteur du Gymnase et de l'Académie de Strasbourg. Straßburg 1855
Bild:
75, Titelblatt

Stangl, A./ Lang, F. Th. (Bearb.): Mönche und Scholaren. Funde aus 900 Jahren Kloster Alpirsbach, hrsg. v. d. Oberfinanzdirektion Karlsruhe – Staatliche Schlösser und Gärten Baden-Württemberg. Karlsruhe 1995
Bild:
267 (1), S. 70

Stein, A.: Das Buch vom Doktor Luther. Halle 1904 (2. verm. Aufl.)
Bilder:
9, Titelblatt
38, S. 5
39, S. 7
42, S. 8 f.
52, S. 35
117, S. 307
118, S. 333
231, S. 170
262, S. 106
275, S. 188

Stern, L.: Philipp Melanchthon. Humanist, Reformator, Praeceptor Germaniae. Halle 1960
Bilder:
U4 u. 236, S. 99
8, S. 92
88, S. 100
196, S. 196
197, S. 97
204, S. 101
243, S. 90
257, S. 88
278, S. 102

Universitätsbibliothek Vilnius (Wilna) in Litauen
Bilder:
83
156
185
193
199
202
203
228
280
286
287
288
296
297

Urban, G.: Philipp Melanchthon 1497–1560. Sein Leben, hrsg. v. Melanchthonverein Bretten. Bretten 1991 (3. Aufl.)
Bilder:
10, S. 82
58, S. 74
89, S. 34
137, S. 2
209, S. 85

Württembergische Landesbibliothek Stuttgart
Bilder:
18
101
146

Yonah, M. A./Shatzman, I.: Illustrierte Enzyklopädie des Altertums. Königstein 1979
Bild:
24, S. 114

13. Personenregister

[Die Namen Philipp Melanchthon und Martin Luther bleiben unberücksichtigt.]

Adam, A. 98
Aelius s. Donatus
Aesop 161, 171, 172, 176
Agricola (Pauwer), G. 38, 39, 146
Agricola (Sneider), J. 39, 163, 171, 208
Agricola, R. 53, 108
Ahrbeck, R. 42
Aland, K. 80
Alexander de Villa dei 18, 19, 160
Alt, R. 241
Altmann s. Geräander
Amsdorf, N. v. 71, 72, 73, 167
Andreae, J. 41, 148
Anhalt, G. v. 71
Anshelm, T. 56, 62, 82
Apel, H. J. 12, 98
Aratus 84
Archimedes 169
Aristoteles 18, 32, 54, 55, 56, 61, 85, 86, 87, 88, 89, 90, 91, 104, 106, 109, 113, 168, 180, 220
Arminius 113
Arnhardt, G. 8, 42, 80, 98, 131, 157, 158, 159, 177, 178, 182, 241, 243
Arnhardt, R. 8
Assisi, F. v. 20, 21
Averroes (Ibn Ruschd) 18

Bach, A. 110
Bartel, H. 241
Bauch, G. 98
Bauer, K. 98
Baumann, F. L. v. 197
Baumgartner, H. 171
Beatus s. Rhenanus
Bebel (Beblinus), H. 55, 82
Bellermann, C. 98
Bense, G. 243
Beutemüller, O. 98
Beyer, Chr. 169
Bindseil, H. E. 80
Bizer, E. 98
Blarer, A. 56, 82, 243
Blumenthal, R. 241
Bodenstein s. Karlstadt
Börner, C. 41
Bora, K. v. 50, 234
Bornemann, W. 98
Bornkamm, H. 80, 98
Brassicanus, J. 82
Brenz, J. 53, 54, 82, 144, 146, 165
Bretschneider, K. G. 80
Brück, G. 117
Bucer, M. 53, 54, 72, 76
Buchard, F. 145
Buck, A. 42
Bugenhagen, J. 38, 72, 73, 128, 137, 146, 150, 162
Burenius, A. 154
Burkhardt, H. 241
Buschmann, R. 98
Butzer (Bucer), M. 80, 82, 162

Caesar 161, 176
Caesarius, J. 19
Calvin, J. 21, 22, 36

Camerarius, J. 40, 44, 45, 51, 55, 64, 72, 80, 98, 107, 117, 125, 133, 138, 141, 142, 145, 161, 162, 172
Camitianus, F. A. 64
Campegius, L. C. 63, 67, 69
Capito, W. 162
Carinus, L. 63
Castiglione, B. 42
Cato, M. 161, 171
Celtis, K. 53, 63
Chemnitz, M. 150
Cicero 18, 19, 55, 82, 84, 85, 86, 87, 89, 90, 91, 104, 109, 113, 121, 161, 164, 174, 176, 177, 180
Clajus, J. 163
Clemen, O. 42, 80
Comenius, J. A. 30, 31
Cordus, E. 146
Cornelius, P. 243
Crusius, M. 180

Dadelsen, H. v. 98
Dahlberg, D. v. 53
Dahlberg, J. v. 46, 53
Demosthenes 84, 85, 87, 88, 91, 162, 164, 176
Desiderius s. Erasmus
Donatus 160
Drake, F. 51
Dresser, M. 161
Droege, G. 243
Dürer, A. 7, 8, 17, 168

Eber, P. 167
Ebner, E. 145
Eck, J. 26, 68, 106
Ehmer, H. 98, 158, 178
Eichendorff, J. v. 241
Elliger, W. 98, 242
Engelland, H. 98
Erasmus, Desiderius von Rotterdam 17, 20, 34, 35, 39, 42, 59, 62, 63, 67, 68, 84, 107, 108, 115, 117, 146, 158, 161, 163, 164, 171, 177, 180, 241
Erb, M. 52, 81
Euripides 144, 162, 176

Fabricius, G. 39, 72, 125, 142, 160, 167, 177
Farel, W. 36
Ficker, J. 241
Fischer, E. F. 98
Flacius, I. 77
Franck, S. 17, 146
Friedland s. Trotzendorf
Friedlieb s. Irenicus
Fritsch, Th. 242

Galileo Galilei 18
Geiler s. Kaisersberg v.
Geräander (Altmann), P. 82
Gerbel, N. 63
Gerlach, D. 53
Gigas (Henne), J. 142
Giordano Bruno 18
Goebel, K. 98, 182

Grabois, A. 98, 241
Gropper, I. 73, 76
Grunenberg, J. 221
Grynaeus, S. 81
Gudemann, W.-E. 241
Günther, P. 54, 82
Günther, S. 168, 178
Guillermou, A. 242

Haller, B. 52
Hanke, W. 245
Harms, R. 241
Hartfelder, K. 43, 54, 63, 80, 98, 110, 121, 130, 159, 182
Haugwitz, E. v. 128
Hausschein s. Oekolampadius
Hedio, C. 52, 81
Heer, F. 98, 114, 130
Heerbrand, J. 51
Heinesius, M. v. 201
Helvetius, C. 19, 54, 82
Henne s. Gigas
Henisch, G. 163
Heppke, H. 98
Hesiod 84, 165
Hessus, H. E. 26, 27, 160, 161, 172
Heyd, L. F. 98
Hieronymus, S. P. 124, 130
Hiltebrant, J. 52, 55, 81, 82
Hirschfeld, B. v. 128
Hiyricas, M. F. 73
Hoffmann, J. C. V. 98
Hofmann, F. 42, 98, 196, 228
Homer 83, 84, 87, 89, 134, 162, 176, 180
Horaz 90, 91, 161, 176, 220
Hübner, H. 241
Humboldt, W. v. 181, 182
Hummelberg, M. 63
Hus, J. 21, 34
Hutten, U. v. 16, 26, 113, 146, 158, 186, 241

Ickelsamer, V. 162
Icolampadius s. Oekolampadius
Illyricus, M. F. 75
Irenicus, F. 56, 80, 81, 82
Isokrates 162, 176
Israel, A. 196, 226

Jonas, J. 41, 86, 128
Julius aus Wolfenbüttel 145

Kaisersberg, J. Geiler v. 53, 54, 82
Kapp, E. 12
Karlstadt, A. 30, 65, 66, 115
Keferstein, H. 187
Knod, G. 127, 131
Knöder, J. 82
Koch, L. 99
Köhne, C. E. 242
Koenig, R. 242
Kommerstadt, G. v. 72, 141, 142, 152
Kopernicus, N. 146
Krafft, K. 80
Krapp, K. 51
Krauß, J. 242
Krüger, G. 99, 221

244

Kurrer, K. 82
Kusenberg, K. 242

Laberius 171
Lachmann, J. 53
Landgraf, W. 42, 242
Landsiedel, C. 142
Lang, F. Th. 243
Laube, A. 242
Lauterbach, J. 163
Leibniz, G. W. v. 114
Lemp aus Steinheim 82
Liedtke, H. 99
Lindemann, C. 142
Listenius, N. 174
Livius 55, 82, 87, 161, 176
Lochner, G. W. K. 99
Löhn, J. 242
Löwenstein, L. v. 55
Lossius, L. 164
Loyola, I. v. 70, 242
Lucian 83, 162
Luthardt, Chr. E. 80
Luther, H. (Vater) 25
Luther, H. (Sohn) 30
Luther, M. (Mutter) 25
Lycurg 90

Mantuanus, B. 160
Maurer, W. 80
Maurus, B. 82
Megander (Großmann), C. 81
Meister Eckardt 18
Menius, J. 128
Mertz, G. 99, 130, 151, 158, 159, 160, 165, 168, 177, 205, 207, 210, 211, 213, 230
Metzler, J. 161
Meyenburg, M. 74
Mezsch, J. 128
Micyllus, J. 161
Moeller, B. 243
Moll, J. C. A. 80
Molnar, A. 42
Molzer s. Micyllus
Mosellanus, P. 39, 64, 164, 171
Mülhaupt, E. 42, 99
Müller, J. 98, 196, 226
Müntzer, Th. 18, 21, 34, 65, 186, 241
Myconius, F. 128

Natorp, P. 12
Neander, M. 40, 160, 161, 162, 164, 167, 177
Nesen, W. 63
Neubert, H. M. 99
Neumann s. Neander
Nickel, H. 243
Niemeyer, W. 99
Nietzsche, F. 130, 131, 182
Nuenaar, H. 53
Nürnberger, W. 99

Oekolampadius, J. 35, 50, 56, 58, 82, 85
Osiander, L. 169
Ovid 121, 161, 174, 176

Paracelsus 146, 148
Pauli, B. 128
Paulsen, F. 42, 80, 99, 115, 130, 164
Paulus, E. 243

Petersen, J. 241, 243
Petersen, P. 130
Petrarca, F. 18, 42
Petri, F. 243
Peucer, K. 167, 169
Pfaff, K. 247
Pflug, J. v. 73, 76
Pico della Mirandola 19
Pico von Cosimo de Medici 19, 180
Pindar 90, 91
Pirckheimer, W. 26, 27, 59, 63, 64, 146
Pistorius Niddanus, J. 76
Plank, A. 99, 130
Platon 10, 114, 221
Plautus 144, 161, 176
Plaunitz, J. v. 128
Plinius 83, 87, 89, 104, 161, 168, 177
Plutarch von Chärona 83
Pöhlmann, H. G. 98
Pregla, R. 247
Ptolomäus 87, 89, 90, 169, 180
Publianus 161
Purbachio, G. 169

Quintilian, M. F. 19, 56, 87, 109, 161, 164, 176, 177

Raabe, P. 243
Rachum, I. 99, 243
Rand, M. 243
Raumer, K. G. v. 167, 168, 178
Reicke, E. 247
Reinert, G.-B. 8, 42, 158, 177, 241, 243
Reinhard, W. 99
Reuchlin, E. 44, 81
Reuchlin, J. 16, 46, 51, 53, 55, 59, 62, 67, 81, 82, 180
Reusner s. Revsner
Reuter, H. 44
Reuter, K. M. 99
Revsner, N. 243
Rhaw, G. 41
Rhein, St. 8
Rhenanus 63, 146
Rheticus, G. 168, 169
Ring, K. 243
Ritschl, A. 80
Ritter, G. 80
Rivius, J. 40, 125, 160, 163, 164, 167, 177
Rost, J. R. 38, 42
Roting, M. 172
Rubeanus, J. C. 26

Sabinus, G. 145
Salomon 85, 91, 165
Salust 85, 161
Sapper, K. 130
Schade, P. 64
Schadow, J. G. 51
Scheible, H. 43, 80, 98, 99
Schian, M. 221
Schleiermacher, F. D. E. 132, 133, 156
Schmidt, Ch. 159, 243
Schmidt, G. R. 98
Schmidt, O. G. 80
Schnepf, E. 53, 73
Schöner, J. 169, 172
Schorndorf, C. 82
Schorus, A. 177

Schuchardt, G. 242
Schurff, H. 128
Schwarz, R. 42
Schwarzenau, P. 80
Schwebel, J. 53
Secerius, J. 82
Seidel, H. 243
Seidemann, J. K. 80
Selig, E. 98
Selnecker, N. 167
Seneca 144
Shatzmann, I. 244
Sickingen, F. v. 26
Sillib, R. 243
Simler, G. 52, 55, 81, 82, 167
Sophocles 87
Spalatin, G. 41, 59, 60, 64, 127, 144
Spangel, P. 53, 55, 82, 145
Spangenberg, C. 163
Spengler, L. 171
Sperl, A. 99, 110
Spranger, E. 27, 28, 42
Stadianus, F. 56, 82
Staehelin, D. 42
Stangl, A. 243
Staupitz, J. v. 27, 48
Stegmaier, G. 8, 241
Stein, A. 243
Steinmetz, M. 242
Stempel, H.-A. 99, 110, 117, 130
Stern, L. 80, 99, 244
Stiefel, M. 169
Stöffler, J. 56
Storch, N. 65
Streller, S. 241
Strigel, V. 73
Stupperich, R. 80, 98, 99, 110, 231
Sturm, J. 37, 40, 64, 67, 82, 138, 146, 162, 164, 204
Sturm, P. 53

Tacitus 113
Taubenheim, J. v. 128
Terenz 56, 82, 84, 144, 161, 171, 176
Tetzel, J. 20, 21
Theogines 91, 93
Theokrit 85
Theon 169
Thukydides 91, 114, 162, 167, 176
Timotheus 93
Titus 62, 83
Trotha, K. v. 8
Trotzendorf, V. 146, 160, 161
Tulichius, H. 171

Unger, J. 51
Urban, G. 244

Valla, L. 19
Vannius, V. 144
Vergil 55, 82, 86, 121, 134, 161, 171, 174, 176, 220
Vesalius, A. 146
Vives, L. 104
Vogler, G. 242
Vormbaum, R. 98

Wagner, E. 42
Weber, K. 110, 119, 218
Weise, Chr. 134
Werckshagen, C. 42
Wiclif, J. 34
Wied, H. v. 72

Wimpfeling, J. 53, 55, 59, 82, 121, 127, 146
Winckelmann, O. 241
Winkler, A. 177
Winsheimer, V. 51
Wolf, H. 160, 161, 162, 167

Wolff, Chr. v. 114
Wulf, Chr. 182

Xenophon 162, 176

Yonah, M. A. 244

Zacharias, U. 163
Zäsi, U. 63
Zahrnt, H. 42, 99
Zepper, W. 36
Zwingli, H. 21, 22, 34, 35

14. Sachregister

[Der Begriff Schule bleibt unberücksichtigt.]

Abendmahl 68, 87, 88
Affekt 106
„Akademische Briefe" 204 f.
Allgemeinbildung 117, 123, 124, 129, 155, 159, 171, 175
Alpirsbach 144
Altenzella 73
Alumnat 153, 156
Anhausen 144
Anhalt 71, 87, 91
Ansbach 120
Anthropologie 77, 107
Antike 29, 106, 108, 115
Antiklerikalismus 116
Antrittsrede 61, 82, 105, 116, 122, 146
Apologie 69
Arithmetik 168 f., 172
Artistenfakultät 19, 24, 32, 33, 36, 37, 47, 54, 83, 90, 121, 127, 139, 172
Astronomie 32, 56, 146
Augsburg 70, 73, 75, 86, 87, 90, 92, 134
Augsburger Bekenntnis (Confessio Augustana) 69, 77, 87, 104, 125
Augustiner 50, 142

Baden 44
Baden-Württemberg 8
Barbarei 107
Basel 35, 154
Bauernkrieg 84, 154
Bayern 91
Bebenhausen 47, 104, 144
Begriffe 240 ff.
Behütung 132
Benediktiner 144
Beredsamkeit s. Eloquentia 52, 105, 109, 110
Bergbau 146
Berlin 142
„Beschlüsse von Meiningen" 199 f.
Beschulung 101, 102, 107, 109, 112, 115, 116, 120, 128,
Bibel 16, 32, 34, 66, 111, 116, 166
Bibliothek 122
Bildung 19, 28, 33, 40, 55, 65, 105, 106, 107, 109, 115, 116, 124, 125, 127, 142, 149, 159, 176, 181
Bildungsanspruch 105, 109, 141, 172
Bildungsbedürfnis 117, 121, 148
Bildungsfundament 104
Bildungsgang 43, 51
Bildungsgrad 128
Bildungsgut 169
Bildungsinhalt 29, 32, 105, 117, 159

Bildungskonzept 106, 144
Bildungslandschaft 104, 122
Bildungsorganisation 35
Bildungsphilosophie 163
Bildungsprozeß 150
Bildungsreform 106,
Bildungssystem 33, 34
Bildungsziel 105, 126
Bischof 68, 126
Blaubeuren 104, 144
Bologna 40, 86
Bonn 89
Bourges 36
Brandenburg 39, 71, 120
Braunschweig 38, 75, 85, 89, 90, 112, 124, 140, 150, 205 ff.
Bretten 43 f., 56, 81
Brieg 229 f.

Calvinismus 36, 46, 89
Cantor 142, 173
Chemnitz 38, 88
„Christliche Zucht" 197 ff.
Coburg 68
Conrektor 142, 173
Curriculum 120, 159, 162, 172

Dänemark 87, 90
Declamation 133, 134, 136, 176
Denken 77, 102, 104, 108, 109, 114, 179, 180, 181
Denkendorf 104, 144
Denksysteme 77
Deutsch 120, 162 ff.
Dialektik 32, 54, 55, 56, 62, 71, 85, 90, 93, 116, 117, 120, 121, 122, 163 ff., 166, 171, 174, 176
Didaktik 226 ff.
Differenzierung 108
Disputation 26, 71, 104, 106, 136
Dogmatik 166, 176
Dominikaner 145
Domschule 13, 115, 124
Dorfschule 124
Dresden 90
Dunkelmännerbriefe 17, 145

„Ehelicher Stand" 183 ff.
Einbeck 90
Eisenach 22
Eisleben 23, 112, 117, 129, 159, 171 f., 208 f.
Elementarbildung 33, 41, 153, 159
Elementarschule 32, 33, 34, 35, 38, 41, 120, 122, 124, 126, 134, 138, 142, 148
Elementarschulwesen 111, 117, 129, 169 f.
Eltern 133, 136, 140
Emanzipation 101

England 22, 36
Enkulturation 132
Enzyklopädie 115, 175
Erbsündhaftigkeit 101, 107
Erfurt 24, 142, 154
Erkenntnis 61, 100, 102, 106, 115, 120
Erzieher 7
Erziehung 13, 28, 30, 36, 37, 77, 78, 101, 107, 109, 114, 126, 132, 179, 180
Erziehungsmittel 20
Erziehungspraktiken 132 ff.
Erziehungsstil 155
Esslingen = Eßlingen 177, 178, 234
Ethik 18, 31, 32, 53, 87, 113, 122, 146, 155, 163, 166
Evangelium 104, 111, 159
Exercitio 176
Experiment 117

Fachbildung s. Spezialbildung
Fachklasse 117
Familie 126
Fibel 120
Franken 154
Frankfurt a. M. 71, 88, 92
Frankfurt a. O. 88, 112
Frankreich 22, 34, 35, 36, 87, 93
Franziskaner 25, 142
Freistadt 142
Fremdbestimmung 35, 100, 117, 141
Freude 82 ff.
Frömmigkeit 105, 107, 136, 175, 230 ff.
Fürstenschule s. Landesschule

Gegenreformation 13, 20, 91, 100, 113
Geist 79
Geistlicher 32, 126, 148
Gelehrtenbildung 36, 117, 142, 176
Gelehrtenschule 32, 33, 35, 102, 112, 120, 121, 122, 125, 126, 129, 140, 142, 148, 153, 157, 163, 166, 172 ff.
Gelehrter 29, 32, 137, 159, 180
Genf 34, 35, 36
Geographieunterricht 146, 167 f., 176
Geometrie 169 f.
Gesangbuch 32, 111, 162
Geschichte 32, 106, 113, 146, 146
Geschichtsunterricht 167 ff., 176
Glauben 14, 18, 65, 100, 102, 109, 111, 117, 137, 148, 166, 167, 175

Glauchau 38
Goldberg 146
Goslar 85
Göttingen 85
Gottesdienst 116
Grammatik 18, 39, 54, 55, 56, 91, 104, 117, 120, 172, 174, 176
Greifswald 86
Griechisch 52, 60, 83, 104, 121, 140, 159, 160 ff., 174
Grimma 104
Gymnasium 36, 122

Habsburg 83, 87, 90
Hagenau 88
Halbbildung 100
Halle a. S. 89
Hamburg 38, 85, 86, 87, 124
Handeln 10, 14, 35, 78, 102, 114
Hannover 86, 120, 210 f.
Harmonie 19, 106, 109, 127
Hauslehrer 81
Hebräisch 60, 83, 122, 140, 159, 160 f., 174
Heidelberg 19, 43, 46, 52, 55, 82, 92, 112, 127, 140, 154, 175
Herrenalb 144
Herzberg 88, 120, 211 f.
Hildesheim 38
Hirsau 144
Historiker 39
Hochschulbildung 33
Hochschule 16, 32, 33, 34, 36, 112, 114, 117, 120, 121, 122, 126, 148
Hochschulvorbereitung 117, 171, 172
Hof 142
Hugenotten 22
Humaniora 122
Humanismus 7, 11, 13, 18, 19, 20, 24, 29, 34, 39, 40, 47, 55, 59, 61, 62, 65, 66, 67, 68, 69, 75, 101, 104, 105, 108, 109, 113, 114, 115, 127, 141, 146, 154, 159, 171, 179
Hussiten 20

Ideal 20
Ilfeld 40, 142
Imitatio 176
Ingolstadt 19, 67
Institutionalisierung 9, 156
Inquisition 17
Istanbul 86
Italien 89

Jena 90, 112, 155
Jesuiten 175
Jurisprudenz 20, 25, 55, 122
Jurist 29

Kartharer 20
Kassel 87, 88
Katechismus 32, 90, 111, 138, 144, 148, 149, 162, 175
Katechismusunterricht 41
Katheder 53, 116
Katholizismus 28, 114
Ketzergemeinschaft 33
Kirchenordnung 11, 28, 41, 91, 92, 112, 124, 125, 128, 140, 150, 181
Kirchenvater 16

Klerus 14
Kloster 26, 33, 120, 121, 125, 132, 135, 140, 141, 142, 150, 174
Klosterschule 13, 104, 112, 115, 121, 123, 124, 125, 137, 142, 143 ff., 174 ff.
Knabenschule 120
Köln 16, 72, 82, 89, 154
Königsberg 90, 112
Königsbronn 144
Kommunikation 101, 112, 132, 180
Konfession 68, 114, 179
Konkordienformel 174
Konsistorium 35, 36, 129, 138
Konstanz 14
Kraichgau 81
Küster 148
Küsterschule 13, 31, 120
Kulturtechniken 32, 116, 117, 120, 148
Kurie 70
Kurpfalz 81, 212 f.
Kurrende 150 f.

Landeskirche (Staatskirche) 11, 85, 92, 102, 111, 123, 155
Landesschule (Fürstenschule) 40, 72, 89, 104, 112, 121, 137, 143, 152 f.
Latein 51, 104, 115, 120, 121, 138, 159, 160 ff., 172
Lateinschule (Trivialschule) 13, 81, 90, 112, 115, 121, 125 f., 171 f.
Lauingen 150
Lebenshilfe 105
Lebensweise 11, 18, 141, 153
Lehrbetrieb 53, 65, 79, 104, 109
Lehrbuch 117, 162, 176
Lehrer 19, 25, 29, 32, 34, 36, 40, 41, 60, 81, 108, 115, 116, 117, 120, 125, 127, 128, 136, 137 ff., 144, 145, 152, 157, 175, 181
Lehrerbildung 129
Lehrmethode 34
Lehrordnung 55, 108, 124, 174
Leipzig 19, 26, 72, 73, 87, 88, 91, 93, 112, 142, 154
Leisnig 124
Lektion 172
Lektüre 117
Lernender 56, 117, 132, 133, 136, 159 ff.
Leseschule 13, 31, 120, 148
Lippe 88, 120
Logik 55
Lorch 144
Lübeck 38

Mädchenschule 120, 139
Magdeburg 23, 84, 90, 112, 134, 137, 150
Magister 55
Mansfeld 23
Marburg 84, 85, 112, 140
Mathematik 32, 56, 121, 122
Mathematikunterricht 168 ff., 177
Maulbronn 104, 144
Mecklenburg 87, 91, 92
Medizin 55, 115, 122, 146
Meißen 90, 104, 128, 141, 142, 154, 172 f.
Memmingen 31
Menschenbild 78, 175
Menschenwürde 78

Merseburg 71, 72, 89, 90
Metaphysik 32, 163
Methode 105, 140, 159, 176
Methodensystem 105, 160 ff.
Mittelschule 112
Motiv 105, 137
Mühlberg 71, 90
Mühlhausen 82, 84
Münster 86
Murrhardt 144
Musik 120, 134, 172
Muttersprachschule 37
Mystik 111

Nationalbewußtsein 146
Nationalbildung 30
Nationalismus 182
Naturbeschreibung 168, 177
Naturgeschichte 168, 177
Naturkunde 168
Naturlehre 105, 146, 177
Naumburg 88, 89
Nominalismus 24
Nordhausen 72, 82, 90
Norm 78, 105, 106, 156
Norwegen 88
Noyon 36
Nürnberg 63, 64, 67, 84, 86, 87, 88, 89, 92, 112, 117, 126, 129, 159, 171, 172, 209 f.

Offenbarung 78, 108
„Ordnung für Genf" 201 ff.
Osterland 128

Pädagoge 108, 152
Pädagogik (Paedagogica) 100 ff., 120, 179
Pädagogisierung 108, 157
Pädagogium 140
Padua 40
Papsttum 122
Paris 36
Pastor 140, 142, 173
Patriotismus 34, 113
Pfalz 84, 92
Pfalz-Zweibrücken 213
Pfarrer 29, 34, 65, 122, 128, 138, 139, 146
Pfarrschule 31, 148
Pforzheim 43, 52, 81
Philologie 39, 146, 179
Philosoph 39
Philosophie 61, 78, 100, 115, 122, 180
Physik 91, 123, 146, 163, 176
Pisa 15
Poetik 32, 121
Pommern 38, 87, 124
Prädestination 35, 107
Predigt 32, 33, 153
Priester 120, 128
Privatschüler 140
Professor 122, 123, 127, 140
Prophetenschule 122
Prosa 110, 134
Protestantismus 13, 20, 33, 38, 39, 75, 76, 114, 129, 137, 175
Prüfungen 110, 122, 132, 134
Psychologie 176
Puritanismus 22, 35

Quadrivium 54, 55, 169
Quedlinburg 88

Rationalismus 76, 106, 113
Ratsschule 13, 38, 115, 120
Rechenschule 13, 120, 124
Rede 59, 112, 120, 153
Reform 20, 104, 108, 111, 180, 233 f.
Reformation 7, 29, 37, 38, 52, 56, 66, 68, 73, 75, 78, 82, 85, 86, 87, 100, 109, 112, 113, 114, 115, 121, 126, 146, 150, 155, 156, 172
Regensburg 82, 84, 86, 88, 89, 90
Rektor 84, 88, 137, 141, 142, 149, 173
Religion 28, 71, 105, 113, 117, 120, 180
Religionsgespräch 85, 92
Religionsunterricht 164 ff., 176
Renaissance 13, 18, 20, 28, 29, 37, 51, 59, 78, 100, 115, 129, 137, 155, 179, 180
Repetition 132, 155
Rhetorik 18, 32, 54, 56, 105, 106, 117, 120, 121, 122, 163 ff., 171, 174, 176
Rostock 86, 90, 112

Sachsen 38, 85, 88, 90, 91, 117, 125, 132, 148
Säkularisierung 102, 152
Sangerhausen 72, 90
Sankt Gallen 34
Sankt Georgen 144
Sanktion 135, 149
Schleswig-Holstein 38
Schlettstädt 52
Schmalkalden 69, 72, 86, 87, 88, 90, 116
Schönburg 41
Scholar = Schüler 36, 41, 44, 51, 64, 82 ff., 113, 127, 136, 141, 142, 146, 150, 166
Scholastik 10, 16, 20, 29, 30, 47, 55, 105, 109, 127, 145, 166, 174
Schreibschule 13, 31, 120, 124, 148
Schriften 82 ff.
Schulaufsicht 124 ff.
Schulbuch 144
„Schule halten" 187-196
Schulgeld 124
Schulhaus 41
Schulmeister 33, 67, 120, 124, 137, 172
Schulmodell 174
Schulnetz 109, 129
Schulordnung 11, 36, 37, 38, 112, 128, 132, 134, 135, 136, 159, 166, 174, 176, 181
Schulorganisation 169
Schulpflicht 116
Schulpforte 104, 125 f., 141, 142, 172 f.
Schulpolitik 7, 112 ff., 120
Schulreform 38, 39, 53, 72, 105, 108, 120
Schulstruktur 38, 117 ff.
Schulsystem 14, 33, 41, 109, 115, 116, 122, 125, 128, 133, 156, 175, 179

Schultheorie 109
Schulvisitation 15, 27, 32, 33, 115
Schulwechsel 157
Schulwesen 41, 101, 113, 117, 126
Schulzucht 136
Schwaben 154
Schweden 85, 93
Schweiz 82, 154
Selbstbehauptung 180
Selbstbestimmung 29, 102, 180
Selbstbewußtsein 30, 55, 62, 180
Selbsterprobung 55
Selbsterziehung 101, 133, 134, 155
Selbsthilfe 100
Selbstkonzept 44, 51, 107
Selbstverständnis 101, 146, 181
Selbstvervollkommnung 109
Selbstverwirklichung 78, 132, 135, 139, 146, 155, 179
Sitten 138
Sittlichkeit 34
Soest 89, 112, 221-226
Sophistik 116
Sozialisation 7, 132
Speyer 82, 85, 125
Spezialbildung 117, 121, 122, 129, 155, 175
Sprachen 159 ff.
Staatskirche 28, 33
Stettin 87, 112
Stiftsschule 13, 115
Stiftung 102, 124, 125, 126, 141
Stipendium 125, 129, 152, 157
Strafe 14, 23, 31, 134, 137
Straßburg 67, 87, 112, 121, 125, 146
Student 24, 53, 115, 117, 122, 127, 135, 146, 154
Studium 19, 24, 52, 53, 54, 83, 104, 112, 115, 116, 122, 124, 140, 144, 146, 152, 154, 157, 159 ff., 175, 218 ff.
Stundenplan 11, 18
Stuttgart 46
Superintendent 140

Tertius 142, 173
Theater 134, 176
Theologie 34, 35, 39, 46, 55, 56, 60, 61, 67, 68, 69, 73, 83, 101, 107, 108, 115, 116, 128, 140, 144, 146, 163, 181
Theorem 108
Thüringen 84, 128, 154
Tischrede 154
Toleranz 65
Torgau 68, 84, 90
Tradition 18, 20, 32, 46, 77, 101, 104, 105, 106, 116, 117, 142, 144, 153, 159, 179, 182
Trient 90
Trivialschule 112, 120, 121, 122, 124, 125, 126, 129, 139, 140, 153, 156, 163, 171 ff.
Trivium 54, 163
Tübingen 19, 47, 48, 55, 59, 82, 87, 105, 112, 140, 154
Türkei 86, 87

Türkenfrage 90
Tugend 18, 33, 63, 107, 109
Tutor 142

Übung (exercitium) 133
Ulm 82
Universität 19, 46, 47, 48, 60, 112, 115, 121, 122, 126, 127, 140, 142, 154, 155, 159, 175
Unterricht 29, 117, 120, 132, 138, 159
„Unterricht der Visitatorn ..." 213-218
Unterweisung 108, 133
Urteil 102
Utilitarismus 120, 176, 179

Verantwortung 10
Verbündete 235 ff.
Verdikt 106
Verhalten 106
Vernunft 19
Veröffentlichung 61
Verständnis 101
Verstand 28
Vision 104
Visitation (Schulvisitation) 77, 102, 112, 117, 120 ff., 124, 125, 128, 132, 145, 155, 159
Voigtland 128
Volksreformation 21
Vorbild 34, 56
Vorlesung 61, 82 ff.

Wahlfreiheit 104
Waldenser 20
Walkenried 142
Wartburg 82
Weimar 72, 90
Weisheit 56, 105, 109
Wille 104, 106, 154
Willensfreiheit 78
Wissen 10, 60, 122, 124
Wissenschaft 10, 28, 53, 59, 61, 102, 108, 111, 113, 116, 146, 163, 175
Wissenschaftsverständnis 61, 115, 175
Wittenberg 33, 38, 41, 43, 47, 48, 51, 60, 62, 63, 64, 71, 72, 73, 90, 104, 106, 112, 113, 115, 116, 122, 126, 127, 154, 155, 159
Wollin 38
Worms 83, 88, 90, 92
Württemberg 41, 87, 142, 144, 174

Zeitgeist 77, 100
Zeitz 89
Zerbst 72, 73
Zeugnis 36, 41, 78, 108, 137, 140, 149
Zisterzienser 73, 125 f., 142, 144
Zölibat 141
Zucht 126, 127, 149 f.
Zürich 84
Zwickau 38, 39, 112

248